# Sechs Monate Streik bei Gate Gourmet

*...auf den Geschmack gekommen*

# Sechs Monate Streik bei Gate Gourmet

Flying Pickets (Hrsg.)

**Assoziation A**
Berlin • Hamburg

Der Druck dieses Buches wurde durch die Förderung der *Stiftung Menschenwürde und Arbeitswelt*, Berlin, möglich.

Redaktionskollektiv Flying Pickets
Kontakt: info@gg-streik.net
www.gg-streik.net

Bibliografische Information der Deutschen Bibliothek:
Die Deutsche Bibliothek verzeichnet diese Publikation in der Deutschen Nationalbibliografie; detaillierte bibliografische Daten sind im Internet über *http://dnb.ddb.de* abrufbar.

2007, Assoziation A, Berlin – Hamburg
Gneisenaustr. 2a, 10961 Berlin
Tel.: 030-69582971, Fax 030-69582973
assoziationa@freenet.de
www.assoziation-a.de

Satz und Titel: Walburga Fichtner, Köln
Druck: Winddruck, Siegen
Printed in Germany

ISBN 10: 3-935936-54-0
ISBN 13: 978-3-935936-54-5

# Inhalt

Wenn mich jemand fragt, was ich von Beruf bin, dann sag' ich schon: Berufsstreikerin! Dauerstreikerin. Wir kommen bald ins Guinnessbuch der Rekorde. Ich hab' so was noch nie gemacht, aber irgendwann ist immer das erste Mal. Ich bin auf den Geschmack gekommen.
(ANNA, *Küchenhilfe, nach vier Monaten Streik*)

Winter 2005/2006. Streik am Flughafen Düsseldorf, beim Caterer Gate Gourmet. Im August 2005 war der Name dieser Firma durch den spektakulären Streik am Flughafen London-Heathrow bekannt geworden. Gegner der ArbeiterInnen ist die Texas Pacific Group, ein Finanzinvestor, der die Gate Gourmet 2002 übernommen hat, um sie nach einer Umstrukturierung mit Gewinn weiterzuverkaufen. In Düsseldorf sind die KollegInnen mit der Unternehmensberatungsfirma McKinsey konfrontiert. Die Arbeitsabläufe werden umgekrempelt, die Arbeitshetze bis ins Unerträgliche gesteigert. Lange Zeit schaffen sie es nicht, dem etwas entgegenzusetzen. Bis schließlich die Wut auf die Arbeit gegenüber der Angst vor Arbeitslosigkeit überwiegt. Offizielles Streikziel ist eine Lohnerhöhung von 4,5 Prozent. Tatsächlich geht es den KollegInnen um ihre gesamte Situation. Auf dem Transparent am Streikzelt steht nur ein Wort: »Menschenwürde«.

Der Firma gelingt es ab dem ersten Tag, den Streik der knapp achtzig ArbeiterInnen durch den Einsatz von LeiharbeiterInnen und Personal aus anderen Filialen zu unterlaufen. Was als kurzer Streik für eine Lohnerhöhung geplant war, wird zu einem monatelangen Stellungskrieg. Anfang Dezember, nach zwei Monaten Streik, scheinen Geschäftsleitung und Tarifkommission endlich einen Kompromiss gefunden zu haben, den die Streikenden wohl zähneknirschend angenommen hätten. Aber er wird von oben widerrufen. Die Texas Pacific Group fordert diktatorisch die Senkung der Personalkosten um zehn Prozent. Die Gewerkschaft NGG ist gegenüber diesem Gegner ratlos und würde den Streik am liebsten beenden. Aber die KollegInnen sind nicht bereit, ohne Ergebnis an die Arbeit zurückzukehren. Der Streik geht weiter.

Anfangs hatten KollegInnen versucht, die LKWs zu blockieren, die das Catering zu den Flugzeugen bringen. Die Gewerkschaft hält sie davon ab, nachdem mit Regressforderungen gedroht worden ist. Ab Dezember tauchen

Gruppen von UnterstützerInnen auf, die stellvertretend für die ArbeiterInnen den Streikbruch blockieren. *Flying Pickets* stellen sich vor die LKWs und sorgen für Aufregung und verspätete Abflüge. Leute aus der linken Szene, die sich normalerweise nicht für Arbeiterkämpfe interessieren, kommen zum Flughafen. Sie begeistern sich für diesen Streik gegen Arbeitshetze, für die selbstbewussten Streikenden und die Möglichkeit, Solidarität mit direkter Aktion praktisch werden zu lassen. Zwischen ArbeiterInnen und UnterstützerInnen entwickelt sich ein Vertrauensverhältnis. Im »Streikdorf« entsteht eine Ahnung davon, wie eine Verbindung von Arbeiterkämpfen und sozialer Bewegung aussehen könnte.

Der Streik endet am 7. April 2006, nach genau einem halben Jahr. Die KollegInnen haben einen neuen Manteltarifvertrag durchgesetzt, mit dem die Flexibilität eingeschränkt wird, aber sie mussten sieben Prozent »Einsparung« in Kauf nehmen. Trotz des schlechten materiellen Ergebnisses sehen viele KollegInnen den Streik als persönlichen Erfolg: Weil sie es nach jahrelangem Stillhalten endlich geschafft haben, sich zu wehren, und weil sie dabei viel gelernt und wichtige Erfahrungen gemacht haben.

Dieser kleine Streik ist in verschiedener Hinsicht exemplarisch – im Hinblick auf die Eigeninitiative und »Selbstermächtigung« der ArbeiterInnen, aber auch auf die Schwierigkeiten, im »modernen Kapitalismus« Arbeitermacht zu entwickeln. Seit dem wilden Streik bei Opel Bochum im Oktober 2004 und den folgenden Streiks im Öffentlichen Dienst, bei AEG Nürnberg oder Bosch-Siemens-Hausgeräte Berlin gibt es die Hoffnung auf das Wiederaufleben einer verloren gegangenen Streikkultur. An die Stelle von Tarifritualen, die keinem weh tun sollen, treten wieder ernst gemeinte Streiks, in denen die ArbeiterInnen die Hauptrolle spielen und den Kampf selbst in die Hand nehmen. Bei Gate Gourmet gab es schon vor dem Streik eine informelle Organisierung, die im Streik eine tragende Funktion bekam: das »U-Boot«. Ohne diese Struktur wäre es vermutlich nie zu so einer engen Zusammenarbeit mit UnterstützerInnen gekommen, und der Streik wäre früher – mit noch schlechterem Ergebnis – abgebrochen worden. Die Länge des Streiks weist aber gleichzeitig auf die Schwäche der ArbeiterInnen hin. Es ist ihnen nicht gelungen, ökonomischen Druck aufzubauen. Gegen den Einsatz der LeiharbeiterInnen waren sie machtlos. Im Konflikt mit einer modernen Form des Kapitals, einer »Private-Equity-Firma«, konnten sie sich nicht durchsetzen. Und auch damit stehen sie leider nicht alleine, denn die oben angeführten Kämpfe gegen Entlassungen und Betriebsschließungen blieben ebenfalls stecken und setzten das Kapital nicht wirksam unter Druck – weil sie die Isolation nicht überwinden konnten und die neuen Versuche, die Kämpfe selbständig zu führen, noch zu schwach blieben.

Durch die Länge des Streiks gab es im Fall von Gate Gourmet viele Gelegenheiten, all diese Fragen mit den Streikenden zu diskutieren. In langen Gesprächen am Streikzelt haben sie uns die Hintergründe ihres Streiks erklärt, und mit der Zeit begannen wir zu verstehen, wie die informelle Struktur funktionierte und welche Bedeutung sie hatte. Die Idee, diese wichtigen Erfahrungen in einem Buch festzuhalten, stieß bei StreikaktivistInnen zunächst auf Verwunderung: Ein ganzes Buch über diesen kleinen Streik, der doch gar keine Erfolgsgeschichte ist? Bücher über ArbeiterInnen sind nicht mehr »in«. Mit dem Verschwinden der alten Arbeiterkultur sind die Arbeiter aus dem öffentlichen Bewusstsein verschwunden. Schon ihre Zahl wird systematisch unterschätzt. BEAUD und PIALOUX (»Die verlorene Zukunft der Arbeiter«) haben diesen Prozess über zwanzig Jahre am Beispiel der Peugeot-Werke in Sochaux nachgezeichnet: Von dem Stolz, ArbeiterIn zu sein und als Klasse Macht zu haben, ist wenig übrig geblieben, und doch steht die »Arbeiter-Frage« mehr denn je auf der Tagesordnung. Die Erfahrung, dass immer schlechtere Bedingungen und Arbeitshetze keine Besonderheit ihres Betriebes sind, machten Kollegen von Gate Gourmet bei ihren Veranstaltungsreisen: *»Wir haben mitbekommen, dass es diese Probleme auch in vielen anderen Betrieben gibt. Nur dass sie nicht den Mut haben, sich zu wehren. Unsere Leute hätten den Mut auch nicht gehabt, aber dann sind sie rausgekommen.«*

Wie sie das gemacht haben, ist sicher für andere KollegInnen interessant. Oft gehen solche Erfahrungen verloren, weil niemand sie aufschreibt und verbreitet. Zum Opel-Streik ist ein Buch erschienen, das die Hintergründe beleuchtet: »Sechs Tage der Selbstermächtigung«. Mit dem vorliegenden Buch zum Streik bei Gate Gourmet wollen wir weiteres Material liefern für die Diskussion über die Zukunft der Arbeiterbewegungen.

Wir sind bei den Streikenden auf große Bereitschaft gestoßen, sich für lange Interviews mit uns zusammenzusetzen. Diese Interviews, die vielen Gespräche am Tor und Veranstaltungen, bei denen die KollegInnen versuchten, anderen ihre Motive und ihre Wut zu erklären, waren immer auch Momente der Selbstreflexion, in denen sie sich selber klarmachten, was da eigentlich die letzten Jahre passiert war, warum sie sich das so lange gefallen lassen hatten und wieso sie jetzt so geschlossen draußen standen. Mit den Erzählungen über die Unerträglichkeit der Arbeit bekräftigten sie sich selbst ihren Durchhaltewillen. Ihre Analysen der Hintergründe wurden dabei im Laufe der Zeit immer präziser.

Dieses Buch ist ein **Lesebuch**. Die einzelnen Teile stehen für sich und können unabhängig voneinander gelesen werden. Am Anfang stehen die wilden Streiks in London-Heathrow: **Heißer August 2005** – mit Informationen zu Gate Gourmet und zur Texas Pacific Group. Ein Kollege, den wir um ein Interview gebeten hatten, meinte, er würde lieber selbst etwas schreiben. So ist das **Streiktagebuch aus Düsseldorf** entstanden, in dem er im Rückblick den Streik beschreibt und seine persönlichen Eindrücke verarbeitet. Einen Einstieg kann aber auch die **Chronik** am Ende bieten, mit einem Überblick über die wichtigsten Fakten und Hintergründe. Im Zentrum dieses Buches steht **Die Produktion des Streiks – ArbeiterInnen im Gespräch:** eine Collage aus den Interviews und anderen Mitschnitten. Dreizehn ArbeiterInnen reflektieren ihren Streik, seine Vorgeschichte und seine Auswirkungen. Zur Vorgeschichte gehört die brutale Umstrukturierung mithilfe von **McKinsey** - dazu ein Beitrag von Detlef Hartmann und ein Veranstaltungsmitschnitt: **Sie sollen sich nicht verstecken können**. Nach dem Streik - **Die letzte Blockade fand nicht statt** - trafen sich UnterstützerInnen, um ihre Erfahrungen zu diskutieren. **Gut, dass wir gekämpft haben**, meint ein Gewerkschaftssekretär, der den Streik die ganze Zeit begleitet hat, im Interview. Schließlich gibt es noch ein **Glossar**, u.a. mit Namen und luftfahrttypischen Begriffen, die bei ihrem ersten Auftauchen in jedem Kapitel mit einem * gekennzeichnet sind.

An der Erstellung dieses Buches waren eine Menge Menschen solidarisch beteiligt, alle haben alles umsonst gemacht. Ausgangspunkt war der Diskussionsprozess zwischen Streikenden und UnterstützerInnen, der im Streik seinen Anfang nahm und bis heute weiter geht. Daraus sind die Texte entstanden. Einige der Ex-Streikenden haben den gesamten Herstellungsprozess des Buches begleitet, immer wieder neu auftauchende Fragen beantwortet, Tipps gegeben und Vorschläge gemacht. Auch die von einzelnen gezeichneten Beiträge wurden jeweils von mehreren Menschen diskutiert und verändert. Für alle anderen Texte übernehmen wir die redaktionelle Verantwortung. *Flying Pickets* ist in diesem Sinne kein festes Kollektiv. Es steht für diese diffus kollektive Zusammenarbeit, die im Streik entstanden ist - und für die Aktionsform der umherschweifenden Streikposten, die sie möglich gemacht hat.

*Alix Arnold & Christian Frings*
*November 2006*

# Heißer August 2005

## Wilde Streiks in London-Heathrow

Am Morgen des 22. Februar 2006 sind die Security-Kräfte in der Ankunftshalle des Düsseldorfer Flughafens sichtlich nervös. Ein kleines Grüppchen hat sich vor einem Ausgang versammelt, an dem ein Flieger aus London erwartet wird, entrollt ein Transparent »Keine weitere Ausbeutung durch Gate Gourmet« und hält handgemalte Schilder hoch: »Gate Gourmet Workers on Strike – London – Düsseldorf«. In den letzten Monaten waren immer wieder Demonstranten und Flugblattverteiler in den Terminals aufgetaucht, die sich mit dem seit Oktober 2005 andauernden Streik bei Gate Gourmet solidarisierten. Erst als wir der von der Security herbeigerufenen Polizei erklären, dass es sich lediglich um das Empfangskomitee für einen Besuch aus London handelt, hält sie uns bis zu dessen Eintreffen die hektische Security des Flughafens vom Leib. In einem kleinen Demonstrationszug marschieren wir anschließend bei klirrender Kälte zu dem zwei Kilometer entfernt gelegenen Streikposten vor der Düsseldorfer Filiale des Airline-Caterers Gate Gourmet.

Die beiden indischen Küchenhilfen, die mit einer Unterstützerin aus London angereist sind, haben bis zum 10. August 2005 bei derselben Firma am Flughafen Heathrow gearbeitet. Zusammen mit über 800 ihrer KollegInnen waren sie an diesem Tag von Gate Gourmet im Rahmen eines dramatischen Plots fristlos gefeuert worden. Seitdem kämpfen sie mit allen nur möglichen Mitteln für ihre Wiedereinstellung und akzeptieren nicht den Kompromiss zwischen ihrer Gewerkschaft TGWU* und dem weltweit zweitgrößten Airline-Caterer. Als sie im Oktober 2005 davon erfuhren, dass sich auch in Deutschland, am Düsseldorfer Flughafen, ArbeiterInnen dieser Firma im Streik befinden, hatten sie unverzüglich versucht, den Kontakt zu ihnen herzustellen. Trotzdem dauerte es über vier Monate, bis ein Treffen zustande kam. Und dies, obwohl die Streiks in Heathrow auch hier für Schlagzeilen gesorgt hatten und in linken Kreisen als beispielhafter Fall von Arbeitermacht und Klassensolidarität wahrgenommen worden waren (siehe Literatur).

Am Abend berichten die beiden Frauen im Hinterraum einer Duisburger Kneipe über ihren Kampf. Viele der Streikenden aus Düsseldorf hören interessiert zu. Die Geschichte über das rabiate Vorgehen von Gate Gourmet in London klingt fast unglaublich, aber nach vier Monaten Streik mit massenhaftem Einsatz von Streikbrechern und privaten Sicherheitsleuten wundern sie sich bei dieser Firma über nichts mehr. Die Parallelen sind auffällig. In beiden Fällen geht es um die Flexibilisierung der Arbeit, die Reorganisation der Abläufe, Arbeitsverdichtung und die Art, wie die Menschen von ihren Chefs behandelt werden. Mit einem wichtigen Unterschied: Während die ArbeiterInnen in Düsseldorf jahrelang bei der ständigen Arbeitsverdichtung mitgemacht hatten und sich jetzt endlich gegen diesen Druck gemeinsam zur Wehr setzen, hatten ihre KollegInnen in London hartnäckig ihre Bedingungen verteidigt. Das Management sah keinen anderen Ausweg, als diese Belegschaft mit einem riskanten Befreiungsschlag loszuwerden oder so weit einzuschüchtern, dass sie die neuen Arbeitsbedingungen hinnehmen würden.

Am Ende der Veranstaltung laden die Arbeiterinnen aus London ihre Düsseldorfer StreikkollegInnen zum Gegenbesuch ein. Für den 24. März ist eine Solidaritätsdemo der entlassenen Gate-Gourmet-ArbeiterInnen in London geplant und sie wären begeistert, wenn sich Streikende aus Deutschland beteiligen würden. Etwa dreißig Streikende und UnterstützerInnen fahren dann tatsächlich nach London, demonstrieren dort zunächst vor dem einzigen europäischen Büro der Texas Pacific Group, der Eigentümerin von Gate Gourmet, und am nächsten Tag zusammen mit einigen entlassenen Heathrow-ArbeiterInnen durch Hounslow, einen asiatisch geprägten Stadtteil in unmittelbarer Nähe des Flughafens. Vom Gate-Gourmet-Konflikt wissen hier alle, der Flughafen ist in diesem Viertel der wichtigste Arbeitsplatz. Die reisende Streikgruppe aus Deutschland ist begeistert von dem herzlichen Empfang in London und es schimmert ein klein bisschen auf, wie internationale Solidarität aussehen könnte, wenn ArbeiterInnen sie selber in die Hand nehmen. Aber die ganze Geschichte der Arbeiterkämpfe im Airline-Catering und speziell bei Gate Gourmet zeigt zugleich, wie schwer es noch fällt, dem international agierenden Kapital ein entsprechend globalisiertes Handeln von Arbeiterseite entgegenzusetzen.

## Der 10. August 2005 in Heathrow

In Düsseldorf finden an diesem Tag die ersten Verhandlungen über einen neuen Entgelttarifvertrag zwischen NGG* und Gate Gourmet statt. Das Drama, das sich seit den frühen Morgenstunden in der Gate-Gourmet-Filiale Heathrow South ereignet, spielt hier keine Rolle. Höchstens die desinteressierte Haltung der Firmenseite könnte darauf hindeuten, dass sie um das Vorgehen des Managements in London weiß und sich daran orientieren will. Die folgende Schilderung der Ereignisse beruht auf zahlreichen Zeitungsberichten, vor allem aber auf drei Interviews, die wir im August 2006 mit ehemaligen Gate-Gourmet-ArbeiterInnen geführt haben.

Seit kurz vor sechs Uhr, zu Beginn der Frühschicht, stehen etwa zwanzig polnische Leiharbeiter vor dem Gebäude von Heathrow South, in dem knapp tausend ArbeiterInnen in zwei Schichten die Bordmahlzeiten für die Langstreckenflüge von Britisch Airways zubereiten, auf den Tabletts zusammenstellen, sie anschließend mit Spezial-LKWs zu den Flugzeugen bringen und in ihnen verstauen. Das Management wird später behaupten, es habe sich um ganz normale Aushilfen gehandelt, die jedes Jahr in der sommerlichen Hochsaison eingestellt werden. Aber die ArbeiterInnen sind misstrauisch. Es ist das erste Mal, dass dafür Leiharbeiter geholt wurden, sonst waren es befristet

Eingestellte, Studenten, darunter auch Kinder der dort Arbeitenden. Anders als Befristete könnten Leiharbeiter dauerhaft in der Firma eingesetzt werden und bisherige Festangestellte ersetzen. Seit Monaten verhandelte die Firma mit der Gewerkschaft über einen Sanierungsplan: Sie hätten einen Personalüberhang und müssten Stellen abbauen. Aber als sich ArbeiterInnen bereit erklärten, freiwillig gegen eine mit der Gewerkschaft vereinbarte Abfindung auszuscheiden, hatte die Firma abgelehnt. »Wozu holt ihr Leiharbeiter, wenn ihr sagt, dass ihr zu viel Personal habt?«, fragen die ArbeiterInnen das Management, bevor sie am 10. August zur Arbeit gehen. Inzwischen stehen schon etwa 130 Leiharbeiter vor dem Tor.

Noch etwas ist ungewöhnlich an diesem Morgen. Normalerweise tauchen die Angestellten der Personalabteilung nicht vor halb neun auf, die Büros werden um neun geöffnet. An diesem Morgen laufen schon um kurz vor sechs die ganzen Manager durch das Gebäude. Das erzählt ein gewerkschaftlicher *shop steward* (Vertrauensmann), der rein zufällig an diesem Morgen anwesend ist. Am Abend vorher hatte er einige Anrufe von besorgten KollegInnen aus seiner Abteilung bekommen. Ihre Manager hatten ihnen gesagt, die Firma werde am nächsten Tag Leiharbeiter hereinholen, und sie befürchteten, es könne Ärger geben. Daher hatten sie ihn gebeten, am Morgen in der Firma zu sein. Es ist sowieso seine normale Schicht. Was er nicht weiß: Er sollte eigentlich an diesem Tag auf einem Gewerkschaftstreffen sein, das diesmal in einem weit entfernten Stadtteil stattfindet. Daher sind an diesem Morgen alle *shop stewards* abwesend, nur er ist dort, weil man vergessen hatte, ihm Bescheid zu sagen. Ein Manager spricht ihn sogar darauf an und fragt, was er denn hier mache.

Die ArbeiterInnen der Frühschicht versammeln sich in der Kantine im ersten Stock. Sie wollen die Arbeit erst wieder aufnehmen, wenn ihnen das Management Rede und Antwort steht - eine durchaus übliche Praxis in dieser Firma, und britische Gewerkschaftstradition: Bei gravierenden Änderungen muss das Management zunächst die Gewerkschaft konsultieren. Das hat sich aber ganz anders vorbereitet. Vierzig, fünfzig zusätzliche Security-Leute, die an diesem Morgen in der Firma sind, riegeln die Kantine ab. Das Management erklärt, es handele sich um einen wilden Streik; wer nicht unverzüglich die Arbeit aufnehme, werde fristlos entlassen. Die ArbeiterInnen werden stundenlang in der Kantine festgehalten und die schon vorbereiteten Kündigungen verteilt. Als die ArbeiterInnen der Spätschicht erscheinen, sind ihre Zugangskarten gesperrt. Sie kommen nicht mehr ins Gebäude. Der Wachschutz erklärt diesen KollegInnen, die von den Vorfällen am Morgen teilweise noch nichts gehört haben - andere sind bereits über Handy informiert -, erst wenn sie einen neuen, geänderten Arbeitsvertrag unterschrieben, könnten sie an ihren Arbeitsplatz. Fristlose Kündigungen werden als Flugblatt an die Wartenden verteilt, mündliche Kündigungen per Megaphon ausgesprochen. Erst allmählich tauchen Gewerkschafter vor dem Betrieb auf und sind zunächst auch ratlos. Die Polizei scheint vorab informiert worden zu sein und ist zum Schutz der Firma angerückt.

Am nächsten Tag kursieren in der Presse die verschiedensten Angaben über die Gesamtzahl der Entlassenen: 350, 400, 670 … Die Firma spricht in ihrer ersten Pressemitteilung von 350 – möglicherweise ist dies die Zahl der in der Kantine Versammelten. Aber insgesamt werden es über 800 Kündigungen. Mit Boten erhalten alle noch am selben Nachmittag ihre Kündigungsschreiben nach Hause zugestellt, darunter etliche, die sich gerade im Urlaub befinden oder krankgeschrieben sind.

## Schwache Solidarität bei Gate Gourmet

Zu diesem Zeitpunkt arbeiten nach Firmenangaben in England dreitausend Menschen für Gate Gourmet, davon knapp zweitausend am Flughafen Heathrow: 983 in der Unit* Heathrow South, 810 in Heathrow West und 139 in Hatton Cross. Täglich produzieren South 36 000 Bordmenüs für 70 Flüge, West 29 500 Meals für 195 Flüge und Hatton Cross 22 000 Meals für 70 Flüge. In South ist die Zahl der Flüge im Vergleich zu West geringer, da die Unit South ausschließlich Langstreckenflüge der British Airways bearbeitet. Bis zu ihrer Einstellung im Oktober 2003 wurde von hier auch die Concorde beliefert, also extravagantes Catering mit hohem Arbeitsaufwand, wie es heute noch für die First-Class der Fernflüge anfällt. Damit ist South der strategisch wichtigste Gate-Gourmet-Betrieb in Heathrow und besonders anfällig für Arbeiteraktionen. Anders als die Kurzstrecken, die von West und Hatton Cross beliefert werden, können Langstrecken nicht mit ein paar Sandwichs und Mineralwasser losfliegen. Und auch umsatzmäßig steht South für Gate Gourmet im Zentrum.

Die beiden großen Betriebe South und West, nur ein paar Kilometer voneinander entfernt, haben eine ähnliche Zusammensetzung der Arbeitskraft. Etwa achtzig Prozent der ArbeiterInnen sind indischer Herkunft, überwiegend Sikhs aus dem Punjab, etwa zur Hälfte Frauen und Männer. Sie wohnen in den asiatisch geprägten Stadtteilen Harlington, Southall, Hounslow, Hayes oder Hillingdon in unmittelbarer Nähe des Flughafens. Der Westen Londons ist eine eigene Welt, die schon durch die Entfernung vom Zentrum Londons abgeschnitten ist. Mit normalen Verkehrsmitteln dauert die Fahrt von einem Stadtteil wie Brixton oder Lambeth zum Flughafen zwei Stunden. Wer zu den

70 000 ArbeiterInnen am Flughafen gehört und sich den teuren Schnellzug aus London nicht leisten kann, muss hier in der Nähe wohnen. Zwischen den Filialen in West und South bestehen enge Beziehungen, viele haben schon einmal zwischen beiden Betrieben gewechselt oder haben Verwandte oder Bekannte in der anderen Unit. Den Betrieb West hatte Gate Gourmet 1995 von einer anderen Catering-Firma übernommen, South war bis 1997 die Catering-Abteilung von BA* und wurde im Rahmen eines Kostensenkungsprogramms an die Swissair-Tochter Gate Gourmet verkauft. Auch gewerkschaftlich sind beide Betriebe eng verbunden. Es gibt gemeinsame Treffen der *shop stewards* und über einen im Mai vorgelegten Sanierungsplan hatten die Gate-Gourmet-Beschäftigten gemeinsam abgestimmt.

Als die Eskalation am Morgen des 10. August in South beginnt, erfahren die KollegInnen in West schnell über Handy-Anrufe, was dort passiert. Die Vorarbeiter in West sagen ihnen, sie sollten sich da raushalten, es würde sie nicht betreffen. Die Gewerkschaft verhält sich merkwürdig zögerlich. Es gibt keinen Aufruf zu Solidaritätsaktionen. Schließlich schmeißen doch 75 ArbeiterInnen (von 810), darunter einige *shop stewards*, in West die Arbeit hin und fahren zur Unit South. Gewerkschaftsfunktionäre, die dort vor Ort sind, fragen sie, was sie denn hier wollten. Auch diese 75 erhalten umgehend ihre fristlose Kündigung.

Keine Belegschaft der insgesamt sieben Gate-Gourmet-Standorte in England schließt sich dem Kampf der ArbeiterInnen in Heathrow South geschlossen an – ganz zu schweigen von den über hundert Betrieben weltweit. Aber als der Konflikt in den nächsten Tagen in die Schlagzeilen der Weltpresse gerät, erfahren alle davon – und wissen, dass auch sie gemeint sind. In Düsseldorf beeilen sich die Manager, den ArbeiterInnen zu sagen, das hätte nichts mit ihnen zu tun, sie sollten sich nicht darum kümmern. Aber die Parallele im Kleinen steht den Aktivisten in Düsseldorf vor Augen: Erst im März war es dem Deutschland-Chef gelungen, den Betriebsrat der Filiale Frankfurt-Kelsterbach zu einem Abredevertrag als Ersatz für einen Tarifvertrag zu bewegen, mit dem die Arbeitsbedingungen deutlich verschlechtert wurden.

## Die Sommermacht des BA-Bodenpersonals

Das Chaos bei Gate Gourmet führt am nächsten Tag dazu, dass BA einige Fernflüge nur mit großer Verspätung oder überhaupt nicht durchführen kann. Ab Mittag legen dann auch hunderte BA-Arbeiter bei der Gepäckabfertigung am Terminal 1 die Arbeit nieder. Sie verlangen die sofortige Wiedereinstellung ihrer Gate-Gourmet-KollegInnen. Der Streik breitet sich schnell aus und springt auf die Terminals 3 und 4 über, an denen auch BA-Flüge abgefertigt werden. Um viertel nach drei stellt BA alle Flüge ab London-Heathrow ein. Tausende Passagiere sitzen fest und es dauert Stunden, bis sie wieder an ihr Gepäck kommen. Die TGWU, die alle ArbeiterInnen am Flughafen organisiert, wendet sich an die BA, damit sie auf Gate Gourmet Druck ausübt. Offiziell distanziert sich die Gewerkschaft vom Streik, um für die Folgekosten – BA beziffert sie später auf 45 Mio. Pfund – nicht haftbar gemacht zu werden. Am Freitag, den 12. August, ruft die TGWU ihre Mitglieder um 15 Uhr zur Beendigung des Streiks auf. Der Aufruf wird befolgt, aber es dauert noch vier Stunden, bis um 19 Uhr die erste Maschine wieder starten kann. Zu diesem Zeitpunkt hat sich Gate Gourmet zu Verhandlungen mit der TGWU bereit erklärt, aber die Entlassungen noch nicht zurückgenommen. Zwei, drei weitere Streiktage, vor allem während des bevorstehenden Wochenendes, hätten vielleicht gereicht, Gate Gourmet zum Einlenken zu zwingen. Aber die Streikwaffe wird zu früh wieder aus der Hand gelegt.

Dieser Solidaritätsstreik wird weltweit bekannt. Wenn der drittgrößte Flughafen der Welt mit 68 Millionen Passagieren jährlich, ein zentraler *hub*, ein Umsteigebahnhof des internationalen Luftverkehrs ausfällt, sind die Folgen auf allen Kontinenten zu spüren. Dieser Akt von Solidarität und die darin vorgeführte Stärke sind beeindruckend in Zeiten von schwacher Arbeitermacht und geringer Solidarität unter den Ausgebeuteten. Eine erste Erklärung dieses solidarischen Verhaltens verweist auf die engen nachbarschaftlichen, ethnischen und familiären Beziehungen unter den ArbeiterInnen von Gate Gourmet und British Airways. Dies scheint Konzepte zu bestätigen, die nach einer *community*-orientierten Erneuerung der Gewerkschaftsbewegung suchen. Bei genauerer Betrachtung erweist sich diese Erklärung aber als eine Mischung aus gewerkschaftlicher Rechtfertigung und linkem Wunschdenken. Gegen-

über der Presse war es vor allem die TGWU, die diese Erklärung ausstreute, um zu belegen, dass sie mit dem wilden Streik nichts zu tun habe und er spontan aus dem nachbarschaftlichen Geflecht entstanden sei.

Für die ArbeiterInnen von BA war es der dritte Sommer in Folge, in dem sie mitten in der Hochsaison den Chefs ihre Macht demonstrierten. 2003 hatten sie gegen die Einführung eines neuen Zeiterfassungssystems gestreikt, 2004 für höhere Löhne. Die Presse spricht von der *summer bargaining power:* die Flughafenarbeiter seien sich ihrer »sommerlichen Verhandlungsmacht« bewusst. In dem Angriff auf die KollegInnen bei Gate Gourmet erkennen sie unmittelbar ihre eigene Lage. Auch BA möchte die Macht des Bodenpersonals einschränken und ihm neue Bedingungen aufzwingen. Mit dem Umzug zum Terminal 5, das 2008 eröffnet werden soll, wird die Gepäckabfertigung stärker rationalisiert und die Arbeit intensiviert werden. Unter dem Titel *»Fit for Five«* verhandelt BA mit der Gewerkschaft über den Abbau von etwa 500 der 2500 ArbeiterInnen in der Gepäckabfertigung und im Cargo-Bereich, und über die Änderung der Arbeitsweisen. So wie bei Gate Gourmet zeigt sich die TGWU auch hier zu Zugeständnissen bereit. Um ihr Vertretungsmonopol am Flughafen zu erhalten, muss sie den Unternehmern gegenüber als verantwortlicher Verhandlungspartner auftreten.

Als sich im Laufe des 10. August die Vorfälle bei Gate Gourmet herumsprechen, sehen sich die BA-Arbeiter und TGWU-Aktivisten selber herausgefordert. Am nächsten Morgen – Donnerstag, den 11. August – findet im Gewerkschaftshaus ein gemeinsames Treffen der *shop stewards* von BA und Gate Gourmet statt. Kaum zwei Stunden später beginnt der Streik. Die Mehrheit der streikenden BA-ArbeiterInnen ist nicht asiatisch, sondern weiß. Nicht so sehr die ethnischen oder Nachbarschaftsverbindungen, sondern schlichte Solidarität als ArbeiterInnen, die angegriffen werden und die um ihre noch vorhandene Macht wissen, lässt sie den Flughafen ins Chaos stürzen. TGWU-Vorsitzender Tony Woodley hält flammende Reden für die Gate-Gourmet-ArbeiterInnen, bricht die Aktion aber ab, sobald Gate Gourmet sich zu Verhandlungen mit ihm bereit erklärt und damit die Gewerkschaft weiter als Vertretung anerkennt. Das Ausmaß des Angriffs und die bekannte Gewerkschaftsfeindlichkeit des Eigentümers TPG* hatten befürchten lassen, die Gewerkschaft solle ganz herausgedrängt werden.

## Der Plot kommt durch

Damit sitzt Gate Gourmet wieder am längeren Hebel. Die Firma hat zwar extreme Probleme, das Catering in den Griff zu bekommen, als sich Anfang der Woche der Flugbetrieb wieder normalisiert. Im Betrieb herrscht das völlige Durcheinander: Direkt neben den Küchen stapeln sich in der Augusthitze faulende Abfälle aus den Flugzeugen. Händeringend suchen sie nach Leiharbeitern, die bereit sind, unter diesen Bedingungen zu arbeiten. Ein pakistanischer Student, der in den Wochen nach dem 10. August im Betrieb jobbt und dabei jeden Morgen an Hunderten von Entlassenen vorbei muss, die auf einem Hügel vor der Firma Streikposten *(picket)* stehen, erzählt uns im Interview immer wieder von dem Gestank, der dort herrschte – ganz abgesehen von der Ignorierung sämtlicher Sicherheits- und Gesundheitsbestimmungen. BA drückt beide Augen zu und lässt sich sogar zur Neuverhandlung der Cateringverträge erpressen. Gate Gourmet droht mit der Insolvenz, sollten die Verträge nicht verbessert werden, und für BA gibt es keine Alternative. Die übrigen Catering-Firmen in Heathrow wie die Lufthansa-Tochter LSG Sky Chefs sind viel zu klein, um die BA-Flüge bedienen zu können.

Der Gewerkschaft kann Gate Gourmet jetzt Bedingungen stellen: Wiedereinstellungen wird es nur mit neuen Verträgen geben. Wer die nicht akzeptiert, kann eine Abfindung bekommen, wenn sie oder er damit auf sämtliche arbeitsrechtlichen Ansprüche gegenüber der Firma verzichtet. 144 namentlich genannte *troublemakers* sollen auf keinen Fall zurück an ihren Arbeitsplatz und haben nur die Möglichkeit, die Verzichtsabfindung zu nehmen.

Am Montag, den 15. August, enthüllt der *Daily Mirror*, dass es sich um einen regelrechten Plot handelte. Schon ein Jahr zuvor sei ein Plan entwickelt

worden, die ArbeiterInnen zu einem illegalen Streik zu provozieren, um dann einen Teil von ihnen rausschmeißen zu können. Der britische Gate-Gourmet-Chef Eric Born muss zugeben, dass vom früheren Management tatsächlich ein solcher Plan entwickelt wurde, der aber nie zur Anwendung gekommen sei. Die Fakten sprechen gegen ihn: Die Firma muss sich monatelang vorbereitet haben. Manager von Gate Gourmet hatten eine eigene Leiharbeitsfirma, Versa Logistics, gegründet, um LKW-Fahrer einzustellen und auf die Arbeit am Flughafen vorzubereiten. Allein der Sicherheitscheck dauert in der Regel zwei Monate. Die Airlines waren informiert worden, dass es an diesem Tag zu Problemen kommen könnte. Den Solidaritätsstreik des Bodenpersonals hatten sie wahrscheinlich nicht auf ihrer Rechnung, aber selbst den wenden sie nun als Druckmittel gegen BA. Und Gate-Gourmet-Manager sagen ganz offen, dass es ihnen darum geht, sich von dieser Arbeitskraft zu befreien. Die hätten einfach zu viel Macht, hätten immer wieder wild gestreikt, und würden faktisch die Firma kontrollieren. In rassistischer Zuspitzung heißt es, man könne mit dieser *community* nicht mehr arbeiten, man wolle diese asiatischen ArbeiterInnen loswerden. Im Endeffekt wird die Gewerkschaft diese Zielsetzung hinnehmen und vertraglich regulieren.

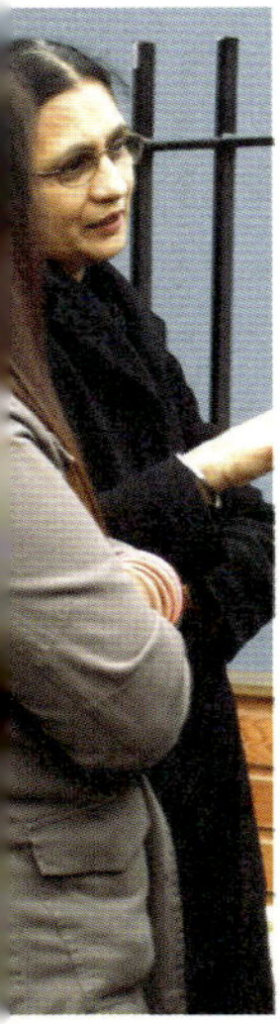

## Boom und Profitklemme im Catering

Seit dem Beginn des Jet-Zeitalters in den sechziger Jahren hat die Luftfahrt einen steilen Aufschwung erlebt, der allerdings starken zyklischen Schwankungen ausgesetzt ist und seit dem Beginn der Deregulierung in den achtziger Jahren von enormen Umstrukturierungen, Firmenpleiten und einem Verdrängungswettbewerb begleitet wird. Im Zuge von Kostensenkungsprogrammen lagern die Airlines besondere Produktionsbereiche, darunter das Catering, in eigenständige Firmen aus. So entsteht 1992 Gate Gourmet als Swissair-Tochter mit zunächst nur zwei Betrieben an den Flughäfen Zürich und Genf. Durch die rasche Übernahme von anderen Catering-Firmen wie den von der skandinavischen SAS ausgegliederten Küchen, dem Caterer Dobbs in den USA mit 11 000 Beschäftigten oder 1997 dem BA-Catering entwickelt sich die Firma in den neunziger Jahren zu einem globalen Konzern. Ihr Hauptkonkurrent und immer noch weltweiter Marktführer ist die Lufthansa-Tochter LSG, die durch die Übernahme von Sky Chefs in den USA zur LSG Sky Chefs wird. Auf ihrem Höchststand im Jahr 2001 beschäftigte Gate Gourmet weltweit über 32 000 Menschen in 34 Ländern. Vor dem Hinter-

grund ansteigender Passagierzahlen kann die Firma überaus rentabel arbeiten.

Währenddessen geraten in den neunziger Jahren kleine, ehemals nationale Airlines in die Krise. Mit verschiedenen Kooperationsprojekten versucht sich die Swissair zu behaupten. McKinsey empfiehlt ihr die »Hunter-Strategie« – in schneller Folge steigt sie bei anderen notleidenden Fluglinien ein: der belgischen Sabena, der portugiesischen TAP, der französischen AOM, der deutschen LTU usw. Als die Luftfahrt nach den Anschlägen vom 11.9.2001 einbricht, wird das Ausmaß der Finanzprobleme bei der Swissair sichtbar und in ihrem berühmten *Grounding* bleiben am 2. Oktober die Maschinen am Boden, weil das Geld für Kerosin fehlt. Der 11.9. ist nicht die Ursache, sondern er wird von den Firmen gezielt als Schock benutzt, mit dem sich der Druck auf die ArbeiterInnen erhöhen und ihr Widerstand wie z.B. bei der Sabena brechen lässt. In Nord- und Südamerika, wo der Rückgang der Passagierzahlen nach dem 11.9. sehr viel stärker ist als in Europa, entlässt Gate Gourmet Americas 3000 ihrer 14 000 Beschäftigten. In den nächsten Jahren geht die weltweite Zahl der ArbeiterInnen auf 22 000 zurück. Der Beschäftigungsabbau wird dazu genutzt, Festangestellte durch LeiharbeiterInnen zu ersetzen, wie Schweizer Gate-Gourmet-ArbeiterInnen berichten (MOOS 2003 ).

Der auf den 11.9. folgende Rückgang der Passagierzahlen wird dazu genutzt, neue Konzepte zur Kostensenkung umzusetzen, die besonders das Catering betreffen. Ab Ende der neunziger Jahre beginnt der Boom der Billigflieger. In Europa steigt ihr Marktanteil von zwei Prozent im Jahr 1998 auf 16 Prozent in 2004. Auf Catering wird hier verzichtet, die Lohnkosten des Bord- und Bodenpersonals werden gesenkt und die Standzeiten auf den Flughäfen auf 25-30 Minuten gedrückt, z.B. indem die Stewardessen die Grobreinigung der Flugzeuge machen müssen.

## Fehlgriff eines Finanzinvestors

Als die insolvente Swissair 2002 ihre Tochterfirmen zum Verkauf anbietet, sieht der Finanzinvestor Texas Pacific Group die Möglichkeit einer geschickten anti-zyklischen Investition: Kaufen, wenn eine Firma wegen schlechter Auftragslage kriselt und billig zu haben ist, verkaufen, wenn sich der Markt wieder erholt hat. Außerdem vertraut die TPG* auf ihre Erfahrungen im schwierigen Airline-Business, die sie bei der Sanierung von Continental Airlines in den USA sammeln konnte. Im März 2002 wird ein Kaufvertrag geschlossen, wegen Problemen mit den Gläubigerbanken der Swissair geht der Kauf erst im Dezember für 683 Mio. US-Dollar über die Bühne – weniger als

Gate Gourmet ein paar Jahre zuvor allein für Dobbs hingelegt hatte, und den Großteil des Kaufpreises finanziert die TPG über Bankschulden, die der Catering-Firma in die Bücher geschrieben werden (zum Vorgehen dieser Private-Equity-Firmen* siehe RÜGEMER 2005). In der Zwischenzeit hat die TPbereits McKinsey und andere Berater in die Filialen in Düsseldorf, Zürich, Heathrow usw. geschickt, um nach Möglichkeiten der Arbeitsintensivierung und Kosteneinsparung zu suchen. Ziel ist es, die Firma in kurzer Zeit zu einem weit höheren Preis wieder zu verkaufen.

Der Aufstieg von Finanzinvestoren wie TPG beschleunigte sich, nachdem der Börsenboom der neunziger Jahre im Frühjahr 2000 jäh abgebrochen war. Ähnlich wie die Börse ist *Private Equity* ein spekulatives Finanzgeschäft, das nur etwas anders funktioniert. Die Gewinne in solchen Finanzgeschäften beruhen nicht auf bereits erzielten Profiten, sondern auf der Spekulation auf zukünftige Profite. Wenn die TPG eine Firma kauft, muss sie dem nächsten Käufer nur durch drastische Reorganisationsmaßnahmen in Aussicht stellen, mit ihr in Zukunft höhere Gewinne machen zu können. Daran bemisst sich ihr Kapitalmarktwert. Das Stillhalten und Wohlverhalten der ArbeiterInnen ist ein wichtiger Faktor der Spekulation – schafft es der Finanzinvestor, sie widerstandslos zu mehr Leistung bei weniger Lohn zu bringen, so bekommt die Firma eine gute Prognose in Unternehmerkreisen. Diese Finanzgeschäfte sind kein langfristiger Ausweg aus der allgemeinen Profitkrise, in der sich das globale Kapital seit dem Ende des Nachkriegsbooms in den siebziger Jahren befindet. Vielmehr sind sie eine Flucht des Kapitals aus der Produktion, in der sich profitbringende Anlagemöglichkeiten nicht mehr finden lassen. Diese Verschiebung und nicht die räumlichen Verlagerungen sind der eigentliche Grund für die globale Schwächung der Arbeiterbewegungen (siehe SILVER 2005) – und Finanzinvestoren spekulieren auf diese Schwäche. Kommen sie mit ihren radikalen Schnitten, ihren »Schocktherapien« durch, können sie gewinnbringend weiterverkaufen und das verzweifelt nach Anlage suchende Geldkapital wandert zu ihnen.

Der spekulative Charakter des Geschäfts erklärt, warum Finanzinvestoren mit so brachialen Mitteln auf den hinhaltenden Widerstand der ArbeiterInnen reagieren – weil er die spe-

kulative Prognose auf zukünftige Gewinne blamiert. In England machte Gate Gourmet etwa 25 Mio. Pfund Verlust pro Jahr, die TPG musste weiteres Kapital in die Firma stecken. Seit Anfang 2005 hatte sie intensiv mit der Gewerkschaft über einen Sanierungsplan verhandelt, der Personalabbau, Lohnsenkungen und die Abkehr von alten Arbeitsregeln vorsah. Die Gewerkschaft schien zu einem Kompromiss bereit zu sein, aber in zwei Abstimmungen im Mai und im Juni 2005 stimmten über neunzig Prozent der ArbeiterInnen gegen den Plan. Für den 12. August war ein neues Verhandlungstreffen angesetzt. Mit der provozierten Aktion am 10. August wollte die Firma die Gewerkschaft vor vollendete Tatsachen stellen. Zunächst ist ihr das gelungen und auf dem Papier hat sie mehr oder weniger das bekommen, was sie wollte. Aber das Chaos in Heathrow und später der Streik in Düsseldorf haben Unsummen gekostet, und schlimmer: Sie haben die Spekulation auf eine duldsame und kooperationswillige Arbeiterschaft zunichte gemacht. Am 7. Oktober 2006 stellt die *Neue Züricher Zeitung* lapidar fest: »Am Caterer Gate Gourmet haben sich die Amerikaner bisher regelrecht die Zähne ausgebissen.« Schon im Juli hatte TPG-Chef Coulter von den »Problemkindern« in ihrem Portfolio gesprochen und nannte sie »die drei Gs« – Gate Gourmet, Grohe und der Chipkartenhersteller Gemplus.

Im September 2006 stieß Gate Gourmet das komplette Filialennetz in der Türkei an den Konkurrenten Do & Co ab, möglicherweise der beginnende Verkauf des gesamten Unternehmens. In dem Fehlgriff mit Gate Gourmet könnte sich eine allgemeinere Entwicklung andeuten, die Finanzfachleute befürchten. Der Beteiligungsmarkt sei heißgelaufen, den PE-Firmen werde so viel Geld hinterhergeworfen – die TPG sammelte zuletzt über 15 Mrd. Dollar ein –, dass sie es bald auch nicht mehr rentabel einsetzen könnten. Da der Anteil der Schulden, mit denen der Kaufpreis finanziert wird, immer höher geworden ist, könnte es zu riesigen Firmenzusammenbrüchen kommen.

## Arbeiterkämpfe im globalen Catering

Den Streiks in London und Düsseldorf bei Gate Gourmet war eine Streikwelle beim Marktführer LSG Sky Chefs vorausgegangen. In einigen Ländern wehrten sich die Beschäftigten gegen die Verschärfung der Arbeitsbedingungen und verlangten höhere Löhne. Am Flughafen Heathrow versuchte es die LSG schon 1998 mit einem Befreiungsschlag in der Art von Gate Gourmet, kam aber damit nicht durch. Als die ArbeiterInnen gegen die Flexibilisierung der Arbeitszeit und die geplante Arbeitsverdichtung in den Streik traten, entließ die Firma 270 Beschäftigte. In einer 18 Monate dauernden Kampagne kämpften die Entlassenen um ihre Wiedereinstellung und gewannen schließlich ihre Arbeitsgerichtsverfahren.

Im Winter 2001/2002 streikten LSG-ArbeiterInnen am Flughafen Charles de Gaulle in Paris gegen angekündigte Sparmaßnahmen. Die Firma sperrte 900 Streikende aus, schüchterte sie mit bewaffneten Sicherheitskräften ein und kündigte demonstrierende Arbeiter fristlos wegen angeblichem Fehlverhalten. 2004 wehrten sich die ArbeiterInnen bei LSG in Schweden gegen Lohnkürzungen. Am Flughafen Palma de Mallorca verhinderten sie im September 2004 mit drei 24-stündigen Warnstreiks die Einführung flexibler Arbeitszeiten. In Neuseeland beteiligten sich vierhundert LSG-ArbeiterInnen im Oktober 2004 an rollenden Streiks in Auckland, Christchurch und Wellington. Auch hier ging es um eine Lohnerhöhung und die Zahlung von Überstundenzuschlägen. Einer der jüngsten dieser Arbeiterkämpfe fand im August 2006 in Kopenhagen statt. Wegen des Streiks von über 700 LSG-Beschäftigten mussten einige Tage lang alle Flüge der SAS ohne Catering rausgehen.

Am 25./26. Juni 2002 organisierte die IUF, der internationale Verband der Nahrungsmittelgewerkschaften *(International Union of Food Workers)* ein Treffen von Gewerkschaftern und Betriebsräten der beiden großen Catering-Firmen Gate Gourmet und LSG. Ein internationaler Austausch über E-Mail und Webseiten wurde vereinbart und die Bildung europäischer Konzernbetriebsräte angeregt. Nach dem 10. August kamen auf diese Weise einige Solidaritätsaktionen zustande: In Norwegen und Dänemark weigerten sich LSG-Beschäftigte, das Catering für Flüge nach Heathrow zu übernehmen, die sonst von Gate Gourmet beliefert werden. Aber insgesamt blieb diese Koordinierung wirkungslos, weil es nicht an E-Mail-Adressen mangelt, sondern an der Bereitschaft, ernsthaften Widerstand gegen die Konzerne zu entwickeln.

Im September 2005, kurz vor dem Beginn der Tarifverhandlungen bei Gate Gourmet in Düsseldorf, unterzeichnete ver.di* für LSG in Deutschland einen neuen Tarifvertrag, der weitgehende Zugeständnisse beinhaltete: Verlängerung der wöchentlichen Arbeitszeit von 38 auf 40 Stunden ohne Lohnausgleich und Absenkung der Einstiegslöhne um 25 Prozent, im Gegenzug verzichtet die LSG bis 2010 auf betriebsbedingte Kündigungen. LSG Sky Chefs erklärt, man habe damit die Personalkosten um zehn Prozent gesenkt und dem »marktüblichen Niveau« angepasst. Es ist nicht verwunderlich, dass

Gate Gourmet in den Verhandlungen mit der NGG ähnliches verlangte – und die für den Catering-Bereich zuständigen ver.di-Abteilungen sich in der Unterstützung des Streiks in Düsseldorf nicht hervortaten.

## Widerstand gegen Kompromissabkommen

Mit dem Ende des Solidaritätsstreiks nach 36 Stunden sind die Gate-Gourmet-ArbeiterInnen in Heathrow wieder auf sich gestellt. In den ersten Wochen kommen Hunderte zum Streikposten an einem Kreisverkehr vor der Firma. Näher dürfen sie nicht an die Firma, und aus Angst vor der polizeilichen Repression gibt es auch keine Versuche, die LKWs an der Ausfahrt zu blockieren. Später wird ein Gericht sogar diese wirkungslosen Massenpickets verbieten und nur Streikposten von sieben Personen erlauben.

In den Verhandlungen lässt sich die Gewerkschaft auf das Kompromiss-Abkommen ein, in dem sich Gate Gourmet in den wesentlichen Punkten durchsetzt: Wiedereinstellung nur bei Unterschrift unter die neuen Verträge (z.B. nur fünf statt 25 bezahlten Krankheitstagen pro Jahr, verdichtete Arbeitsrhythmen), keine Wiedereinstellung der 144 »Rädelsführer« und Hunderte Arbeitsplätze sollen abgebaut werden. Am 28. September organisiert sie in Southall eine Versammlung ihrer Mitglieder, die dem Abkommen zustimmen sollen. Ein *shop steward*, der uns vom Ablauf berichtet, hält die Versammlung für ein mieses Manöver der Gewerkschaftsführung. Das Abkommen liegt den Anwesenden nicht schriftlich vor, es wird auf Englisch erklärt – eine Sprache, die viele der Anwesenden nur sehr rudimentär beherrschen. Als es zur Abstimmung kommt, ist unklar, wofür oder wogegen eigentlich gestimmt wird. Viele gucken, was ihr Sitznachbar tut, und heben entsprechend ihre Hand, oder nicht. Die Gewerkschaft verkündet danach, die Mehrheit habe sich für das Abkommen ausgesprochen, der Konflikt sei beigelegt.

Als die Entlassenen Tage später erfahren, was abgestimmt wurde, sind sie geschockt. »Wozu brauche ich eine Gewerkschaft, wenn sie die Arbeit der Bosse macht?«, sagen viele. Das Abkommen soll erst gültig werden, wenn alle betroffenen ArbeiterInnen unterschrieben haben. Das ist der Firma wichtig, denn mit der Unterschrift verzichten die Entlassenen auf die gerichtliche Geltendmachung von Forderungen gegen die Firma. Die Gewerkschaft verkündet einen Stichtag im November, bis zu dem die ArbeiterInnen unterschreiben sollen. Nachdem bis zur Frist nur 25 unterschrieben haben, wird die Frist noch zweimal verlängert. Nachdem die dritte Frist im Januar verstrichen ist, stellt die Gewerkschaft alle Zahlungen an ihre Mitglieder ein. Da sie den Konflikt nie als Streik anerkannt hatte, zahlte sie nur ein geringes »Härtegeld«.

Die Firma scheint große Probleme zu haben, das Catering mit den LeiharbeiterInnen ans Laufen zu bekommen. Erst im Dezember, über drei Monate nach dem Konflikt, kann sie in einer Pressemitteilung verkünden, dass die Belieferung wieder normal laufe. Es habe Probleme gegeben, genügend Fahrer und Belader zu finden. In Briefen und Telefonaten bedrängt sie Entlassene, in die Firma zurückzukommen. Da viele finanziell am Ende sind und keine anderen Jobs finden können, lassen sie sich auf die härteren Bedingungen ein. Gate Gourmet meldet im April eine drastische Steigerung der Produktivität: Die Zahl der gepackten Trolleys* pro Beschäftigten sei von 34 im August 2005 auf 53 im März 2006 gestiegen, 56 Prozent mehr, und der Krankenstand sei im Vergleich zum Vorjahr um 58 Prozent auf drei Prozent gefallen. In dem Maße wie ehemalige Beschäftigte in die Firma zurückkehren, werden ab Februar Leiharbeiter von Versa Logistics wieder entlassen.

Im Juni 2006 gibt die Firma genaue Zahlen bekannt: Die Gesamtbeschäftigung in England ist auf 2200 zurückgegangen, davon 1400 in Heathrow. 683 der Entlassenen (84 Prozent) haben das Kompromiss-Abkommen unterschrieben, 272 von ihnen sind an ihren Arbeitsplatz zurückgekehrt, 411 haben die Abfindung genommen. Nur eine kleine Minderheit habe sich geweigert, das Abkommen zu unterschreiben, und habe nun keinerlei Ansprüche mehr. Eine Zahl wird nicht genannt, aber rein rechnerisch müssen es 131 Personen sein. Neunzig von ihnen, sagt die Gruppe von Entlassenen, die mit Unterstützung einer trotzkistischen Gruppe weiter die Kampagne für die Wiedereinstellung betreibt, haben Klagen beim Arbeitsgericht eingereicht. Sie fordern nach wie vor, dass die Gewerkschaft ihren Streik offiziell macht. Im November beginnen die ersten Anhörungen vor dem Arbeitsgericht.

*Entlassene Gate-Gourmet-ArbeiterInnen vor ihrem ersten Arbeitsgerichtstermin in Reading am 14. November 2006*

Mit dieser Gruppe von kämpferischen Gate-Gourmet-ArbeiterInnen sind die Streikenden aus Düsseldorf im Januar 2006 in Kontakt gekommen und haben sich bei ihren Reisen kennengelernt – viel zu spät und behindert von zwei Gewerkschaften, die sich in Kompromisse mit den Unternehmern zu retten versuchen. Die E-Mails und Anrufe aus London hatte die NGG in Düsseldorf nie an die Streikenden weitergegeben, aus Rücksicht auf ihre britische Schwestergewerkschaft. Der Austausch, der schließlich doch stattfand, war für die ArbeiterInnen auf beiden Seiten des Kanals ein wichtiger Ansporn in ihren Kämpfen, verbunden mit der Hoffnung, dem globalen Kapital ebenso global die Stirn bieten zu können.

# Streiktagebuch aus Düsseldorf

## Ein Kollege blickt zurück

Es ist der 7. April 2006, am Düsseldorfer Flughafen vor der Halle 8 hat sich seit dem frühen Vormittag eine kleine Menschenansammlung gebildet, die mit Spannung die späte Mittagszeit erwartet: Es ist Urabstimmung, in der entschieden wird, ob der nun schon seit genau sechs Monaten andauernde Arbeitskampf bei der Gate Gourmet heute beendet wird oder weitergeführt werden soll. Seit Stunden wird gegrillt, etwas getrunken, man unterhält sich, zu den Streikenden stoßen immer mehr Besucher, je näher der Zeitpunkt der Auszählung kommt. Die meisten machen einen gelassenen Eindruck, aber in Wirklichkeit sind viele sehr angespannt, bei einigen liegen die Nerven blank, bei den Gewerkschaftern, bei Streikenden, die sich intensiv Gedanken gemacht haben, bei der Gate Gourmet. Natürlich kennt man die Tendenz, wohin die Abstimmung gehen wird. Es gab ja mehr als genügend Gespräche, Meinungen, Streikversammlungen, Meinungsmachen, Diskussionen, aber es bleibt halt ein kleiner Rest von Unsicherheit. Jedoch hoffen alle wieder auf geregelte Verhältnisse, wie auch immer. Der neue Betriebsleiter der Gate Gourmet bringt öfters persönlich Eis zum Kühlen der Getränke, unterhält sich länger mit Gewerkschaftssekretären, möchte sich in einem guten Licht

zeigen oder einfach nur signalisieren: Ich möchte mit euch auch wieder ins Reine kommen.

Aber so einfach ist das alles nicht mit der Abstimmung, war es im Vorfeld auch in keiner Weise, zu verschieden sind die Interessen, die hier aufeinander prallen, zu sehr ist Meinungsmache betrieben worden, nach beiden Seiten hin, für und wider. So ein Streik mit vielen Menschen mit unterschiedlichster Herkunft, Hintergründen, Temperamenten, Fähigkeiten, Wünschen, Abneigungen, mit den verschiedensten Meinungen, gestaltet sich immer schwieriger, je länger er dauert. Es gibt welche, die sich immer schon kritisch engagiert und Konfliktbereitschaft gezeigt haben, andere sind passiv, nehmen nur am Rande teil, sind vielleicht nur Mitläufer, wieder andere fangen an, zu überlegen, wachsen ein wenig an und mit der Situation, bringen sich ein. Aber es gibt sie in Wahrheit nicht, die revolutionären Veränderungen, jeder gibt sich im Laufe des Streiks so, wie er/sie eigentlich immer schon war, mit Nuancen natürlich, oder Eigenschaften treten stärker hervor, die etwas geschlummert haben, aber den neuen Menschen wird man meist vergeblich suchen. Und so ist es dann auch nur natürlich in einer Gruppe von Menschen, dass diejenigen, die sich auch vor dem Streik vor oder außerhalb der Gruppe bewegt haben, dieses im Streik genauso tun, das betrifft Vorgesetztenverhältnisse genauso wie Seilschaften oder Abhängigkeiten jedweder Natur. Das heißt auch, dass die »Streikmeinung« teils offen oder auch verschleiert meistens vom gleichen Personenkreis ausgeht bzw. auch gemacht wird. Dazu kommen die Gewerkschafter, ebenso bunt gemischt wie wir, mit ihren Sorgen, Wünschen, Stärken, Schwächen oder Ängsten. Das alles zusammen ergibt in sechs langen Monaten, in denen viele in neue Situationen oder Grenzbereiche menschlichen Miteinanders geführt worden sind, sehr interessante und lohnende Begegnungen und Erfahrungen, aber auch unendlich viel Frust, Mühe oder auch Abscheu. Nach dieser Zeit ist bei fast allen der Zenit überschritten, kaum einer, der noch mit Begeisterung oder gar Überzeugung weiter streiken möchte, die langen Wintermonate mit ewiger Kälte, die Erfahrung der Machtlosigkeit und das zunehmende Gefühl von Sinnlosigkeit lassen jetzt ein Ende dieses Abenteuers wünschenswert erscheinen. Vielleicht eine Illusion, aber nach Wissen und Gewissen sollte es jetzt doch genug sein!? Die Auszehrungen sind zuviel geworden, die unerträgliche Streikroutine mit den wenigen »Highlights«, begleitet von einer Gewerkschaft, die nur noch schnellstmöglich aus diesem Streik raus will und von daher keine überzeugenden oder mitreißenden Perspektiven mehr bieten kann oder will.

Mittags ist es wieder bewölkt, erste Windböen lassen einen erschauern, die Abstimmung ist beendet, im kleinen Streikzelt vor dem Wohncontainer wird jetzt ausgezählt. Ich klemme mich in den Türrahmen, es sollen nicht zu viele neugierig kiebitzen, bevor die Gewerkschaft zu Ende gezählt hat, das Ergebnis registriert und an ihre oberste Führung durchgegeben hat. Wir zählen mehrmals nach, ein klares Votum für die Streikbeendigung mit 61,4 Prozent, was nach dem Abstimmungsreglement eine überwältigende Mehrheit bedeutet.

Das war es also, dafür haben wir sechs Monate lang einen der längsten Streiks in der Geschichte der BRD geführt, sicherlich den längsten in der Geschichte der NGG*. Ich empfinde eine Erleichterung, keine Erlösung, nur innere Ruhe und den dringenden Wunsch, hier möglichst schnell wegzukommen. Es gibt keinen Beifall, keine Begeisterung, die Leute sind zu abgestumpft oder haben Angst vor dem, was die Zukunft hier bringen wird. Dann gibt es eine Abschlussrede der Gewerkschaft, politisch korrekt, etwas emotional, zu vieles nicht sagend. Immerhin hat der NGG-Sekretär D.S. dabei einige Tränen in den Augen und man sieht die starke Ergriffenheit, was ich ihm hoch anrechne, was mich sehr berührt. War da doch viel mehr an Ideologie und Klassenkampf dahinter, war das hinter der Fassade versteckt? Trotz der vielen Differenzen zwischen Streikenden und Gewerkschaft kann ich deren Sorgen sehr gut nachvollziehen, für die bedeutet so ein Streik eine immense Belastung der Organisation und der lokalen Ressourcen, sie haben lange mit uns durchgehalten und manches mitgemacht, ich kann verstehen, wenn die nicht mehr richtig können. Der Betriebsratsvorsitzende sagt dann auch noch ein paar Worte, voller Emotion, auch versöhnend mit Gesten gegenüber der Gewerkschaft, das war genau das, was nötig und richtig war, er hat wohl ein feines Gespür für so etwas. Er schließt ab mit einem Dank an die, die hier nicht vergessen werden dürfen, die neuen Freunde aus den linken Sozialinitiativen, die den Streik seit vielen Monaten tatkräftig unterstützt haben. Später ein paar Abschlussfotos, das war es, völlig unspektakulär, wir lösen uns auf, es gibt ein paar Tage frei bis über Ostern, zwischendurch wird das Streikdorf abgeräumt, die Wiederaufnahme der Arbeit vorbereitet.

Die Gedanken schweifen zurück zum Spätherbst letzten Jahres, wo alles angefangen hat, wie unschuldig waren wir damals, hatten keine Ahnung vom Arbeitskampf, waren durch die Bank weg ziemlich unpolitisch, standen niemals außerhalb der gesellschaftlichen Normen, aber waren wir das wirklich?

## Der Auftakt

Es ist nachtschlafende Zeit, ein paar Minuten vor 3:00 Uhr, wir haben den 7. Oktober 2005, ich fahre zur Gate Gourmet an der Halle 8a am Flughafen, gestern Abend hat mich eine Kollegin angerufen, sie sagte es wäre jetzt so weit. Der Streik hat angefangen sich zu formieren und zu organisieren. Als ich aus der Kurve komme und das Gebäude vor mir liegt, sehe ich eine gespenstige Szene vor mir: In der Einfahrt zur vorderen Rampe steht in der Finsternis ein Häuflein Menschen, nur schwach beleuchtet durch die Straßen-beleuchtung, sonst ist da nichts. Das also ist der Streik. Wir hatten zwar bereits am 9. September einen eineinhalbstündigen Warnstreik ab 4:00 Uhr durchgeführt, aber das war etwas anderes, nur eine kurze Drohgebärde, ein Versuch, die Geschäftsführung bei den Tarifverhandlungen zu bewegen, ihre starre Haltung aufzugeben. Es war eine ähnliche Szenerie, aber wir waren dabei geschlossen im Frühdienst aus der Firma herausgegangen. Auch damals waren schon seitens der Geschäftsleitung Vorbereitungen getroffen worden, um diese Stunden aufzufangen und eine Notbelieferung an die Kunden durchzuführen. Es gibt zu viele die reden, die sich verkaufen. Aber der Warnstreik hatte Gate Gourmet nicht im geringsten beeindruckt, ganz im Gegenteil, weitere Verhandlungen wurden sogar abgesagt, was damit zur Urabstimmung über den Streik führte, in der sich 93 Prozent der organisierten Mitarbeiter am 4. Oktober 2005 für den unbefristeten Arbeitskampf entschieden.

## Exkurs: Die Ursachen, gnadenloser Druck und Arbeitshetze

Wie konnte es überhaupt so weit kommen? Im Jahre 2001 ging die LTC*, die sich damals noch im Besitz der LTU* befand, im Zuge des Swissair-Konkurses - Swissair hatte sich vorher bei LTU eingekauft - in einer Nacht- und Nebelaktion an die Gate Gourmet, die damals wiederum das Eigentum der Swissair-Gruppe war. Um 2002 wurde die Gate Gourmet aus der Konkursmasse an die U.S.-Investmentfirma Texas Pacific Group verkauft. Bald darauf wurden massiv neue Arbeitsmethoden forciert, Arbeitsverdichtung mit schleichendem Personalabbau. Dazu eine Firmenkultur, die im täglichen Umgang unmenschliche Züge trägt - der Mitarbeiter als solches ist bei der Gate Gourmet grundsätzlich etwas Störendes, denn er ist ein Kostenfaktor, der immer und immer wieder durchleuchtet wird, um neue Sparpotenziale aufzutun -, die sich aber gleichzeitig mit Hauszeitschriften und internen Projekten scheinheilig den Anschein gibt, besonders menschenfreundlich und zukunftsorientiert zu sein: »Wir sind eine Familie«. Nur, glauben tut das da keiner. So etwas ist heutzutage fast schon normal, treibt keinen in den Arbeitskampf. Allerdings fing die TPG* an, zusammen mit den Folgen vom September 2001, dramatisch in die Arbeitsstrukturen einzugreifen, die schon zu alten LTC-Zeiten ziemlich *»lean«* und effizient waren, von Fettlebe kaum eine Spur. Gate Gourmet war unter Druck geraten, denn Investoren wie TPG laden den Kaufpreis als Schuldenlast auf die einzelnen Units*, die getilgt werden muss, zusammen mit einer deftigen Renditeforderung, die in Düsseldorf bei zehn Prozent pro Jahr liegt. So wurde 2003 ein Sanierungstarifvertrag abgeschlossen, der starke Einschnitte für die Beschäftigten bedeutete (Halbierung des Weihnachtsgeldes, Reduzierung von Zuschlägen und vieles mehr). Dieser wurde von der Belegschaft noch einigermaßen willig mitgetragen, um halt einen Beitrag zur Lösung der Misere zu leisten, in der Hoffnung, dass es mal besser wird. Diese Einschnitte sollten nach zwei Jahren bei guter Geschäftslage wieder rückgängig gemacht werden.

Fast zeitgleich kam die Beratungsfirma McKinsey ins Haus mit dem erklärten Ziel, sämtliche Arbeitsprozesse und Strukturen in allen Abteilungen zu analysieren und rationellere Arbeitsabläufe vorzuschlagen. Von Anfang an wurden die Mitarbeiter, vor allem die untere Führungsstruktur der Supervisoren*, in die Aktionen eingebunden. Mitgemacht haben alle freiwillig und engagiert. Die Spezialisten von McKinsey verstehen es großartig, kumpelhaft und überzeugend die Leute dahin zu führen, mögliche Einsparungen in der Arbeitszeit (nur darum ging es) selber zu erkennen und auch einzusehen. Obwohl wir diesen über viele Monate dauernden Prozess selbst reflektierend begleitet haben und auch genau wussten, was wir da taten bzw. wohin so etwas führen wird, haben wir mitgemacht. Allerdings gab es auch den einen oder anderen, der damit seine lange gehegten Privatvorstellungen endlich verwirklichen konnte. O-Ton: »Wenn der nicht mitzieht, soll er gehen, den brauche ich nicht, was soll ich mit dem?« Und dann wurden die eigenen Kollegen bei der Abteilungs- und Betriebsführung angeschwärzt, aber nicht nur einmal. Erstaunlicherweise sind diese Personen später genauso in den Streik gegangen, als hätten sie damit nichts zu tun gehabt, obwohl sie diese Dinge bis zum letzten Arbeitstag mit höchstem Nachdruck betrieben hatten. Fruchtbarer Boden also für die meist sehr jungen Berater. Nicht alles, was die analysiert und zur Verbesserung vorgeschlagen haben, war falsch, einiges machte durchaus Sinn und half sogar, die Arbeit zu erleichtern. Nur, und das ist eben das Fatale im Nachhinein, nach den Umstrukturierungen im Ablauf wurden die einzelnen Arbeitsschritte genauestens mit der Stoppuhr festgelegt und dokumentiert und danach als verbindlicher Planwert festgelegt. Und damit ging die Versklavung richtig los. Die Betriebsleitung nahm diese Richtwerte für ihre Personalplanung und den Tageseinsatz eines jeden einzelnen mit dem (auf Papier) nachweisbaren Ergebnis, dass man viel weniger Personal benötigt, da die Produktivität des Einzelnen dank der Neustrukturierung deutlich gesteigert wird, was auch der Fall war. Hier wurde auch der Begriff *waste time* definiert, die es unbedingt zu vermeiden galt. Eine *waste time* ergibt sich z.B., wenn sich ein Mitarbeiter eine halbe Minute unnötigerweise mit dem

Kollegen unterhält oder wenn er ein paar Meter grundlos - das heißt unproduktiv - durch die Produktionshalle geht. Das ganze wurde durch ein raffiniertes *Tool* für den PC optimiert, in dem täglich die Anzahl der Abflüge (sprich Umsatz) mit der Anzahl der anwesenden Mitarbeiter abgeglichen wurde, dazu kamen noch die Anzahl der zu packenden Behälter usw. Nun konnte man genau sehen - selbstverständlich war alles online, damit der Controller, die Betriebsleitung und Abteilungen in der Frankfurter Zentrale alles genauestens nachprüfen konnten - ob sich Einnahmen und Ausgaben optimal verhielten, und wehe, wenn nicht. Leider wurde dieses *Tool* von den eingebenden Supervisoren mit Wollust bearbeitet, die Abteilungen konkurrierten untereinander, wer die beste *Performance* hat, der einzelne Mitarbeiter wurde dabei zu einer Zahl degradiert, die man nach Belieben einsetzen oder abservieren konnte, so hielt der Teufel Einzug in die einzelnen Abteilungen. Stimmten die Zahlen nicht, bekamen die vorgesetzten Abteilungsleiter und Supervisoren ordentlich Druck in den täglichen *Meetings*, den sie, die fast alle eh nicht zu einer menschlichen Personalführung geeignet waren, umgehend an die einzelnen Mitarbeiter weitergaben, mit sich ständig verdichtender Arbeitshetze und unmenschlich gesteigerter Arbeitslast für den Einzelnen. Allerdings galt dieses nicht für alle Abteilungen, doch davon später.

Es gab immer wieder Zeiten, da konnten wir unsere Kunden auf dem Vorfeld* nicht mehr pünktlich oder qualitativ beliefern, da die Personaldecke so ausgedünnt war, dass jeder Krankenstand, der in so einem Umfeld nicht ausbleiben kann, nicht mehr auffüllbare Lücken riss. Als weitere Verschärfung dieses Dauerzustandes kamen neue Vorgesetzte hinzu, die mit ihrer asozialen Personalführung, bar jeder Menschenkenntnis, den inneren Widerstand weiter entfesselten, dazu eine Betriebsführung, die nur auf Zahlen und Statistiken schielte, vor der Wirklichkeit in den produktiven Abteilungen die Augen gnädig verschloss, mit völligem Unverständnis für Leute, die klatschnass geschwitzt nach der zehnten Dienststunde manchmal einfach nicht mehr konnten. Dazu wurden in Düsseldorf regelmäßig positive Umsatzergebnisse bilanziert - »Unser Ergebnis ist brillant…« - für wen? Für die Anleger der TPG*, die davon unglaubliche Renditen für ihren Kapitaleinsatz erhielten, die der Fonds mit seiner jährlichen fixen Forderung aus den Mitarbeitern rausgepresst hat. Die sollten sich das mal live ansehen, wie ihr schönes Geld sich in der Wirklichkeit vermehrt - aber die betrachten nur ihre Kontoauszüge.

Die Situation in Düsseldorf fing an, gefährlich zu werden, als im Mai 2005 der neue Entgelttarifvertrag ausgehandelt werden sollte. Nach Jahren der Enthaltsamkeit, bei deutlich gestiegener Arbeitslast und tiefschwarzen Zahlen, war die Forderung nach 4,5 Prozent mehr Lohn als moderat zu bezeichnen. Im August kam es zu ersten Verhandlungen, bei denen es kein Angebot des Arbeitgebers gab. Im Gegenteil, der Belegschaft wurden noch weitergehende Zugeständnisse abverlangt zur weiteren Senkung der Personalkosten - »um überlebensfähig zu bleiben« - und es wurde auch noch der Manteltarifvertrag* aufgekündigt, um der Gewerkschaft zu zeigen, wo man dran ist. Die seit Monaten schon angeheizte Stimmung fing an zu sieden. Gate Gourmet wollte, trotz guter Betriebsergebnisse, immer nur weiter den Profit maximieren: »Was wollt ihr denn? Geht mal nach Stockheim, die verdienen viel weniger als ihr, wie sollen wir da denn mithalten?« Nur, Stockheim, die drittgrößte Cateringfirma am Düsseldorfer Flughafen, hat ein völlig anderes Kunden-Portfolio und, was den absoluten Ausschlag gibt, die haben nur, und wir kennen etliche von denen, die halbe Arbeitslast zu ertragen und nicht diesen unglaublich harten Schichtdienst! Dieses Vorgehen von Gate Gourmet, um die Firma für den bereits seit langem geplanten profitablen Weiterverkauf zu verschlanken, führte dann zu dem Warnstreik und schließlich in den unbefristeten Arbeitskampf. Die Belegschaft hatte nichts mehr zu verlieren: »Die können mich rausschmeißen, ist mir egal, ich kann einfach so nicht weiter«. Das ist es ja, wenn die Menschen so permanent über die Grenze gedrückt werden, wenn sich einzelne Abteilungen in Spitzenzeiten teilweise nur noch anbrüllen, mit menschenunwürdigen Arbeitsbedingungen (z.B. im Laufschritt zum Klo), dann ist es für die Gewerkschaft ein Leichtes und auch folgerichtig, eine Belegschaft in den Kampf zu führen. Die Bereitschaft dazu war schon lange latent vorhanden, Anzeichen und Warnungen gab es zur Genüge, aber eine ignorante Führung wollte sie nicht wahrhaben oder glaubte, sie könne immer so weitermachen, einfach so.

## Streikbeginn

Also streiken wir jetzt, und stehen erst mal ziemlich verloren und sehr unsicher in der Zufahrt. Alle LKWs sind schon in der frühen Nachtstunden vom vorderen Teil des Gebäudes abgezogen worden, da Gate Gourmet natürlich schon wusste, dass der Streik jetzt anfängt. Woher? Es gibt Vermutungen über ein oder zwei undichte Stellen aus dem alten Betriebsrat, aber wir wissen es nicht sicher. Außerdem hat die Firma seit der Urabstimmung stündlich damit rechnen müssen und sich massiv und generalstabsmäßig darauf vorbereitet. Wir machen uns gegenseitig Mut und versichern uns gegenseitig, wie richtig es war, in den Streik zu gehen. Langsam dämmert uns auch die scheinbare Ungeheuerlichkeit dieser Situation, die jedem von uns bis noch vor kurzer Zeit absolut undenkbar erschien. Wir haben uns gegen die »eigene« Firma, ge-

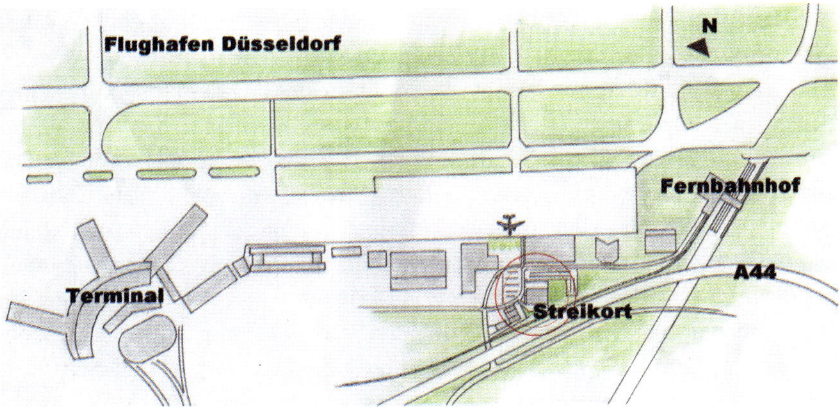


gen den Arbeitgeber gewendet, uns selbst in das Abseits gestellt, aber nicht ohne Grund, nicht ohne innere Not - es gab keinen anderen Ausweg. Angeführt wird die Gruppe der Streikenden an diesem ersten Morgen von Gewerkschaftern, die mit Megaphon, Trillerpfeifen und den so genannten Streikwesten (ärmelloses Plastikhemd mit Aufdruck) versuchen, Stimmung zu machen. Es gibt ein paar Campingbänke, etwas heißen Kaffee, sonst nichts, noch nicht. Keiner kann ahnen, wie lange dieser Ausstand dauern soll, ein paar Tage vielleicht, schlimmstenfalls eine Woche... dann knicken die ein, schließlich fehlt denen ja fast dreiviertel des Personals und das Know-how von vielen, und die Kosten werden die drücken, die haben ja selber immer damit gedroht, wir verlieren unseren Hauptkunden LTU*, wenn es »Unruhen« gibt. In ein paar Tagen ist das vorüber... Wie gut, dass wir noch nicht wussten, mit wem wir uns da in Wirklichkeit eingelassen hatten, wie blauäugig die Gewerkschaft das gesamte Umfeld um die Gate Gourmet eingeschätzt hatte, wie wenig Hausaufgaben gemacht wurden, an welchem Bollwerk alle bisherigen Kenntnisse der Streikführung abprallen würden. Die Gruppe der Streikenden bestand an diesem ersten Morgen aus allen streikbereiten Mitarbeitern der Frühdienste, natürlich waren einige doch zum Dienst gegangen, die nicht mit uns streiken werden, doch es sind nur wenige, und die waren meist schon bekannt dafür. Andere, die frei haben, kommen auch, selbstverständlich, um Stärke zu zeigen und um die Moral zu heben. Spannend wird es in den nächsten Stunden und Tagen, da einige Mitarbeiter erst später Dienstbeginn haben oder im Urlaub oder krank sind. Wie werden sie sich tatsächlich vor Ort entscheiden? (Fast alle sind vor der Tür geblieben).

Von Gate Gourmet ist die Situation langfristig geplant worden, die sind da nicht blauäugig rein gegangen. Um Schwierigkeiten im und um das Gebäude zu vermeiden, ist noch in der Nacht und am Abend zuvor ein Teil der Produktion und der sensiblen Anlieferung in ein angrenzendes, kleineres und bislang leer stehendes Gebäude verlagert worden, welches übersichtlicher ist und besser abgeriegelt werden kann. Das besorgt ein angemieteter Sicherheitsdienst, der erstaunlich schnell zur Stelle ist und mit Absperrgittern den kleinen Vorhof zu diesem Gebäude eingrenzt. Auch die LTU ist vorbereitet, stellt Personal zur Verfügung, das Streikbrecherarbeiten leisten wird, genauso wie die anderen Gate-Gourmet-Betriebe in Deutschland, die umgehend jede Menge Leute, darunter etliche Freiwillige, schicken, um Düsseldorf einigermaßen aufrecht halten zu können. Aber erstmal sieht es ganz gut aus für uns, wenig Fahrzeugverkehr findet zwischen dem Gebäude und dem Vorfeld statt, paar LKWs, ab und an ein PKW, hier werden einige Kunden gar nicht oder mit großer Verspätung angefahren.

Mittlerweile fängt es an zu dämmern, eine unglaubliche Kälte senkt sich auf den frühen Morgen herab, wir frieren erbärmlich, beobachten die Firma, unterhalten uns und machen uns gegenseitig Mut. Es ist ein großes Glück in diesen ersten Tagen, dass ein Kollege sein Wohnmobil zur Verfügung gestellt hat, wo wir uns kurz aufwärmen oder mal zur Toilette können. Jetzt beginnt eine kritische Zeit, die Streikfront muss aufgebaut werden, eine Organisationsstruktur muss her, die Leute brauchen jetzt Führung, Anleitung, Sicherheit und Stabilität. Wichtig ist es jetzt, dauernde Präsenz zu zeigen, die Zufahrten zu säumen mit Trillerpfeifen und Gewerkschaftsfahnen. In den nächsten Tagen und Wochen werden viele von uns zwei bis dreimal täglich verteilt auf 24 Stunden vor Ort den Streik unterstützen. Erste Dienstpläne (Streikplan) werden erstellt, denn die etwa achtzig Streikenden müssen rund um die Uhr auf sieben Tage die Woche verteilt werden, wobei klar ist, dass der Hauptteil im Tageslichtbereich erscheinen muss, wo man halt besser von der Allgemeinheit wahrgenommen wird. Die Gewerkschaft fängt an, massiv zu organisieren, ein großer Sonnenschirm wird mit durchsichtiger Plastikfolie als Zelt ausgebaut, es gibt Sitzgelegenheiten, Lebensmittel, Radio und CD-Player, Propangas betriebene Freiluftöfen für die eiskalten Nächte und ganz wichtig, ein mit Benzin betriebener Stromgenerator für Licht und Kaffeekochen. Es wird versucht, die Presse auf den Streik aufmerksam zu machen, mit mäßigem Erfolg. Eine Streikzeitung wird herausgegeben, in der die aktuellen Ereignisse und Termine rund um den Streik genannt werden. Mit dem Wetter haben wir in den ersten Wochen das große Los gezogen, denn tagsüber ist es meist sonnig mit fast sommerlichen Temperaturen – Schlagwort: Petrus ist in der NGG – was sehr hilfreich ist. Die uns rund um die Uhr begleitenden Gewerkschafter geben sich unheimlich viel Mühe, sind unverzichtbar. Wir unterhalten uns sehr viel, hören Musik, fast schon wie Camping, aber der Schein ist trügerisch.

Wir versuchen mit unseren Fahnen und Pfeifen Eindruck auf die streikbrechenden Kollegen zu machen, doch die interessiert das herzlich wenig, die organisieren sich ja genauso wie wir, mit Arbeitsabläufen und geistiger Frontbildung. Jeder wird bei denen jetzt eingespannt, selbst die Verwaltungsleute werden in Produktion und Auslieferung eingesetzt, jede Menge neue Gesichter sind zu sehen. Gleichzeitig wird der Anteil der Leiharbeitnehmer massiv hochgefahren, die nach kurzer Zeit einfache Aufgaben übernehmen können. Auch Abteilungs- und Betriebsleitung sind dabei, jeder macht scheinbar alles. Wir stehen manchmal unmittelbar daneben, nur von den Absperrgittern getrennt, pfeifen, rufen, ernten nur völliges Unverständnis oder werden ignoriert. Aber das ist auch für uns eine Scheißsituation, du stehst auf einmal neben deinen Kollegen, die es jedenfalls bis gestern noch waren, mit denen du immer zusammengearbeitet hast. Plötzlich trennen uns Welten, eine im Moment unüberbrückbare Kluft hat sich aufgetan. Manche von denen sind nicht mal mehr dazu im Stande, einen Gruß zu erwidern oder ähnliches.

## Erste Blockadeversuche

Am späten Nachmittag des ersten Tages machen wir unsere erste Blockade, aus der hinteren Zufahrt kommt ein LKW, den wir aufhalten. Wir stellen uns mit einer Frau und vier Männern davor, er kann nicht weiter, hält an, muss aber raus, um seine Maschinen zu beladen. Am Steuer mein Bürokollege, er tut mir leid, denn ich mag ihn. Schweiß steht auf seiner Stirn, er fühlt sich furchtbar unwohl in dieser Situation und weiß erstmal auch nicht weiter. Die Security ist ratlos und hält sich zurück, das ist für uns alle Neuland. Auch das ist ein Teil des Streiks: Einigen der von uns so bezeichneten »Streikbrecher« kann ich keinen Vorwurf machen. Manche bekämen kein Streikgeld, andere haben schlichtweg Angst um ihren Arbeitsplatz oder keinen Mut, menschliche Schwächen eben, die nur schwer zu verurteilen sind. Andere allerdings lehnen einen Streik grundsätzlich ab und sind mit ihrer Situation rundum zufrieden. So vergehen die Minuten, nach einiger Zeit kommt Dietmar May* aus dem Gebäude, er ist Geschäftsführer für Deutschland und zur Zeit aus gegebenem Anlass vor Ort. Wir kennen ihn schon ganz gut, denn er taucht bei uns regelmäßig auf, um Stimmung zu machen für Sozialabbau und zur Einschüchterung der Leute, aber auch um die Tarifverhandlungen zu führen. Er bittet ganz nett und höflich, den Weg freizugeben, versucht, uns die Sinnlosigkeit unseres Tuns vor Augen zu führen. Ich komme mir vor wie in der Grundschule. Aber das hilft nichts und so ruft er über sein Handy die Polizei. Die kommt erst nach einer Weile, ein Streifenwagen mit zwei Mann Besatzung, die sich höflich und distanziert geben und nicht auf Konfrontation aus sind. Nach langem Hin und Her, einiger Diskussion, darf der LKW endlich durch, es sind etwa vierzig Minuten vergangen. In den nächsten eisig kalten Nächten versammeln wir uns mit möglichst vielen ab drei Uhr und wollen versu-

chen, die LKWs auf der Fahrt zum Vorfeld aufzuhalten, um die pünktliche Beladung der Flugzeuge zu stören, was sich wiederum auf die so wichtigen und geplanten Abflugzeiten im Sechs-Uhr-Bereich auswirken soll. Wir wollen Druck erzeugen und nervös machen. Also stellen wir uns in stockdunkler Nacht mit Fahne und Pfeife an den Straßenrand und warten. Kommt einer, gehen wir auf die Straße und versperren den Weg, die Kollegen am Steuer sollen Angst bekommen. Schnell ist die Polizei vor Ort, diese Nacht sind es sehr aggressive Beamte, die absolut Scheiße drauf sind, die sofort fast schreiend Drohungen los lassen, bis hin zur Festnahme. Wir verziehen uns auf den Zebrastreifen, gehen dort hin und her spazieren, da werden die grünen Mädels und Jungs handgreiflich, wollen Einzelne zur Personalienfeststellung rausgreifen. Wir sind keine geübten Kämpfer und haben auch sonst Respekt vor der Staatsmacht, kennen so etwas ja auch noch nicht, und verziehen uns schnell auf den Gehsteig. Aber immerhin, Aktion und eine kleine Störung, es geht ja doch was.

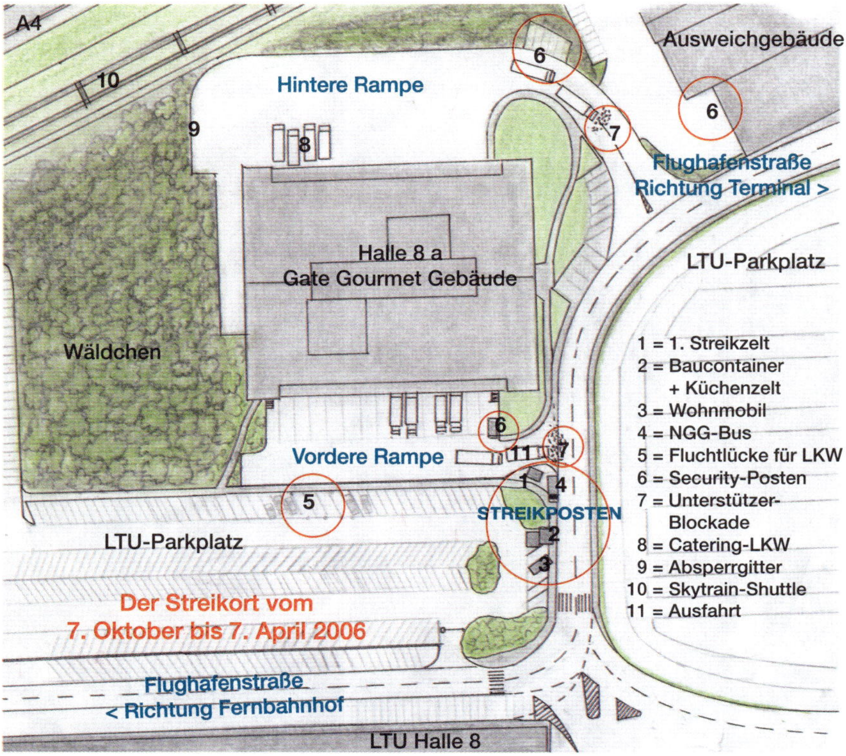


Wir erleben hier einen kleinen Vorgeschmack auf spätere Ereignisse. Auch die Erkenntnis, dass es bei unserem Staat mit der Demokratie schlagartig zu Ende ist, sobald sich Kapital und die ihm hörige Politik zu sehr gereizt fühlen. Streiken darf man hier nur, wenn man brav in der zugewiesenen Ecke verharrt und sich streng an die von Gewerkschaft und Arbeitgeberseite ritualisierte Arbeitskampfform hält. Selbstverständlich, eine Blockade ist Nötigung, aber ist es denn keine Nötigung, wenn der Arbeitgeber der Belegschaft die ihr zustehende Lohnangleichung aus mehr als fadenscheinigen Gründen stur verweigert und gleichzeitig die Produktivität des Einzelnen für die Firma drastisch erhöht, während der Betrieb nachweislich viel Geld verdient? Es ist doch in Wirklichkeit ein Tauschgeschäft: Ich gebe ihm meine Arbeitskraft über viele Tage im Monat und im Jahr, das ist auch gleichzeitig meine Lebenszeit auf dieser Erde, dafür muss er mir einen gerechten Ausgleich bieten! Tut er das nicht oder weigert er sich, um seine Profite zu mehren, bestiehlt und betrügt er mich.

Am Wochenende, bei strahlender Sonne, versuchen wir eine andere Taktik. Da wir Kenner der Materie sind und genau wissen, wer wann und wohin fliegt, wissen wir auch, wann die LKWs kommen müssen. Während des Tages teilen wir uns in kleine Gruppen auf und verteilen uns strategisch auf die verschiedenen Zufahrtsstraßen rund um das Gebäude. Kommt einer, gehen wir plötzlich Fahnen schwenkend und pfeifend auf die Zebrastreifen, halten die Wagen ein paar Minuten auf und machen die Fahrer stark nervös, die nach immer neuen Abfahrtswegen suchen, nur um uns nicht passieren zu müssen. Das machen wir ein paar Mal, bis zum Gebäude können wir nicht, da die Security zunehmend aggressiver wird. Wie gesagt, wir sind nicht richtig feige, aber vor direkter körperlicher Gewalt schrecken wir noch zurück. Die Polizei lässt sich überhaupt nicht blicken. Um diesen Störungen aus dem Weg zu gehen, fahren die LKWs plötzlich direkt unter der Autobahnunterführung durch, weg vom Vorfeld, um mit größerem Zeitaufwand über einen ordentlichen Umweg ein anderes Zugangstor zu erreichen. Immerhin, hat doch was gebracht.

## Streikbruch durch Leiharbeit

Zwischendurch gibt es erste Tarifverhandlungsgespräche, die völlig ergebnislos bleiben. Die Verhandlungsführer der Gate Gourmet sind unnachgiebig bis unverschämt. Das soll so die nächsten Monate weiter gehen, aber das wissen wir zum Glück noch nicht. Die nächsten Tage am Streikzelt laufen ähnlich ab, wir nerven den Betriebsablauf, stehen an den Absperrgittern und pfeifen die Leute an, manchmal bedrohen wir uns über die kurze Distanz hinweg. Mittlerweile ist öfter mal ein Streifenwagen vor Ort, die Ordnungskräfte haben schon intensiv mit den Verantwortlichen der Gewerkschaft geredet, damit alles in »geordneten« Bahnen abläuft und die Aktivitäten der Gate Gourmet nicht von uns behindert werden. In diesem Sinne werden wir angehalten, die Fahrzeuge unbehelligt passieren zu lassen, wozu uns auch die Gewerkschaft auffordert. Ernüchtert müssen wir von Tag zu Tag immer mehr registrieren, dass die Arbeitsabläufe ständig reibungsloser werden, dass sich Kunden wie LTU offenbar damit abgefunden haben, über einen gewissen Zeitraum einen eingeschränkten Service zu erhalten, und selbst massiv daran arbeiten, die Maschinen mit dem Notwendigsten zu bestücken. Selbst in den Gate-Gourmet-Betrieben in Frankfurt wird jetzt Essen für Düsseldorf produziert, das täglich mit dem Kühl-LKW hergebracht wird. So wie wir das abschätzen können, wir haben ja durch den Betriebsrat immer noch einige Informationen von drinnen, schaffen die es sehr schnell, das fehlende Personal ganz gut auszugleichen. Die kritischen Stellen mit Know-how und großer Erfahrung, das sind die Dispatcher* und Supervisoren*, natürlich auch einige der Fahrer oder Spezialistinnen für die Zubereitung von Spezialessen, werden teilweise durch Versetzung aus den administrativen Abteilungen, andere durch Personal aus anderen Gate-Gourmet-Betrieben ersetzt. Leiharbeitsfirmen decken die Bereiche Packlager oder Produktionsband ab. In Düsseldorf sind vier dieser Firmen im bestreikten Betrieb tätig, zwei davon im größeren Stil. Sie nutzen die Gunst der Stunde und fahren ihr dort eingesetztes Personal massiv nach oben. Sie schaffen sogar, was all die Zeit vor dem Streik nicht möglich schien: einige LKW-Fahrer aufzutreiben, die normalerweise zu diesen Konditionen nicht zu finden sind. Weil jetzt die schwache Wintersaison im Fluggeschäft anfängt, ist der Arbeitsdruck bald stark reduziert und erleichtert die Einarbeitung der vielen neuen Mitarbeiter.

Gerade die LTU, die sich jahrelang nur durch eine Landesbürgschaft aus Steuergeldern über Wasser gehalten hat, beteiligt sich massiv am Streikbruch und hilft, wo sie kann, um die Auswirkungen zu unterlaufen. So müssen wir erleben, dass unser größtes Streikpotenzial, nämlich der Entzug unserer Arbeitskraft, scheinbar ohne größere Probleme zügig aufgefangen werden kann. Natürlich läuft dort nicht alles rund, wie so gerne versichert wird. Wir sprechen viel mit den Cabin-Crews der LTU auf den Parkplätzen, sie berichten von chaotischen Zuständen beim Service in den ersten Wochen, doch da geht die LTU halt durch. Konsequent reduziert sie das Catering für die Kurz- und Mittelstrecken, wo das irgendwie noch halbwegs durchgeht, und lässt dafür die zur Verfügung stehenden Ressourcen bei Gate Gourmet mit Schwer-

punkt auf die prestigeträchtigen Langstrecken bündeln. Doch auch hier verbessert sich die Situation nach einiger Zeit. Durch den Zwang, die kürzeren Europastrecken mit einem reduzierten Catering zu befliegen, bekommt die LTU eine großartige Gelegenheit, weitere zukünftige Kosteneinsparungen bei den Flugkosten zu testen, was sonst kaum möglich gewesen wäre. Um die schlimmsten Probleme der ersten Tage etwas zu mildern, lässt sich die Airline direkt auf das Vorfeld in ihren großen Wartungshangar lastwagenweise Softdrinks oder auch Toilettenpapier anliefern, um damit die Bordküchen zu bestücken. So behelfen sich die Streikopfer ziemlich schnell, wodurch der Streik anfängt, ins Leere zu laufen.

Man kann sagen, dass erst der starke Einsatz der Leiharbeitnehmer, von weit über fünfzig Frauen und Männern, die zumeist selber unter unwürdigen Verhältnissen arbeiten müssen, die Gate Gourmet aus dem Schneider gebracht hat, denn ihr eigenes Personal aus anderen Betrieben konnte sie nur in den ersten Streikwochen hier einsetzen. Natürlich sind die Anlaufkosten sehr hoch, die Leiharbeitnehmer kosten Unsummen, auswärtiges Firmenpersonal hat Reise- und Hotelkosten, es müssen Kühl-LKWs angemietet werden, das kleinere Zusatzgebäude bringt erhebliche Fixkosten mit sich, das Personal von der Security, das rund um die Uhr oft mit bis zu zehn Personen vor Ort ist, verschlingt ein Vermögen. Rechnungen an die Kunden dürften kaum bzw. nur stark reduziert geschrieben worden sein. Aber nach einem Monat muss Gate Gourmet für die Streikenden keinen Lohn mehr überweisen, sie kosten die Firma fast nichts mehr, was sicherlich einen Teil der Verluste wieder wettmacht.

## Streikalltag: Streikzelt, Streikgeld, Gewerkschaft

Wir haben natürlich auch jede Menge Probleme. Das fängt an beim Streikgeld, schon hier gibt es ein starkes Gefälle, denn die Streikunterstützung errechnet sich aus der Dauer der Gewerkschaftsmitgliedschaft und der Höhe des durchschnittlichen Beitragssatzes. Wer weniger als zwölf Monate dabei ist, erhält das Zwölffache des Beitrags pro Woche, wer länger dabei ist, das Sechzehnfache. Da z.B. das Gehalt eines Supervisors wesentlich höher ist als das einer Bandarbeiterin (d.h. auch höherer Beitragssatz), kann man sich den Unterschied gut vorstellen. Viele Fragen müssen geklärt werden, der Rhythmus der wöchentlichen Zahlungen muss erst anlaufen. Wer zahlt die Sozialversicherungen, gibt es einen Fonds für Härtefälle? Zum Glück bleibt man während eines Arbeitskampfes auch ohne Beitragszahlung krankenversichert, die Arbeitslosen- und Rentenversicherung ruht für die Dauer. Schwierig wird es schnell für die, die erst kurz dabei sind und ein geringes Einkommen haben, manche müssen hohe Abzahlungsraten leisten. Hier müssen Lösungen und Erleichterungen gefunden werden.

Langsam richten wir uns häuslich ein. Neben dem Wohnmobil steht auf dem Gehweg immer ein Kleintransporter der Gewerkschaft, wo wir allen Krimskrams lagern, den wir benötigen. Dinge wie Farben, Stofftücher, Dachlatten, Plastikbecher oder Besteck werden im nahen Baumarkt besorgt, das Benzingemisch für den Generator in regelmäßigen Abständen an einer Tankstelle, sowie Brötchen für die Frühschicht. Mittags wird täglich warmes Essen aus der DGB-Kantine in der Innenstadt angeliefert, dazu gibt es belegte Brötchen. Wir organisieren uns mit Zetteln und Listen, teilen uns in Gruppen auf, säumen die Zufahrten und stehen an den Absperrgittern, gehen auf die Besucherterrasse am Terminal um herauszufinden, ob es streikbedingte Abflugsverzögerungen gibt, aber das findet man natürlich so nicht heraus. Andere verteilen Flugblätter im Terminal oder im Sky-Shuttle*.

Mittlerweile bekommen wir einigen Pressebesuch, auch das Fernsehen ist da. Ein Kollege, Fahrer und Mitglied der Tarifkommission, entwickelt sich zu unserem Haupt-Pressesprecher, er gibt viele der Interviews, die er sehr gut absolviert. Nebenbei ist er auch unser Fotograf, der während des gesamten Streikes ständig Aufnahmen macht. Langsam finden wir den Ton und die Formulierungen, die der Streik benötigt, um zu einer breiteren Öffentlichkeit zu sprechen. Am stärksten vertreten ist das Spektrum der linken Medien, die aber leider nicht so verbreitet sind. Die bürgerlichen Tagesblätter aus der Region kommen hin und wieder, berichten aber nur, wenn »Highlights« zu vermelden sind – oder auch nicht. Die Artikelüberschriften lauten z.B. »Arbeitskampf beim Caterer«, »Trotz Streik in gewohnten Bahnen«, »Unter den Wolken herrscht dicke Luft: Der Airline Caterer Gate Gourmet wird seit Freitag bestreikt, LTU Mitarbeiter packen Essen selber« oder »Air Caterer streiken weiter«. Es sind meist nur Spalten-Artikel, mehr oder weniger nichts sagend, zurückhaltend. Das ist bei den linken Blättern etwas anderes. Hier wird engagierter auf die Hintergründe eingegangen und sorgfältiger beobachtet. In den nächsten Monaten wird der Streik immer wieder schubweise von Presse, Rundfunk und Fernsehen punktuell begleitet.

Nun lernen wir auch unsere Gewerkschafter besser kennen. Einige sind nur Streikverwalter, das sind die Nebenamtlichen, Ansprechpartner für Notfälle, andere organisieren und machen den Streik. Einer von den Hauptamtlichen hat den Betriebsrat schon längere Zeit als zuständiger Gewerkschaftssekretär begleitet und kann ein Lied von den Machenschaften im Gebäude singen. Er ist ziemlich links ausgerichtet, fast schon alternativ, aber gleichzeitig stark in die konservative Gewerkschaftsstruktur integriert, ein Umstand, der ihm über die Länge des Streikes noch einige Schwierigkeiten bereiten wird. Er besitzt die besondere Fähigkeit, mit den meisten Menschen schnell gut umgehen zu können und genau zu taxieren, wen er für die vielen Aufgaben und Projekte, die jetzt anstehen und auf uns zu kommen werden, jeweils am besten einsetzen kann. In den ersten Monaten schiebt er rund um die Uhr mit Streikwache, greift auch mal zu seiner Gitarre mit Gesang, organisiert das Meiste, wird zu unserem Hauptansprechpartner in kleinen und großen Dingen. Wir freunden uns schnell an. Andere Hauptamtliche, die mehr administrativ eingebunden sind, sind nur schichtweise vor Ort, wir schätzen auch sie. Wie sich bald herausstellt, ist es gar nicht so einfach, die von der Streikordnung vorgeschriebenen verantwortlichen Gewerkschafter rund um die Uhr zur Verfügung zu stelle., Sie kommen manches Mal sogar tageweise bis aus dem Frankfurter Raum angereist. Die NGG hat als kleine Gewerkschaft nicht genügend Ressourcen, eine Zusammenarbeit mit anderen Gewerkschaften gibt es anscheinend nicht.

Mittlerweile haben wir uns daran gewöhnt, auf dem direkt um die Ecke liegenden Fernbahnhof des Flughafens die Toiletten- und Waschräume zu benutzen, wofür wir sehr dankbar sind, das ist für die gesamte Streikdauer mehr als hilfreich. Wir haben zwar jetzt vor Ort ein Dixi-Klo, aber wer geht da schon gerne drauf. Dieser Bahnhof wird uns bald zu einem zweiten Zuhause, man kann hier auch sehr schön einen guten Kaffee trinken, Leute treffen und ungestört die neuesten Streiktaktiken besprechen, Flugzeuge beobachten, und es bringt eben auch ein Stündchen Abwechslung vom Alltag im Streikzelt.

Für den 13. Oktober ist unsere erste Demonstration geplant, wir wollen vom Streikort Halle 8 bis zum Flughafen-Terminal in der Abflugebene laufen. Dafür brauchen wir noch Transparente, die wir selber machen wollen. Wir haben schon zwei in der Straßenkurve zum Streik hängen, die von der Gewerkschaft kommen und das zentrale Leitmotiv »Menschenwürde« und »Gerechtigkeit« anmahnen. Also besorgen wir uns Pinsel, Abtönfarbe, Bettlaken, Stoffbahnen, und los geht es. Dank des guten Wetters ist es eine angenehme Arbeit, die mir auch die Möglichkeit gibt, der Streikroutine etwas zu entkommen. Die ersten Banner bekommen so »tolle« Sprüche wie »Keine Ausbeutung durch Gate Gourmet« oder »Keine Menschenwürde bei Gate Gourmet«. Es soll halt irgendwie optisch was hergeben. Diese Banner, auf dem Asphalt liegend gemalt – es sollen in den nächsten Monaten noch mehr werden – sind irgendwie wichtig für den Streik, sie sind eine Protest- und Kampfansage, die direkt vor Ort in Form und Ausdruck gebracht wird, um dauerhaft ihre Aussage zu tun. Sie werden uns auch auf unseren Reisen begleiten.

## (Zwischen-) Menschliche Begegnungen

So ein Streik ist nicht nur schwarz und weiß, gut und böse, Recht oder Unrecht. Dazwischen liegt noch so vieles mehr, was auch seinen Platz hat und unabdingbar dazugehört. Der Mensch ist hin- und hergerissen zwischen diesen Werten, der eine mehr, der andere weniger, alles gehört zusammen. So gibt es auch einige Reibereien, die in Gruppen unweigerlich auftreten. Da gibt es welche, die andere genau beobachten, ob sie den gleichen Umfang leisten wie sie selber, die anfangen, Unruhe zu stiften, wenn jemand nicht pünktlich erscheint, der andere vielleicht seine Sachen nicht verräumt hat. Sie haben zwar grundsätzlich Recht, aber man wird den Verdacht nicht los, dass sie ihren Schrebergarten ebenso penibel bewachen. Die Streiksituation wird allerdings auch von einigen ausgenutzt. Es gibt welche, die lassen sich zu Schichtbeginn blicken und verschwinden dann spurlos, vielleicht um einen Nebenjob zu machen, aber es sind nur ganz wenige. Oder andere tragen sich immer nur auf den gleichen Diensten ein und vermeiden die unangenehmeren Tages- oder Nachtstunden. Diese Dinge werden im Laufe der Monate

durch verstärkte Kontrollen geregelt. Die anstehenden Aufgaben müssen immer gezielt verteilt werden, oftmals mit etwas Nachdruck. Freiwillige für etwas zu finden ist manches Mal schwierig. Aber die Leute finden ihren eigenen Rhythmus, es werden sehr bald feste Cliquen gebildet, die sich kaum von denen unterscheiden, die vorher schon bestanden haben. Man sitzt zusammen, unterhält sich, löst Kreuzworträtsel, sieht fern, isst, manche spielen monatelang nur Skat, andere verschwinden auf dem Fernbahnhof – Streikalltag eben.

Viele sind aus finanziellen Gründen hin- und her gerissen über die Länge des Ausstandes, wissen nicht so recht, wie das bei ihnen weitergehen kann. Wir führen darüber viele Gespräche, lauschen den Sorgen und versuchen, irgendwie Trost und Hoffnung zu vermitteln. Aber viel kann man da nicht tun, denn Geld haben wir fast alle nicht übrig. Eine Kollegin macht sich die größten Sorgen, muss Kinder und Mann alleine ernähren und weint sehr oft. Wir sprechen oft im Frühdienst darüber, wie lange sie das noch durchhalten kann, lange wird sie es nicht mehr machen. Eines Morgens bricht sie fast zusammen, wir gehen etwas in der Dunkelheit auf dem noch verwaisten Parkplatz spazieren, sie heult und ich versichere ihr, dass sie wieder reingehen kann, dass das völlig o.k. ist, was es auch ist, dann liegen wir uns in den Armen. Kurz darauf bricht sie den Streik ab.

Eines Nachts, es ist kurz vor drei Uhr morgens, gehe ich in der menschenleeren Umgebung spazieren, es ist nichts los, die LKWs ruhen, die Security ist am Dösen, unsere Streikwache von drei Mann ebenfalls. Der Gewerkschaftssekretär schläft eine Runde in seinem Auto, denn er muss morgen Vormittag in die Tarifkommission. Bei dem kleinen Gebäude sehe ich einen Kollegen rumlaufen, mit dem ich schon seit Jahren eng zusammenarbeite, der allerdings nicht beim Streik ist. Da wir uns immer sehr gut verstanden haben und sehr gut miteinander können, nähern wir uns schnell und haben die Gelegenheit, etwas länger völlig frei und unbeobachtet miteinander zu reden. Eigentlich teilen wir die gleichen Ansichten, haben allerdings eine etwas unterschiedliche Sicht über die Lebensform. Gerade er, der ständig schikaniert und bloßgestellt wird, gehörte nach draußen, aber der vermeintlich sichere Arbeitsplatz bedeutet ihm mehr und ein regelmäßiges Einkommen alles. Wir unterhalten uns auch noch über die jeweilige Situation, bei den Streikenden, bei denen, die drin geblieben sind. Trotz der verschiedenen Situation verbleiben wir in Freundschaft und ohne Groll, aber er geht zurück wie in ein anderes Land.

Einer, vor dem wir alle Respekt haben, ist W., er steht kurz vor dem Vorruhestand und ist grau meliert. Bewundernswert ist es, wie er die vielen Jahre der Schinderei im Fahrdienst mit Schwerarbeit und Dienst rund um die Uhr überstanden hat und trotzdem sehr oft beispielhaft und aufrecht in schwierigen Situationen auftritt. Er steht jetzt bei uns, obwohl er nicht in der

Gewerkschaft ist und daher kein Streikgeld bekommt. Er wird noch wochenlang mitstreiken, dann allerdings zwingen ihn die Finanzen wieder an seinen Arbeitsplatz, denn die lange Streikdauer ist so nicht zu überstehen.

## Zwischenbetriebliche Solidarität?

Interessant gestaltet sich das Verhältnis zu unseren Betrieben, die in ganz Deutschland verteilt sind. Direkt zu Streikbeginn schicken sie haufenweise Personal, das den Streik brechen soll. Die meisten kommen freiwillig. Sie kommen aus München, Berlin, Frankfurt oder Köln. Wir sprechen einige an, die meist ziemlich schamlos an unserem Streikzelt vorbeischlendern. Ein Schuldbewusstsein ist nicht auszumachen, sie kommen um ihren Arbeitsplatz zu erhalten, auch ihnen wurde, wie uns schon seit Monaten, gebetsmühlenartig damit gedroht, wenn wir weiter so maßlos an unseren Lohnforderungen kleben, würden wir (sprich Gate Gourmet) unseren Hauptkunden LTU verlieren, der neben der Hauptbasis Düsseldorf auch bei einigen anderen Standorten Umsatz generiert. Natürlich war nichts davon wahr, denn eine Krähe hackt der anderen bekanntermaßen so schnell kein Auge aus. Also tun sie alles, um den Kunden vermeintlich zu halten, indem sie uns im Regen stehen lassen. Es gibt allerdings auch etliche Elemente darunter, vorzugsweise aus dem Zeppelinheimer Betrieb, die sich um die LTU sonst was scheren, die für ihren Brötchengeber einfach alles tun und zu jedem Preis, heißt auch für einen Niedrigstlohn, die kein soziales Gewissen haben. Die Betriebsräte dieser Betriebe, sofern sie überhaupt einen haben, gehen, bis auf ganz wenige Ausnahmen, erst mal auf Tauchstation, kommen später »entsetzt aus dem Urlaub« und ähnliches: Sie hätten das nicht verhindern können.

Auch die ver.di*, bei der die organisierten Betriebe sind, die selber kurz vor Tarifverhandlungen steht, scheut sich vor dem Düsseldorfer Streik wie das Kind vor dem Feuer, bloß keine schlafenden Hunde wecken, erst mal abwarten, wie das ausgeht. Selbst der Vorsitzende des Konzernbetriebsrates Klaus Markert ist nicht zu fassen, um irgendwie solidarische Aktionen für die Streikenden zu unternehmen. Er windet sich bei jeder Anfrage wie in Öl, ist nicht festzulegen. Es gibt nur Lippenbekenntnisse, ein paar E-mails mit Aufrufen, das ist alles. Allerdings ist es mit Sicherheit alles andere als einfach, den eigenen Betrieb mit vielleicht schwerwiegenden Solidaritätsaktionen für einen anderen Betrieb in einen Konflikt zu stürzen. Erschwerend kommt hinzu, dass der jeweilige Organisationsgrad nicht auf Düsseldorfer Niveau liegt. So müssen wir nicht nur gegen unseren Betrieb streiken, sondern haben auch noch zahlreiche andere Belegschaften gegen uns. Zwar kommen

Wochen später keine weiteren Streikbrecher mehr, die vorhandenen werden wieder abgezogen, sobald ausreichend Leiharbeitnehmer eingearbeitet worden sind, aber es wird unklar bleiben, ob es auf Betreiben der Betriebsräte geschehen ist oder ob die Betriebe ihre Mitarbeiter einfach nur wieder selber brauchten.

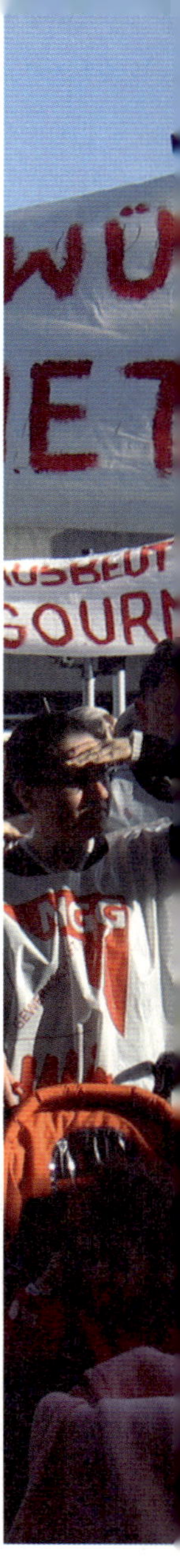

## (Zwischen-) Menschliche Begegnungen 2: Wasser predigen, Wein trinken

Wie schon erwähnt, waren nicht alle Abteilungen von den Umstrukturierungen mit Arbeitshetze, Überlastung und Verdichtung betroffen. Das betraf nur die so genannten produktiven Abteilungen, wo man festgelegte, zum Teil manuelle Tätigkeiten einfach zerlegen kann und damit transparent macht. Aber wer kann das schon bei einem Büromitarbeiter im administrativen Bereich, der Kunden betreut, viel telefoniert, am PC sitzt, lesen muss und gleichzeitig mehrere Aufgaben zu betreuen hat. Gate Gourmet kann das auf jeden Fall nicht. Ich will nicht sagen, die würden alle einen faulen Lenz machen. Das stimmt nicht, an vielen Arbeitsplätzen ist dort immer einiges zu tun und erfordert auch die volle Aufmerksamkeit. Nur, und das ist der springende Punkt, es ist eben kaum Überlastung gegeben, ich kann da meine Arbeit, von ein paar Ausnahmen mal abgesehen, einigermaßen in meiner täglichen Dienstzeit schaffen, ohne mich ständig abzuhetzen oder unter Dauerstress zu stehen. Solche verschiedenen Welten sind normal im Berufsleben. Problematisch wird das nur, wenn wie bei Gate Gourmet alle, die es nicht so schön haben, das ständig vor Augen geführt bekommen. Zu viele sehen das täglich, die Fahrer, die für die Botengänge ständig in diese Büros müssen, andere, die Unterlagen abgleichen oder eben viele von denen gut kennen. Wenn an Tagen, wo über drei Viertel der Firma kurz vor dem Kollaps steht, dort mal wieder zeitraubend ein Geburtstag gefeiert wird, Überstunden abgebaut oder Spätnachmittags schnell noch irgendein Umtrunk stattfindet, dann ist es kein Wunder, wenn schnell das Wort vom »Wellness-Center« oder »Erholungsheim« die Runde macht. Solche Zustände darf sich eine Firma einfach nicht leisten, in einem so verdichteten Betrieb müssen alle dran glauben, oder die Abgrenzung muss radikaler sein. Und gerade aus diesem Bereich kommt dann die größte Ablehnung für den Streik, die größte Verurteilung derer, die in Sichtweite vor der Tür stehen, völliges Unverständnis für eine Welt, die nur einen Gang weiter stattfindet. Die konnten nicht begreifen, dass man sich unter diesen Arbeitsbedingungen nicht auch noch das letzte Hemd freiwillig nehmen lässt (»die sollen sich bloß nicht so anstellen«), unter würdigeren Ar-

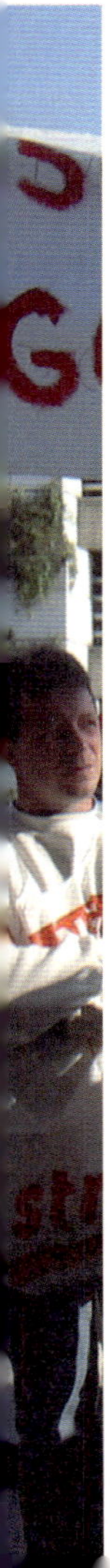

beitsbedingungen hätte der Streik nicht stattgefunden. Für einige war das in Ordnung zu sagen: Ich gebe gerne paar Tage Urlaub her, wenn es die Umstände erfordern, warum keine Einsparungen (unausgesprochen: eine Kürzung der Zuschläge von Nacht- und Sonntagsarbeit betrifft mich ja sowieso nicht). Anscheinend waren sie selber der Meinung, diesen Urlaub aus genannten Gründen nicht zu benötigen. Leider weiß das heute fast niemand mehr, wie hart jeder einzelne Urlaubstag vor langer Zeit von den Gewerkschaften erkämpft wurde. Was man jetzt leichtfertig preisgibt, kommt nie wieder zurück. So werden wir mit Verachtung gestraft, Monate später kann man bei einigen Auge in Auge sogar Hass flackern sehen - wir sind weit gekommen. Allerdings gibt es auch hier rühmliche Ausnahmen, die ihre natürliche Menschlichkeit zu keinem Zeitpunkt verlieren und versuchen, alles zu verstehen.

## Demonstrationen am Flughafen und in der Stadt

Heute ist Demo, am frühen Vormittag versammeln wir uns am Streikzelt, außer den Streikenden sind auch noch ein paar Familienmitglieder dabei. Wir formieren uns vorschriftsmäßig (ist ja angemeldet) als Lindwurm auf dem rechten Fahrstreifen, haben Megaphon, auf Holzstangen montierte Banner und natürlich Streikweste und Trillerpfeife dabei, marschieren los, vor und neben uns die begleitenden Motorräder und Fahrzeuge der Polizei. Unser Weg geht am Frachtzentrum vorbei, auf Höhe unseres Konkurrenten LSG halten wir an, applaudieren. Der Hauptamtliche hält eine kurze Ansprache mit Dankesworten an die Solidarität der Kollegen, die sich geweigert haben - Betriebsrat und Belegschaft - Streikbrecherarbeiten zu leisten, indem sie LTU-Flüge für uns beladen sollten. Das haben sie nach zwei Tagen eingestellt. Eine Solidarität, die in diesem Umfeld einzigartig bleiben soll. Ein anderer Mitbewerber, die Firma Stockheim, versucht, mit der LTU einig zu werden, kommt aber aus verschiedenen Gründen nicht über eine Anlaufphase hinaus.

Langsam nähern wir uns der Zufahrtstraße auf der Abflugebene, Passanten und Flugreisende registrieren unseren Zug nur leicht verstört oder nehmen sonst keinerlei Notiz von uns, die Zeit ist wohl zu schnelllebig, wir demonstrieren dann halt für uns. Überraschenderweise nehmen die ganze Zeit über zwei Mitarbeiter vom LTU-Inflight teil, die Ansprechpartner für alle Cateringfragen ihrer Firma sind, und damit haben sie auch Zuständigkeit für Gate Gourmet. Allerdings ist es weniger Solidarität (vielleicht auch etwas davon, ganz heimlich), sondern sie müssen wohl hinhören, ob in der Öffentlichkeit über die LTU geredet wird und in welchem Zusammenhang. Wir kennen die beiden seit Jahren ganz gut und unterhalten uns freundschaftlich, sie sind uns willkommen. Die Kundgebung findet vor dem Terminal statt, der Gewerkschaftssekretär hält eine längere Ansprache, die den Streikhintergrund beleuchtet und an alle appelliert, Gerechtigkeit zu üben. Die versprochene Presse ist nicht erschienen.

Seit einigen Tagen kommen immer mehr Besucher zu uns, es sind Gewerkschafter, nahe stehende Organisationen, Vertreter politischer Randgruppen oder auch Bürger, die selber einmal gestreikt haben, wie die Mitarbeiter der Eichbaum Brauerei, die vier Wochen lang erfolgreich für einen Tarifvertrag gestreikt haben. Sie kommen am 15. Oktober, ein Besuch, der uns sehr hilft, für den wir dankbar sind. Vier Wochen zu streiken, ist für uns noch jenseits des Vorstellbaren. Heute morgen ist ein Mitarbeiter der Aktuellen Stunde vom WDR da, wir machen etwas Aktion, geben Interviews und schildern die Situation einem Reporter, der sich sehr interessiert gibt. Neben den unterschiedlichen Meinungen der Streikenden gibt es ein offizielles Statement der NGG, dieses Mal vom Bezirkschef, der heute vor Ort ist. Später kommt eine Kollegin zu mir, die eine gute Idee für ein neues Banner hat. Da sie als Mitglied der Tarifkommission ziemlich frech sein kann und auch sonst streitbar ist, soll es natürlich ein provozierender Spruch sein: »Wahnsinn Gate Gourmet, unsere verdiente Lohnerhöhung geht an Leiharbeiter, Security, usw.«. Ich habe Mühe, den langen Dreizeiler auf ein Acht-Meter-Tuch zu bringen, lege die Stoffbahn auf den Boden, beschwere sie wegen der Windböen mit Gewichten, schreibe den Text mit Bleistift vor und berechne die Buchstabengrößen genau, damit der Text aufgeht. Danach bemale ich den Nesselstoff mit Abtönfarbe, nach zwei Stunden hängen wir das Stück in die Kurve, direkt vor das Fenster des Betriebsleiters.

Ein paar Tage später machen wir die zweite Demo zum Terminal auf der gleichen Strecke, wir wollen versuchen, die Dinge etwas am Laufen zu halten, leider erscheint hauptsächlich nur linke und türkische Presse, weshalb kaum Notiz genommen wird. Auf dem Rückweg macht unser Zug halt vor dem Büro des Betriebsleiters, wir pfeifen und rufen, der Hauptamtliche hält mit dem Megafon eine markige Rede. Zufällig kommt der Chef gerade vorbei, Thomas Camenzind* hört sich das alles vor der Tür an, irgendeine Regung ist an ihm aber nicht zu erkennen. Es kursieren zahlreiche Berichte, wie er in den ersten Streiknächten versucht hat, Leute zu überreden, wieder rein zu kommen und dabei anwesende Gewerkschafter übel beschimpft hat (»Lumpenpack« und ähnliches). An einigen der nächsten Abende stellen wir uns auf Idee von Gewerkschaftssekretär Axel in der abendlichen Dämmerung mit brennenden

Fackeln als eine Art Mahnwache vor dem Gebäude hin, säumen die Zufahrt, während er eine längere Rede hält und hart mit Gate Gourmet ins Gericht geht. Wir können durch die beleuchteten Fenster sehen, dass eigentlich keine Notiz von uns genommen wird. Lediglich einer schaut ständig durch die Scheiben, ob wir seinen Wagen mit unseren Fackeln in Brand setzen, was wir allerdings nicht vorhaben. Eine eindrucksvolle und bewegende Szenerie. So versuchen wir mit immer neuen Ideen, größeren oder kleineren Aktionen, Aufmerksamkeit oder psychischen Druck zu erzeugen und uns selber zu beschäftigen, halt irgendwie Protest zum Ausdruck zu bringen.

Eine weitere Demonstration findet am 4. November in der Düsseldorfer Innenstadt statt, wo wir bei einbrechender Dunkelheit von der Schadowstraße zum Jan-Wellem-Platz ziehen, ausgerüstet mit Bannern und Fackeln. Neben den Streikenden sind ein paar Familienangehörige erschienen und Mitglieder anderer Gewerkschaftsgruppen und linker Sozialinitiativen. Unterwegs sprechen Passanten einige Teilnehmer an - »Seid doch froh, dass ihr überhaupt Arbeit habt« - oder zeigen Unverständnis. Im allgemeinen Trubel dieser stark belebten Einkaufsstraße fallen wir nicht besonders auf. Man nimmt kaum Notiz von uns, verteilte Flugblätter werden nur widerwillig angenommen. Aber das ist ja auch bezeichnend, wie das seit Jahren laufende »Umerziehungsprogramm« von Kapital und Politik langsam in der BRD Früchte zu tragen beginnt. Wie krank ist eine Gesellschaft, die sich so etwas zu eigen macht, du gehst jahrein und jahraus arbeiten, vergibst deine Lebenszeit und Arbeitskraft gegen einen zumeist nur mittelmäßigen Lohn und sollst dafür auch noch unendlich dankbar sein - das ist unglaublich. Da muss ich an meine Vorgesetzte denken, die immer wieder sagt, wie dankbar wir sein müssen, dass unser Gehalt pünktlich gezahlt wird! Was geht da nur in den Köpfen einiger Menschen vor? Was macht wohl Gate Gourmet mit jemandem, der nicht pünktlich an seinem Arbeitsplatz erscheint?

Eine ähnliche Erfahrung machten wir bei dem Versuch, den Düsseldorfer Oberbürgermeister zu kontaktieren, der immer versucht, sich sozial zu geben. Es ist »seine« Stadt und er sitzt im Aufsichtsrat der Flughafengesellschaft. Was liegt da näher für uns, als etwas Aufmerksamkeit zu erbitten, immerhin sind so lange Streiks in Düsseldorf bis dahin einzigartig (war ja lange vor dem Streik an den Uni-Kliniken). Naiv wie wir sind, fahren wir mit dem Auto zur so genannten Bürgersprechstunde in die Innenstadt und hoffen mit unserer kleinen Delegation auf ein kurzes Gespräch. Im Rathaus teilt man uns mit, gerade sei eine besondere Ratssitzung, bitte anmelden via E-mail. Das mache ich umgehend an die Adresse, wo Bürger ihm direkt mailen können, auf seinen Tisch sozusagen. Ich schildere kurz, worum es geht, und frage, ob wir ihn mit vier Leuten sprechen dürften, alles ganz höflich und mit Respekt. Wochenlang keine Reaktion, auch ein weiteres Anschreiben bleibt länger ohne Antwort, erst irgendwann Mitte Dezember kommen ein paar Zeilen, lauwarm, nichts sagend und unverbindlich. Ja glaubt er denn, wir hätten erwartet, er würde bei Gate Gourmet reinmarschieren und auf den Tisch hauen? Vielleicht nur fünf Minuten vor Ort - das hätte er nach einer der Aufsichtsratssitzungen machen können (er hätte ja nicht unbedingt Stellung beziehen müssen). Etwas Presse dabei, mehr wäre es nicht gewesen. Für uns schon viel. Aber das betrifft Politiker jeder Couleur, pflichtgemäß bekommen wir jede Menge Schreiben, die natürlich von der Gewerkschaft als Solidaritätsbekundung »bestellt« worden sind, aber vielleicht erhoffen wir auch zu viel oder halten uns für zu wichtig. Unsere Politiker sehen unsere Stadt und unser Land nur noch als Wirtschaftsstandort, als Produktionsfaktor, der möglichst attraktiv für Firmen und Kapital zu sein hat, den es gegen Armut, Arbeitslose und soziale Unruhe zu verteidigen gilt - doch warum haben wir dann ein Millionenheer an Arbeitslosen? Eine menschliche Ent-Täuschung.

## Der Streik zieht sich hin ...

Jetzt liegen schon weit über vier Wochen Streik hinter uns, mit einem ernüchternden Fazit: Unsere Tarifkommission, zusammen mit der Gewerkschaft, beißt sich am Verhandlungstisch die Zähne aus, gibt aber keinesfalls klein bei und kämpft unermüdlich, tapfer und gerissen. Manche der Sitzungen reichen von mittags bis weit nach Mitternacht. Mit ihrer konsequenten Haltung trägt sie dazu bei, den Streik zu tragen und die Gewerkschaft zu unterstützen. Die Verhandlungsführer der Gegenseite lenken in keiner Weise ein, zeigen keine Kompromissbereitschaft, im Gegenteil, sie fangen jetzt an, noch mehr zu fordern. Also hier keine Ergebnisse. Für uns bedeutet das, eine große Unsicherheit zu ertragen, für viele Familien eine fast unerträgliche Situation, uns damit abzufinden, dass es langsam aber sicher in den Winter herein geht, und dass das erhoffte baldige Ende des Streikes vorerst nicht in Sicht ist.

Wir haben hohe Gehaltseinbußen, Angst vor einem möglichen Arbeitsplatzverlust und müssen mit ansehen, wie der Laden immer mehr rund läuft. Nach Überwindung der hohen Anlaufkosten, greift jetzt der schwächere Winterflugplan, sie können sich in aller Ruhe umorganisieren, neu ausrichten und die vielen neuen Leute in Ruhe einarbeiten. Dabei lernen sie auch, wie viel billiger es sich mit Leiharbeitnehmern produzieren lässt, die devot und rechtlos sind. Hier wird sicher der Grundstein für die zukünftige Ausrichtung dieser Firma gelegt. Es fällt auf, dass mit so schlecht bezahlten Arbeitneh-

*Beginn der Eskalation*

mern kaum ein so verdichteter Arbeitsablauf, wie wir ihn gewohnt waren, aufrecht zu halten ist. So beschränken sich z.B. die Fahrer jetzt nur auf das Fahren, während sie vor dem Streik noch jede Menge Zusatzaufgaben zu verrichten hatten. Man kann fast sagen, dass Gate Gourmet anfängt, vom Streik zu profitieren.

Zum 2. November zieht sie wieder in das Hauptgebäude zurück. Sie fühlen sich jetzt stark genug, um den Streikenden Auge in Auge zu begegnen bzw. sie durch mehr Nähe zu ignorieren, sie müssen wohl auch Kosten sparen. Leider verlieren wir damit den großen Vorplatz vor unserem Zelt an der vorderen Rampe, die jetzt mit Absperrgittern umsäumt wird, damit die LKWs besser vor uns geschützt werden können. Die Mitarbeiter der Security rücken uns hautnah auf die Pelle. Nun werden nur wenige Meter von uns entfernt die LKWs abgefertigt und fahren direkt neben dem Streikposten vorbei. Nur wir kommen so nicht weiter.

## Blockade und Krawall zum Jahrestag der NGG

Daher beschließt die Gewerkschaft zusammen mit der Tarifkommission und der mit ihr identischen Streikleitung am 18. November, dem Tag des 140-jährigen Bestehens der NGG, das Ganze etwas zu bewegen. Da wir uns an diesem

*Speiseeis und Butter als letztes Mittel …*

Tag alle treffen, um mit dem Bus zu den Feierlichkeiten nach Hannover zu fahren, wollen wir vorher noch etwas den Ablauf stören. Eingeladen sind auch andere Gewerkschafter, hinzu kommen Menschen aus dem linken Spektrum, die unseren Streik mit zunehmenden Interesse beobachten, seit einiger Zeit öfters vorbeikommen und sich für alles interessieren. Es ist etwa elf Uhr, wir lassen laute Musik aus den Lautsprechern dröhnen, ziehen uns die Streikwesten an und versammeln uns im Bereich der Einfahrt. Nach einer Weile fährt ein LKW los, um auf das Vorfeld zu gelangen. Schnell stehen wir in der Einfahrt, die Security ist erst mal total verwirrt, dann geht es los, wir stellen uns vor den LKW, um ihn aufzuhalten, und wollen demonstrieren. Dann flippt der erste von den »Sicherheitsfachkräften« aus, die Gate-Gourmet-Security-Truppe entpuppt sich als Schlägerbande, wird handgreiflich, versucht uns zurückzudrücken. Es gibt kleinere Handgemenge, brutales Anpacken, ein paar Hiebe, jede Menge verbaler Beschimpfungen und handfeste Drohungen. Langsam fängt die Geschichte an, aus dem Ruder zu laufen.

Leider meint der Fahrer, weiterfahren zu müssen, zentimeterweise drängt er sich in die vor ihm aufgebaute Menge. Der LKW schiebt nun leicht, aber unnachgiebig nach vorne, die Menge drückt dagegen. So wird es bald

sehr eng für diejenigen, die direkt vor dem Wagen stehen. Plötzlich spüre ich einen starken Druck auf der linken Seite, werde von dem Fahrzeug gegen die hinter mir stehenden Leute gedrückt, es wird jetzt höchste Zeit, aus dieser gefährlichen Situation zu entkommen. Ich ziehe mich schnell am Außenspiegel hoch, um nicht unter das Vorderrad zu gelangen. Dann sehe ich den Fahrer, der wohlweislich die Türen verriegelt hat (wir hätten ihn jetzt da rausgeholt), ein dreckig grinsender Streikbrecher aus dem Zeppelinheimer Betrieb, in den der Teufel gefahren sein muss. Was er hier tut, ist höchst kriminell, er riskiert, die Leute zu überfahren. Für wen denn? Um seine paar Trolleys* auszuliefern? Für die Geschäftsführung, die mittlerweile auf der Rampe steht und alles mit ansieht? Warum stoppt den keiner? Wir sind zwar auch nicht vorbildhaft, aber das hier sprengt die Dimension, steht in keinem Verhältnis mehr zu ein paar Minuten Verspätung. Zum Glück kommen unsere Frauen geistesgegenwärtig auf den Einfall, Speiseeis, das wir kurz vorher als Spende bekommen haben, auf die Windschutzscheibe zu werfen. Dazu kommen etliche Portionspäckchen mit Butter, die wir auf den Scheiben verschmieren. So sieht er nichts mehr, muss wohl oder übel endlich anhalten und macht sogar den Motor aus. Bevor alles weiter zu eskalieren droht, erscheint schließlich die Polizei und bringt die Kontrahenten auseinander, das war höchste Zeit. Der LKW setzt dann zurück, die Zufahrt wird mit Absperrgittern geschlossen, die Stimmung ist immer noch sehr emotional und aufgeheizt. Es wird viel gefilmt und fotografiert, es gibt Diskussionen mit den Beamten, irgendwie sind keine Schuldigen festzustellen, wir hätten das nicht gedurft, die anderen auch nicht. Nach einiger Zeit kommt wieder ein LKW, der raus muss. Wir versuchen, ihn auf der Straße anzuhalten, dieses mal läuft die Security Spalier, wird wieder handgreiflich. Die Polizei, mittlerweile massiv verstärkt, räumt uns von der Straße auf den Gehweg. Die Aktion ist damit beendet.

Wir beschließen, Strafanzeige zu stellen. Das sollte der letzte große Auftritt der Gewerkschaft sein, die kurz darauf angeblich eine einstweilige Verfügung erhält, die besagt, dass im Wiederholungsfall von Blockaden oder Behinderung gegen das Streikrecht verstoßen wird und sie dann für sämtliche Kosten des Streiks aufzukommen hätte, auch für die der Gegenseite. Das wird uns in den nächsten Monaten noch zu schaffen machen.

## Winter, Kälte, verhärtete Fronten

Das Wetter wird jetzt täglich unangenehmer und wir sind froh, dass wir unseren Streikposten ausgebaut haben und winterfest sind. Es ist fast schon ein kleines Dorf, manchmal auch wegen unseres hartnäckigen Widerstandes das »gallische Dorf« genannt. In der ersten Novemberwoche haben wir einen geräumigen Baucontainer bekommen, der sich gut mit einer Propangasheizung erwärmen lässt. Unser Küchenzelt kommt jetzt direkt an den Wohncontainer, damit es besser gegen den Wind geschützt ist. Dann ist da noch das erste Zelt in der Einfahrt, das unsere kundigen Tischler D. und U. mit Styropor, Baufolie und Dachlatten wetterfest machen. Als kleines Ausweichquartier dient das Wohnmobil, es begleitet uns seit dem ersten Streiktag. In regelmäßigen Abständen muss ein neuer Stromgenerator besorgt werden, bis Streik-Ende haben wir fast vier davon verschlissen. Wir müssen aufpassen, dass sich das alles nicht zu sehr ausbreitet, denn die LTU ist Mieter des Parkplatzes und duldet uns nur. Solange wir den Gehweg ausreichend freihalten, gibt es über die gesamte Streikdauer wenig Schwierigkeiten. Anders verhält es sich mit Gate Gourmet, die mehrfach erfolglos versucht, eine einstweilige Verfügung zur Räumung der Einfahrt zu erwirken. Unseren Müll sammeln wir in blauen Säcken, die mehr oder weniger täglich, immer auf ordentliche Weise, entsorgt werden (vorbeifahrende Müllwagen oder die heimische Mülltonne). Eines Tages sollte uns ein Schreiben der Betriebsleitung erreichen: Thomas Camenzind fordert uns auf, die seit zwei bis drei Tagen in der Ecke stehenden Säcke

*Kampfansage und Durchhaltewillen*

zu entsorgen und bedauert dabei, dass es »leider in Deutschland ein Streikrecht gibt... zu dem auch die Müllentsorgung gehöre...«.

Am 21. November gibt es ein erstes Tarifgespräch mit dem Landesschlichter. Bernhard Pollmeyer wurde von den Parteien eingeschaltet, damit die verhärteten Fronten wieder in Bewegung kommen. Am nächsten Tag begleitet uns ein Filmteam vom WDR über mehrere Stunden, ist bei einer Streikversammlung dabei und macht Interviews am Streikort. Der sehr interessante Beitrag wird abends zur besten Sendezeit in NRW ausgestrahlt. Eine weitere Tarifrunde ist am 28.11., der angekündigte Besuch von DGB-Chef Michael Sommer entfällt an diesem Tag wegen gestrichener Flüge aus Berlin. Trotz des schlechten Wetters mit bleierner Bewölkung und eisigen Windböen ist ein Großaufgebot der Presse bei uns zu einer tollen Veranstaltung. Es gibt viele Reden und Interviews, D.S. fordert die LTU dazu auf, zu ihrer (vermeintlichen) moralischen Verantwortung gegenüber den Streikenden zu stehen, die bis vor kurzer Zeit ja noch Teil des LTU-Konzerns gewesen sind. Man könne Sacheinlagen veräußern, aber keine Menschen. Für den Sommer-Besuch hatte Axel Peters ein Riesenbanner in Auftrag gegeben. Wir haben uns Stoffbahnen bei IKEA besorgt, die unsere Frauen umnähen und mit Halteösen für das Seil einsäumen. Ich bemale den Stoff in meiner Werkstatt, da er vor Ort nicht zu bearbeiten ist und das Wetter auch nicht mitspielt. Diese Größe kann ich nur in Abschnitten bearbeiten, lasse diese jeweils trocknen, falte um und male weiter, der Stoff saugt enorme Mengen an Farbe ein, doch

*Eisiger Empfang von Delta Airlines*

es geht. Trotz Seilspannung müssen wir es bei einer Größe von etwa drei mal sieben Metern noch auf Dachlatten montieren, um Halt zu bekommen. Trotzdem reißen Windböen von Sturmstärke Löcher hinein, aber so ergeben sich wenigstens tolle Motive für die Presse, als Streikende durch die Risse ihre Fäuste ballen. Das gute Stück wird natürlich repariert.

Tags drauf gibt es wieder Gespräche mit dem Landesschlichter im Arbeitsministerium, es scheint irgendwie voranzugehen. Gleichzeitig stehen wir mit englischsprachigen Bannern (Vorlagen dafür finde ich zur Genüge im Internet von dem Gate-Gourmet-Streik in London-Heathrow) vor dem Haupteingang der Gate Gourmet Spalier, um Delta Airlines zu empfangen, die auf der Suche nach einem Zulieferer für ihr neues Frühjahrsziel Düsseldorf ist. Da wir keine andere Möglichkeit haben, als jede Gelegenheit zu benutzen, lästig und störend zu sein, müssen wir leider einen potentiellen Kunden mit Unmutsäußerungen begrüßen. Wir hoffen, dass es dazu beiträgt, auch bei der Gegenseite den Wunsch nach einer Streikbeilegung zu beschleunigen. Auch sollen sie nicht vor den Amerikanern eine »Heile Welt« vorspielen können. Wochen später erfahren wir, dass Delta zu einem anderen Mitbewerber gegangen ist, was von Gate Gourmet zum Anlass genommen wird, deutschlandweit in internen Schreiben die Streikenden für Verluste von Arbeitsplätzen verantwortlich zu machen. Vielleicht aber war das andere Angebot für die Airline weitaus verlockender. Es ist schon eine sehr kranke Situation: Unser Arbeitgeber liefert sich mit uns einen knochenharten Kampf, erwartet jedoch gleichzeitig, dass wir, wenn es ihm passt, freundlich und still sein sollen. Doch wohl war den meisten von uns dabei nicht, auch nicht, als Schneebälle gegen die Fenster des Konferenzraums flogen.

Am 1. Dezember kommt endlich Michael Sommer, um kurz nach acht Uhr ist er da, viel Presse ebenfalls, das Wetter ist dieses Mal zum Glück wolkenlos. Es gibt die obligatorischen Reden, Sommer appelliert an die Streikenden: »Haltet durch… habt Vertrauen!« Auf jeden Fall tut uns dieser Auftritt total gut, bringt die so dringend benötigte Aufmerksamkeit der Öffentlichkeit und stärkt vor allem unsere Streikmoral. Bei dieser Gelegenheit wird der Betriebsleiter von einer Tageszeitung auf der vorderen Rampe interviewt, Camenzind sagt: »Ich verstehe den Streik nicht... wir kämpfen doch alle um Arbeitsplätze... werden von der LTU gebeutelt...« – aber warum muss er das mit so einem furchtbaren Betriebsklima machen?

Am nächsten Nachmittag fahre ich mit Axel Peters nach Frankfurt. Wir wollen bei einer Tagung im Gewerkschaftshaus zu Interessierten aus dem Rhein-Main Gebiet über den Streik sprechen, zumal Gate Gourmet vor Ort gleich zwei Betriebe hat. Dort wollen wir auch demonstrieren gehen. Die Fahrt gestaltet sich sehr interessant, wir unterhalten uns lebhaft über Religion und Klassenkampf oder philosophieren über die Umstände, die wir versuchen zu wandeln. Am frühen Abend sitzen wir vor den Versammelten, zwei streikende Kollegen sind hinzugekommen. Wir stellen uns vor und erzählen

*DGB-Boss Michael Sommer am Streikzelt*

über den Streik, und dass wir dringend Unterstützung benötigen. Frei vor vielen Menschen zu reden, ist nicht einfach für mich, da ich dann immer unglaublich nervös bin, obwohl ich viel mitzuteilen habe. Eingeladen wurden auch die organisierten Mitglieder aus dem Zeppelinheimer Betrieb, neben dem Betriebsratsvorsitzenden sind immerhin zwei erschienen, die aufmerksam lauschen. Anwesend ist auch der Geschäftsführer der NGG Hessen, der Hilfe zusagt. Viele der Zuhörer sind durch unsere Berichte ziemlich betroffen und empört, wir sind dankbar für diesen Abend, der uns Mut und die Erkenntnis bringt, dass auch weit von Düsseldorf andere Menschen die Ausbeuterei bei Gate Gourmet verurteilen. Am nächsten Morgen fahren wir nach Kelsterbach, wo wir vor der Gate Gourmet mit Hilfe von Unterstützern eine Minidemo veranstalten. Die Streikenden waren am 19.10., dem 14. Streiktag, schon einmal hier, wurden da mit Absperrgittern und Mitgliedern der Düsseldorfer Security empfangen. Heute ist es anders, alles ist menschenleer, keine LKWs vor dem Gebäude. Die wissen natürlich Bescheid, da unsere Termine in der Regel in der Streikzeitung stehen, die *online* ist, und von interessierten Kreisen viel gelesen wird. Merkwürdigerweise stehen an der Rampe Kaffee und Kuchen, die tatsächlich für uns bestimmt sind. So halten wir erst mal Reden gegen die Gebäudefront. Hervorzuheben ist der Beitrag von Jürgen Hinzer, streikerfahren und Gewerkschaftssekretär der NGG, der markerschütternd in das Megaphon bellt. Gerade die NGG hat großes Interesse an diesem Betrieb, der trotz aller Bemühungen immer noch »gewerkschaftsfrei« ist, obwohl sie sogar einen Betriebsrat haben. Dieser erscheint dann tatsächlich etwas später und wir können uns sogar unterhalten, sie haben aber wenig Verständnis für unsere Probleme. Hier sei alles anders, alle seien zufrieden. Da können wir dann auch nichts machen.

## Der Skandal: »... mit der Maxime von Treu und Glauben anständiger Kaufleute hat das wenig zu tun...«

In der kommenden Woche überschlagen sich die Ereignisse. Die vom Landesschlichter moderierten Tarifgespräche verdichten sich am 4. und 6. Dezember, wo sich der seit Tagen anbahnende Kompromiss als Abschluss herauskristallisiert. Die Verhandlungen laufen bis in den späten Abend. Groß ist die Erleichterung, den Streik nach bald zwei Monaten beenden zu können. Spät nachts ruft Axel Peters mich an: »Es sieht so aus, dass die einen Abschluss haben...«. Ich lege mich wieder schlafen, aber mit gemischten Gefühlen, zu viel ist in den letzten Wochen passiert.

Am Tag darauf ist Streikversammlung, in der die einzelnen Punkte der Belegschaft vorgestellt werden, um dann anschließend die Urabstimmung einzuleiten. Die Zustimmung zu diesem Paket ist von Anfang an sehr gespalten. Hauptkritikpunkt sind die Zugeständnisse an Lohn und Arbeitszeit, dass von der ursprünglichen Forderung nach 4,5 Prozent mehr Lohn nichts geblieben ist. »Wofür haben wir denn so lange gestreikt, alles riskiert«, »Dafür gehe ich nicht wieder rein, ist doch Verarschung« – so und ähnlich lauten viele der empörten Kommentare. Aber nicht bei allen. Vielen ist die fehlende Arbeitsplatzgarantie ungemein wichtig, befürchten sie doch, dass der mit diesem

Vertrag gesenkte Grundlohn für Neueinstellungen mittelfristig ihren Platz in Gefahr bringt. Allerdings wurde die Forderung nach einer Arbeitszeitverlängerung und die Streichung von Urlaubstagen abgewehrt, und anderes mehr. Aber irgendwie ist auch ziemlich klar, dass wir hier wegen der harten und kompromisslosen Linie der Arbeitgeberseite nicht mehr mit »Gewinn« rausgehen werden.

Auf die Empörungen antwortet die Gewerkschaft mit »Ja, aber was sollen wir denn machen, schlagt ihr doch was vor…« – das sollen wir in den nächsten Monaten noch oft hören. Wenn wir das nur wüssten. Einige sagen »Ihr habt uns da reingeführt, ihr seid die Spezialisten«, aber fairer Weise muss man sagen: Es war nicht nur die Gewerkschaft, da waren einige von uns gut mitbeteiligt, und sie haben auch Recht mit der Forderung, uns selber mehr einzubringen. Wenn ich kompromisslos sage, ich streike weiter »bis der Arzt kommt«, was einige tun, dann habe ich auch die Pflicht, mir ein Bild darüber zu machen, wie so etwas aussehen soll und wo das hinführt. Das allerdings wird hier größtenteils nicht gemacht, Streik ins Blaue hinein.

Trotzdem führt diese Erkenntnis dazu, dass die Mehrheit zähneknirschend für den Abschluss stimmen will. Spät abends wieder ein Anruf von Axel Peters, mit einer unendlich müden Stimme: »Die haben widerrufen… der Kampf geht also weiter.« Ich bin nicht sonderlich schockiert, wir haben hier schon vieles erlebt, eine weitere Nuance. Es wurde zwar vorbehaltlich der Zustimmung beider Parteien ein Ergebnis vereinbart, aber die Details waren schon zuvor an die amerikanische Mutter in Washington/DC übermittelt und sanktioniert worden. Die Empörung über dieses Gebaren wird auch in der Presse geteilt. Ein LTU-Sprecher findet »das Verhalten von Gate Gourmet ist komisch, es gab schließlich eine Schlichtung«. Auch konservative Tagesblätter wie die *Westdeutsche Zeitung* kommentieren: »Caterer Gate Gourmet nicht an Kompromiss interessiert… mit der Maxime von Treu und Glauben anständiger Kaufleute hat das wenig zu tun.«

So gleitet der Streik in den Morast von Fassungslosigkeit der Gewerkschaft über einen Verhandlungsgegner, der jenseits aller bekannten Spielregeln operiert, über Gleichgültigkeit bis zum »jetzt erst recht« bei den Streikenden. Ans Aufgeben denkt allerdings niemand, die Streikmoral ist ungebrochen. Jetzt warten alle drauf, dass sich Gate Gourmet wieder meldet, was allerdings nach der Brüskierung des Landesschlichters und des firmeneigenen Verhandlungsführers Dietmar May dauern wird. Wir bereiten uns darauf vor, über die nahende Weihnachtszeit hinweg auch im neuen Jahr streiken zu müssen – Wochen, die jetzt erstmal mit vielen Veranstaltungen und Aktionen ausgefüllt sind. Gerade in der Zeit vor den Festtagen gibt es viele Möglichkeiten und Einladungen, wir haben jetzt den »Weihnachtsbonus«, eine rührselige

Zeit, die empfänglicher wird für soziale Härten und Ungerechtigkeiten. Es kommen viele Solidaritätsbesucher und Gruppen der verschiedensten Verbände, wir besuchen zahlreiche gewerkschaftsnahe Veranstaltungen und sammeln dabei ordentlich Spendenbeträge ein, die wir auch bitter nötig haben. Eines Abends sind wir zum Beispiel mit drei Streikenden bei einer Sitzung der IG Metall in Ratingen und erhalten dabei fast tausend Euro, eine Hilfsbereitschaft und Großzügigkeit, die mich tief beeindruckt.

Am 23. Dezember gibt es auf Nachfrage der NGG ein Gespräch beider Parteien, bei dem erstmals eine Münchener Anwaltskanzlei auftritt: Beiten Burkhardt hat schon die TPG im Skandal um die Firma Grohe vertreten, ist international tätig und u.a. auf die Begleitung von Arbeitskämpfen und auf Tarifrecht spezialisiert. Sie schickt jetzt Rechtsanwalt Leuchten, der versucht, eine neue Gangart aufzulegen, die vor allem auf Einschüchterung und Drohungen basiert: »... habe den Auftrag, den Streik mit juristischen Mitteln beizulegen«. Er scheint sich gründlich vorbereitet zu haben, denn er eröffnet der entsetzten Tarifkommission, dass kein gültiger oder nachwirkender Manteltarifvertrag vorliegt, auf dessen Grundlage verhandelt werden könne, sondern dass man faktisch vollkommen ohne MTV* dastehe.

Das ist der zweite Skandal in diesem Monat, denn der Mann hat schlichtweg recht. Es stellt sich heraus, dass die NGG überhaupt keine Unterschrift der Gate Gourmet auf dem letzten MTV hat, der somit tatsächlich überhaupt nicht von Belang ist. Die Unterschrift wurde aus verschiedenen Gründen nicht geleistet, eine dringend notwendige Nachforderung, diese zu leisten, wurde von der Gewerkschaft unterlassen oder verschleppt. Wir sind fassungslos, jetzt müssen wir auch noch für einen MTV streiken, was die Streiksituation erheblich erschwert und fast schon unmöglich macht. Aber es wird im Januar noch besser kommen. Ein nächstes konkretes Tarifgespräch wird für den 5. Januar anberaumt.

## Unterstützung von außen

Für den 24.12. hat die Gewerkschaft einen Gottesdienst am Streikzelt angeregt, der natürlich große Beachtung finden soll und die Barmherzigkeit der Weihnachtszeit unterstreichen wird. Knapp zwei Wochen vor dem Ereignis besucht uns eine Abordnung der verschiedenen Kirchen, die dieser Idee gegenüber sehr aufgeschlossen ist. Es ist schon dunkel und wir setzen uns zusammen mit Axel Peters in das Streikzelt, sprechen über den Streik und seine moralischen Umstände, die sich verhärtende Gesellschaft und die Globalisierung. Die Kirchenleute wissen davon ein Lied zu singen und zeigen sich sehr betroffen über diese Umstände. Da es diesen breiten Konsens gibt, steht dem geplanten Gottesdienst nun nichts mehr im Wege.

Auch entwickelt sich jetzt ein neues Phänomen: Öfters kommen nun Besucher zu uns, die meist dem linken Spektrum zuzuordnen sind, die den Streik unterstützen wollen, den sie auch als stellvertretenden Kampf gegen die Unterdrückung der Arbeiter und die Machenschaften des Kapitals begreifen. Sie wissen genau, dass Druck das einzige Mittel ist, die Gegenseite mit ihrer starren und kompromisslosen Haltung, die sich selbst durch die verstärkten Medienberichte kurz vor Weihnachten nicht beeindruckt zeigt, zum Einlenken zu bewegen. So kommen diese Unterstützer jetzt als zufällige »Reisegruppen«, stellen sich mit Frauen und Männern mutig in die Einfahrten, um die pünktliche Abfahrt der LKWs zur Kundenbelieferung zu behindern. Auch Gewerkschafter verschiedener Bereiche kommen mit dem Bus zu solchen Besuchen. So z.B. am 16. Dezember, als bei strömendem Regen in der Vormittagszeit versucht wird, LKWs am Streikbruch zu hindern. Wir sind natürlich auch da, dürfen aber nur aus einer Distanz zuschauen. Unsere Enthaltsamkeit bzw. ob wir das tun oder nicht, wird von Gate Gourmet aus genau registriert. Fast schon routiniert ist die Polizei zur Stelle, aber bis Verstärkung eintrifft, bleibt noch Zeit zu blockieren und die Transparente für die herbeigerufene Presse hochzuhalten. Auf jeden Fall finden diese externen Aktionen die ungeteilte Zustimmung und Begeisterung der Streikenden, die sich am liebsten dazu stellen würden, wenn sie könnten.

*…wieder eine Besuchergruppe…*

Eine weitere Aktion mit Unterstützern und ein paar Streikenden findet am 17.12. im Terminal statt, wo sie auf der Abflugebene mit Megaphon und Flugblättern die gesamte Schalterfront ablaufen und bei Bediensteten und Angestellten Aufmerksamkeit erzeugen.

Am Heiligen Abend findet bei tief liegenden Wolken und kaltem Wind der Gottesdienst im Freien statt, der in

*Weihnachtsgottesdienst am Streikzelt*

den Medien Anklang findet. Eine improvisierte Bühne mit Devotionalien dient als Altar, auf dem Priester, Pfarrer, Präses, Imam und Streikende einen bewegenden Gottesdienst abhalten, der wohl einzigartig ist. Die Arbeitgeber werden zu einem sozialen Konsens gemahnt, es wird zu einer gerechten Verteilung aufgerufen, Habgier und Unmenschlichkeit angeprangert. Auch wird an diesem Tag in allen evangelischen Kirchen rund um Düsseldorf der Streikenden am Flughafen gedacht.

Nach dem Gottesdienst versammeln sich einige Unterstützer, die auf nachdrückliche Art und Weise die Worte der Kirche praktisch unterstützen und umsetzen wollen. Da wegen der Veranstaltung sämtliche LKWs auf dem hinteren Hof stehen, versperren sie die einzige Zufahrt wie ein Korken auf einem Flaschenhals und blockieren damit die Abfahrt zu den Abflügen der Mittagszeit. Schon bald stauen sich die LKWs in einer Schlange, Ausbruchsversuche werden verhindert, die herbeigerufene Polizei kommt etwas verspätet und kann die Gruppe erst mal nicht dazu bewegen, den Weg frei zu geben. Als dann weitere Ordnungskräfte erscheinen, löst sich die Versammlung freiwillig auf. Die lange Aktion hat mehreren Abflügen der LTU durch die verzögerte Beladung teils erhebliche Verspätung eingebracht, ein Flug startet sogar ohne die fehlenden Essen. Ein wirksames und erwünschtes Mittel, den Streik in Erinnerung zu rufen.

Leider ist die Solidarität einiger Streikender gegenüber denen, die an ihrer Stelle die Blockaden durchführen, nicht besonders groß. Es wird zwar grundsätzlich alles begrüßt und bejaht, aber mit der linken Mentalität und Weltanschauung können sie wenig anfangen. So fahren viele nach dem Gottesdienst einfach nach Hause, statt das gerade für sie so wichtige Ereignis gebührend zu begleiten, wenn auch aus etwas Distanz. Vielleicht gewöhnt sich der Mensch zu schnell an wiederkehrende Abläufe. So ein Streik ist für viele auch wie »zur Arbeit fahren«, Pflichtpensum absolvieren, dann Feierabend.

Die Jahreswende verläuft ziemlich ruhig. Da der Streikposten über die Feiertage verlassen wird, nutzt Gate Gourmet die Gelegenheit und lässt das Streikzelt ein paar Meter aus der Einfahrt ins Gebüsch versetzen, um so ihre Einfahrt zur vorderen Rampe zu vergrößern. Auch reißen sie alle Banner ab, die entlang der Zufahrtsstraße hingen. Groß ist die Aufregung bei der Gewerkschaft, aber wundern tut es sonst keinen. Immerhin kann diese Aktion zu unseren Gunsten publizistisch ausgeschlachtet werden.

## Frust und Durststrecke

Anfang Januar beginnt die seit langem gefürchtete Winterzeit, die immer weniger Perspektiven für eine Beendigung der Streiksituation bietet. Bei den Tarifgesprächen am 5. Januar platzt die nächste Bombe. Der Arbeitgeber fordert jetzt noch weitere zehn Prozent Einsparung an den Lohnkosten, die von allen Betrieben geleistet werden müssten. Wir sind am Verzweifeln, der ganze Streik geht langsam aber sicher in den Irrsinn hinein, wie um Himmels Willen soll da jetzt noch ein Tarifabschluss zu Stande kommen, der auch nur noch ansatzweise unserer Streikforderung nach mehr Entgelt Rechnung trägt? Immer mehr geraten wir in die Sackgasse, müssen mehr und mehr preisgeben. Erst die unnachgiebige Haltung der Gate Gourmet, dann der fehlende MTV, jetzt auch noch zehn Prozent an weiterer Einsparung – ein Albtraum, der Wirklichkeit geworden ist. Eine allgemeine Ratlosigkeit macht sich breit, lähmendes Entsetzen bei der Gewerkschaft, die immer mehr daran denkt, den Streik von der Straße zu holen. Schon gibt es erste Versuche, neue Taktiken anzubieten. Eine davon ist der so genannte rollierende Streik, bei dem der Ausstand zunächst aufgehoben wird, man geht wieder rein, um unvermittelt wieder mit Warnstreiks anzufangen. Größtes Misstrauen herrscht auf den Streikversammlungen, keiner der Streikenden hat ein gutes Gefühl dabei: »Wenn wir erst mal wieder drin sind, holen die uns nie wieder raus…« Wie soll denn eine kleine Gruppe – es können dann ja nie mehr alle Streikbereiten gleichzeitig vor die Tür gehen – plötzlich die gesamte Streiklast tragen? Zu unglaubwürdig, zu verschlagen sind die Gesichter derer, die uns dazu überreden wollen. Wir wissen genau, dass der NGG mit dieser Entwicklung

das Wasser bis zum Hals steht. Sie hat tatsächlich keine Möglichkeit mehr, ein profitables Streikergebnis zu erwirken, es bleiben nur lahme Bekundungen wie »Einigkeit macht stark« und »die Streikfront wird drinnen die Dinge verändern«. Welch furchtbare Situation. Trotzdem opfern sich die Gewerkschafter vorbildhaft auf, tragen den Streik seit Monaten Tag und Nacht, stoßen aber zunehmend an ihre Grenzen, was den scheinbar unbezwingbaren Gegner und die zunehmend agierenden Unterstützerkreise aus dem linken Spektrum betrifft. Die Furcht, dass sich Ereignisse immer mehr verselbstständigen und unkontrollierbar werden können, fängt an, ihre Bereitschaft und Kampflust zu lähmen, die sie jetzt am meisten brauchen könnten. Dazu kommt ein stetig wachsendes Misstrauen von Tarifkommission und Belegschaft, das Wort vom »Verrat« macht die Runde. Wir können da nicht wieder rein ohne vorzeigbares Ergebnis, die würden uns sofort zerfleischen. Auch der Zeitpunkt des Streikes vor Beginn der schwachen Wintersaison wird als Fehlentscheidung kritisiert. So wird die Option, unbegrenzt weiter zu streiken, immer wahrscheinlicher. Die Frage stellt sich allerdings: Wofür? Was tun wir, wenn »die« auch die Oster- und Hauptferiensaison ohne uns schaffen, wozu brauchen die uns dann überhaupt noch? Fakt ist, auf dem Verhandlungswege geht es so nicht weiter.

Die NGG beteuert immer wieder, nichts gegen den Willen der Streikenden zu unternehmen, dass sie mit uns zusammen weiterstreiken wird, egal wie

*Die Weihnachtsblockade …*

lange das dauert. Schwierig gestaltet sich die Meinungsbildung für einige der Streikenden, die aufgespalten sind zwischen den Aussagen und Bestrebungen der Gewerkschaft, der Tarifkommission und sonstigen Meinungsmachern. Wem Glauben schenken, wem vertrauen? Hier muss sich so mancher auf das besinnen, was ihn selber antreibt, um Klarheit zu finden. Zu viele Interessen prallen hier aufeinander, die das Bild verschleiern oder verfälschen. Auch im Januar gibt es wieder zahlreiche Einladungen zu Veranstaltungen, zu denen wir mit kleineren Delegationen gehen. Das sind z.B. Tagungen der Gewerkschaften in Hamburg oder Frankfurt, die IG Metall im Ruhrgebiet oder linke Parteien in Düsseldorf. Sie alle bieten ein willkommenes Forum und helfen sehr, weitere Unterstützung zu mobilisieren.

## Blockade zum 100. Streiktag: Für ein besseres Leben kämpfen

Am 14. Januar ist ein »Jubiläum«, der 100. Streiktag, der gebührend begangen werden soll. Geplant ist ein offizieller Teil der Gewerkschaft mit Kundgebung. Allerdings wird es wohl auch eine »inoffizielle« Veranstaltung geben, andere Besucher haben sich angemeldet, seit Tagen wird im Internet und in einschlägigen Medien für diesen Tag mobilisiert.

Es sollte ein denkwürdiger Tag werden, für Gate Gourmet und LTU, Streikende und Streikunterstützer. Der Auftakt beginnt noch in der Dunkelheit, ab sieben Uhr versammeln sich immer mehr Menschen von nah und fern am Streikcontainer, um dann so um halb acht die Ausfahrten der Gate Gourmet zu blockieren. An der vorderen Ausfahrt sitzen neun LKWs fest, die anscheinend beladen sind und bald rausfahren sollen. Es sind etwa vierzig bis fünfzig Unterstützer vor Ort, sowie der Frühdienst der Streikenden. Schnell hat die Security die Einfahrt mit Absperrgittern geschlossen, nun stehen die Blockierer davor und halten Plakate und Transparente. Mittlerweile ist auch die Polizei eingetroffen und fordert erfolglos zur Auflösung auf. So geht das eine ganze Weile.

*Oben: Der Auftakt des 100. Streiktages …*
*Mitte: Der Tatort …*
*Unten: Demonstration am Mittag*

Anscheinend bespricht der Betriebsleiter in einem Einsatzfahrzeug mit den Beamten eine neue Taktik, es braut sich etwas zusammen. Wir haben es schon geahnt, seit Tagen werden von der LTU einige Parkplätze freigehalten, die direkt an die vordere Einfahrt grenzen. Hier könnte man... aber es stehen ja noch Eisenpoller im Weg... und dann passiert es: Plötzlich kommen die in Bewegung, haben zuvor noch LKWs rangiert, öffnen schnell das seitliche Absperrgitter, werfen Holzplatten an die Stufe zum Parkplatz, die ersten LKWs fahren los, es sieht aus wie im Rodeo, bockspringend rumpeln sie über den Gehweg, überfahren einfach die Poller, ohne Rücksicht auf Beschädigungen an den LKWs, mit daraus resultierenden Leckagen an der Hydraulik. Leider auch ohne Rücksicht auf Menschenleben, denn nun laufen schnell etliche Personen zur Ausbruchslücke, um diese zu blockieren. Prügelnd versucht die Security-Schlägerbande der Gate Gourmet, den Weg freizuhalten, Leute liegen am Boden und werden fast überfahren. Sieben LKWs entwischen über den Parkplatz und versuchen über die Straße entlang der LTU-Halle zu einem Tor zum Vorfeld zu gelangen. Aber die Rechnung geht nicht auf, schnell sind zahlreiche Demonstranten auf dieser Straße und versperren erneut den Weg. Längere Zeit wird so abgesperrt, die Polizei vor Ort wird der Lage kaum noch Herr, da jetzt neben den Ausfahrten auch noch die Straße blockiert wird.

Da zur Zeit die Schwebebahn zwischen Fernbahnhof und Terminal außer Betrieb ist, fahren Busse im Ersatzverkehr. Die kommen allerdings nicht mehr durch, da die LKWs die Straße verstellen. So müssen viele Passagiere mit ihrem Gepäck entlang der Blockade laufen, damit sie umsteigen können. Kurz danach versuchen drei der LKWs rückwärts ein anderes Tor zu erreichen, werden aber auch dort von den Nacheilenden festgesetzt. Nun trifft Bereitschaftspolizei ein, die ziemlich schnell für Ruhe sorgt und die Straße freimacht. Personalien werden festgestellt, dabei gibt es einen Verletzten.

Trotzdem war es eine sehr effektive Blockade und eine sehr teure dazu. Drei bis vier Langstreckenflüge der LTU haben teilweise über eine Stunde Verspätung, endlich mal wieder schmerzhafter Druck auf die Gegenseite. Die Tageszeitungen titeln später »Gate Gourmet Streik fordert Verletzte« oder »Störenfriede am 100. Streiktag bei Gate Gourmet«. Glauben die, wir wollten diesen Tag mit einem lustigen Volksfest begehen? Gehört es zu ritualisierten Arbeitskämpfen, dass Störenfriede störend sind? Uns haben sie auf jeden Fall in keiner Weise gestört, uns waren sie hochwillkommen, der Gewerkschaft allerdings nicht so sehr.

Am späten Vormittag beginnt der öffentliche Teil, fast hundert IG Metaller und ein Bus der NGG Bremen nehmen an einer Kundgebung am Streikzelt teil. Anschließend marschieren wir alle auf einem angemeldeten Protestmarsch zum Terminal-Abflugebene, auf dem bekannten Weg.

*Die Konzernzentrale in Zürich – Gate Gourmet wie man sie kennt…* *Wir lassen uns nicht einschüchtern*

## Fahrt nach Zürich

In der Nacht zum 16. Januar fahren etwa sechzig der Streikenden mit dem Bus nach Zürich, um vor der europäischen Zentrale der Gate Gourmet zu demonstrieren. Wir erreichen den Flughafen Kloten bei schneidender Kälte am frühen Morgen, packen unsere mitgebrachten Banner aus und warten auf die Gäste der NGG, den grünen Nationalrat Daniel Vischer und Ron Oswald, Generalsekretär der Internationalen Lebensmittelgewerkschaft IUL. Dazu stoßen Mitglieder des »Revolutionären Aufbaus Schweiz«, die vom Unterstützerkreis eingeladen wurden und unsere Aktion solidarisch begleiten wollen. Nach einer Stärkung mit Kaffee und Kipferln laufen wir zusammen den kurzen Weg zum großen Cateringbetrieb der Gate Gourmet, werden dort schon von Security und Polizei mit Hunden erwartet, damit der Demonstrationszug in gehörigem Abstand zum Gebäude bleibt.

Dort werden Reden gehalten, wir skandieren »Wer heute sagt zum Kampfe nein, wird morgen ohne Arbeit sein« oder »Hoch die Internationale Solidarität«. Aber es lässt sich niemand blicken, alles ist hermetisch abgeriegelt. Nach einer Weile geht unser Zug weiter zu dem eigentlichen Ziel, dem Hauptquartier der Firma in Kloten-Balsberg. Vor dem Haupteingang sammeln wir uns, im Gebäude hinter den Scheiben sehen wir viele Polizisten stehen, die nichts dem Zufall überlassen werden. Aber als angemeldete Demonstration dürfen wir hier unseren Protest kundtun. Neben den Rednern der Gewerkschaft tritt auch Axel von der Düsseldorfer DKP auf, der uns in diesem Arbeitskampf seit vielen Wochen als Freund zur Seite steht. Wenigstens seine Rede hat etwas Pfeffer und hebt die Stimmung.

*Gruppenfoto vor der Konzernzentrale*

Ziemlich erstaunlich ist, dass keiner der Bosse den Schneid hat, vor die Streikenden zu treten und für die Sache der Gate Gourmet einzustehen, obwohl unser Besuch seit Tagen bekannt ist. Welche Arroganz. Wir sind froh, endlich wieder in den Bus zu kommen, denn hier ist es kalt wie im Froster, obwohl wir die Winterkälte bereits gewöhnt sind. Anschließend machen wir eine Stadtrundfahrt durch das schöne Zürich, dann geht es zurück nach Düsseldorf. Trotz Strapazen der fast 24-stündigen Reise sind wir zufrieden mit dem Besuch in der Schweiz, er stärkt das Gemeinschaftsgefühl. Sehr zu schätzen weiß ich auch die stundenlangen und intensiven Gespräche mit meinen Sitznachbarn, die erst durch die lange Fahrt möglich sind.

## Druck und Abwehr

Bald hat uns der Streikalltag wieder. Am nächsten Tag erscheint eine vierseitige Unterstützerzeitung, die in hoher Auflage auch der Obdachlosenzeitung *fifty-fifty* beiliegt. Sie wird vom Unterstützerkreis herausgegeben, beleuchtet den Streikhintergrund, die Auswirkungen und empfiehlt eindeutig, was man dagegen tun kann. »Eine Belegschaft im Widerstand«, »Kapitalismus brutalstmöglich« und »Jetzt handeln!« lauten die Überschriften. Wir sind froh über diesen Druck, den wir über die restliche Streikdauer hinweg zur Verteilung und Information bei jeder Gelegenheit verwenden.

Am 19. und 20. Januar gibt es wieder Tarifverhandlungen, die, obwohl ohne Ergebnis, zumindest erstmals den Wunsch der Gate Gourmet / TPG erkennen lassen, den Streik auf dem Verhandlungswege bald beenden zu wollen. Weitere Verhandlungen beginnen am 2. Februar. Klar ist, dass die Blockaden der Unterstützer, verbunden mit Polizeieinsatz, hohen Kosten und Berichterstattung der Medien, zu einer gewissen Bereitschaft dazu beigetragen haben. Sie stören zunehmend den Betriebsablauf. Mehrfach gibt es im Januar am frühen Abend Versuche, Spätabflüge der LTU durch Blockade der Borddienstbelieferung in das Nachtstartverbot zu drücken. Es gibt Verzögerungen, aber auch die Polizei erscheint jetzt schneller vor Ort, beginnt sofort damit, ultimativ die Auflösung der Demonstrationen zu fordern. Geschieht dies nicht, kommt oftmals sehr schnell die kasernierte Bereitschaftspolizei, die nicht lange zögert und radikal vorgeht. Eines Abends kommen sie sogar mit einer Hundestaffel und versuchen, den Rückzug zwecks Personalienfeststellung abzuschneiden. Auch sieht man jetzt regelmäßig Einsatzfahrzeuge vom Staatsschutz, es wird im Scheinwerferlicht gefilmt. Hier gibt es eine neue Strategie und Qualität in der staatlichen Abwehr der Blockierer. Trotzdem kommt es immer noch ab und an zu straßenkampfähnlichen Szenen. Eines Abends sind die Zufahrtstraßen zum Streikort übersät mit einzelnen LKWs der Gate Gourmet, die jeweils von einer kleinen Gruppe der Unterstützer festgehalten werden.

Die NGG versucht, sich von diesen Aktionen zu distanzieren. Trotzdem kommen immer wieder Gewerkschafter aus dem Ruhrgebiet, um Blockaden zu unterstützen, auch Jugendverbände wie die SDAJ sind dabei. Aber es gibt eine deutliche Veränderung, der immer stärker werdende Polizeieinsatz erschwert die Aktionen, auch Gate Gourmet entwickelt eine Abwehrstrategie, indem sie anfängt, die LKWs viele Stunden vor der geplanten Anlieferungszeit vorzuladen und mit Fahrpersonal auf dem Vorfeld zu parken. Eine sehr kostspielige aber wirkungsvolle Methode, dem Blockadedruck zu entgehen.

## Betriebsratswahl

Seit drei Wochen sind die Vorbereitungen zur turnusgemäßen Betriebsratswahl angelaufen, die unter den Streikumständen heikel wird. Der Wahlvorstand wird laut Beschluss des Betriebsrates aus Streikenden gebildet. Sehr bald steht dieser vor dem gleichen Problem, vor dem auch der Streik steht: Der seit Streikbeginn massiv erhöhte Anteil der Leiharbeitnehmer schlägt sich auf der Liste der Wahlberechtigten mit einem bedenklichen Ungleichgewicht nieder. Obwohl die von normalen Verhältnissen ausgehende Rechtslage eindeutig ist, d.h. es existiert tatsächlich ein Wahlrecht für diesen Personenkreis, bleibt es doch ein Problem der Moral und Aufrichtigkeit. Hier benutzt Gate Gourmet die voraussichtlich nur für und wegen des Streiks

*Der jecke 111. Streiktag*

eingestellten Leiharbeitnehmer nicht nur zum Streikbruch, sondern versucht auch, mit ihnen die über viele Jahre üblichen Stimmenverhältnisse zu ihren Gunsten zu verschieben. Unsere größten Bedenken gelten der fehlenden betrieblichen Anbindung, fast drei Viertel der Belegschaft befinden sich im Ausstand, stehen vor der Tür, haben das neue Zeitpersonal noch nie gesehen, haben auch keinen Kontakt zu ihnen. Wie soll da ein Wahlkampf möglich sein, wie soll eine Betriebsratswahl anständig über die Bühne gehen, wenn die meisten nichts voneinander wissen? Dazu hat Gate Gourmet unrechtmäßig die Zugangskarten der Betriebsratsmitglieder gesperrt, damit sie den Betrieb nicht ohne Aufpasser betreten können. Damit sind keine freien Gespräche möglich. Die Entscheidung fällt uns sehr schwer, sie fällt in Absprache mit der Gewerkschaft und deren Rechtsanwälten. Durch die wirklich besondere Ausnahmesituation entziehen wir den Leiharbeitnehmern, die nach Streikbeginn eingestellt wurden, die Wahlberechtigung. Trotzdem können zahlreiche Leiharbeitnehmer, die schon vor diesem Zeitpunkt bei uns waren, zur Wahl gehen. So haben wir einigermaßen faire Verhältnisse. Mit dieser Entscheidung werden sich später Rechtsanwälte und Gerichte beschäftigen.

## Hinter den Kulissen

Um die erkennbare Bereitschaft bei den bevorstehenden Tarifverhandlungen zu fördern, beschließen Unterstützerkreis und Streikende Aktionen für Anfang Februar, eine Demonstration in Zeppelinheim und eine Veranstaltung im *zakk* in Düsseldorf. Um dafür eine breite Mobilisierung zu erzielen, wird ein Plakat produziert mit den Überschriften »Für ein besseres Leben kämpfen«

und »Solidarität im Arbeitskampf gegen Texas Pacific Group und Gate Gourmet«. Es findet einige Verbreitung. Der Monat Januar endet mit einem Besuch einer kleinen Delegation der Streikenden in Nürnberg am 31., um sich im Arbeitskampf bei AEG solidarisch zu zeigen.

Seit einigen Wochen hat der Streik eine eigene Website, die Ende Dezember vom Unterstützerkreis eingerichtet wurde: *www.gg-streik.net.* Sie dient dazu, dass interessierte Kreise zentral die neuesten Nachrichten und Termine abrufen können. Viele Links verweisen z.B. auf die bereits erschienenen Berichte in den verschiedenen Medien. Dazu gibt es einen mit einem Passwort geschützten Bereich, in dem man neue Artikel direkt auf die *Site* stellen kann. Eine tolle Sache, die schon andere streikende Belegschaften vor uns gemacht haben. Ein Vorteil ist es, dass hier Berichte über Streikaktionen nicht von außerhalb unerwünscht kommentiert werden können, wie es z.B. bei *indymedia** oft der Fall ist, wo verwirrende und beleidigende Kommentare von Streikbrechern auftauchen. Auf Idee eines Kollegen hin wird unsere *Site* mit einem Banner am Streikzelt beworben. So hat auch die Gate Gourmet neben der offiziellen Streikzeitung die Möglichkeit, viele Dinge direkt einzusehen, was durchaus erwünscht ist. So erfährt sie kompakt, was so alles an die Öffentlichkeit geht.

Schon seit vielen Wochen gibt es eine nähere Zusammenarbeit zwischen Streikenden und Unterstützern, die sich regelmäßig zum Austausch treffen und alle anliegenden Notwendigkeiten besprechen. Diese Zusammenarbeit ist nur natürlich, denn wir müssen jede Möglichkeit nutzen, die unsere Sache weiterbringt. Tun wir das nicht, ist die Gefahr, hier einen leisen Tod zu sterben, sehr groß geworden. Aber entscheidend ist, dass die »linke« Weltanschauung mit ihrem Bewusstsein für die faire Behandlung und die Freiheit der ArbeiterInnen und Unterdrückten eigentlich nur das wiedergibt, was hier schon viele länger empfinden. Dieser Unterstützerkreis ist mittlerweile neben der NGG und den Streikenden zur dritten tragenden Säule des Streikes geworden, der mittlerweile seinem Namen alle Ehre macht: Arbeitskampf, und so muss er auch geführt werden. Pikanterweise war es gerade die Gewerkschaft, die Anfang Dezember den Kontakt zur linken Szene forciert hatte, in der Hoffnung, mehr Medienberichte und Aufmerksamkeit zu erzeugen. Mittlerweile allerdings wird sie die Geister nicht mehr los, die sie gerufen hat. Und das ist auch gut so, denn wir brauchen zum Überleben Gegengewichte, unsere Tarifkommission macht viel, kann aber nicht alles schaffen. So ist dieses »Dreigestirn« eigentlich die ideale Streikkombination.

Zum 31. Januar erreicht uns die Nachricht, dass der Verhandlungsführer der Gate Gourmet, Dietmar May, nicht mehr Chef von Deutschland ist, sondern nur noch von Skandinavien. Zwei Tage später hören wir, dass der Betriebsleiter Thomas Camenzind zum 30. April ebenfalls geht. Es liegt auf der Hand, dass das etwas mit dem Streik zu tun hat, bleibt aber unbewiesen. Angeblich waren es geplante Umstrukturierungen. Die nächsten Verhandlungen finden am 2. Februar im Lindner Airport Hotel gleich um die Ecke statt, die NGG veranstaltet zum Auftakt eine kleine Kundgebung vor den Tagungsräumen, die von der verschneiten Zufahrt aus einsehbar sind. Obwohl an diesem Tag und den folgenden darauf eine Annäherung möglich scheint - NGG und Tarifkommission halten das verhandelte Paket für vorstellbar - verzögern die ständigen Rückfragen in den USA jeden Fortschritt.

Am 10. Februar kommt endlich zum Vorschein, warum die Amerikaner mit den Zahlen aus den Verhandlungen nie klar kommen. Offensichtlich liegen dort andere Basisdaten und Berechnungsgrundlagen vor als bei Gate Gourmet Deutschland. Die gingen bisher immer von anderen Voraussetzungen aus als ihre Verhandlungsführer, deshalb konnten die hier errechneten Einsparvolumen dort nie verstanden werden. Nach all den Monaten können wir hier nur noch müde abwinken, mittlerweile ist es den meisten egal, ob wir noch ein paar Monate länger draußen stehen müssen. Der Mensch gewöhnt sich an so vieles. Gerade die Streikmonate 2005/2006 sollten einer der längsten und kältesten Winter werden, die Deutschland je gesehen hat. Was haben wir gefroren! Besonders am Flughafen mit den weiten und offenen Flächen ist es immer noch ein paar Grad kälter als in der Innenstadt.

Es gibt jetzt einen Gate-Gourmet-internen Datenabgleich, was naturgemäß länger dauert, vermutlich so vierzehn Tage, und somit schlafen die Verhandlungen erst mal wieder ein. Anfang des Monats beginnen die großen Streiks im öffentlichen Dienst, es gibt Polizeieinsätze und mit 1-Euro-Kräften wird Streikbruch betrieben.

## »Die Grenzen sind schon lange überschritten«

Am 4. Februar fahren Streikende und Unterstützer zu einer bundesweit mobilisierten Demonstration zur Gate Gourmet in Frankfurt-Zeppelinheim. Ziel ist es, Druck in der dortigen Belegschaft zu erzeugen, damit die anstehenden Verhandlungen zwischen ver.di und Gate Gourmet Deutschland vielleicht auch mal uns zugute kommen. Etwa 25 Personen reisen mit dem Bus an und werden vor Ort schon von zahlreichen Unterstützern aus der Region erwartet. Selbst der Schweizer *Aufbau* ist angereist. Prominenter Gast ist Professor Grottian aus Berlin.

Da die Veranstaltung nicht von der NGG unterstützt wird, zieht sich ver.di mit vorgeschobenen Gründen ebenfalls komplett zurück, statt eine Ak-

*Gruppenbild vor dem Haupteingang in Frankfurt-Zeppelinheim*

tion zu unterstützen, die auch ihren Verhandlungen nützen kann. Die Abwesenheit der Gewerkschaft ist außerordentlich bedauerlich. Was hätte hier eine offizielle Mobilisierung bewegen können: Beide, NGG und ver.di, vereint im Arbeitskampf gegen Gate Gourmet. So aber verzichten sie freiwillig auf ein großes Potenzial. Es gibt auf jeden Fall tolle Redebeiträge, London-Heathrow, Düsseldorf und demnächst vielleicht Frankfurt, hier läuft die Linie des Aufstandes gegen willkürliches Sozialdumping. Es wird aber auch klar gemacht, dass die herkömmliche Streikführung der Gewerkschaften an ihre Grenzen stößt. Peter Grottian empfiehlt sogar einen Aufstand gegen die Hartz-IV-Gesetze.

Der Kontakt mit den Mitarbeitern des Zeppelinheimer Betriebes, die gerade Schichtwechsel haben, ist nur zögerlich und sehr scheu. Die meisten versuchen, die Streikenden zu meiden, die ihnen Flugblätter in die Hand drücken, die auf die bevorstehenden Einsparungsmaßnahmen aufmerksam machen wollen. Lange brauchen wir, um den Betriebsratsvorsitzenden zu einem Redebeitrag zu bewegen, schließlich genießt sein Betrieb hier noch die uralten tariflichen Zustände, die man uns schon vor langer Zeit abgenommen hat. Aber Klaus Markert macht seine Sache dann doch recht ordentlich, wenn auch sehr vorsichtig. Die Tarifverhandlungen zwischen ver.di und Gate Gourmet Deutschland sollten Anfang Februar endlich losgehen, nachdem diese schon weit über ein Jahr verzögert und ausgesessen wurden. Aber die Hoffnung trog, bis mindestens in den Spätsommer 2006 sollte hier nichts passieren – lieber die »heißen Eisen« nicht anfassen.

Ein paar Tage später ist am 8. Februar eine Veranstaltung im Düsseldorfer *zakk*. »Gate Gourmet geht alle an: Solidarität wird praktisch!« heißt das Motto, es kommen viele der Streikenden, Unterstützer des breiten linken Spektrums und andere Interessierte (aber keine Gewerkschaft). Auf der gut besuchten Veranstaltung gibt es eine moderierte Podiumsdiskussion, die im Publikum lebhaften Anklang findet, mit zwei Unterstützern sowie zwei streikenden Kollegen und einer Kollegin. Es wird vom Streik und seinen vielschichtigen Problemen berichtet: was noch Not tut, wie er weiter gehen kann. Viele Fragen werden gestellt und Vorschläge gemacht, erstaunlich sind die teilweise sehr emotionellen Beiträge aus dem Publikum. Einige Handlungen der NGG werden als zu inkonsequent kritisiert. Denn, so der Betriebsratskollege, »die Grenzen sind schon lange überschritten, ein Zurück gibt es längst nicht mehr, klein beigeben ist absolut ausgeschlossen«. Alles in allem ein sehr gelungener Abend. Ansonsten herrscht tiefster Winter in unserem Streikalltag, der fast nur aus Routine besteht, eine Art »Stellungskrieg«, in dem sich alle eingegraben haben.

Eine weitere Veranstaltung ist die offizielle Teilnahme einer Gruppe der Streikenden an der großen DGB-Kundgebung in Berlin am 11.2. gegen die so genannte »Bolkestein-Richtlinie« zur Liberalisierung des EU-Dienstleistungsmarktes. Die Gewerkschaften befürchten weiteres Sozialdumping und Niedrigstlöhne mit unhaltbaren Arbeitszuständen. Gegen Mitternacht fahren wir am Düsseldorfer Hauptbahnhof mit DGB-Bussen ab, um schon sehr früh in Berlin anzukommen. Daher haben wir noch viel Zeit vor der Demo, um einen ausgedehnten Rundgang durch diese interessante Stadt zu unternehmen. Bei leichtem Schneefall geht es zu Fuß von der Prachtstraße Unter den Linden zum Brandenburger Tor, wo noch vieles an die Zeit vor dem Fall der Mauer zwischen beiden deutschen Staaten erinnert. In der Nähe befinden sich der Reichstag und das lang gezogene Areal mit Bundeskanzler(In)amt und Parlamentsgebäuden. Hier bewundert unsere Delegation ausgiebig die moderne und sehr ansprechende Architektur. Immer mehr entwickelt sich der Spaziergang zu einer sehr geschichtsbewussten Aktion, es wird viel diskutiert und erinnert, was angesichts der geballten Konzentration historischer Stätten nicht ausbleiben kann. Anschließend machen wir einen nachdenklichen Besuch des neuen Holocaust-Mahnmals, das an eine Zeit erinnert, die nicht in Vergessenheit geraten darf. Entlang des Tiergartens geht es dann Richtung Zoologischer Garten, eine Strecke, wo viele der internationalen Botschaften ihren Sitz haben, jede hat ihre eigene Bauart, die unmittelbaren Bezug auf das jeweilige Land nimmt. Eine Vielfalt, die die Strapazen von Kälte und Wind vergessen lässt, vorbei am Bahnhof Zoo und zum Kudamm. Während unserer Sightseeingtour ist wesentlich mehr Zeit verstrichen als geplant war, und so versuchen wir schnellstmöglich mit der S-Bahn die Auftaktkundgebung am Invalidenmarkt zu erreichen, was wir aber nicht mehr schaffen. Der Demon-

*Vor dem Holocaust-Mahnmal*

*Da ist der Sommer, der war doch schon mal bei uns …*

strationszug mit fast 30 000 Menschen ist schon lange unterwegs. Wir fahren weiter und sehen dann mehr durch Zufall aus der S-Bahn am Hackescher Markt die lange Schlange, die sich von der Oranienburger Straße vorbei am Berliner Dom bewegt zur Abschlusskundgebung am Schlossplatz, der direkt um die Ecke ist. Wir reihen uns schnell und unauffällig zwischen den einzelnen Gewerkschaftsgruppen ein, Streikwesten und Transparente sind sowieso im Bus geblieben, nach einigen Minuten erreichen wir auch schon die Schlussveranstaltung. Hier herrscht ein unglaubliches Getöse von lärmender und betäubender Musik aus vielen Lautsprechern. Etwas später bekundet DGB-Vorsitzender Michael Sommer nochmals die Entschlossenheit, mit den vereinigten Gewerkschaften den Kampf gegen den immer stärker werdenden Sozialabbau fortzusetzen (wenn sie sich nur vereinigen würden!). Auch unser Streik in Düsseldorf wird mit großem Beifall bedacht. Die nächste internationale Kundgebung mit dem gleichen Thema findet am 14. Februar in Straßburg statt, an der eine weitere Delegation von uns teilnimmt.

In der *Wirtschaftswoche* vom 16. Februar erscheint ein Sechs-Seiten-Bericht über das Unternehmen und Management der Texas Pacific Group – »Harte Sanierer« –, der den Streik bei Gate Gourmet als Aufmacher hat. Beleuchtet wird der schlechte Ruf der TPG* in Deutschland, der seit dem Wirbel um Grohe mit dem Ausstand in Düsseldorf einen neuen Höhepunkt erreicht hat. Allerdings hat TPG laut Artikel einen sehr guten Ruf in den Staaten, den sie mit der erfolgreichen Sanierung von Continental Airlines begründet hat. Seitdem erzielt die Investmentfirma durchschnittlich 54 Prozent Bruttorendite auf ihre Beteiligungen. Zu diesem Interview stellen sich TPG-Mitbegründer Jim Coulter sowie Partner Andrew Dechet, der auch im Aufsichtsrat von

Gate Gourmet sitzt, erstmals der Öffentlichkeit. Aus Sorge um ihren guten Ruf sehen sie die Notwendigkeit, die Dinge aus ihrer Sicht zu erklären. Zwischen den Zeilen wird aber das eiskalte Vorgehen klar, das vor härtesten Maßnahmen nicht zurückschreckt, damit sich ihre Investitionen stark und »zukunftsfähig« (gewinnbringend) entwickeln.

## Schwieriger Konsens

Um den ständigen Diskussionen und der Unschlüssigkeit vieler Streikender entgegenzuwirken, beschließt die NGG, die Meinungen und Vorstellungen zu kanalisieren und auf einer moderierten Streikversammlung am 20. und 21. Februar auf den Punkt zu bringen. Hierzu werden wir nach einer Vorrunde in kleinere Gruppen aufgeteilt, die jeweils von einem / einer Gewerkschaftssekretärln und einem Mitglied der Tarifkommission angeleitet werden. Es gibt an den Tischen ruhige und lebhafte Diskussionen, je nachdem wie die Gruppen zusammengesetzt sind (nach dem Losverfahren). Erfragt werden die Vorstellungen über das Streikziel, wie es weiter gehen soll und wo die Schmerzgrenze der Einzelnen ist bezüglich der Konditionen einer möglichen Beendigung des Streiks. Ziel ist es, der Tarifkommission einen eindeutigen Verhandlungsspielraum mitzugeben, damit sie weiß, bis wohin sie gehen kann und bis wohin eben nicht mehr, denn letztendlich ist die Urabstimmung der Belegschaft entscheidend.

Die Ergebnisse der einzelnen Tische sind sehr unterschiedlich, wenige kommen zu einer festen Meinung, nicht viel Konkretes wird formuliert. Kern der Aussagen ist jedenfalls, auf keinen Fall ohne Tarifabschluss wieder reinzugehen, und der muss halbwegs annehmbare Konditionen haben. Die Belegschaft erteilt hier den anderen, von der NGG bereits angedachten Formen des Arbeitskampfes eine klare Absage. Trotz Moderation kommt es zu keiner klaren mehrheitlichen Aussage. Einige sorgen sich um eine Reduzierung der Schichtzulagen, andere bestehen auf einer Reduzierung der flexiblen Arbeitszeit, manche wollen überhaupt nichts preisgeben, alles berechtigte Anliegen, nur ohne Konsens. Allerdings ist klar geworden, dass der Wille durchzuhalten ungebrochen ist. Gleichzeitig gibt es auch eine Tarifrunde, bei der die NGG-Tarifkommission versucht, dem ewigen Hin und Her einen anderen Ablauf zu geben. Sie legt der Gegenseite einen Rahmen vor, der die Kompromissfähigkeit und Grenzen der Streikenden beinhaltet. Darauf soll Gate Gourmet nun die Grundlage für ein abschlussfähiges Angebot entwickeln, mit dem sie auch leben kann. Dieses wird bereitwillig entgegengenommen. Doch es soll noch viel Zeit vergehen.

## Unterstützung aus England

Am 22. Februar kommen zwei Frauen zu Besuch, die beim Gate-Gourmet-Streik in London-Heathrow entlassen wurden und immer noch für ihre Wiedereinstellung streiken. Dieses Treffen wurde auf Initiative des Unterstützerkreises organisiert, denn entgegen der Aussage der britischen Gewerkschaft TGWU* ist der berühmt-berüchtigte Streik am Londoner Flughafen vom August 2005 keineswegs beendet. Damals wurden 800 MitarbeiterInnen der produktiven Abteilungen unter dubiosen Umständen entlassen, weil sie sich weigerten, neuen Konditionen eines Sanierungsplanes zuzustimmen. Der folgende Solidaritätsstreik des BA-Bodenpersonals ging um die Welt. Gate Gourmet beliefert dort British Airways*, die in ihrem weltweiten Streckennetz tagelange Verspätungen und Flugausfälle hatte. Die Entlassenen von Gate Gourmet waren fast ausschließlich Migrantinnen aus Indien und Sri Lanka, die in den an den Flughafen angrenzenden Gemeinden Familienangehörige haben, die wiederum verteilt am ganzen Flughafen arbeiten

und mit ihrer Solidaritätsaktion den Flughafen lahm legten. Den Ablauf der Ereignisse kennen wir natürlich, die Zeitungen waren ja voll davon, wir wussten aber auch, dass es dafür in Düsseldorf keinen Vergleich gibt. Zu klein ist die LTU, Solidarität in anderen Firmen kaum vorhanden. Unter dem Druck der betroffenen Wirtschaft und der Politik musste sich Gate Gourmet mit der TGWU einigen und die Menschen bis auf die »Rädelsführer« wieder einstellen. Allerdings waren einige der Streikenden mit diesen Konditionen nicht einverstanden und weigerten sich, diese zu unterschreiben. Sie sind der Meinung, ihre Gewerkschaft verkaufe den Streik zu billig, um Ruhe zu haben.

So besuchen sie also den Düsseldorfer Streik und sind für zwei Tage Gast bei uns. Die NGG hält sich leider aus dieser Aktion vollständig heraus, lediglich Axel Peters hält eine Rede vor den Versammelten. Nach einem Empfang am Streikzelt, zu dem auch Presse erscheint, gibt es abends eine Veranstaltung in Duisburg. Streikende, Unterstützer sowie Interessierte nehmen an einem sehr interessanten Abend teil. Die Frauen berichten von den unsäglichen Zuständen und den skandalösen Methoden von Gate Gourmet London, und dass sie jetzt den Streik ohne Unterstützung ihrer Gewerkschaft weiterführen. An diesem Abend beschließen Streikende und Unterstützer, in den nächsten Wochen einen Gegenbesuch in London anzutreten. Ziel ist es, beide Streiks ideell zusammenzuführen und vor der europäischen Zentrale der TPG zu demonstrieren. Das ausbeutende und profitgierige Kapital hat sich schon lange international und global zusammengeschlossen und arbeitet Hand in Hand mit der Politik. Warum, frage ich mich, arbeiten denn die Gewerkschaften nicht zusammen? Bei uns sind NGG und ver.di nicht im Stande, gemeinsam Aktionen gegen ein gemeinsam betreutes Unternehmen durchzuführen. Warum gibt es kaum Zusammenarbeit zwischen TGWU und NGG, die zumindest durch Gate Gourmet an der gleichen Front stehen sollten?

## Zwiespalt und Realität

In Deutschland darf man nur streiken, wenn der Ausstand auf ein tariflich regelbares Ziel hin geführt werden kann und von einer Gewerkschaft getragen wird. Gute Sitten oder das Gemeinschaftswohl dürfen nicht in Mitleidenschaft gezogen werden, es dürfen keine Solidaritätsaktionen stattfinden, kein Einfluss auf die Politik darf von ihm ausgehen. Gerät ein Arbeitskampf in die Illegalisierung, drohen umfangreiche Schadensersatzforderungen. Somit sind Streiks kanalisiert und fast schon planbar, erlauben nur stark eingeschränkte Willensäußerungen und Aktionen. Der Streikende ist innerhalb dieser vorgegebenen Bandbreite sogar gesetzlich geschützt, plötzlich ist es nicht mehr das

Verhältnis zwischen Arbeitgeber / Vorgesetztem und Lohnempfänger / Untergebenem, sondern es gibt nur noch »beide Parteien«. Das ist schon sehr viel wert, eine Errungenschaft, die sich bisher nutzen ließ. Aber offensichtlich bedarf es mittlerweile einer Ergänzung. Zu sehr haben sich die Antworten von Kapital und Politik gewandelt, als dass die bisherigen Streikformen noch ein anständiges Ergebnis oder Druck erbringen können. Hohe Massenarbeitslosigkeit, flächendeckendes Lohndumping und der sich verbreitende Einsatz von Leiharbeitnehmern erzeugt einen starken Druck auf Arbeitnehmer und Gewerkschaften. Dadurch wird das einzige Druckmittel des Arbeitnehmers, der Entzug seiner Arbeitskraft, fast wirkungslos. Hier müssen die Gewerkschaften neue Strategien entwickeln, wenn sie nicht untergehen wollen. Zusätzlich muss die Gesellschaft Mittel und Wege finden, damit sie nicht wegen der maßlosen Gier von wenigen nach immer mehr Profit mit Hilfe von skrupellosen Politikern in eine für die Masse recht- und besitzlose Form umgebaut wird.

Und trotz dieser Realität ist der Gehorsam und die Angst so tief in vielen eingepflanzt, dass jeder Aufstand, jedes Aufmucken gegen herrschende Verhältnisse inneren Zwiespalt auslöst. Natürlich fragt man sich bei so einem Arbeitskampf, ob es richtig ist, das zu tun. Erpresse ich nicht, vom Gesetz dazu ermächtigt, meinen Arbeitgeber, dem es nach seinen wohl fabrizierten Aussagen immer nur schlecht geht, um ein paar Euro mehr? War es notwendig, zu diesem drastischen Mittel zu greifen? Wer sind die treibenden Kräfte hinter diesem Streik, sind sie überhaupt redlich in ihrer Argumentation, was sind ihre Motive, welche Rolle spiele ich dabei? Man kann dem nur begegnen bzw. zu einer Erkenntnis gelangen, indem man anfängt, sich gezielt und intensiv zu informieren, sich aufklären zu lassen: Wie funktioniert so ein Betrieb überhaupt, wie schauen die Bilanzen aus, wer steckt dahinter und was wollen die? Wie sieht das wirtschaftliche Umfeld aus, was macht die unmittelbare Konkurrenz? Will der Arbeitgeber mir die verdiente Lohnangleichung nur vorenthalten, weil der Betrieb aus dem letzten Loch pfeift, vor dem Aus steht, oder verweigert er sich, weil der Eigentümer noch mehr Profit rauspressen will? Und hier fällt die Entscheidung, findet ein aufgewühltes Gewissen Beruhigung. Wir sind zu einem Spielball des internationalen Kapitalismus geworden, zu Material, das nach Belieben aufgestockt oder vernichtet wird, eine Anlagebank zur Vermehrung von fremdem Geld und Dividenden. Hier wird Widerstand zur Pflicht. In Maßen, faires Entgelt für faire Arbeit, zu menschenwürdigen Bedingungen, die einer sich seit Hunderten von Jahren weiterentwickelnden Zivilisation entsprechen, mehr nicht.

## Noch fünf Wochen

Ende Februar geht die Betriebsratswahl in die heiße Phase. Auf Vorschlag des Gewerkschaftssekretärs heißt die Liste der Streikenden »Menschenwürde«, ein trefflicher Name, der als Symbol für diesen Streik steht. Die Kandidatenaufstellung erfolgt nach einem sehr demokratischen Verfahren. Auf einer Versammlung sollen alle Streikenden auf geheimen Zetteln zwölf Namen schreiben, die sie gerne im Betriebsrat sehen möchten. Aus diesen Zetteln wird dann eine Aufstellung von 1 bis 12 erstellt, entsprechend der Anzahl der abgegebenen Stimmen. Bei einer weiteren Versammlung wird dann nochmals anhand dieser Aufstellung geheim abgestimmt, dieses mal müssen vier Namen genannt werden, die in den Betriebsrat sollen. So erreichen wir das bestmögliche Ergebnis mit dem wir sicherstellen können, dass diese Personen auch wirklich von allen Streikenden gewählt werden, denn wir haben keine Stimme zu verschenken.

Es gibt noch eine zweite Liste der Streikenden, die mit ihrer personellen Zusammensetzung versuchen soll, Stimmen der Leiharbeitnehmer zu gewinnen. Die Gegenseite wird mit drei Listen antreten. Da jede Partei ihre eigenen Kandidaten zur Wahl stellt und ein gemeinsames Vorgehen auf Grund der Umstände ausgeschlossen ist, gibt es eine Listenwahl, die mit möglichster Raffinesse vorbereitet wird. Hier ist viel Denkakrobatik angesagt, gilt es doch, mit den richtigen Personen in der richtigen Zusammenstellung ein möglichst breites Wählerspektrum abzudecken. Da eine Höchstbeteiligung beim Urnengang für die Streikseite absolut wichtig ist, fahren wir am Rosenmontag nochmals zur NGG in die Wiesenstraße in Düsseldorf-Heerdt, um Plakate und Handzettel zur Wahlmobilisierung zu produzieren, die wir anschließend im Streikdorf aushängen bzw. dort verteilen. Obwohl viel über die Wahlvorbereitung publiziert worden ist, scheinen diese Maßnahmen doch notwendig zu sein.

Die Wahl findet am 2. März im Büro des Betriebsrates im Gebäude statt. An diesem Tag muss Gate Gourmet allen Streikenden den Zugang gewähren, allerdings wird der Gang zum Wahlraum mit Security geschützt, selbst neben der Tür steht eine Wache. Der Tag verläuft friedlich, schubweise kommen die Streikenden, um ihre Stimme abzugeben, die Streikbrecher erscheinen meist ebenfalls in Gruppen, bis auf ganz wenige Ausnahmen verhält man sich zueinander freundlich und zurückhaltend korrekt. Zwei bis drei sind dabei, aus deren Augen blanker Hass und Ablehnung leuchten, sie kommen alle aus der Verwaltung, aber nicht aus der Betriebsleitung. Parallel dazu läuft vor dem Finanzministerium am Düsseldorfer Hofgarten eine Demonstration der Landesbeschäftigten und der Streikenden der Universität, an der auch unsere

Streikenden mit einer Busladung teilnehmen. Spätabends werden unter Beobachtung der Gegenseite die Stimmen ausgezählt: ein klares Ergebnis für unsere Liste, die Streikenden erringen fünf von sieben Sitzen im neuen Betriebsrat, das sind 81 von 141 abgegebenen Stimmen. Wenn man noch unsere zweite Liste und die ungültigen Stimmen in Betracht zieht, sind wir auch mit einigen Stimmen von drinnen gewählt worden. Es war sehr wichtig, diese Wahl zu gewinnen, denn keiner kann zu diesem Zeitpunkt absehen, wie lange der Streik noch andauert. Eine starke Position, die unsere Moral hebt und deutlich macht, dass die Streikenden immer noch ein Teil des Betriebes sind, mit dem auch in Zukunft zu rechnen ist.

Wir erhalten weiterhin zahlreiche Besuche von politischen Gruppierungen, Filmteams kommen auch mal außerhalb besonderer Anlässe vorbei, wie z.B. *Sat 1* oder Dokumentarfilmer der Universität. Am 8. März kommt endlich Oskar Lafontaine, Fraktionsvorsitzender von »Die Linke« im Bundestag, zum Streikzelt, daran wurde seit bald drei Monaten über NGG-Kanäle gearbeitet. (Überhaupt scheint es in solchen Situation möglich, die tollsten Sachen zu realisieren. So versuchen z.B. ein Vertreter der NGG Hessen und ein linker Journalist, die Tochter von Che Guevara, die gerade in Deutschland zu Gast ist, zu einem Auftritt am Streikzelt zu bewegen. Leider scheitert es aus terminlichen Engpässen). Vorher hat Lafontaine den Streik am Essener Klinikum besucht und macht bei uns eine Stippvisite, bevor er nach Berlin zurückfliegt. Uns ist er hochwillkommen, denn er ist bekannt wie ein bunter Hund und zieht die Presse an. Außerdem gefallen mir Ansätze seiner Denkart und ich erwarte daher eine kraftvolle Rede, die uns aufmuntern wird. Wir werden nicht enttäuscht: Die etablierten Parteien von SPD und CDU seien zu feige, um den Reichen ans Geld zu gehen, die Lügenwörter des Neoliberalismus sind Arbeitszeitverlängerung, die tatsächlich Stundenlohnkürzung seien, Lohnnebenkosten zu senken bedeute in Wirklichkeit Kürzungen für Arbeitnehmer. Schlagworte, die allerdings hier bei uns Wirklichkeit geworden sind. »Die Schweinebande von Unternehmern, die ihre Gewinne maximieren und Arbeitsplätze abbauen...«, wiederholt er auch vor der Halle 8 am Flughafen. »Mit fallenden Bruttolöhnen ist die Lohnentwicklung in Deutschland die schlechteste aller Industrieländer...«. Zum Abschluss sagt er noch: »Ich hoffe, dass unter euch keiner ist, der nochmals CDU und SPD wählt ...«. Auch Herren der Betriebsleitung und der Verwaltung sind zum Absperrgitter gekommen und wollen sich den prominenten Gast nicht entgehen lassen, sehr angetan hat es ihnen das mit Blaulicht bestückte Fahrzeug des bewaffneten Personenschutzes, das sie ausgiebig inspizieren. Die NGG nutzt die Gunst der Stunde und hält eine schwungvolle Rede. Am Tag darauf ist in der Kölner *Alten Feuerwache* eine Veranstaltung der Unterstützer, zu der eine kleine De-

*Oskar Lafontaine am Streikzelt*

legation der Streikenden kommt. Der Schwerpunkt der Beiträge und Fragen betrifft das Thema Arbeitsverdichtung und Arbeitshetze durch McKinsey. Anwesend ist auch ein Sekretär der NGG, der sich einigen sehr unangenehmen Fragen aus dem Publikum stellen muss.

Am 15. März ist die konstituierende Sitzung des neuen Betriebsrates, bei der der bisherige Vorsitzende erneut einstimmig gewählt wird. Trotz aller Widrigkeiten ist die Bereitschaft zu erkennen, eine konstruktive Zusammenarbeit beider Parteien aufzunehmen. Mag der gute Wille vielleicht in diesen Tagen tatsächlich vorhanden gewesen sein, die Wirklichkeit der folgenden Monate nach dem Streik wird die gute Absicht eines Schlechteren belehren.

Vom 20. bis 23. März gibt es wieder Verhandlungen der Tarifkommission. Ein Thema, das uns schon seit längerer Zeit Sorgen bereitet, ist die Möglichkeit der NGG gemäß ihrer Satzung, nach ihrem Ermessen über die Köpfe der Streikenden hinweg den Streik zu beenden, wenn sie z.B. in einer Fortdauer des Streiks keinen Sinn mehr sieht. Zwar beteuert sie in den teilweise heftigen Diskussionen bei den Streikversammlungen, solange zu streiken, wie wir es wollen. Aber was wird wirklich passieren, wenn nicht endlich ein Silberstreifen am Horizont auftaucht? Denn ewig wird das hier so nicht weitergehen können. Wir müssen einen Abschluss mit MTV haben!

Nach wie vor gibt es in einigen Punkten noch zu wenig Annäherung, da sie ein gutes Stück außerhalb unserer Kompromissbereitschaft liegen, besonders bei Arbeitszeit und Entgelterhöhung. Es ist ein reines Rechenexempel, die NGG-Tarifkommission bietet ihr möglichstes Entgegenkommen an, wobei für den Arbeitgeber entscheidend ist, ob er auf das von ihm gewünschte Einsparvolumen kommt. Es gibt eine Annäherung, der Paketvorschlag der Streikenden stößt bei den Amerikanern auf Interesse, aber es wird nachjustiert. Zunehmend verdichtet sich die Möglichkeit auf einen Abschluss hin, es gibt anscheinend Umstände, die von beiden Seiten eine baldige Beendigung wünschenswert erscheinen lassen. Am 3. April sind weitere Verhandlungen angesetzt. Trotzdem, man kann es nur immer wieder feststellen, der Zusammenhalt unter den Streikenden ist nach all den Monaten voller Entbehrungen und Härten immer noch ungebrochen, trotz Überdruss. Wenn es hart auf hart kommt, werden wir versuchen, weitere Monate zu streiken. Uns ist das völlig klar: Ohne akzeptablen Abschluss geht hier keiner rein! Hier zeigt sich eine Besonderheit dieses Streiks: Eine Belegschaft, die sich aus vielen robusten und wenig beugsamen Individuen zusammensetzt, wobei die Streikenden in einigen Bereichen fast schon autonom bzw. parallel zur Gewerkschaft agieren, mit klarem Blick die momentanen Bedürfnisse erkennen und versuchen, beide Parteien in Schach zu halten bzw. sich nicht missbrauchen zu lassen. Viel wird hinter den Kulissen agiert, fernab vom Verhandlungstisch.

Am 24. und 25. März besucht eine Gruppe von dreizehn Streikenden zusammen mit Unterstützern die Streikenden der Gate Gourmet in London. Die kleine Gruppe fährt mit dem Bus nach England und nimmt teil an einer Demonstration vor der Europazentrale der TPG, unterstützt von den Londoner Streikenden. Auch gibt es einen Demonstrationszug gegen die beiden Ausbeuter im Stadtteil Hounslow, nahe des Flughafens London-Heathrow, der sogar von Passanten unterstützt wird. Die Fahrt ist eine gute Aktion und sie wird, wie ähnliche Aktionen auch, vom eigenen Solidaritätskonto des Unterstützerkreises finanziert. Wenigstens wurde der Versuch unternommen, beide Streiks zu verbinden, woran die zuständigen Gewerkschaften nicht das geringste Interesse zeigen.

Da Gate Gourmet versucht, das Ergebnis der Betriebsratswahl anzufechten, ist bereits am 28. März der erste Gütetermin vor dem Düsseldorfer Arbeitsgericht. Natürlich ist der Grund die Wahlberechtigung der Leiharbeitnehmer, die ihr ganz plötzlich an ihr fürsorgendes Herz gewachsen sind. Heute werden durch die Anwälte erstmal die verschiedenen Auffassungen ausgetauscht, es wird weitere Verhandlungen geben. Es ist von vorneherein klar, dass diese Geschichte über mehrere Instanzen laufen wird. Der Betriebsrat und die NGG wissen, dass die Entscheidung, den streikbedingten Leiharbeitnehmern die Wahlberechtigung zu entziehen, richtig war. Es geschah nicht nur aus wahltaktischen Gründen. Hier geschieht Unrecht, indem der Arbeitgeber die Gesetze missbraucht und manipuliert, um sich einen will-

fährigen Betriebsrat zu schaffen. Wenn er damit durchkommt, könnte bald jeder Betrieb vor den Wahlen seine Belegschaft kurzfristig hochfahren und als ihm genehmes Stimmvieh manipulieren.

## Die letzten Tage: Kein Sieg, aber auch keine Niederlage

Die letzten Wochen im März und Anfang April sind eine ruhige Zeit. Selbst das Wetter fängt an, milder zu werden, wohlig wärmende Sonnenstrahlen und eine stille Atmosphäre. Gerüchte verdichten sich, dass ein Abschluss in greifbare Nähe gerückt ist, es werden noch Detailfragen abgestimmt, eine Grundlage scheint irgendwie da zu sein. Es gibt keine Nervosität mehr, nur Ruhe und Gelassenheit, die Bereitschaft, die Dinge so zu nehmen, wie sie kommen. Wir spüren, dass es dem Ende zugeht, es herrscht fast schon eine Art von »Waffenstillstand«. Es wird jetzt schnell gehen. Am 3. April sind wieder Verhandlungen, die Parteien nähern sich immer mehr, es zeichnet sich der Abschluss ab. Die NGG unterrichtet die Streikenden, bereitet die Sache vor.

Am 6. April ist die für uns entscheidende Streikversammlung, auf der das ausgehandelte und errungene Ergebnis detailliert präsentiert wird. Wir treffen uns alle im Weiterbildungszentrum nahe dem Düsseldorfer Hauptbahnhof, in kühler und sachlicher Atmosphäre werden mit Powerpoint die vielen Details an die Wand projiziert. Es gibt Einbußen, das ist nichts Neues mehr, dafür aber einige soziale Komponenten, die sich zumindest auf dem Papier sehen lassen können. Das Motto heißt »Kein Sieg, aber auch keine Niederlage«. Wir haben einen neuen Manteltarifvertrag, was schon sehr viel wert ist, und die zehnprozentige Lohnkostensenkung hat Gate Gourmet auch nicht erreicht, wir liegen ungefähr bei sieben Prozent. Der Arbeitgeber frohlockt mit dem Einstieg in die 40-Stunden Woche, die aber zeitlich begrenzt ist. Dafür haben wir z.B. unseren Urlaubsanspruch erhalten können.

Im Anschluss an den Vortrag entbrennt eine hitzige Diskussion. Es gibt einige, die es nicht begreifen wollen oder können, dass unter diesen Umständen, mit dieser Abfolge von Ereignissen und Besonderheiten, kein besseres Ergebnis erkämpft werden konnte, dass es vielleicht sogar – man traut es sich kaum auszusprechen – ein bestmögliches Ergebnis ist. Das Problem ist auch, dass keiner die Zukunft kennt. Wird ein Weiterstreiken überhaupt noch irgendeine Form von Druck erzeugen können? Wie halten wir die Streikdisziplin aufrecht, was jetzt schon schwer genug ist? Zu viele haben sich im Streik bequem eingerichtet. Es sind mehr für den Abschluss als dagegen. Der neue Manteltarifvertrag und der Entgelttarifvertrag sind bereits von Gate Gourmet verbindlich unterschrieben, nun zählt unsere Urabstimmung, die wir morgen, am 7. April von sieben Uhr morgens bis nachmittags um drei Uhr im Streikdorf durchführen werden. Also eine Nacht Bedenkzeit. Jeder erhält die einzelnen Punkte schriftlich mit auf den Weg, um jedes Detail nochmals genau reflektieren zu können. Die NGG hat mal wieder Jürgen Hinzer aufgeboten, der zum Abschluss eine flammende Rede hält, die die Leute vorsichtig in Richtung Abschluss bewegen soll, wie er es schon einmal im Dezember getan hat. Am nächsten Tag stimmen dann 61 Prozent für den Abschluss. Keine überwältigende Mehrheit, doch der Streik ist Geschichte. Es wird sehr viel aufzuarbeiten, nachzudenken und vielleicht auch zu ändern sein, aber es gibt auch vieles, was nicht gesagt werden kann und wohl auch nicht wird. So harmlos wie die ersten Tage im Streik waren, so ruhig und still klingt er aus.

Wie immer die Betroffenen diese Monate auch bewerten mögen, es war auf jeden Fall ein großer Reichtum an Erlebnissen und Erfahrungen. Es gab viel Neues, eine Gemeinschaft, die sich seit Jahren schon besser hätte kennen müssen, fand sich wieder und lernte voneinander, eine freiwillige Schicksalsgemeinschaft, entstanden auf der Suche nach Gerechtigkeit und vereint in der Auflehnung gegen Ausbeutung von Seele und Geldbörse. Aber es wurden auch Grenzbereiche überschritten, die eine Rückkehr zur Normalität in einem alles beobachtenden Betrieb wie Gate Gourmet fast unmöglich gemacht haben. So gab es einige, die nach Streikbeendigung freiwillig gegangen sind.

## Nachlese

Warum hat Gate Gourmet doch noch eingelenkt, obwohl sie ihre Forderungen nicht hat durchsetzen können? Schon im Juli und August 2005 hingen bei Gate Gourmet Schreiben der LTU-Geschäftsleitung aus, in denen mit einer Vertragsauflösung gedroht wurde, sollten unregelmäßige Belieferungen ihrer Flüge stattfinden. Dazu wurden Warnstreiks aufgelistet, die der LTU wirtschaftlichen Schaden zufügen würden. Der Vertrag wurde in den folgenden Monaten nicht aufgekündigt, das waren wohl auch »Gefälligkeitsschreiben«, um unsere laufenden Tarifgespräche ordentlich mit Druck und Arbeitsplatzangst zu besetzen. Allerdings hat es dann im März 2006 eine tatsächlich sehr ernste Warnung gegeben, die vermutlich auch mit dem neuen Eigentümer der LTU zu tun hatte. Am 18.2.2006 hatte Hans-Rudolf Wöhrl von der DBA (Deutsche BA) achtzig Prozent der LTU als Mehrheitsgesellschafter übernommen und einen beinharten Sanierungskurs angekündigt. Es ging um 50 Millionen Euro, die hauptsächlich den Mitarbeitern der LTU abverlangt werden. Da ist ein Streikdorf direkt in Sichtweite des Chefzimmers in der Halle 8 gegenüber der Gate Gourmet nicht gerade erfreulich oder gar ratsam. Viele der LTU-Mitarbeiter haben uns oft besucht, abends kamen die Techniker, tagsüber die Flugbegleiter und Cockpitcrews, die alle voll Sympathie waren und uns immer ermuntert haben, auf keinen Fall klein beizugeben. Sie hätten ja auch schon mal gestreikt, wenn auch schon vor langer Zeit. Auch sie wollten sich nicht alles gefallen lassen, was man ihnen als »Sanierungsbeitrag« in regelmäßigen Abständen immer wieder abverlangt. »Bald stehen wir bei euch« war oft zu hören. Ein weiteres Problem hätte es für die Gate Gourmet in den Sommermonaten mit ihrer Antiblockadestrategie gegeben. Bei einem stark verdichteten Flugplan ist ein Vorladen nicht mehr möglich, die LKWs werden ständig benötigt. Wie auch immer, es gab einige gute Gründe, endlich von dem harten Kurs abzuschwenken und wenigstens etwas einzulenken.

Erschütternd sind die Entwicklungen bei Gate Gourmet in den Monaten nach Streikbeendigung. Gab es einen hoffnungsvollen Neubeginn, wurde dieser durch einen harten Kurswechsel zunichte gemacht. Bald schon kommt das nächste Einsparungsprogramm, das wieder das sattsam Bekannte im Schilde führt. Ein Kulturwechsel findet statt, Arbeitsfehler werden schon mal als »Sabotage« bezeichnet. Scheinheilig werden die Leiharbeitnehmer gepriesen, tatsächlich sind sie nur eine willkommene Gelegenheit, den Betriebsrat unter Druck zu setzen (Wahlanfechtung, Verstoß gegen Arbeitszeitregelungen), den Betrieb zu spalten (Arbeitszeiten, Lohngefälle, kein Aufmucken mehr), den MTV zu destabilisieren und natürlich auch, um Kosten einzusparen.

Hat der Streik denn überhaupt etwas bewirkt oder verändert? Kaum zum Guten, er hat sogar negative Entwicklungen beschleunigt, die sonst nicht in diesem Tempo möglich gewesen wären. Doch war der Kampf wichtig, er war tatsächlich unvermeidbar, er hat Grenzen aufgezeigt und Möglichkeiten bewiesen, die auch heute noch, trotz aller Repressionen und Angst, vorhanden und machbar sind. Alleine schon die Wirkung auf das kollektive Selbstwertgefühl, einem unmenschlichen Arbeitssystem wenigstens für einige Monate die Stirn bieten zu können, hat immensen Wert. Das klingt sicherlich niederschmetternd, aber wenn wir alle zusammen nochmals bis an den Abgrund geführt würden, wir müssten das wieder tun!

# Die Produktion des Streiks

## ArbeiterInnen im Gespräch

Die Geschichte dieses Streiks ist alles andere als eine Erfolgsstory. Nach sechs Monaten Ausharren beendeten die Streikenden ihre Aktion mit einem traurigen Ergebnis. Hatten sie ursprünglich eine Lohnerhöhung von 4,5 Prozent gefordert, so mussten sie schließlich einer weiteren Einsparung bei den Personalkosten von etwa sieben Prozent zustimmen - der Preis für einen neuen Manteltarifvertrag, mit dem wenigstens der Flexibilisierung ein paar Grenzen gesetzt werden. Aber trotz des mageren Ergebnisses sind viele der Streikenden überzeugt, dass sie das Richtige getan und wichtige Erfahrungen gemacht haben.

ALI: Ich bin froh, dass ich gestreikt habe. Weil wir nicht das gemacht haben, was die immer wollten. Dass wir dagegen waren. Dieser Streik muss für die sauteuer gewesen sein.

EROL: Der Streik war super! Und wenn mich jetzt einer fragt, was wir damit erreicht haben, dann sage ich: Ich habe meinen Stolz erreicht. Außerdem war das eine schöne Zeit, und die Fahrt nach London war sowieso interessant.

JENS: Ich hätte nie gedacht, dass ich mal das Vergnügen haben würde, an einem so langen Streik teilzunehmen.

Von außen ist es schwer zu verstehen, was in einem Streik wirklich passiert. Hinter der formalen Organisation des Streiks durch die Gewerkschaft kann eine unsichtbare informelle Organisation stehen, und die Darstellung des Streiks nach außen muss nicht unbedingt der tatsächlichen inneren Dynamik entsprechen. Was ist die Motivation der Beteiligten? Geht es um das offizielle Streikziel, oder haben die Streikenden andere Gründe? Wie erleben sie diese Zeit der Nicht-Arbeit? In welchem Verhältnis steht der Streik zu den vorherigen alltäglichen Auseinandersetzungen am Arbeitsplatz?

Der erste Eindruck kann völlig verkehrt sein. Bei einem unserer anfänglichen Besuche trafen wir auf eine Runde Karten spielender Männer, die keinerlei Interesse an uns oder dem Streik zeigten. Ein Gespräch war nur mit dem diensthabenden Gewerkschaftssekretär möglich. An diesem Tag wirkte die Szenerie wie ein typischer ritualisierter Gewerkschaftsstreik, in dem die Arbeiter als Statisten ihre von der Gewerkschaft vorgeschriebenen Streikpostenstunden abreißen. Später haben wir einige dieser Kartenspieler als Aktivisten, die sich weit über ihre »Schichten« hinaus enorm engagiert haben, und als interessante Diskussionspartner kennengelernt.

Um die innere Geschichte des Streiks und des Alltagswiderstands in diesem Betrieb zu rekonstruieren, haben wir vielen ArbeiterInnen viele Fragen gestellt. Im »Streikdorf« und später in Interviews. Daraus setzt sich ein Bild zusammen, das sicher nur eine Annäherung sein kann, das aber hoffentlich dazu beiträgt, die positiven Momente dieses Kampfes zu verbreiten und seine Schwächen zu verstehen.

Von dieser Belegschaft hätte niemand einen so langen und hartnäckigen Streik erwartet – die beteiligten ArbeiterInnen am allerwenigsten. Im Betrieb gab es keinerlei Streikerfahrung. Wie so viele andere haben die ArbeiterInnen von Gate Gourmet in den letzten Jahren gravierende Verschlechterungen ihrer Arbeitsbedingungen hingenommen und sich eine Menge gefallen lassen. Die Reaktionen auf die Verschärfung waren vor allem individuell. Viele KollegInnen hatten Fluchtgedanken, fingen an, sich nach vielen Jahren in dieser Firma anderweitig zu bewerben, oder überlegten, ob sie in ihrem Herkunftsland nicht doch etwas Besseres finden könnten als ein Leben bei Gate Gourmet und in Deutschland. Manche versuchten, für sich persönlich durch Schleimen bessere Bedingungen zu erreichen. So kam es zu Spaltungen und gegenseitigem Misstrauen. Mit dem vormals guten Arbeitsklima war es vorbei. Die verbreitete »innere Kündigung« fand ihren Ausdruck in einem enorm hohen Krankenstand.

Teilweise fand das Krankfeiern organisiert statt, als nicht-offener Protest gegen die immer unerträglicheren Bedingungen. Aber der Gedanke an offenen kollektiven Widerstand oder gar Streik lag noch fern. Nur eine kleine Gruppe von KollegInnen versuchte, untergründig Strukturen für den Widerstand zu schaffen. Einige traten offen auf und kickten den unternehmertreuen Betriebsratsvorsitzenden aus dem Amt. Andere arbeiteten im Hintergrund an der Organisierung im Betrieb, im »U-Boot«. So nannten sie selbst ihr Netzwerk, das sie vor den Chefs verborgen hielten und das vor dem Streik nicht auftauchte.

Im Laufe des Jahres 2005 geriet die Stimmung im Betrieb immer näher an den Siedepunkt. Dazu der Betriebsratsvorsitzende auf einer Veranstaltung während des Streiks:

BETRIEBSRAT: Unser Streik hat schon lange in den Köpfen geschwebt, bevor er offiziell angefangen hat. Auslöser war, dass von der Gewerkschaft offiziell 4,5 Prozent mehr Lohn gefordert wurden. Aber inoffiziell hatten fast achtzig Prozent der Leute, oder noch mehr, schon innerlich gekündigt. Wenn man aber seit vierzehn oder sechzehn Jahren in diesem Betrieb beschäftigt ist, kann man nicht einfach die Brocken hinschmeißen. Bis dahin hatten die Leute alles gegeben, was sie geben konnten. Da war das Ende erreicht. Es fehlte nur noch der Tropfen, damit das Fass überläuft. Als wir die Verhandlungen angefangen haben, haben wir festgestellt: bei der Flexibilität, körperlich und geistig, da ist nichts mehr bei uns rauszuholen. Deswegen haben dann so viele, 93 Prozent, für den Streik gestimmt.

Als die Gewerkschaft NGG am 7. Oktober 2005 zum Streik aufrief, war ihr keinesfalls klar, dass dies für sie der Anfang einer sechsmonatigen Auseinandersetzung sowohl mit der Gate Gourmet und der Texas Pacific Group als auch mit den Streikenden sein würde. »Wir wissen, dass die Airlines sich darauf vorbereitet haben. Sie werden das allerdings maximal zwei bis drei Tage durchhalten. Und wir haben den längeren Atem.« (NGG-Sekretär Dieter Schormann im WDR-Bericht vom 7.10.2005 zum Streikbeginn)

Geplant war eines der üblichen Rituale im Rahmen gewerkschaftlicher Tarifverhandlungen: Ein paar Tage streiken, dann gibt's nicht ganz so viel, wie gefordert wurde, aber doch ein bisschen mehr als vorher, und alle gehen wieder brav arbeiten. Diesmal kam es anders. Die Belegschaft eignete sich den Streik an und brachte damit ihre ganze Wut über die gesteigerte Ausbeutung zum Ausdruck. Die untergründige Organisierung trug nun Früchte. Der Streik hatte von Anfang an eine eigene informelle Streikleitung. Die ArbeiterInnen entwickelten in diesem gewerkschaftlich kontrollierten Streik ihre Eigenständigkeit. Als die NGG Ende des Jahres den Streik beenden wollte, ließen sich die Streikenden nicht einfach wieder arbeiten schicken.

Die lange Dauer des Streiks ist ein Zeichen von Hartnäckigkeit. Aber nicht von Stärke. Im Gegenteil. Die Streikenden sind gegen den Gegner Texas Pacific Group, den auch die NGG völlig unterschätzt hatte, nicht durchgekommen. Wenn sie mit diesem Streik Macht entfaltet hätten, wäre die Firma nach ein paar Tagen Streik zum Einlenken gezwungen gewesen. Es ist ihr aber gelungen, den Streik ab dem ersten Tag durch massiven Streikbruch zu unterlaufen. Erst spät haben Unterstützergruppen von außen versucht, mit Blockaden die Ohnmacht der Streikenden zu durchbrechen. In der Zusammenarbeit von streikenden ArbeiterInnen und UnterstützerInnen aus der linken Szene ist eine interessante Dynamik entstanden. Für einen Durchbruch hat sie nicht gereicht. Noch sind die »umherschweifenden Streikposten« viel zu schwach. Insgesamt blieb der Streik isoliert.

Paradoxerweise war genau diese Schwäche des Streiks - die Länge von einem halben Jahr - für alle Beteiligten eine große Chance. Der Streikposten vor der Halle 8a am Düsseldorfer Flughafen wurde zu einem Laboratorium, wo ArbeiterInnen und UnterstützerInnen neue Erfahrungen machen, sich kennen lernen und - der Winterkälte trotzend - stundenlange Diskussionen führen konnten. Hier hat sich die Frage nach der Arbeitermacht praktisch und exemplarisch gestellt: Wie haben die ArbeiterInnen es geschafft, nach so langem Stillhalten doch noch die Kraft zu finden, »es reicht« zu sagen und die Brocken hinzuschmeißen? Und was hat gefehlt für die Kraft zum Siegen? Oder allgemeiner gefragt: Wie können wir heute die Macht entwickeln, die neuen Zumutungen kapitalistischer Verwertung zurückzuweisen? Was können wir dazu aus diesem Streik lernen?

Anhand dieses Streiks lassen sich viele Fragen erstmal nur negativ beantworten. Er bietet eine Menge Beispiele und Erfahrungen, wie es *nicht* geht. Die Streikstrategie lief ins Leere. Der Streikbruch durch LeiharbeiterInnen war durch normale Streikposten und Flugblätter nicht aufzuhalten. Erwartungen der ArbeiterInnen, dass die Gewerkschaft ihnen weitere Druckmittel auftun würde, wurden enttäuscht. In dieser Situation fingen einige ArbeiterInnen an, über neue Strategien und Aktionsformen nachzudenken - Ideen, die größtenteils nicht umgesetzt wurden. Aber immerhin ist es in Zusammenarbeit mit den Unterstützergruppen punktuell gelungen, die Routine des Gewerkschaftsstreiks mit Aktionsformen der radikaleren politischen Bewegung aufzumischen.

Auch wenn das Ergebnis des Streiks kein Erfolg war, so gab es darin doch viele kleine Schritte in die richtige Richtung. Wir alle haben in dieser Zeit eine Menge guter Momente erlebt und viel gelernt. Diese Erfahrungen wollen wir hiermit für zukünftige Kämpfe weitergeben. Wir rekapitulieren im Folgenden den Streik, seine Vorgeschichte und seine Folgen, entlang der Berichte und Einschätzungen von Streikenden, und immer im Hinblick auf die Frage zukünftiger Arbeitermacht.

## Warum Interviews?

Die Zitate in diesem Teil stammen aus Interviews mit ArbeiterInnen, die wir größtenteils nach Streik-Ende geführt haben, und aus Mitschnitten bei Veranstaltungen mit Streikenden. Einige Aussagen aus der Streikzeit haben wir aus der Erinnerung und eigenen Notizen wiedergegeben. In den ersten Monaten des Streiks war ein kleiner Kreis vor allem damit beschäftigt, Solidarität zu organisieren und Öffentlichkeit herzustellen. Auch dafür haben wir stundenlang am Streikzelt rumgehangen, mit den ArbeiterInnen geredet oder sie reden lassen. Nur durch dieses aufmerksame Zuhören konnten wir eine Reihe von Artikeln schreiben, in denen wir die Hintergründe und eigentlichen Motive dieses Kampfs beleuchteten. Erst ab Februar, im fünften Streikmonat, haben wir angefangen, Veranstaltungen mitzuschneiden und einige Interviews aufzunehmen.

Im Nachhinein hat es sich als ein Fehler herausgestellt, erst so spät mit ausführlicheren Interviews zu beginnen. Andererseits war dieses praktische, manchmal schon fast aktionistische Herangehen eine wichtige Vorbedingung für die späteren Interviews und ihren Charakter. Das Grundproblem üblicher soziologischer oder journalistischer Interviews besteht darin, dass sie das entfremdete Verhältnis von Interviewer und Interviewten, vom »Forscher« als Subjekt und den Befragten als Untersuchungsgegenständen, nicht aufbrechen können. Die Interviews bilden dann zu einem großen Teil nur dieses Verhältnis ab: Die Interviewsituation vereinzelt die Befragten und blendet damit die kollektive Dimension von Meinungen, Wissen, Beurteilungen aus dem Gespräch aus. Die Befragten haben bestimmte Vorstellungen im Hinterkopf, was die Interviewer vielleicht hören wollen oder was gegenüber der »Öffentlichkeit« wohl die »richtige« Antwort wäre. Sie neigen dann zu moralisch anklagenden Aussagen, zur Beschreibung des Elends und des Leidens an ihm, tragen aber wenig dazu bei, die eigene Rolle zu analysieren und damit auch die Möglichkeiten, diese Rollen zu sprengen und untergründig Widerstand zu entwickeln.

Als wir mit den Interviews begannen, war den Befragten klar, dass wir kein akademisches Interesse verfolgten, sondern mit ihnen zusammen die schwierigen Fragen diskutieren wollten, die sich aus ihrem Streik ergaben: Wie lassen sich gegen den Krisenangriff des Kapitals wirksame Arbeiterkämpfe entwickeln, was blockiert die Rekonstruktion von Arbeitermacht und was können Streiks wie bei Gate Gourmet zur Diskussion dieser Probleme beitragen? Die Frage, wie sich kollektives Handeln entwickelt und mit welchen Problemen es verbunden ist, konnten wir in den Interviews nicht so einfangen, wie sie in Gesprächen oder Streitereien unter den ArbeiterInnen während des Streiks aufgeworfen wurde. Leider haben auch wir die Interviews zum größten Teil mit Einzelnen geführt. Ein paar Mal ist es gelungen, Interviews mit zwei ArbeiterInnen zu machen. Stellenweise kam es dabei zu Diskussionen unter ihnen, bei denen wir mit unseren Fragen nicht mehr im Mittelpunkt standen. Es gab die Idee, eine größere Gesprächsrunde zusammenzuholen und mitzuschneiden, was sich aber nicht realisieren ließ. Trotzdem sind die Interviews und das ganze Buch davon geprägt, dass ein Teil der Streikenden, mit denen wir in Kontakt geblieben sind, sehr aktiv Anteil daran genommen hat. Sie hatten ein deutliches Interesse daran, ihre Erfahrungen zu verarbeiten und verfügbar zu machen.

All diese Probleme zeigen, dass Interviews nur eine und nicht *die* Methode sind, um die Diskussion und Analyse der heutigen Kampfbedingungen weiterzuentwickeln. Sie haben allerdings den Vorteil, dass in ihnen gründlicher und systematischer den Zusammenhängen zwischen Produktionsstruktur und Kampfbedingungen nachgegangen werden kann. Teilweise sind uns selber erst beim Abhören und Abschreiben von knapp dreißig Stunden Interviews und Veranstaltungsmitschnitten Zusammenhänge deutlich geworden oder neue Fragen aufgefallen. Dabei sind wir immer wieder auf die Lücken gestoßen: Im Nachhinein konnten wir nur noch mit Aktivisten, zu denen sich während des Streiks ein Vertrauensverhältnis entwickelt hatte, längere Gespräche vereinbaren. Ebenso wichtig wäre es gewesen, mit denen zu reden, die sich nicht hervortaten, aber - vielleicht sogar mit Bauchschmerzen - den Streik über die ganze Zeit mitgetragen haben. Auch die Frauen, die etwa ein Drittel der Belegschaft ausmachen, kommen in den Interviews verhältnismäßig zu kurz. Geplante Interviews mit weiteren Kolleginnen sind aus verschiedenen Gründen nicht zustande gekommen. Gerade die Frauen berichten aber, wie sie sich im alltäglichen Produktionsprozess teilweise erfolgreich und kollektiv gegen das Management zur Wehr setzen konnten. Das Problem, dass über Interviews diejenigen stärker in Erscheinung treten, die sich besser und selbstbewusster artikulieren können, haben wir nicht wirklich lösen können - obwohl wir aus unseren Fabrikerfahrungen nur zu gut wissen, wie sehr Reden und Handeln auseinander fallen können. Erfolglos blieben auch unsere Bemühungen, Leiharbeiter, die als Streikbrecher eingesetzt wurden und mit dieser Rolle oft nicht sehr glücklich waren, zu interviewen. Es gab vage Zusagen, aber am Ende überwog immer die Einschüchterung durch ihre Sklavenhändler.

Die Interviews wurden in der Zeit von Februar bis Oktober 2006 geführt. Einige Interviews mit KollegInnen, die weiter dort arbeiten, haben Monate nach Streik-Ende stattgefunden. Dadurch ergibt sich ein Einblick in die Situation im Betrieb nach dem Streik, und wir konnten die ArbeiterInnen fragen, was für sie aus dem Streik übriggeblieben ist.

Bei den Interviews hatten wir einen Leitfaden im Kopf, aber kein festgelegtes Frageschema vor uns liegen. Die Interviews erscheinen hier nicht Person für Person. Zu jeweils verschiedenen Aspekten und Fragestellungen haben wir Aussagen aus den Gesprächen zusammengestellt, sodass sie sich aufeinander beziehen und Widersprüche sichtbar werden. Um sicherzugehen, dass einzelne Aussagen nicht aus dem Zusammenhang gerissen und falsch eingeordnet wurden, haben wir den fertigen Text allen interviewten KollegInnen zukommen lassen. Mit einigen von ihnen gab es ein gemeinsames Treffen, mit anderen haben wir in Einzelgesprächen geklärt, ob wir sie richtig wiedergegeben haben.

Insgesamt kommen dreizehn KollegInnen von Gate Gourmet zu Wort, zehn Männer und drei Frauen. Für neun der Befragten ist Deutsch nicht ihre Muttersprache. Bei Gate Gourmet Düsseldorf stammt etwa die Hälfte der ArbeiterInnen aus anderen Ländern, davon die Hälfte aus der Türkei, die übrigen kommen aus allen Ecken der Welt. Da es für einige der befragten KollegInnen wichtig ist, nicht identifizierbar zu sein, haben wir alle Namen geändert und bei den heute noch dort Arbeitenden darauf geachtet, dass aus ihren Aussagen keine Rückschlüsse auf ihre Identität gezogen werden können. Zusätzlich haben wir bei einigen »heiklen« Aussagen ganz auf eine namentliche Zuordnung verzichtet und alle Personen identisch mit xxx bezeichnet. Und selbstverständlich kann nicht alles, was in den Interviews erzählt und diskutiert wurde, öffentlich gemacht werden. Auswertungen wie diese stellen ohnehin eine Gratwanderung dar, denn auch die Bosse werden versuchen, daraus ihre Schlüsse zu ziehen. Es geht uns aber nicht so sehr um die speziellen Entwicklungen in dieser Firma, wir betrachten sie im Detail, weil sich im Rahmen dieses Streiks eine besondere Möglichkeit bot, die Tendenzen und Widersprüche des modernen Kapitalismus zusammen mit den ArbeiterInnen zu analysieren.

Folgende KollegInnen von Gate Gourmet kommen in diesem Buch zu Wort: Anna, Bella und Clara arbeiten als Küchenhilfen in der Produktion der Mahlzeiten. Jens, Hubert, Ali, Erol, Hasan und Orhan sind oder waren LKW-Fahrer, Achim war LKW-Fahrer und Supervisor*, Bernd hat im Büro gearbeitet und Pedro hat aufgrund seiner Aufsässigkeit die verschiedensten Jobs in der Firma kennengelernt. Der zitierte Betriebsratsvorsitzende ist ein türkischer Kollege, der erst im Juni 2005 nach der Abwahl des vorherigen arbeitgebernahen Betriebsratsvorsitzenden ins Amt gekommen war.

# Die Faust in der Tasche

**Teil I**

Die Auseinandersetzungen, die letzten Endes in den Streik mündeten, haben lange vorher angefangen. Im Luftverkehr insgesamt hat sich viel geändert und die ArbeiterInnen bei Gate Gourmet in Düsseldorf waren mit einer weitgehenden Umstrukturierung konfrontiert. Jahrelang haben sie Verschlechterungen hingenommen. Nur vereinzelt kam es im Arbeitsalltag zu Widerstand. Aber aus der Hand in der Tasche wurde langsam eine Faust. Viele KollegInnen betonen, dass die Firma sie zu Streikenden gemacht hat, dass es die unerträglichen Verhältnisse waren, die sie letzten Endes zum Streik getrieben haben. Es gab aber eine kleine Gruppe von ArbeiterInnen, die seit längerem bewusst an einer untergründigen Organisierung arbeiteten, um den Kampf aufnehmen zu können. Um diese beiden »Vorbereitungen« des Streiks - von oben und von unten - geht es in diesem Abschnitt.

## Der Flughafen ist eine große Fabrik

Durch den rasanten Anstieg der Passagierzahlen seit den sechziger Jahren und die Zunahme der Luftfracht sind Flughäfen zu riesigen Arbeiterkonzentrationen geworden. Auf dem Gelände einer internationalen Drehscheibe des Flugverkehrs wie London-Heathrow arbeiten 70 000 Menschen zusammen. Am Düsseldorfer Flughafen, mit knapp 16 Millionen Passagieren jährlich der drittgrößte Flughafen in Deutschland hinter Frankfurt/Main und München, sind etwa 15 000 Menschen beschäftigt. Im Schnitt kommen an den internationalen Flughäfen der Welt auf eine Million Passagiere pro Jahr 1000 Arbeitsplätze. Damit lässt sich grob abschätzen, was Flughäfen wie Frankfurt mit ca. 52 Millionen oder München mit ca. 28 Millionen Fluggästen für die Arbeiterkonzentrationen in diesen Regionen bedeuten.

In einer 2006 durchgeführten Arbeitsstättenerhebung wurden diese Zahlen für den Düsseldorfer Flughafen genauer aufgeschlüsselt. Demnach haben 237 Firmen ihren Sitz auf dem Flughafengelände und beschäftigen dort 13 271 ArbeiterInnen, weitere 266 Firmen entsenden täglich 1705 Beschäftige zum Flughafen. Damit sei der Flughafen die größte Arbeitsstätte in Düsseldorf. Den größten Teil stellen die Airlines mit 5199 Arbeitsplätzen. Sonstige Unternehmen wie Handwerker, Baugewerbe, Reinigungsfirmen, Cateringbetriebe und Sicherheitsdienste beschäftigen 2577 Menschen. Beim Konzern Flughafen Düsseldorf arbeiten 2249, allerdings nach den Auslagerungen vor zwei Jahren nur noch 1227 bei der Muttergesellschaft Flughafen Düsseldorf GmbH.

Aus zwei Gründen könnten Flughäfen eine besondere Bedeutung für die Arbeiterkämpfe bekommen: Erstens lassen sie sich nicht wie andere Fabriken in Billiglohnländer verlagern, selbst die Drohung damit wäre albern. Zweitens funktioniert die Arbeit am Flughafen wie eine eng verkettete Just-in-time-Produktion, wodurch auch Aktionen von kleinen Arbeitergruppen zur völligen Blockade des Flugbetriebs führen können. Die Auswirkungen und ökonomischen Schäden gehen dann weit über den einzelnen Flughafen und die unmittelbar betroffenen Firmen hinaus, da der gesamte internationale Flugplan durcheinander geraten kann. Als vor zwei Jahren die Düsseldorfer Flughafen GmbH die Auslagerung der Hälfte ihrer 2500 Arbeitsplätze an Fremd- und Tochterfirmen mit schlechteren Tarifen ankündigte, sorgten allein vier Betriebsversammlungen in verschiedenen Abteilungen dafür, dass

70 Flüge und 18 000 Passagiere zu benachbarten Flughäfen umgeleitet werden mussten. Ausgelagert wurden die Jobs trotzdem, denn Gewerkschaft und Betriebsräte beließen es bei diesem kurzen Muskelspiel.

Der möglichen Macht der ArbeiterInnen am Flughafen begegnen die Firmen schon seit den achtziger Jahren mit immer weitergehenden Auslagerungen, mit denen die Beschäftigten gespalten und ihre Bedingungen verschlechtert werden sollen. Waren Putzkräfte und Catering-ArbeiterInnen früher noch bei den Airlines angestellt, wurden sie nach und nach ausgegliedert. Die LTU* machte 1988 aus ihrem Catering die Tochtergesellschaft LTC*, Swissair gliederte 1992 neben anderen Bereichen auch das Catering aus, woraus die Gate Gourmet entstand. Dieser Prozess setzt sich dann weiter fort, so werden z.B. die Sandwichs heute nicht mehr von den Gate-Gourmet-Küchenhilfen belegt, sondern aus einer Fabrik der Firma Grothe angeliefert.

Der enge Zusammenhang der Arbeiten am Flughafen wird tagtäglich an den stets drohenden Delays* sichtbar. »Delay« ist das Schreckenswort, mit dem die ArbeiterInnen unter Druck gesetzt und angetrieben werden. Bodenpersonal, Putzkolonnen, Caterer, Techniker und Crew arbeiten quer über die Firmengrenzen hinweg Hand in Hand, um ihre jeweilige Arbeit im engen Zeitrahmen des Flugplans erledigt zu bekommen. Verspätungen haben für die Firmen große finanzielle Folgen, zumal aus wenigen Minuten Verspätung schon mal Stunden werden können, wenn der nächste freie Slot* auf sich warten lässt. Bei verspätetem Catering sind Vertragsstrafen gegenüber der Fluggesellschaft fällig, und diese muss wiederum bei verspätetem Start höhere Gebühren an die Flughafengesellschaft zahlen. Für alle beteiligten ArbeiterInnen bedeuten Verspätungen Ärger. Der Stress führt auf den Maschinen zu Konflikten zwischen den verschiedenen Belegschaften.

JENS: Wir machen auf fünf Minuten genaue Zeitarbeit, wir arbeiten auf die genaue Abflugzeit hin. Du hast den ganzen Tag Termine, da sind immer Abflugzeiten.

HUBERT: Für die Firma hast du schlecht gearbeitet, wenn du das nicht geschafft hast, auch wenn du das gar nicht schuld warst. Du warst ja nicht schuld dran, wenn das Flugzeug später kam oder wenn das kaputt war. Aber du hast dein Bestes getan, das auszugleichen. Auch weil für den Kunden die Zeit reingeholt werden sollte, damit der nicht wieder mit Verspätung an seinem Ziel ankam. Du schleppst die Zeit hinter dir her, die du verloren hast, aus irgendwelchen Gründen, noch nicht mal aus dir selbst. Zum Beispiel ist es passiert – und das war nicht der seltenste Fall – dass du die Tür aufmachst, und da die alte Crew und die neue Crew gleichzeitig auf dem Flieger sind.

JENS: Und dann kommt noch die Putzkolonne von der Firma Klüh dazu, und die Techniker. Dann hast du auf vier Quadratmetern, die du zur Verfügung hattest, zehn Leute gehabt, und du musstest deine Container da reinräumen. Da sind Staubsauger durch die Gegend geflogen, da ging's richtig zur Sache. Die haben mir die Kabel da lang gelegt, genau in der Tür, wo ich rein musste. Du kommst da mit dem Wagen nicht drüber. Also: Kabel raus, der Staubsauger ist rumgeflogen – »Ihr Blöden, ihr seid ja wohl bekloppt«. Und die genauso. Die mussten ja auch fertig werden.

ACHIM: Das sind die unangenehmsten Jobs an Bord einer Maschine, die Firma Klüh und das Catering. Weil wir direkt auf der Passagierebene arbeiten. Solange wir die Türen nicht verlassen haben, können die die Notrutschen nicht schließen. Also darf der erst boarden, wenn alle Türen geschlossen sind. Das geht erst dann, wenn das Catering und die Firma Klüh von Bord sind.

ORHAN: Ich schäme mich manchmal über mein Verhalten vor einigen Jahren. Du musst dir das so vorstellen: Wenn ein Flugzeug blinkt, dann siehst du auf dem Bildschirm, der kommt um Punkt dann-und-dann, der blinkt schon runter. Dann warten schon fünfzig, sechzig Leute, je nachdem, welche Maschine das ist. Das sind mindestens zehn, fünfzehn verschiedene Firmen. Wir müssen ab diesem Zeitpunkt, wenn der unten ist, alle parallel arbeiten. Das ist ein Kunststück, was da abgeht. Die Leute aus dem Operativbereich, vom Putzen, vom Catering, vom Tanken, alles ... die kommen sich in die Quere. Da wird richtig mit Ellenbogen gearbeitet. Ich hab' Leute gesehen, die haben da Frauen getreten, weil sie nicht durchkamen: »Schnell, weg da!« Erst ein einhalb Jahre später hab' ich überblickt, was ich da mache. Du bist so drin, wie in einem Fluss, da merkst du gar nichts. Und irgendwann fragst du dich: Was machst du da eigentlich? Arbeiten muss man ja doch irgendwo. Aber was hier abgeht, das ist unglaublich.

Trotz solcher Auseinandersetzungen bestehen zu ArbeiterInnen der anderen Firmen auch gute kollegiale Verhältnisse.

HUBERT: Das waren ja unsere Kollegen, im Endeffekt. Wir haben uns mit den Leuten von der LTU, also mit unseren Kunden, besser verstanden als mit unseren Chefs. Und mit den Technikern, das sind hoch qualifizierte Leute.

JENS: Du hast dir Vorteile geschaffen, dadurch, dass du viele Leute kanntest. Du hast zum Beispiel einen Techniker von der einen Maschine zur anderen gerufen: »Komm, mach' mir die schon mal auf.« Damit du dann gleich anfangen konntest. So hast du dir Puffer geschaffen.

EROL: Die Techniker sehen wir oft auf dem Flieger, ein- oder zweimal die Woche, man macht seine Späßchen, und man hilft sich gegenseitig schon mal, wenn du ne Kleinigkeit wie einen Schraubenzieher brauchst. Wir kennen viele Techniker von der LTU, und auch Leute vom Flughafen. Das macht richtig Spaß, unter uns, wenn wir da drin sind, oder wenn wir raus fahren, oder am Flieger mit der Crew. Wir haben schon mal so Führungen für die durch unseren Betrieb gemacht: Produktion, Zoll-Lager, Dispatch. Damit die wissen, dass wir nur die Fahrer sind. Letztens haben sie im Frühdienst die Brötchen vergessen, die Körbe waren nicht da. Du kommst als Fahrer hin, dann heißt es »Fertig, fahr!« - aber du bist der Arsch; wenn du dann auf der Maschine bist, da kriegst *du* alles zu hören.

Die enge Zusammenarbeit hätte eine Chance sein können, auch im Kampf um die Arbeitsbedingungen zusammenzustehen. Wie das gehen kann, hatten zwei Monate vorher die ArbeiterInnen von British Airways mit ihrem beeindruckenden Solidaritätsstreik am Flughafen London-Heathrow gezeigt. Aber die Versuche des Betriebsratsvorsitzenden, über die Betriebsräte der anderen Firmen die ArbeiterInnen am Düsseldorfer Flughafen zu mobilisieren, schlugen fehl.

BETRIEBSRAT: Auf dem Düsseldorfer Flughafen gibt es 280 Firmen. Als wir raus gegangen sind, war das mein erster Job: Die ersten drei Wochen bin ich bei allen Betriebsräten rumgerannt, bis zum geht-nicht-mehr. Aber niemand wollte was mit uns zu tun haben! Ich hab' mich gewundert: eine ansteckende Krankheit, dieser Streik? Es gibt 21 Flughafenbetriebsräte. Ich wusste gar nicht, dass da so viele Betriebsräte sind. Ein einziger hat sich getraut. Und wann kam der LTU-Betriebsrat zum ersten Mal raus? Nach anderthalb Monaten! Manche sagten: »Super, was ihr da macht, das ist ja toll!« Aber dabei bleibt es dann auch, das ist alles … und das nennen die Solidarität!

Die LTU befindet sich im Gebäude 8, gleich neben der Gate Gourmet. Die Angestellten hatten von ihren Büros aus täglich das Streikzelt im Blick. Einzelne bekundeten bei Besuchen ihre Sympathie für den Kampf, aber zu Solidaritätsaktionen ist es nicht gekommen. Dabei hätten sie dafür durchaus eigene Gründe gehabt. Im Dezember kam eines morgens um fünf Uhr ein älterer Kollege der LTU zum Streikzelt: »Bald stehen wir hier neben Euch!« Er berichtete von den Tarifverhandlungen, in denen die LTU ganz ähnliche Forderungen nach Lohnverzicht erhoben hatte wie Gate Gourmet.

Eine positive Ausnahme bildeten die Betriebsräte und KollegInnen der Reinigungsfirma Klüh, die sich im Oktober spontan einer Demonstration der Streikenden am Flughafen anschlossen, und im Dezember bei einer Solidaritätsveranstaltung im Efendi-Kulturzentrum in Duisburg auftraten. Ebenso wichtig war die Solidarität der KollegInnen des Hauptkonkurrenten von Gate Gourmet, der Lufthansa-Tochter LSG Sky Chefs. Als Gate Gourmet bei Streikbeginn anfragte, ob die LSG einspringen könne, lehnte es der Betriebsrat mit Hinweis auf den hohen Krankenstand ab, Streikbrucharbeiten zu übernehmen.

## Die guten alten Zeiten?

Mit der Ausweitung der Billigfliegerei verändern die Flughäfen ihren Charakter. Die alte Exklusivität des Fliegens verschwindet, und mit ihr das hohe Ansehen der Flughafenjobs. Stewardess war früher ein beliebter Berufswunsch. Heute dürfte den meisten klar sein, dass es sich dabei um einen Kellnerinnenjob unter erschwerten Bedingungen handelt. Auf den Flughäfen geht es heute wesentlich proletarischer zu - bei den Passagieren wie bei den Arbeitenden.

Die meisten Streikenden arbeiten seit vielen Jahren in der Firma. Als sie vor zehn bis fünfzehn Jahren dort angefangen haben, bot die Arbeit beim Flugzeug-Caterer noch einige Vorteile. Der Lohn war relativ hoch, und mit den jährlichen tariflichen Lohnerhöhungen konnte man fest rechnen. Dazu kamen Vergünstigungen wie verbilligte Flüge. Schon damals funktionierten die ArbeiterInnen hochflexibel, um den Betrieb ohne Verspätungen aufrechtzuerhalten. Aber die Firma kam ihnen auch bei eigenen Wünschen zur Arbeitszeit entgegen. Man konnte Freischichten ansammeln, um damit den Urlaub zu verlängern, und überhaupt konnte man mit den Chefs reden. Im Geschäft für die Reichen war der Umgangston gegenüber den ArbeiterInnen relativ respektvoll. Diese fühlten sich der Firma zugehörig und mit ihrem Arbeitsplatz auf einem sicheren Posten.

ANNA: Vorher hatten wir wirklich ein super Arbeitsklima. Jeder hat jedem geholfen. Jeder hat wirklich Verständnis für alles gehabt, und da war auch kein Druck von oben. Wenn mal einer von oben kam, von der Produktionsleitung oder ein Vorarbeiter, und hätte gefragt: »Kannst du heute mal bisschen länger bleiben, oder morgen extra reinkommen?« – da hat man das noch gerne gemacht.

BELLA: Und wenn einer mal falsch gekommen ist, sich z.B. versehen hat und auf Frühschicht statt auf Spätschicht gekommen ist, dann geht der heute sofort nach Hause. Der bleibt nicht: »Ach, der ist schon gekommen, der kann gleich bleiben.« Nee, der geht nach Hause und kommt um ein Uhr wieder. Früher konnte man da was regeln, aber jetzt nicht mehr.

JENS: Du hast Urlaub gekriegt, wann du wolltest, du konntest Schichten tauschen, wie du wolltest. Wenn du mal was hattest, konntest du nach Hause gehen. Da waren die wesentlich flexibler. Die Arbeiter konnten mehr ihre Freizeit bestimmen. Du hast auf jeden Fall was zurückgekriegt. Anfangs wurden sogar Prämien gezahlt. Das wusstest du, und dadurch hast du dich für die Firma mehr engagiert. Diese Freiheiten sind immer mehr beschnitten worden.

HUBERT: Bei der alten LTC, da warst du wirklich ein Mitarbeiter. Auch wenn es da Auseinandersetzungen gab, du hattest immer das Gefühl, du *arbeitest* bei denen, du bist ein Teil von der Firma. Wenn du nichts klaust, dann kann dir nichts passieren! Aber bei der Gate Gourmet haben die von Anfang an versucht, dich für jeden Kram verantwortlich zu machen. Wir haben immer das Gefühl gehabt: Die wollen was aufhäufen, um uns rauszukriegen. Das war von Anfang an die Atmosphäre bei der Gate Gourmet.

Früher hatten wir schon mal mehr Zeit, wo wir uns zusammen unterhalten konnten. Ich bin früher immer eine Stunde oder vierzig Minuten früher in der Firma gewesen, habe morgens in der Kantine gesessen, ein oder zwei Kaffee getrunken, Zeitung gelesen und mich mit den Kollegen unterhalten, die auch oft ne Stunde früher kamen zur Schicht. Auch morgens um drei Uhr, das war eigentlich üblich. Zuletzt bin ich fünf Minuten vor der Arbeitszeit eingetroffen. Man hat uns ja verboten, in der Kantine Zeitung zu lesen. Eine Zeitung in der Kantine wurde als Diebstahl betrachtet. Abends haben wir jeden Tag fünf Tonnen Zeitungen weggeschmissen, die von den Flugzeugen zurückkamen, aber selber durfte man keine in der Hand haben. Vorher durfte man das, da hat kein Schwein was gesagt.

PEDRO: Als ich da angefangen habe, hatten wir wirklich viel Spaß in der Firma. Das war ein ganz anderes Klima. Im Sommer sind wir zum Beispiel nach Feierabend ans Baggerloch gegangen, wir haben gegrillt. Mit einigen habe ich mich zu Hause getroffen zum Bier trinken. Wir waren fast wie eine Clique. Das war eine schöne Zeit.

Im Rückblick erscheint die Arbeit bei der LTC in den achtziger Jahren fast idyllisch. Viele KollegInnen schwärmen von dem damaligen guten Arbeitsklima. Sie identifizierten sich mit »ihrer LTU«, hauten rein, wenn es nötig war, und waren stolz auf ihre Leistung.

HUBERT: Wir sind mit allen Aufgaben, die uns gestellt worden sind, fertig geworden. Ob das Delays waren, oder Aircraftchanges, wenn ein Flugzeug kaputt ist. Egal was gekommen ist. Zum Beispiel der Brand, von dem Flughafenbrand waren wir ja auch betroffen – mit jeder Katastrophe, groß oder klein, sind wir fertig geworden. Wir waren die Schnellsten und Flexibelsten am ganzen Flughafen. Wie oft haben wir Dankesschreiben gekriegt von der LTU! Was wir rausgerissen haben! Dazu waren die Münchner Station oder die Frankfurter Stationen nicht in der Lage.

Wir haben uns zugehörig gefühlt, zum Flughafen und auch zur LTU. Das waren unsere Kunden, das waren unsere Freunde. Das war *unsere* Firma, die ganze Sache. Und dadurch hat man sich im Notfall auch so viel Mühe gegeben. Der Ton war anders. Der Chef ist raus gekommen und hat gesagt: »Ich brauche noch jemand um das und das zu machen, wer macht denn noch die Maschine, ich hab' keinen.« Dann hat man gesagt »So'n Scheiß« – und hat es gemacht. Wir haben die Firma gemanagt, wir waren die Elite, der Kampftrupp. Wir haben die Sache möglich gemacht! Wir haben das möglich gemacht, dass die Rechnungen geschrieben haben, dass die arbeiten konnten, wir haben alles draußen möglich gemacht.

Eine solche Begeisterung darüber, mit der Arbeit trotz unmöglicher Anforderungen fertig zu werden, ist in einer Nahrungsmittelfabrik schwer vorstellbar. Hier spielt sicher die Besonderheit des Arbeitsplatzes Flughafen eine Rolle, der mehr Prestige und Identifikationsmöglichkeiten bietet als andere Betriebe. Außerdem erzeugt die Nähe zum Konsumenten Druck. Die ArbeiterInnen kennen selbst die Situation, als Passagiere auf verspätete Abflüge warten zu müssen, und fühlen sich verantwortlich, diesen Menschen solchen Ärger zu ersparen. Das gilt vor allem für die Fahrer, die als Einzelne und als Letzte in der Kette immer noch versuchen, Verspätungen wieder auszugleichen.

JENS: Du hast einen unheimlichen Druck, wenn du so eine Maschine belädst. Die kommt später rein, will aber möglichst pünktlich raus. Dann rennst du los. Du holst den alten Mist raus, tust den neuen Mist rein. Dann stehen aber schon 360 Leute vor der Tür, die einsteigen wollen. Da warten 360 Leute nur auf dich, dass du fertig wirst! Das ist ein psychologischer Druck. Die Verspätungen, die wir rausgeholt haben, das hat denen unheimlich viel Geld eingespart. Aber das war ja auch *unser* Unternehmen, die LTU. Und dieses LTU-Denken, das ist selbst zu den Gate Gourmet-Zeiten nicht raus gekommen.

EROL: Es gibt Momente, da musst du Überstunden machen, da geht das nicht anders, das akzeptiere ich auch. Wir haben das schon erlebt: Du stehst da, der Flieger ist da, und keiner kommt. Dann rufen die an und fragen, wo der Fahrer bleibt. Und wenn ich mir dann vorstelle, wie ich als Passagier da warte – ich will einsteigen, ich will wegfliegen, in meinen Urlaub – und dann: Scheiße, noch zwei Stunden warten, drei Stunden … manchmal stehst du da und denkst »Ok, das musst du akzeptieren«.

Das ist eine besondere Atmosphäre, da am Flughafen zu arbeiten. Man sieht die Passagiere ein- und aussteigen, Flieger heben ab, kommen … Und wenn die Ferien sind, dann läuft das volle Pulle, es ist laut und die Kinder freuen sich auf den Urlaub. Das ist wunderschön, diese Atmosphäre, für mich persönlich. Ja, man lebt! Das ist nicht so ruhig, tote Hose, das ist richtig Power. Ich liebe so was. Nicht so sehr die Turbinen, wenn sie laut düsen … aber man sieht die Menschen, die sind happy, wenn sie fliegen. Das macht Spaß.

Die von einigen beschriebene Idylle der alten Zeiten war bei näherer Betrachtung schon damals nicht so schön. Der relativ gute Lohn bestand zu einem großen Teil aus Erschwerniszulagen, und die LTC stellte nur befristet ein. Viele KollegInnen hatten zunächst mehrere Verträge für die Saison (März bis November) oder 18-Monatsverträge, bevor sie fest eingestellt wurden. Dazwischen immer vier Monate Pause – so kam kein Anspruch auf Festeinstellung zustande. Schon in den achtziger Jahren herrschte ein großes Ausmaß an Prekarisierung und Flexibilität. Mit der Übernahme durch die Gate Gourmet wurde die Flexibilität in einem Ausmaß gesteigert, dass das Leben außerhalb der Firma, mit Familie und Freunden, zu einer unplanbaren Restgröße wurde. Die Verschärfung wurde mit rücksichtslosem Druck durchgesetzt. Das trieb die Belegschaft von Gate Gourmet letzten Endes zum Kampf um ihre »Menschenwürde«. Aber trotz der ständig steigenden Zumutungen hat die »LTC-Mentalität« noch lange nachgewirkt und eine Gegenwehr blockiert. In dieser ganz normalen Belegschaft, die jahrelang gut für die Firma funktioniert hatte, mussten einige erst über ihren Schatten springen, um sich offen als Streikende gegen die Firma zu stellen.

ALI: Die LTC-Zeit war eine andere Mentalität. Die Arbeit war hart, aber die Firma hat uns nie beschissen, so richtig. Da war das kein Thema, wenn der Vorarbeiter gefragt hat, ob man länger macht. Man hat gerne gearbeitet, man hat gerne Überstunden gemacht. Wenn es eng wurde, dann sind wir auch gerannt, um die Maschine zu beladen, damit alles pünktlich ging. Das haben wir mitgenommen zu Gate Gourmet. Bei den Zeiten, die festgelegt wurden, haben wir gesagt: Die müssen wir doch schaffen! Die meisten Leute sind gerannt. Alle. Die sind zum Kühlhaus gerannt, haben die Essen da raus gezogen, dann musstest du die Essen noch zählen. Du kamst dir vor wie bei der Olympiade.

Irgendwie ist das aber immer noch grade gut gegangen, eine Zeitlang ist das gut gegangen. Dann haben wir uns beschwert, waren beim Betriebsrat. Der Betriebsrat ging zum Chef, und dann sagt der: »Was wollt ihr denn eigentlich von uns? Keine Delays im Monat, keine Verspätungen – es läuft doch alles! Warum habt ihr zu wenig Zeit? Es klappt doch alles!« Aus den Köpfen das wegzubekommen, mal ruhig zu machen, diese Angst wegzuhaben »Ich muss das machen, sonst kriege ich ne Abmahnung« – das ist erst mit der Zeit langsam gekommen, als die Leute kaputt gewesen sind. Dass sie gesagt haben: »Ich mach' jetzt meine Arbeit normal«.

HUBERT: Ich persönlich, muss ich sagen, habe über Streik direkt nie nachgedacht. Wir haben die letzten Jahre, wie Gate Gourmet rein gekommen ist, drei Jahre vor dem Streik, immer mehr über Auswege nachgedacht, was man überhaupt machen könnte. Man hat am Anfang gedacht, man könnte vernünftig ... – Das hab ich wirklich gedacht! – man könnte vernünftig mit dem Chef reden. Weil mein ganzes Arbeitsleben war es immer so gewesen, dass man mit einem Chef soweit reden konnte, dass der einem zumindest zugehört hat und teilweise, wenn das begründete Sachen waren, dann auch Recht gegeben hat. Oder er hat einem zumindest eine Antwort gegeben, die man nachvollziehen konnte. »Das geht nicht« oder »das geht diesmal nicht« oder »später machen wir das anders«. Ich habe mich immer als einen Arbeitnehmer betrachtet, der nicht grundsätzlich gegen jede Firma ist. Muss ja nicht, ist ja dein Arbeitgeber. Wenn du nicht fähig genug bist, selbst ne Firma aufzumachen, dann musst du eben *für* jemanden arbeiten. Das ist nun mal so, das ist die Realität, und damit muss man sich abfinden. Aber man war immer anerkannt. Was der Firma gut tut, das tut mir auch gut ... das hat sich bei der Firma hier nachher auf den Kopf gestellt. Wenn ich mir besondere Mühe mit meiner Arbeit gegeben habe, da hab' ich keinerlei Vorteil gehabt. Aber auf der Basis davon, dass meine Erfahrung immer war, dass man zumindest bis zu einem gewissen Grad mit dem Chef mal mehr und mal weniger reden konnte, dass der auf einen gehört hat, wenn das Argument vernünftig war, habe ich das auch bei *denen* versucht. Aber das ist einfach verhallt. Man wurde als Mitarbeiter nicht wahrgenommen. Man wurde einfach nicht ernst genommen.

Die Entscheidung für den Streik war für mich schwer, weil das gegen meine bürgerliche Existenz an sich geht. Von meiner Herkunft her bin ich kein Streiker. Wenn da steht »Solidarität« ... das ist einfach Träumerei. Das ist nie die Gedankenwelt unserer Familie gewesen. Unsere Familie ist nie links gewesen und ist nie rechts gewesen. Einfach so Bürger, die immer versucht haben, ihr Bestes zu machen und so gut wie möglich durchzukommen. Ich bin schon sehr bürgerlich, das gebe ich auch zu, ich bin auch für Chefs unter Um-

ständen, ich sehe das nicht als *das* Lager und *das* Lager. Meine Handwerksausbildung, meine Lehrgesellen in den sechziger Jahren, das waren ganz normale Menschen. Die sagten: »Wenn's dem Chef gut geht, dann geht's dir auch gut.« Und so Chefs haben wir meistens auch gehabt. Wir haben immer nah an den Chefs gearbeitet, früher. Ich war immer in kleinen Firmen gewesen, wo man den Chef dann kannte. Da waren mal fünf Mitarbeiter, mal zehn Mitarbeiter. Die alten Chefs, das waren Handwerksmeister, das waren Leute, die früher selbst mal die Arbeit gemacht hatten, da konnte man sich mit streiten und auch wieder mit vertragen. Die hatten nicht dieses eiskalt Behördenmäßige an sich wie diese Firma.

Als die Urabstimmung war, war ich im Krankenhaus und kam gerade raus. Da konnte ich noch zur Urabstimmung gehen, und da habe ich gesagt: »Ja, irgendwas muss passieren. Das ist vernünftig, mit den Leuten nicht zu sprechen, da ist kein Verhältnis mehr.« Trotzdem war es nicht so, dass ich Streik unbedingt als Mittel sehen würde, das mir direkt einfallen würde, um irgendwas gegenüber einer Firma oder gegenüber einem Chef durchzusetzen. Das zeigt ja, wie verzweifelt ich gewesen sein muss, dass ich für so einen Streik bin. Bei der LTC hätte ich nicht gestreikt. Aber so was, das konnte ich mir nicht gefallen lassen, da musste was gesetzt werden. Wenn ich einen Hoffnungsschimmer gehabt hätte, wenn die mich mit irgendeinem Argument hätten ködern können bei dem Gespräch nach dem Ende von meiner Krankheit, dann wäre ich wahrscheinlich nicht raus gegangen. Aber die hatten einfach nix. Die haben noch nicht mal versucht, mich zu bestechen! Die haben noch nicht mal versucht zu sagen: »Wenn Sie auf unserer Seite stehen, dann werden Sie später Vorarbeiter oder kriegen 1000 Euro oder sonst was.« Am Ende von dem Gespräch war ich genauso im Unrecht wie am Anfang. Ich hab denen auch mein persönliches Befinden erzählt. Ich habe denen gesagt: »Wenn ich da vorne über die Brücke komme, da habe ich einen Klumpen im Hals, da wird mir übel.« Da muss doch ein Chef normalerweise ins Nachdenken kommen, wenn die Mitarbeiter einem so was erzählen, oder nicht? Eine Firma kann man doch nicht so leiten! Die Leute dürfen doch morgens keine Angst haben, wenn sie arbeiten kommen! Nur weil man nicht weiß, was auf einen zukommt. Die haben es einfach geschafft in den Jahren, die ganze Belegschaft gegen sich aufzubringen. Und noch nicht mal durch mehr Arbeit, sondern einfach durch die Behandlung, diese Unkulanz. Das Behandeln von den Leuten nicht als Mitarbeiter, sondern als Hemmschuh.

Bei Gesprächen über die Zeit bei der LTC kommt bei vielen KollegInnen regelrechte Nostalgie auf. Sie betonen, dass die Arbeit am Flughafen doch eigentlich schön war und Spaß gemacht hat. Erst Gate Gourmet und TPG* hätten nach der Übernahme daraus eine unerträgliche Belastung gemacht.

ACHIM: Die Ironie ist, wenn man die siebzig Leute, die jetzt da draußen stehen, fragt, ob ihnen die Arbeit Spaß macht, dann sagen alle ja. Das ist kein Witz. Mancher sagt: Sobald ich dieses Haus verlasse, und fahre auf die Maschine, da fühle ich mich wohl. Aber ich muss ja wieder reinkommen. Und genau das ist das. Die sagen nicht, dass ihnen das Flugzeugbeladen keinen Spaß mehr macht. Darum geht's nicht. Aber alles was drum rum ist …

EROL: Zur LTC-Zeit war die Stimmung astrein. Wir haben da schon richtig gearbeitet, aber dafür haben wir nicht diesen Stress und dieses »Muss« gehabt. Da war die Arbeit ganz anders. Du hast da auch ganz gut verdient, und die Kollegen waren in Ordnung. Die Atmosphäre stimmte. Früher bist du da gerne hingekommen. Du bist um drei Uhr aufgestanden, halb vier warst du da, die Kollegen waren in der Kantine. Aber seitdem ist das anders: Du musst hingehen, weil du arbeiten musst. Da war die Lust weg. So als ob jemand gekommen wäre und hätte dir was weggenommen, wie ein Organ von dir. So fing das an. Und dann gab es da diese Unruhe, unter uns kamen wir auch nicht mehr klar. Dann haben wir immer gesagt: »Bitte, ruhig bleiben, wir müssen mindestens gucken, dass wir zusammenhalten. Wenn wir uns noch gegenseitig angreifen, dann ist es vorbei, dann sind wir alle verloren.« Und Gott sei Dank hat es hingehauen …

Im Vergleich mit der Situation im Betrieb nach der Übernahme durch Gate Gourmet erscheint die Vergangenheit bei der LTC in rosigem Licht. Ein solcher Traum von der schönen Vergangenheit ist typisch für viele defensive Kämpfe, die wir derzeit erleben. Auch beim Kampf gegen den Sozialabbau bekommt der »gute alte Sozialstaat« fast paradiesische Züge. Vergessen ist all der Ärger, den wir schon vor zwanzig Jahren auf den Ämtern hatten, und vergessen sind auch die Analysen, wie der Sozialstaat dazu dient, den Arbeitszwang im Kapitalismus durchzusetzen. Gegenüber dem Ein-Euro-Job wird die ABM-Stelle erstrebenswert, und gegenüber dem derzeitigen Arbeitsklima bei Gate Gourmet wünschen sich manche die alte Betriebsharmonie zurück, in der sie sich freiwillig für »ihre LTU« krumm gelegt haben. Aber die Klassenbeziehungen des »Rheinischen Kapitalismus« sind aufgekündigt. Das mussten die ArbeiterInnen schmerzlich erleben, denen keine Ruhepause mehr vergönnt und jeglicher Respekt verweigert wurde, und auch die NGG, der die Texas Pacific Group keinen Schritt entgegenkam. Das Ausmaß der neuen Kapitalstrategien wurde hier im Kleinen, im Streik von siebzig ArbeiterInnen, nach und nach sichtbar. Diese Erfahrung hat deutlich gemacht, dass es ein Zurück zur »guten alten LTC-Zeit« nicht geben wird.

## Krise in der Luftfahrt

Neben der allgemeinen Profitkrise und der zunehmenden Bedeutung des Finanzkapitals bildet eine widersprüchliche Krise der gesamten Luftfahrtbranche den Hintergrund für die Veränderungen bei Gate Gourmet und für die neue Aggressivität des Managements. Während die Passagierzahlen und das Luftfrachtaufkommen langfristig stark ansteigen, verändert sich der Charakter des Fliegens, was vor allem den Catering-Bereich betrifft. Zyklische Einbrüche wie nach den Anschlägen vom 11.9.2001 oder am Beginn von Kriegen mit globaler Bedeutung dienen den Unternehmen als Katalysatoren weit reichender Umstrukturierungen (siehe ausführlicher hierzu S. 21). Aus der Sicht von Gate Gourmet in Düsseldorf fasst ein streikender Kollege diese verschiedenen Tendenzen wie folgt zusammen.

ACHIM: Geändert hat sich das schon im Jahr 2001. Das lag an der Zusammenführung und an dem Zusammenbruch der Swissair. Kurze Zeit später waren die Anschläge vom 11. September, da kam alles zusammen, da ist die ganze Branche runter gegangen. 1999 waren wir im Transport 90 Leute, in Spitzenzeiten waren wir 95 Fahrer und Belader, und an die 60 in der Produktion, und es gab einen riesigen Aushilfsstamm. Die haben in der Produktion noch wesentlich mehr selber gemacht, die Sandwichs selber geschmiert. Dass das so in den Keller gegangen ist, lag am 11.9., und man muss auch sagen, dass der Service eingeschränkt worden ist. Nachdem die Billigairlines auf den Markt kamen, bei denen es gar keinen Service mehr gab, nur gegen Bezahlung, ist der Service auch runter gefahren worden. Aber nicht so vehement, wie das Personal reduziert wurde. Wir haben allerdings nie Stammkräfte entlassen. Wir hatten einen extrem hohen Anteil an Zeitverträgen.

## Die Machtfrage wird im Produktionsprozess gestellt

Wie sieht der Arbeitsablauf bei Gate Gourmet aus? Dieses Thema wird hier nicht aus akademischem Interesse oder der Vollständigkeit halber behandelt. Der Produktionsprozess ist fundamental wichtig, um die Kämpfe zu verstehen. Er ist kein neutraler, technischer Ablauf zur Herstellung oder zum Transport von Gütern. Im Nachhinein haben die ArbeiterInnen bei Gate Gourmet sehr klar analysiert, wie die Gestaltung und Reorganisation der Arbeitsabläufe darauf zielte, sie besser zu kommandieren, zu vereinzeln und zu kontrollieren; wie Arbeitsaufgaben so neu zusammengesetzt wurden, dass ein größerer Teil der Arbeit von billigeren Arbeitskräften erledigt werden konnte. All das hatte keinerlei technisch-rationale Gründe, sondern dient ihrer Beherrschung und Auspressung. Die Arbeitsteilung und die Verkettung zwischen den einzelnen Arbeitsschritten sind für das Management Mechanismen zur Kontrolle über die ArbeiterInnen. Für diese werden sie im Widerstand und Kampf zu Ansatzpunkten von Kollektivität und Macht. Wer verstehen will, wie Kämpfe wirksam und erfolgreich geführt werden können, muss sich zwangsläufig mit dem alltäglichen Arbeitsprozess beschäftigen. Wo arbeiten welche Leute, welche Qualifikationen und welches Wissen werden benötigt, wie läuft die Zusammenarbeit? Während des Streiks haben Arbeiter der NGG vorgeworfen, dass sie sich keine Gedanken gemacht hat über den Produktionsprozess und die Schwachstellen im Betrieb, an denen sie die Firma empfindlich hätten treffen können. Ein Versäumnis, das mit dazu beigetragen hat, dass der Streik keine Wirkung entfalten konnte.

JENS: Die Gate Gourmet kann im Moment, in der Nebensaison, das Geschäft durch Fremdfirmen, Leiharbeiter und Leute von anderen Stationen relativ gut aufrechterhalten. Jetzt stellt sich natürlich die Frage: Wie kann es denn passieren, dass ein Streik von 80 von insgesamt 120 Kollegen ins Leere läuft? Da appelliere ich auch jedes Mal, egal wo, ob das bei der IG Metall oder sonst wo ist, dass die Gewerkschaften sich da wirklich mehr Gedanken machen müssen, sich mehr mit dem Unternehmen beschäftigen müssen: Was passiert in dem Unternehmen, welche Posten in dem Unternehmen streiken, was erreiche ich dadurch? Wenn ich viele Posten habe wie unsere Mädels in der Produktion, die da zehn Stunden am Band stehen: die sind natürlich unheimlich leicht zu ersetzen durch Leiharbeiter mit einem Mindestlohn.

Wenn die Struktur einer Firma so ist, dass die Jobs von denen, die rausgehen, leicht zu ersetzen sind durch Leiharbeiter, könnten die mit Warnstreiks wesentlich mehr erreichen. Das war die erste Sache, die die meiner Meinung nach vermasselt haben. Die NGG muss sich in Zukunft die Firmen genau angucken: Wo liegen die Stärken und Schwächen der Firma, wo liegt die Hauptproduktivitätszeit. Muskator [Tier- und Mastfutter-Betrieb in Düsseldorf] stand ja auch kurz vorm Streik. Da bei Muskator kenne ich jetzt einen. Wir haben zu dem Gewerkschaftssekretär gesagt: »Wenn ihr da was macht, dann guck' dir das ganz genau an. Wann kommen die Schiffe, die das Getreide entladen, wann kommen die LKWs, die das abholen? Ihr müsst Euch das genau angucken und den Warnstreik genau planen. Und macht nur diese Warnstreiks von zwei, drei Stunden. Oder vier Stunden, je nach Firma eben.

ORHAN: Wenn noch mal so ein Streik gemacht wird, muss die Gewerkschaft erstmal grundsätzlich Erfahrung sammeln, einen genauen Plan haben, womit sie es zu tun hat. Wo sind die Engpässe, die ich am besten besetzen kann? Das ist wie ein Kriegsspiel. Wenn du einen Kampf führst in einem Land, dann guckst du, wo sind die Meerengen. Wo ist der Flaschenhals am engsten. Darüber haben die sich nie Gedanken gemacht.

Wegen der engen Zusammenarbeit mit der LTU liefert Gate Gourmet Düsseldorf ein erweitertes Catering. Düsseldorf ist die Homebase* der LTU. Die Flugzeuge werden hier komplett ausgestattet, nicht nur mit Essen, sondern auch mit Zeitungen, Zollwaren und Gegenständen für die Kabine, wie Sicherheitskarten.

Der Betrieb besteht aus den Abteilungen Produktion, Zoll-Lager, Transport, Dispatch, Warenannahme und Cleaning. Bei der Übernahme durch Gate Gourmet 2001 arbeiteten in Düsseldorf noch weit über 200 Festangestellte, zu Beginn des Streiks im Oktober 2005 waren es nur noch etwa 120 sowie ein stark schwankender Pool von LeiharbeiterInnen. In der **Produktion** wird das Essen auf den Tabletts (Trays*) zusammengestellt und abgezählt in die Trans-

portcontainer (Trolleys*) verpackt. Von den warmen Essen werden heute nur noch Business-Class und Spezialessen selbst produziert. Die Masse der Essen wird tiefgekühlt angeliefert und von den ProduktionsarbeiterInnen in Ofencontainer verpackt. Die Stückzahlen werden vom Supervisor* kontrolliert. Wenn auf der Maschine auffällt, dass ein Essen fehlt, muss nachbestellt und mit dem PKW aufs Vorfeld nachgeliefert werden.

Die Produktion findet in einem Raum statt, aufgeteilt in verschiedene Ecken, die jedoch alle miteinander in Blickkontakt stehen. Die Trays werden von einer Gruppe am Band bestückt. Diese kollektive Arbeitssituation konnten die ArbeiterInnen gegen die McKinsey-Umstrukturierung (siehe S. 203) verteidigen. Um einzelne ArbeiterInnen für die Fehler verantwortlich machen zu können, haben sie Nummern bekommen, mit denen sie unterzeichnen müssen. In der Produktion arbeiten fünfzehn ArbeiterInnen, in zwei Schichten, von 4:30 bis 12:30 und von 13 bis 21 Uhr. Ihr Bereich ist stark standardisiert und kontrolliert.

ANNA: Bei uns haben die wirklich den Überblick und die Kontrolle. Die Produktionsleitung sitzt direkt eine Etage höher und guckt in die Produktion rein.

BELLA: Wenn ich am Tisch am Arbeiten bin – ich hab' meine Schalen da, meine Salate da, die Deckel da, und an der Seite habe ich mein Musteressen, wie immer. Und wenn ich dann so arbeite, mit einer Hand, dann kommt der sofort runter. Der beobachtet mich. »Mit zwei Händen, so müsst ihr das machen, nicht nur mit einer Hand!« Aber vielleicht fällt es mir so leichter? Ich muss mich bewegen! Nicht nur die Hände: Rein damit! Rein damit.

Das **Zoll-Lager** ist wegen der teuren Waren ein stark abgeschotteter Bereich, der als besonders schlimm galt. Hier werden von zwölf KollegInnen die Artikel zusammengestellt, die im Flugzeug zoll-

frei zum Kauf angeboten werden (Zigaretten, Alkohol, Parfum, Uhren, Schmuck, usw.).

JENS: Als ich damals angefangen habe, kam ich in dieses Zoll-Lager zum Packen. Da gab es überall Spiegel, wegen Diebstahl. Da bist du eingeschlossen worden! Da musstest du immer sagen: »Bitte aufdrücken, ich muss auf Toilette«. Das war abgesichert wie Fort Knox.

PEDRO: Ich wollte weg von da, ich wollte lieber in den Transport. Das war mir lieber, draußen zu arbeiten, da war zwar dieser Stress nachts, aber es war einfacher, viel besser, weil da nicht so der Druck war. Da drin, das ist wie ein Käfig, da wirst du nur von da und da beobachtet; und die spielen da drin alle zusammen, das sind alles Schleimer. Am Anfang konntest du da noch quatschen und trinken, das war gar kein Problem. Aber in der letzten Zeit war es schlimm. Du durftest gar nicht mehr quatschen, gleich gab es immer dieses Theater: »Du musst arbeiten! Du musst dich konzentrieren!«

Der **Transport** ist die größte Abteilung, mit 37 festangestellten Fahrern und Beladern. Dazu kommen Aushilfen und sieben Supervisoren. Pro Tag sind etwas mehr als dreißig Leute im Einsatz. Die Fahrer sind die Letzten in der Kette, die ein drohendes Delay durch schnelleres Arbeiten noch auffangen können. Sie sind am nächsten am Kunden, und auf ihnen als Einzelne lastet ein hoher Arbeitsdruck. Sie erledigten früher noch eine Menge Nebentätigkeiten und brauchten für ihre Arbeit ein großes Erfahrungswissen. Dadurch waren sie schwer ersetzbar.

JENS: Du hast Tausende von Artikeln, die du belädst. Jeder Artikel hat seinen Platz. Das fängt mit der Zitrone an, die Scheibchen haben ihren Platz. Du kriegst von der LTU einen Plan von der Maschine, wie die auszusehen hat. Diese ganzen Artikel standen gar nicht auf deiner Lade-Order drauf. Du hast da wirklich aus Erfahrungswerten geschöpft. Sonst hast du was vergessen. Es gab so wichtige Sachen, wie diese Sicherheitskarten. Das ist ein No-Go-Artikel, ohne den geht die Maschine nicht raus. Du darfst nichts vergessen, in dem Stress. Wenn du von den Tausenden von Artikeln einen nicht mitgebracht hast, ist der Flieger nicht losgeflogen.

Transport und Zoll-Lager arbeiten in versetzten Schichten ab drei Uhr morgens rund um die Uhr. Der Schichtbeginn von Früh-, Spät- und Nachtschicht kann bis zu vier Stunden variieren. So kann die Firma die Arbeitszeiten der Beschäftigten dem Flugplan anpassen.

Das **Dispatchbüro** befindet sich an der vorderen Rampe. Mittendrin im Hexenkessel des Transports sorgen vier KollegInnen mit Computern und Telefonen für den reibungslosen Ablauf. An dieser Verbindungsstelle zwischen Kunden und Firma laufen sämtliche Informationen ein (Passagierzahlen, Besonderheiten, Bestellungen, Reklamationen usw.). Der Datenstrom wird mit SAP bewältigt und an die Abteilungen weitergeleitet. Kleine Fehler wie Zahlendreher können zu großen Problemen führen. Die DispatcherInnen stehen unter enormem Stress, auch weil sie ständig die KollegInnen auf deren Fehler hinweisen müssen und sich damit nicht gerade beliebt machen. Das Dispatch wurde aus dem Transport ausgegliedert und dem administrativen Bereich zugeordnet, steht aber weiterhin im Zentrum des operativen Geschehens – im Gegensatz zu den anderen Büros, die sich kaum am Streik beteiligt haben und von den KollegInnen als »Wellness-Abteilung« bezeichnet werden.

Die Cateringfirma ist ein Umschlagplatz, wo ständig Waren angeliefert werden. Die **Warenannahme** hätte während des Streiks ein Punkt sein können, blockierend in den Arbeitsprozess einzugreifen, der aber nicht genutzt wurde. Hier arbeiten sechs Personen, die per Werkvertrag von der Firma Goldberg & Avci* kommen. Auch die Abteilung **Cleaning** ist größtenteils an die Firma G&A vergeben; nur die Vorgesetzten sind bei Gate Gourmet angestellt. Das Cleaning entsorgt den Müll, wenn die Trolleys von Bord kommen, und spült die Trays und Bestecke. Die ArbeiterInnen dieser beiden Abteilungen haben nicht mitgestreikt. Zu ihnen gab es keine Kontakte.

Obwohl die verschiedenen Abteilungen eng verzahnt und zeitlich genau abgestimmt zusammenarbeiten, waren die KollegInnen durch die Abteilungen voneinander getrennt. Viele haben sich erst im Streik kennengelernt.

ANNA: Man kennt sich schon aus der Arbeitszeit, und viele haben auch privaten Kontakt miteinander. Nur, das Arbeitsklima zwischen Produktion, Zoll und Dispatch, das war sehr separat. In der Kantine haben sich alle aus der Produktion in einer Ecke zusammengesetzt. Wir hatten das

Gefühl, dass die das beabsichtigt haben, dass man nicht soviel Kontakt miteinander hatte während der Arbeitszeit.

BELLA: Ja, das stimmt. Wir haben uns kaum mal begrüßt, dann hieß das schon: »Was ist denn da hinten los, ihr müsst anfangen. Band an, sofort rüber!« In der Kantine hatte man auch keine Ruhe. Wenn wir beim Essen oder der Kaffeepause waren, kam der Supervisor rein: »Ich brauche zwei TK-Essen.« Du hattest keine Pause, du konntest noch nicht mal essen.

ANNA: Die haben vermieden, dass wir Kontakt miteinander hatten.

BELLA: Mit den Dispatch-Leuten hatten wir nie viel zu tun. Nachbestellung, und tschüss, das war's.

ANNA: Die haben wir erst hier draußen alle kennen gelernt, nachdem wir rausgegangen sind.

Wer Catering hört, denkt zunächst an Dienstleistungsarbeit. Tatsächlich handelt es sich bei Gate Gourmet um Fabrik- und Transportarbeit. Von der »schönen neuen Arbeitswelt«, die mit der Zunahme der Dienstleistungsarbeit angeblich entstehen soll, von Teamarbeit und neuer Qualifizierung, ist hier nichts zu finden. Die Umstrukturierung wurde mit nackter Taylorisierung* betrieben.

## TPG und McKinsey – Die Arbeit wird umgekrempelt

Im September 2001 verkaufte die LTU ihre Cateringtochter LTC an das von der Swissair ausgegliederte multinationale Unternehmen Gate Gourmet. Nachdem einen Monat später die Swissair pleite gegangen war, wurde Gate Gourmet - und damit die ehemalige LTC - im März 2002 aus der Konkursmasse an den Finanzinvestor Texas Pacific Group verkauft. So wurden die ArbeiterInnen in Düsseldorf zur Zielscheibe einer groß angelegten Rationalisierung.

ANNA: Das ist normal, bei Umstrukturierungen, dass die sparen wollen und wir immer mehr machen sollen.

ACHIM: Texas Pacific und Gate Gourmet haben keinen Hehl daraus gemacht, dass die Senkung der Personalkosten weltweit stattfinden wird. Die betrifft nicht nur uns. Wir sind nur die ersten, die dran sind. Das ist auch ein Grund, warum ich sage: »Dann stehe ich da notfalls auch noch ein Jahr, wenn das sein muss. Damit habe ich dann wenigstens erreicht, dass sie die Senkungen auf anderen Stationen auch nicht durchkriegen.«

Noch bevor die TPG Ende 2002 den Kauf von Gate Gourmet endgültig vollzogen hatte, schickte sie schon McKinsey in die Düsseldorfer Filiale. Die Unternehmensberater haben im ArbeiterInnenbereich die Arbeitsabläufe durchgemessen, standardisiert und vereinfacht. Ziel war eine höhere Produktivität, mehr Kontrolle und die leichtere Ersetzbarkeit der ArbeiterInnen (siehe die Beiträge zu McKinsey, S. 203).

ACHIM: Über der Produktion sind Hochbüros. Trotzdem war es früher wesentlich schwerer, die Leute zu kontrollieren, weil das Lager nicht so offen war. Die standen da hinter dem Regal, da konnte die keiner kontrollieren. Die Arbeitsstationen stehen frei, da kann man den Mitarbeiter genau beobachten.

Die neuen »Workstations« waren nicht nur leichter einsehbar. Die ArbeiterInnen wurden vereinzelt und ihr individuelles Arbeitsergebnis konnte leichter kontrolliert werden. In der **Produktion** wollte McKinsey die vorhandenen Bänder durch solche Einzelarbeitsplätze ersetzen.

ACHIM: McKinsey wollte vom Bandsystem weg, denn das Bandsystem war Anonymität. Ich konnte keinen festnageln, wer den Fehler gemacht hat, oder an wem es gelegen hat. Das hat immer einer auf den nächsten geschoben. Dann kamen die auf die Idee, diese Workstations einzurichten, wo einer allein für sich arbeitet. Und der hatte auch den ganzen Druck alleine. Heute haben wir nur noch Workstations. Vorher hatten wir ein Durchlaufregal, da standen sieben Mann hinter, und jeder hat eine Schublade von einem Trolley gebaut. Man wusste nie, wer ist schnell und wer ist langsam. Dann hat man die Verantwortung dem Mitarbeiter selber gegeben. Dadurch haben die unheimlichen Druck aufgebaut, und es wurde sofort festgestellt, wenn einer schlecht gearbeitet hat, fehlerhaft gearbeitet hat. Aber das mussten die Leute nachher, weil es gar nicht anders ging. Die Leute haben versucht, Lücken zu suchen, wie sie irgendwie Zeit gut machen können. Der Nachschub war nicht da, die Ware hat gefehlt - also hat der Mitarbeiter sich selber Wege gesucht. Da hat man eben gesagt: »Da fehlt nur eine Flasche, die anderen drei sind bestimmt voll, da guck' ich gar nicht mehr rein.« Und dann hat man die Leute abgemahnt.

In der Küche wehrten sich die Arbeiterinnen gegen die neuen Arbeitsmethoden. Allgemein gilt das Fließband als die unmenschlichste Form der Fabrikproduktion. In diesem Fall war den Arbeiterinnen klar, dass die Abschaffung des Bandes keinesfalls eine »Humanisierung« für sie bedeuten würde, sondern mehr Arbeit und Vereinzelung. Sie verteidigten ihre kollektive Arbeitssituation.

ANNA: Die Geschichte mit den Tischen kam, während McKinsey hier war. Erst haben die uns vorgegeben, wie wir das machen sollten. Aber dann haben die gesehen: Das klappt nicht immer, und auch nicht bei jedem. Dann haben die wieder umstrukturiert. Die haben echt alles ausprobiert. Jeden Tag was Neues! Die haben geguckt, was schneller läuft, die haben geguckt, womit man mehr hinbekommt. Die wollten die Mitarbeiteranzahl verringern. Die wollten, dass nur ein Auffüller da ist, nur einer durfte rennen, und die anderen sollten an den Tischen stehen und arbeiten. Das war eigentlich deren Ziel. Aber das ist nicht machbar gewesen. Wir wollten, dass jeder die eigenen Sachen ranholt. Wenn nur einer holt, und das acht bis zehn Stunden am Tag, das ist wirklich schwere körperliche Tätigkeit.

CLARA: Du kannst nicht jeden Tag im selben Tempo arbeiten. Am Band ist es ja so, dass jeder teilt. Manchmal gehe ich an die leichten Teile, manchmal gehe ich an die schweren Teile, und man hilft sich gegenseitig. Aber so musst du alles selber ranschleppen. Wenn das Band aufgebaut wird, dann holt jeder eine Sache, und in sieben, acht Minuten ist ein Flieger fertig. Und das dauert am Tisch, von einer Person … vielleicht konnten wir das nicht machen oder vielleicht wollten wir das nicht machen, ich weiß es nicht … das hat bei uns drei oder vier Stunden gedauert, bis wir eine Maschine fertig hatten. Wir haben gesehen, dass das mit den wenigen Leuten so nicht hinhaut. Wir sind höchstens zwanzig Leute! Das war bis zum letzten Punkt, wo wir rausgegangen sind, dass wir höchstens sechs, sieben Leute gewesen sind. Davon zwei feste Mitarbeiter, der Rest Chinesinnen oder Studenten. Wir haben das nicht geschafft. Dann sollten wir zwei Stunden, fünf Stunden länger arbeiten. Das haben wir nicht mitgemacht. Wir haben alles stehen lassen und sind nach Hause gegangen. Die haben das Band wieder eingeführt, weil sie eingesehen haben, dass die Maschinen nicht mehr rausgehen.

BELLA: Es gibt Zeitdruck mit den Ladezeiten. Ich war z.B. mal um ein Uhr da, dann hieß es: »Um 15 Uhr ist Ladezeit, mach' mal.« Ich hab gesagt, ich schaff' das nicht alleine. Da kam die Vorarbeiterin helfen.

ANNA: Die haben das dann selber mitgekriegt, dass das nicht mehr geklappt hat, denn wir haben mittlerweile nicht mehr so mitgezogen. Wenn ein paar mal die Maschinen Verspätung haben, dann kommt das Band ganz schnell wieder rein.

BELLA: So haben wir die Bänder wieder reingeholt!

ANNA: Man sollte wirklich gegen manche Sachen kämpfen, auch wenn es klein sein mag. Wir wären in einer ganz anderen Situation, wenn wir aus der Produktion nicht dagegen gekämpft hätten. Wir hätten weder ein Band, noch sonst die ganze Situation. Wir haben nicht alles mit uns machen lassen.

Nachdem McKinsey aus dem Haus war, ging die Experimentiererei weiter. Letzten Endes haben sich die Frauen durchgesetzt.

JENS: Sechs mal ist das Band raus und rein geräumt worden! Ich höre noch den Hausmeister: Jetzt hole ich zum sechsten Mal das Band wieder rein!

Im **Transport** haben die Fahrer sehr flexibel gearbeitet. Sie waren für das Aufziehen*, das Zusammenstellen und Beladen der LKWs zuständig, bevor sie zu den Maschinen rausfuhren. Bei der Rückkehr machten sie den

Re-check*, räumten alles wieder weg, und sie kümmerten sich um Wagenpflege und Tanken. Wenn sie nicht fahren mussten, haben sie aufgeräumt oder Schubladen für die Trolleys bestückt. Damit haben sie einerseits gut für die Firma funktioniert und wurden zum Vorreiter der Arbeitsverdichtung im Konzern.

ACHIM: Wir sind eine Vorzeige-Unit. Vorher hat kein Gate-Gourmet-Mitarbeiter Packtätigkeiten gemacht. Die gingen zwischen den Maschinen Kaffee trinken. Das haben die von uns gelernt. Die haben gesehen: Die von der LTC, die packen ja zwischen den Ladezeiten, da sparen wir ja Leute! Das kannten die gar nicht.

Für die Fahrer war es andererseits eine Erholung, wenn sie zwischendurch mal Zückerchen einsortieren konnten.

HUBERT: Wir konnten 7,5 Stunden in der Firma arbeiten, aber davon auch zwei Stunden Arbeit machen, die uns nicht belastet hat. Die man einfach nur machen musste. Alte Schublädchen wieder schön ordnen, neues Zeug rein, Zückerchen und Pfeffer und Salz.

HASAN: Wir haben keine schlechte Arbeit. Wir haben normalerweise, wenn du gute Bedingungen hast, einen schönen Job. Das macht Spaß, wenn du keinen Stress und Druck hast. Früher haben wir noch mehr gemacht, das war noch schwerer, die Maschinen zu beladen, dreimal so schwer. Aber irgendwie war ich nie kaputt. Wenn ich eine Stunde durchgearbeitet, Gas gegeben habe, dann habe ich ausgeruht, zwei oder drei Stunden. Dazu habe ich die Gelegenheit gehabt. Wenn ich keine Maschine hatte, dann bin ich ins Lager gegangen, habe da Schubladen gebaut, da habe ich mich körperlich ausgeruht.

Bei der Umstrukturierung hat die Firma hier ein Sparpotenzial entdeckt: Warum sollten hoch bezahlte Fahrer diese einfachen Tätigkeiten ausführen?

Und wie konnten sie ihre Abhängigkeit vom Erfahrungswissen dieser Fahrer reduzieren?

ACHIM: Man hat sofort angefangen, die Arbeitsprozesse zu zerlegen. Früher waren die sehr komplex, weil der Fahrer alles gemacht hat. Damit das alles ein Mitarbeiter machen kann, muss das ein eingearbeiteter sein, der auch bestimmte Kenntnisse und Fähigkeiten hat. Dadurch, dass die die Arbeitsprozesse so klein zerlegt haben, konnte das nachher jeder Dumme. Es war schon da klar, dass es darauf hinauslaufen sollte, dass billige Arbeitskräfte auf Dauer die Arbeit erledigen sollten. Das war abzusehen. Kurz nachdem McKinsey weg war, wurde die Zahl der Fremdfirmen im Haus größer. Es war geplant, Fahrer, die aus Altersgründen ausscheiden, nicht mehr zu ersetzen. Der Fahrer soll nur das machen, wofür er bezahlt wird, nämlich fahren. Das Packen haben nur noch Fremdfirmen gemacht. Am Anfang hab ich denen die Zettel gegeben, dann ist das ausgegliedert worden, zum Zoll-Lager, als Packabteilung. Viele unserer Mitarbeiter haben nicht gesehen, was da passieren würde. Die haben 14 Jahre in einem Betrieb gearbeitet, wo Ende des Jahres Tarifverhandlungen waren, wo der Chef gesagt hat, ich geb' euch zwei Prozent, der Betriebsrat wollte drei, und dann gab's 2,2 Prozent. Denen wurde alles abgenommen, die haben in einer heilen Welt gearbeitet. Die haben gedacht: »Ist doch gut, dass ich nicht mehr packen muss, ist doch schön.« Aber wenn wir dann wenig zu fahren haben, was heißt das dann im Umkehrschluss? Der Chef hat gesagt, dass die Leute zu viel verdienen, weil die was machen, was jeder kann. Die Fahrer waren so naiv zu glauben, sie wären unersetzbar. Aber selbst ich bin nicht unersetzbar.

Im nächsten Schritt wurden die Fahrer reduziert. Statt zu zweit fahren sie die LKWs jetzt alleine zu den Maschinen.

ALI: Ein Jahr mit Gate Gourmet hat sich nix verändert, das war genau die gleiche Arbeitsweise gewesen wie bei der LTC. Wir haben mitgekriegt, dass die erstmal Zahlen sehen wollten, was da in einem Jahr so rauskommt. Dann haben sie gemerkt, das ist zu wenig, und urplötzlich haben sie alles verändert. Dann haben sie Leute von anderen Gate-Gourmet-Stationen geholt; die für die Umstrukturierung zuständig sein sollten. Die haben sie zu uns gebracht, und die haben da aufgeräumt. Wir hatten so ein Regallager, wo wir die ganzen Sachen gepackt haben – das haben sie komplett weggemacht, und nur noch übersichtliche Regale hingestellt. Dann haben sie hinten an den LKWs Kameras installiert, damit du alleine rückwärts fahren konntest. Wir sind früher mit zwei Mann raus gefahren, wir hatten keine Kameras, und es musste im Vorfeld* immer ein Einweiser dabei sein. Jetzt kannst Du alleine raus fahren, du brauchst keinen Einweiser und kannst die Arbeit alleine machen. Da fing das schon an, und dann ging das schnell, da kam immer was Neues dazu. Wenn du das eine noch gar nicht mitgekriegt hattest, gab es schon wieder was anderes.

Bei den Fahrern, die sehr individualisiert arbeiten, ist es der Firma gelungen, die Regale nach den Vorstellungen von McKinsey umzubauen. Die »Küchenmäuse«, wie die Produktionsarbeiterinnen von einigen Fahrerkollegen genannt werden, haben es dagegen geschafft, ihre alte Arbeitsweise zu verteidigen. Die Frauen und Männer in der Produktion verdienen weniger als die Fahrer: Nach dem neuen Entgelttarifvertrag kommt eine Küchenhilfe in der Bewertungsgruppe 1 oder 2 auf etwa 1500 Euro brutto, ein Fahrer mit Führerschein Klasse II auf 2000 Euro zuzüglich Zulagen. Die Küchenhilfen arbeiten nicht so nah am Kunden und können nicht wie die Fahrer individuell für Delays verantwortlich gemacht werden. Nach ihrer Stellung im Produktionsprozess ist zu vermuten, dass sie sich weniger als manche Fahrerkollegen mit dem Flughafen und »ihrer Firma« identifiziert haben. (Leider haben wir sie danach nicht gefragt. Im Nachhinein fallen bei den Interviews große Lücken auf – Bereiche von ArbeiterInnen, zu denen wir keinen Kontakt bekommen haben, und Themen, die nicht umfassend genug angesprochen wurden.) Jedenfalls ist es den Frauen mit ihrem Alltags-Widerstand gelungen, die Pläne von McKinsey teilweise zu durchkreuzen. Insgesamt hatte die Umstrukturierung jedoch gravierende Folgen. Laut Aussagen von Kollegen gelang es der Firma zwischen 2002 und 2005, die Produktivität um dreißig Prozent zu steigern. Diese Produktivitätssteigerung und der Umsatzrückgang führten dazu, dass statt 95 Fahrern Ende der neunziger Jahre heute nur noch 37 im Transport arbeiten. Einige von ihnen haben gemessen, dass sie in einer Schicht bis zu zehn Tonnen heben und fünfzehn Kilometer laufen.

## Voll flexibel: Die Schichten mit dem Stern

BETRIEBSRAT: Die Arbeitszeitflexibilisierung war der größte Knackpunkt. Alle Probleme, die wir jetzt mit der Tarifkommission hatten, die ganzen Gewichte, die wir stemmen mussten, die sind damals rein gekommen. Damals war es die Ansicht der Gewerkschaft: Man muss flexibilisieren, um Arbeitsplätze zu schaffen. Die Firma hat gesagt: »Wir wollen nicht an euer Geld ran, aber dass ihr flexibel seid. Das heißt, dass ihr mehr arbeitet, wenn es benötigt wird, ohne Zuschläge. Damit sichern wir unsere Arbeitsplätze, ich schmeiße keinen raus, ich nehme auch keinem Geld weg, aber ihr seid dafür flexibel.« Das ist damals so akzeptiert worden. Die Gewerkschaft hatte damals diesen Tick: Flexibilität rettet alles. Bis die zwei, drei Jahre später gesehen haben, was passiert ist mit unserer ganzen Flexibilisierung. Das hat ja keine Arbeitsplätze geschaffen, das ist umgekehrt gekommen.

Mit dem Eckpunktepapier* wurde im Oktober 2003 ein Arbeitszeitkorridor von 25 bis 48 Stunden pro Woche vereinbart. Nach Streitigkeiten über die Umsetzung wurde in einer Betriebsvereinbarung vom Juli 2004 die Flexibilität mit den sogenannten Poolschichten konkretisiert und vom Betriebsrat abgesegnet:

*»Gate Gourmet West kann sich bei maximal 1/3 aller Arbeitnehmer einer Abteilung pro Tag die kurzfristige, erforderlichenfalls noch am Einsatztag geltend zu machende Verlängerung der Schicht um bis zu 2 Stunden oder Verkürzung der Schicht um bis zu 2,6 Stunden vorbehalten. Bei Mitarbeitern, deren Schichten mittels der Symbole ‚+' oder ‚-' bereits gesichert verlängert oder verkürzt sind, ist der Vorbehalt unzulässig.«* (Artikel IV, Absatz 1 der Betriebsvereinbarung vom 15.7.2004)

Diese Poolschichten werden im Dienstplan mit einem Sternchen * gekennzeichnet. Plus-, Minus- und Sternchenschichten mussten nur fünf Tage im Voraus bekannt gegeben werden. Bei einem + an der Schicht auf dem Dienstplan wusste man, dass man zwei Stunden länger bleiben musste. Bei einem* erfuhr man erst am Tag selber, ob die Schicht verlängert oder verkürzt würde.

JENS: Die enorme Flexibilität spiegelt sich in einem Dienstplan wieder, der unkalkulierbar für die Familien ist. Fünf Tage im voraus, und jede Schicht, die mit einem Sternchen versehen war, deren Ende war nicht deklariert. Das hätte nach fünf Stunden enden können, das hätte nach zehn Stunden enden können. Da konnte der Arbeitgeber frei verfügen. Der hat wirklich gesagt: »Du hast morgen um vier Uhr Dienst, und wenn's mir passt, dann gehst du um neun, und wenn es mir nicht passt, oder das Geschäft sich entsprechend entwickelt, dann bleibst du eben bis vierzehn Uhr. Das war noch nicht mal ge-

nehmigungspflichtig vom Betriebsrat. Die Familienplanung war so, dass es wirklich überhaupt nichts mehr zu planen gab, dass die Frau zu Hause bleiben und auf das Kind aufpassen musste, weil ich meine Arbeitszeit nicht mehr einplanen konnte. Da standen teilweise die Kinder vor den Kindergärten und wurden nicht abgeholt, weil das in diesen Plan nicht reingepasst hat.

CLARA: Wenn ich zwei Stunden länger gemacht habe, dann kam ich um viertel vor drei nach Hause. Dann musste ich kochen, mich um die Kleine kümmern, vielleicht noch mal Besuch oder so, und bis du wieder ins Bett kommst, ist es elf, zwölf Uhr. Und dann am nächsten Tag wieder zur Arbeit …

ANNA: Es ist vorgekommen, dass wir an einem Tag Spätschicht hatten und innerhalb von elf Stunden die nächste Schicht, und das war denen trotzdem nicht flexibel genug. Eine Stunde Hinfahrt und eine Stunde zurück – da muss man sofort ins Bett kriechen, damit man wieder rechtzeitig aufstehen kann.

ACHIM: Sie wollten einen Dienstplan, der all dies ermöglicht: Zu sagen, du gehst früher nach Hause, zu sagen, du bleibst länger, oder an manchen Tagen zu sagen, ich weiß gar nicht, wie lange du überhaupt bleibst, ich muss erstmal gucken. Das nannte man Pool. Der Pool konnte nach vorne losgehen, indem man länger macht, der konnte aber auch nach hinten losgehen, indem ich – gerade Sonntags, in der Wintersaison – gesagt habe: Du gehst nach Hause. Das hieß nicht nur Minusstunden, ich habe denen ja auch die Zuschläge geklaut! Das war viel dramatischer. Durch McKinsey wurde nicht nur die Arbeit verdichtet, ich habe denen auch jede Menge Schichtzuschläge genommen.

Auf die KollegInnen wurde ein erheblicher Druck ausgeübt, die geforderten Plus- und Überstunden zu leisten, zum Teil mit dreckigen Methoden. Die wenigsten haben es geschafft, sich zu widersetzen.

JENS: Ich war schon neun Stunden im Dienst, dann ist eine Maschine später gekommen, die mir einen Arbeitsaufwand von fast zwei Stunden beschert hätte, sodass ich elf Stunden hätte arbeiten müssen. Jetzt haben wir, mit den drei Kollegen, die das hätten machen sollen, gesagt, dass wir die Maschine nicht mehr machen. »Wieso könnt ihr die Maschine nicht mehr machen?« Weil: schon zehn Stunden, Arbeitszeitgesetz … schaff ich nicht mehr. Alle wurden rein gerufen zum Chef, zum Camenzind*. Große Diskussion: »Dann rufe ich eben die LTU an, dass der Flieger stehen bleibt.« Ich sage: »Das kann ich auch nicht ändern, wie sieht das eigentlich aus, bin ich überhaupt versichert nach den zehn Stunden?« Nein, natürlich nicht. Die Chefs sagten dann zu mir: »Wenn Ihr Kind auf der anderen Straßenseite am Verbluten ist und die Ampel ist rot, gehen Sie über die rote Ampel?« Das sind Berserker gewesen.

ANNA: Die mussten Plus oder Stern fünf Tage vorher draufschreiben und auch Bescheid geben. Wenn wir nicht darauf geachtet haben, haben die das ausgenutzt und gesagt: »Aha, du hast heute Pool oder Plus.« Ich hatte mir angewöhnt, dass ich das jeden Tag angucke und das wirklich nachvollziehe, ob das stimmt oder nicht. Ich hatte kein Plus, und an dem Tag saßen die voll in der Scheiße. Unsere Vorarbeiterin ist zum Supervisor gegangen, die haben natürlich guten Kontakt, und hat gesagt: »Hör' mal, ich hab Plus bei ihr gemacht.« Mir gegenüber hat sie das natürlich nicht zugegeben. Sie hat gesagt: »Guck' mal, du hast hier Plus.« Ich hab gesagt: »Ich hatte kein Plus!« Dann hat sie der Supervisorin Bescheid gesagt, und die kommt und sagt: »Du« – zeigt mit dem Finger auf mich – »machst heute zwei Stunden länger, du hast Plus.« Ich sage: »Wo steht das?« Da kommt die mit dem Zettel an und zeigt mir tatsächlich das handschriftlich hingeschriebene Plus. Ich sage: »Das glaubst du doch wohl selber nicht, oder?« Sagt die: »Doch, du bleibst heute zwei Stunden länger. Von mir aus können wir zum Camenzind* gehen.« Ich hab gesagt: »Von mir aus gerne, du kannst von mir aus auch fünf bis zehn Camenzinde bringen, ich bleibe nicht länger.« Da hat sie gesehen, dass sie damit bei mir keinen Druck machen kann, und ich bin gegangen. Die haben mir schon mehrmals so gedroht, aber ich weiß um meine Rechte, und die haben sich gefälligst da dran zu halten.

Die Betriebsvereinbarung zur Flexibilisierung wurde im Mai 2005 verlängert. Der Betriebsrat hatte versucht, die Arbeitszeitflexibilität zurückzudrängen, aber in der Einigungsstelle kippte eine Betriebsrätin um und stimmte mit der Arbeitgeberseite.

JENS: Die hat danach einen Mega-Lohnsprung gemacht, wie wir jetzt festgestellt haben. Die ist zwei Lohngruppen nach oben gesprungen. Manche sagen, die ist richtig bezahlt worden dafür. Diese Flexibilität hat denen dreißig bis vierzig Leute eingespart, das darf man nicht vergessen.

## Der Plan funktioniert nur, wenn Leute mitspielen

BERND: McKinsey ist eine Sache, aber dann gibt es ja noch die mittlere Führungsebene, die das zu vertreten hat. Die wussten genau, was sie taten. Die haben darüber jahrelang geredet und reflektiert, es war sehr wohl bekannt, worum es da eigentlich geht. Und es wurde trotzdem freiwillig mit der Brechstange vertreten. Die haben das nicht unbewusst gemacht. Man hat darüber geredet, man wusste was die Firma wollte und was McKinsey wollte. Und die Konsequenzen davon waren auch völlig klar. Es ist aber bis zum letzten Tag vor dem Streik von der Organisationsebene der Belegschaft voll getragen worden. Man kann McKinsey ja auch so oder so vertreten. Ich hab da als Mensch eine Wahlmöglichkeit. Wie gesagt, McKinsey ist eine Sache, und dann braucht es Leute, die das umsetzen, die das auch freiwillig umsetzen.

Viele der Supervisoren, die vorher die Pläne von Gate Gourmet und McKinsey mit durchgesetzt haben, standen danach als Streikende vorm Tor. Aber zunächst haben sie »mitgezogen«, haben den Druck an ihre Untergebenen weitergegeben oder haben selbst mitgearbeitet, um die absurden Vorgabezeiten irgendwie zu erfüllen.

HUBERT: Dieses Zeitschönen, das haben die Firmenleiter und die Vorarbeiter auch gemacht. Durch schwarzen Einsatz von sich selbst und von Supervisoren haben die Zeiten geschönt. Die haben dann mit sieben Leuten das geschafft, was nur fünf Leute machen sollten, und haben dann auch weitergegeben: Das haben fünf Leute gemacht. Und dann konnten sie nicht mehr zurück.

Viele ArbeiterInnen haben mitgespielt und sind in den Wettbewerb eingetreten, die Vorgabezeiten zu erfüllen – weil ihnen das Ausmaß des Angriffs nicht klar war oder weil sie sich persönliche Vorteile davon versprochen haben. Damit haben sie sich selbst die Lücken im Produktionsprozess abgegraben.

ALI: Ich hab' gesehen, wie einer von uns einen LKW am Aufziehen war, da standen die davor mit Block und Papier, wo ich nur gelacht habe und weiter gelaufen bin, weil die hatten die ganze Beladung direkt vorm LKW stehen, den Zoll dabei gestellt, die haben alles dabei gestellt, was du sonst nie hast, du musst dir das normal alles selber holen. Ich hab' gedacht, das ist ein Spaß, was die da machen, einfach so Statistiken, aber die meinten das tatsächlich ernst, dass man mit diesen Zeiten dann arbeiten sollte. Später haben sie sogar noch Zeit davon weggenommen.

HUBERT: Viele waren sich über die Konsequenzen nicht klar. Man hätte viel eher vielleicht Widerstand leisten können, indem man so Aktionen von wegen »Wir arbeiten jetzt nach Vorschrift« gemacht hätte. »Wir arbeiten die realen Zeiten, die Zeiten, die ich brauche für die Arbeit.« Aber die Leute waren teilweise kurzsichtig, die haben sich oft Arbeitsabkürzungen genommen. Mit anderen Worten: gemurkst. Einfach nur hingestellt, draufgeschmissen. Was einem natürlich für sich selbst die Zeit nimmt, im Notfall dann wirklich mal schnell zu arbeiten. Wenn ich im Nicht-Notfall schon alle Abkürzungen

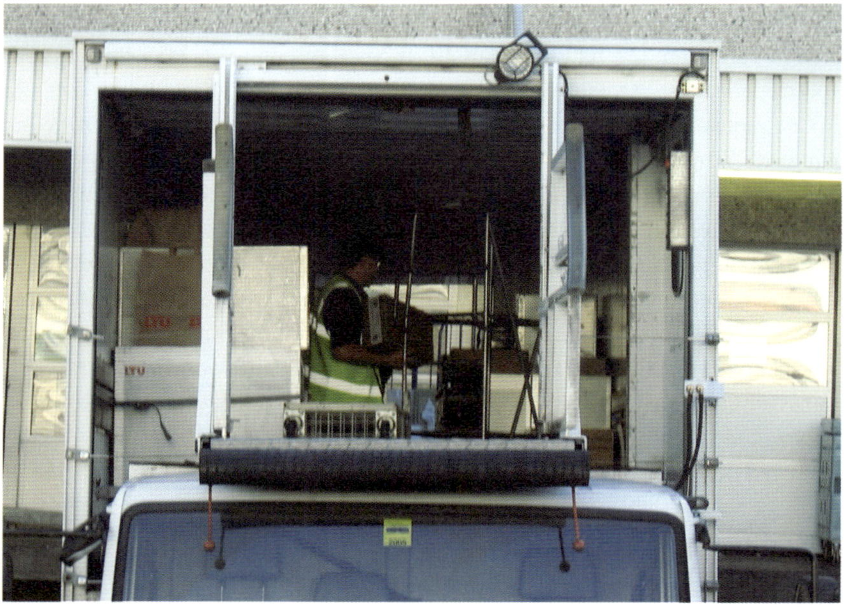

ausgeschöpft habe, schlecht gearbeitet habe, alles gemurkst habe, die Sachen nicht an den richtigen Stellen verstaut, mir keine richtige Mühe gegeben mit dem Eis, mit so Kleinigkeiten – ich kann das Eis überall voll machen, oder ich kann denken, egal, da ist noch von dem Hinflug Eis drauf, tu ich nur ein Beutelchen machen. Aber indem ich diese ganzen Tricks, diese ganze Murkserei schon als Bestandteil in meine Arbeit einfließen lasse, fehlt mir hinterher … und auch die Firma kommt zu ganz falschen Schlüssen.

JENS: Man selber hat dazu beigetragen. Du wolltest es dem Supervisor recht machen, du hast dich beeilt, du bist gerannt, du hast teilweise Zeiten unterboten, um irgendwas zu schaffen, weil du auch wusstest, bei bestimmten Supervisoren kriegst du dann ne Kaffeepause. Viele Kollegen haben sich was davon versprochen, dass sie zusätzlich was gemacht haben. Zwei Stunden länger gemacht haben, obwohl sie nicht mussten, um ihren Urlaub genehmigt zu kriegen. Für solche banalen selbstverständlichen Sachen, wie den Urlaub genehmigt zu kriegen! Das war der Knackpunkt gewesen, dass jeder versucht hat, irgendwo seine Vorteile rauszuziehen.

Es gab aber selbstverständlich auch KollegInnen, die die Ziele und das System McKinsey durchschauten, die wie oben beschrieben Widerstand gegen die Umstrukturierung leisteten oder versuchten, ihre Kollegen vom Rennen abzubringen.

HASAN: Nach McKinsey, da haben wir immer gesagt, das kann nicht sein, diese Zeiten. Später haben wir erfahren, was McKinsey heißt. Die haben alles

schön hingestellt für den LKW. Die Kollegen haben langsam gearbeitet, aber in vierzig Minuten eine große Maschine geschafft. Später, wenn die Sachen verstreut stehen, verlangen sie von dir dieselbe Zeit. Und wenn du die Zeit nicht hältst, dann kriegst du eine Abmahnung. Bis wir das den Kollegen beigebracht haben! Wir haben gesagt: Kollegen, ihr braucht nicht die Zeiten einzuhalten. »Ja, guck mal, hier steht die Zeit.« Ich sag: »Die Zeit existiert nicht. Das hat der Betriebsrat nicht genehmigt.« Aber die haben uns nicht zugehört. Manche Kollegen sind gerannt wie verrückt, haben sich kaputt gemacht. Viele haben dann gesagt: »Streik? Da geh' ich sofort mit raus!« Das haben die vorher schon gesagt. Die konnten nicht mehr. Die waren am Ende.
EROL: Na klar haben wir kapiert, was die da wollen! Dass die Leute abschaffen wollen. Die haben eine Zeit vorgeschrieben, die muss geschafft werden. Wo sind wir denn – sind wir in Deutschland, oder ist die Hitler-Zeit wieder zurück? So haben wir unter uns geredet: »Spinnen die, sind die alle bekloppt?« Vor allem im Zoll-Lager haben die mit denen alles gemacht, was die wollten. Weil im Zoll-Lager die Leute, die haben immer ja gesagt, bis heute noch.

Nicht alle. Auch im Zoll-Lager gab es Kollegen, die sich nicht auf McKinsey einließen. Nicht-ernst-Nehmen ist auch eine Möglichkeit, die Unternehmensberater auflaufen zu lassen.
PEDRO: Mit McKinsey kam der ganze Stress, die wollten, dass wir so schnell wie möglich arbeiten, wie Akkord-Arbeit. Mir haben sie im Zoll-Lager verboten, mit anderen zu arbeiten, weil wir zu viel gequatscht haben, weil wir sie nicht so ernst genommen haben. Ich sollte deshalb getrennt von den anderen Kollegen arbeiten, weil ich das alles nicht ernst genommen habe. Ich hab' die ganze Zeit gelacht, ich hab' Witze erzählt über die McKinsey-Firma und die ganze Schnelligkeit. Daher gab es das große Problem mit dem Chef, diese Schreierei – »das mach ich nicht mit« – weil er hatte das mitgekriegt, und da gab es großes Theater. Ich hab' mich überhaupt über alles lustig gemacht. An manchen Tagen war das richtig schlimm, da wurde das richtig laut, da kamen die ganzen Mitarbeiter von der Firma gucken.

Die wollten, dass wir wie Sklaven arbeiten. Ich habe noch nie in meinem Leben als Sklave gearbeitet, auch nicht in meinem Heimatland. Die wollten, dass wir noch schneller arbeiten. Noch schneller geht nicht. »Aber die Anderen können schneller«, haben sie gesagt. Ich hab' geantwortet: »Ich bin nicht die Anderen, ich heiße Pedro, ich heiße nicht G&A-Firma*.« Ich bin so von Natur. Die anderen haben schneller gemacht, weil sie Angst hatten. Ich habe keine Angst. Weil ich sowieso weg wollte von der Firma, so oder so. Das wusste ich schon lange. Schon als McKinsey reinkam, wollte ich nicht mehr mitmachen. Darum hatten die bei mir nie Chancen.

## Renditejagd zerstört Betriebsklima

Bei dem Versuch der Texas Pacific Group, die Firma Gate Gourmet in kürzestmöglicher Zeit für den Weiterverkauf profitabel zu machen, blieb das ehemals gute und sozialpartnerschaftliche Betriebsklima in der Düsseldorfer Firma auf der Strecke. KollegInnen, die sich früher stark mit der Firma identifiziert hatten, fühlten sich als Mitarbeiter nicht mehr ernst genommen und zum Kostenfaktor degradiert.

HUBERT: Viele haben wirklich gedacht, der Druck kommt daher, dass sie uns einfach loswerden wollen, wir sind zu teuer für die. Weil man als Mitarbeiter vollständig stimmlos, rechtlos, noch als negativ eingestuft wurde. So'n Mist, dass wir die Leute brauchen! So sind die uns entgegengekommen. Man war der Feind. Wir waren diejenigen, die die Firma ins Unglück stürzten. So ein Gefühl wurde uns gegeben. Nur durch unsere pure Anwesenheit, und dass wir da 2000 Euro verdient haben. Die haben zu uns gesagt: »In China, da verdienen die viel weniger, und machen die gleiche Arbeit.« Das machen die nicht, aber ... Ich glaube, da sitzen in der Schweiz und in Amerika Leute, die beißen in die Tischkante, wenn sie unsere Löhne sehen. Aber das ist nun mal Realität, das ist Tatsache in Deutschland. Ich kann hier nicht mit 500 Euro nach Hause gehen wie in China.

Das Verhältnis zu unseren Vorgesetzten, von uns arbeitenden Leuten zu unserer Firma, das war zu vergleichen wie das von einem Autofahrer zu einer Politesse, zur Polizei. Also nicht, wie es in einer Firma sein sollte. Der Befehlsempfänger und der, der auf der Seite des Rechts stand. Und das Recht, das wissen wir ja alle, das lässt sich ja ... Die hatten Recht, und du hattest hundertprozentig unrecht. Und auch der Ton! So war das Verhältnis: wie Behörde zu Untergebenen. Dieser verachtende Blick, den die auf uns hatten!

JENS: Du musstest ständig Stellungnahmen schreiben, zu jedem Vorfall, wo was nicht geklappt hat. Du bist grundsätzlich der Schuldige, du bist das Ende von der Kette. Das ist genauso wie in der deutschen Politik: als Arbeitsloser bist *du* schuld, dass du arbeitslos bist.

HUBERT: Du warst grundsätzlich schuld, wie so ein Katholik. Wenn du eingestempelt hast, warst du schon schuldig.

Mehrere KollegInnen haben das Wort Sekte benutzt, um das Verhältnis zur Firma zu beschreiben. Sie hatten das Gefühl, dass die Umstrukturierung nicht nur auf ihre Arbeitskraft, sondern auf ihr Selbst zielte.

HUBERT: Das war ein Begriff, der oft rumgeschwirrt ist: Sekte. Da musst du dran glauben, da musst du hinter stehen, du musst ein Glaubensbekenntnis ablegen und blind dem Führer folgen.

ACHIM: Die hatten ihre firmeneigene Zeitung, auf Hochglanzpapier. Da haben die richtig Geld investiert, die gibt es für alle Standorte. Da wurde immer gezeigt, wie viel Spaß die Leute bei der Arbeit haben. Da wurde immer ein Neuer vorgestellt. Der erste Satz hieß dann: »Ich bin stolz, zu diesem Unternehmen zu gehören«. Auf die Firmenhymne haben wir noch gewartet, das wäre dann der krönende Abschluss gewesen.

JENS: Das ist wirklich ne Sekte. Wir haben immer gesagt, wie bei der Voyager: Widerstand leisten ist zwecklos, Sie werden assimiliert.

»Global Service Excellence« ist ein Teil dieser Sektenkultur. Unter diesem Namen führte Gate Gourmet – parallel zu der allgemeinen Jagd der Firmen nach einer ISO-Zertifizierung – für alle ihre Betriebe weltweit eine eigene Zertifizierung ein. Die Firmenleitung bezeichnet GSE als einen »kulturellen Prozess«, mit dem eine einheitliche »Firmenkultur« durchgesetzt werden soll. Sie zielt sowohl auf das Erscheinungsbild nach außen als auch auf ein »kontinuierliches Kostenmanagement«. In einem GSE-Aushang heißt es unter der fetten Überschrift:

**Alles durchlesen! Inhalt wird abgefragt. Jeder Mitarbeiter!**

Service Excellence startet hier und heute mit mir als Teil eines Welt-Klasse Teams • Wir kommunizieren offen miteinander und genießen es im Team zu arbeiten • Wir respektieren unsere Kunden, unsere Kollegen und unsere Lieferanten • Wir führen mit klaren Vorgaben, um die gesteckten Ziele zu erreichen • Wir übernehmen Verantwortung und bekennen uns jederzeit zu dem was wir tun • Wir sehen Wechsel als Chance und sind jederzeit in der Lage uns schnell anzupassen

Zur Vorbereitung der Unit auf die Zertifizierung wurde ein »GSE-Team« gebildet. Ganz unverblümt machte man sich hier Gedanken über verstärktes »*Brainwashing*« bei den Mitarbeitern. Es gab den Vorschlag, in der Kantine einen Fernseher aufzustellen, aus dem die KollegInnen den ganzen Tag mit GSE-Vorträgen berieselt werden sollten. Die Zertifizierung nach GSE wurde bei Gate Gourmet Düsseldorf 2003/2004 nach dem Einsatz von McKinsey eingeführt und wird von den KollegInnen in diesem Zusammenhang gesehen. Zur GSE gehörte auch die Bewertung der Beschäftigten, nach Qualität ihrer Arbeit, Verhalten gegenüber dem Kunden, Engagement usw. Diese Bewertung sollte von den Supervisoren vorgenommen werden, was aber nicht immer zur Zufriedenheit der Firma geschah.

ACHIM: Für die Mitarbeiterbeurteilung gab's Vordrucke von der Gate Gourmet. Es gab eine Punkteskala, mit zwölf Fragen, man konnte 60 Punkte erreichen. Wir haben nachher alle mit 58 bewertet. Da sind die stinksauer geworden und haben gesagt, das kann nicht sein, dass ihr alle gleich gut seid. Ich hab gesagt: »Ich hab keinen schlechten gesehen«. Dann war das für die Katz.

Die Mitarbeit der Mitarbeiter ließ ebenfalls zu wünschen übrig. Im GSE-Aushang vom November 2004 heißt es: *»Das Thema des Monats November war »Verbesserung des Betriebsklimas«. Es kam zu vielen Diskussionen, aber der GSE-Kasten wurde leider wieder nicht genutzt.«*

## Meetings – Mobbing – Krankenrückkehrgespräche

Mit den steigenden Arbeitsbelastungen stieg der Krankenstand. Die Geschäftsleitung versuchte, mit Krankenrückkehrgesprächen und Diffamierung gegenzusteuern.

ACHIM: Bei den Meetings wurde oft über die Krankenquote gesprochen. Da wurden Namen erwähnt und die Krankheiten von den Leuten besprochen. Die haben ganz offiziell an die Tafel geschrieben: Der ist krank und hat das und das. Dann haben sie sich über die Leute lustig gemacht, vor allen anderen. Das haben die dann eingestellt, nachdem wir ihnen gesagt haben, dass das gesetzlich gar nicht erlaubt ist.

Es wurde unterstellt: Wer krank war, der war einfach nur faul. Man hat die Leute zu Hause angerufen, hat Krankenrückkehrgespräche geführt etc., und Leuten nahe gelegt, wenn das so bleiben würde, dann wäre es doch besser, sich von dem Unternehmen zu trennen.

JENS: Die Krankenrückkehrgespräche waren so eine Art Ampelgespräche, mit grüner, gelber und roter Phase. Da wurden einem Fragen gestellt wie: »Ist das eine bleibende Krankheit? Müssen Sie öfters mal damit rechnen? Ist es eine chronische Krankheit?« Alles unter dem Deckmantel der Fürsorgepflicht! Ich hab' gesagt: Wann ich wiederkomme, das bestimmt mein Arzt, und nicht Sie.

Es ist dramatisches Mobbing betrieben worden. Es gab Kollegen bei uns, die für die Geschäftsleitung unbequem waren, die ihren Mund aufgemacht haben. Die wurden zu den monatlichen Meetings mit den Abteilungsleitern gerufen, wo so Vorwürfe kamen: »Die sechzehn Jahre, die Sie hier arbeiten, haben Sie nur Scheiße gemacht. So wie Sie hier arbeiten, das grenzt an Arbeitsverweigerung. Sie sind nicht teamfähig.«

Das »Institut für Betriebliche Gesundheitsförderung BGF GmbH« hat 2004 im Auftrag der AOK Rheinland die Arbeitsunfähigkeitsdaten bei Gate Gourmet analysiert. Sie stellen eine Häufung von Muskel- und Skeletterkrankungen und Arbeitsunfällen fest, bei denen die Arbeitsunfähigkeit »deutlich länger als in den Vergleichsunternehmen« dauert.

*»Muskel- und Skeletterkrankungen machen mehr als 50% aller Krankheitstage im ersten Halbjahr 2004 aus. Wir empfehlen Ihnen, die Fehlzeiten im Unternehmen zu thematisieren, deren Ursachen weiter zu analysieren und an-*

*schließend entsprechende Maßnahmen der betrieblichen Gesundheitsförderung durchzuführen. Obwohl die Beschäftigtenstruktur im Unternehmen deutlich jünger ist als in den Vergleichsunternehmen, sind die Krankenstände höher – auch und insbesondere bei den Langzeiterkrankten.«*

Die Präventionsversuche der AOK scheiterten jedoch an der betrieblichen Realität bei Gate Gourmet.

ACHIM: Irgendwann ist den Krankenkassen aufgefallen, dass die Krankenscheinquote bei uns so exorbitant war. Die AOK hat die Krankenakten analysiert, und dann fiel ihnen auf, dass der Großteil Rückenschmerzen waren. Da hat die AOK gesagt: »Wir müssen Vorbeugung betreiben.« Sie sind ins Haus gekommen und haben Rückenschulung angeboten. Aber da kam zu 80 Prozent nur der administrative Bereich. Die AOK hat nachgefragt, warum niemand aus dem operativen Bereich kommen würde, und dann hieß es: »Die haben keine Zeit!« Nach zwei Tagen haben die das abgebrochen. Die AOK hat gesagt: »Das hat ja keinen Sinn, ich sitze ja ganz alleine hier. Die, die das eigentlich machen sollten, haben keine Zeit dafür.«

JENS: Ich bin zum Arzt gerannt, wegen Rückenschmerzen. Der fragte, was ich so auf der Arbeit mache. Dann hab' ich dem erzählt, was ich da alles durch die Gegend hebe, und über Kopf hebe, usw. Dann fragt er: »Sind denn bei Ihnen die ganzen Kollegen so krank?« Er meinte, er würde mal die AOK darüber informieren. Dann ist das ins Laufen gekommen, und auf einmal kam eine von der AOK und hat Rückenschulung gemacht. Sie sagte, wir müssten uns zwischendurch auch mal an die Wand stellen und diese Übungen machen. Ich sage: »Aber da habe ich doch gar keine Zeit zu! Mein Chef tritt mich in den Arsch, wenn ich das mache.« Das war der praktische Teil, und dann kam der theoretische, da saßen wir mit drei Leuten. Dann haben sie das eingestellt. Von der Geschäftsleitung ist das der AOK so verkauft worden, dass die Mitarbeiter kein Interesse an der Rückenschulung hätten. Die hatten schon Interesse, aber wenn die zum Maschinenbeladen eingeteilt waren, und es war keine andere Person da, dann konnten die nicht teilnehmen. Von der AOK aus ist da nichts mehr passiert. Und dann kam der Streik.«

Die Geschäftsleitung versuchte, die KollegInnen gegeneinander, gegen die Kranken aufzuhetzen. Mit immer weniger Erfolg.

JENS: Dann hieß es: Dass du jetzt Poolschicht machen musst, also zwei Stunden länger, das ist der Kranke schuld, der einfach krank feiert auf deine Kosten.

ACHIM: Und wenn der Betriebsrat keine Sitzung machen würde, bräuchtet ihr nicht rennen! Aber zum Schluss hin wurde kein Kranker mehr von der Belegschaft negativ bewertet. Die waren alle selber überdrüssig. Am Anfang waren das zwar auch nicht immer die gleichen, aber doch sehr häufig. Nachher ist das ein Querschnitt durch die ganzen Mitarbeiter gewesen. Die höchste Krankenquote lag bei 28 Prozent.

## Streit und Konkurrenz untereinander

Die Firma hat schon vor dem Einsatz von McKinsey sehr flexibel funktioniert. Die KollegInnen hatten Höchstleistungen erbracht, um die Aufgaben für »ihre Firma« zu erfüllen. Durch die Zeitvorgaben von McKinsey wurde der Arbeitsstress noch weiter gesteigert und individualisiert.

JENS: Die haben die Flexibilität, die wir hatten, noch weiter auf die Leute rübergeschoben, dadurch dass die Zeit mehr gepresst wurde.

HUBERT: Die haben das auf uns übertragen. Wir waren dann im Endeffekt die Flexiblen, nicht mehr die Firma. Die Firma hat also nicht mehr vorgesorgt, sondern die hat nur gesagt: Ihr müsst jetzt machen. Guck' mal, dass du das fertig kriegst.

ACHIM: Der Streik hätte eigentlich schon vor zwei Jahren passieren müssen. Nur, da jeder an seinem Arbeitsplatz ganz alleine war, hat auch jeder alleine den Druck zu spüren gekriegt. Die jungen Leute bei uns konnten das noch einigermaßen durchhalten. Aber die Älteren, oder die bisschen gebrechlicher waren, die wurden ständig zum Chef zitiert.

Unter dem Stress, individuell die geforderten Zeiten einzuhalten, kam es immer mehr zu Streit untereinander. Die ArbeiterInnen versuchten noch lange Zeit, mit den unmöglichen Vorgaben fertig zu werden. Sie wollten sich nicht gegen die Firma stellen, sie wollten die alte Betriebsharmonie nicht aufkündigen. Aber in der allgemeinen Hektik ging das friedliche Betriebsklima unter, der eine wurde der anderen zum Feind.

BELLA: Bei diesem Druck wird man automatisch gegenüber Kollegen und Mitarbeitern auch mal nervös. Das ist ja wohl klar.

JENS: Wir waren eine dermaßen zerstrittene Belegschaft. Deshalb hat das auch so lange gedauert, bis es zu dem Streik gekommen ist. Wir waren immer schon zerstritten, aber wo das losging mit den Zeiten, da ist es noch krasser geworden. Weil du so rennen musstest, und wenn du beim Frühdienst sechs Maschinen hattest, dann ist dir jeder im Weg rumgerannt. Jeder kam mit seinem Wägelchen angefahren: »Geh' mal weg, ich muss mich beeilen«. Dadurch, dass du deine eigene Arbeit komplett alleine fertig gemacht hast, musstest du natürlich sehen, dass du die Zeiten irgendwie einhältst. Wenn du jemand so unter Zeitdruck setzt, dann ist jedes kleine Bisschen, das dich aus diesem Rhythmus raus bringt, dein Feind. Und so sind auch die Mitarbeiter untereinander immer mehr aneinander geraten. Dadurch, dass wir immer mehr unter Kontrolle standen und der Tagesablauf minutiös durchgeplant war, musste alles dein Feind sein, was dir die Zeit kaputt macht, weil du danach noch mehr rennen musstest. Dadurch ist eine unheimliche Spannung untereinander entstanden. Wir wundern uns heute noch, dass die Belegschaft so geschlossen da draußen steht. Die Mädels in der Produktion, die wurden nur angepfiffen: »Wo bleibt das Essen, ich muss raus fahren, du nimmst mir die Zeit weg«. Wir haben uns nur angeblökt.

Lange Zeit ist es den KollegInnen nicht gelungen, dem Druck gemeinsam etwas entgegenzusetzen. Sie versuchten, individuell möglichst heil durchzukommen. Aus ehemals netten KollegInnen wurden böse KonkurrentInnen.

PEDRO: Wir haben keine Macht gehabt. Wir haben jedes Mal diskutiert, aber es kam nichts dabei raus. Als der Druck stärker wurde, haben wir uns gespalten. Viele Leute haben sich mit der Zeit verändert.

JENS: Wir nennen das den LTC-Virus, dass jeder in diesem ganzen Arbeitsablauf seine eigenen Vorteile sucht. »Ich will den LKW hier vorne haben« – »Ich nehm' den, ich hab' viel mehr« – »Quatsch, das interessiert mich nicht, das ist mein LKW«. Da gab es den ganzen Tag Konflikte. Dadurch ist ein unheimliches Ich-Denken entstanden. Ich-will-haben.

Zum Beispiel wurden abends die Maschinen komplett leer gemacht. Alles, was von uns, vom Catering war, wurde leer gemacht. Einer ist dann hingegangen und hat gesagt: Das kann drauf bleiben, das brauche ich nicht runterschleppen. Dann bist du früh morgens gekommen, und hast dadurch natürlich mehr Arbeit gehabt. Du hast Sachen reingeschleppt und gesehen: Es ist ja schon da. Dann kannst du das wieder rausschmeißen. Da bist du natürlich sauer. Und wenn du nicht weißt, wer's war, bist du auf alle sauer. Irgendeiner muss es ja gewesen sein. Und der profiliert sich damit: »Ich hab jetzt zehn Maschinen leer gemacht.«

HUBERT: Manche haben sich ihre eigenen Lücken geschaffen. Weil einfach der Vorarbeiter seine Augen nicht überall haben konnte. Was mich dabei gestört hat: Das ging teilweise auf Kosten der Kollegen. Wenn die keine Lust hatten, haben die so lange gebraucht, dass die nächsten ihre eigentliche Aufgabe nicht mehr erfüllen konnten, dass dann jemand anderes, der seine eigene Aufgabe erfüllt hatte, dafür einspringen musste. Man darf das nicht verkennen. Das ist einfach so in der Arbeitswelt, das ist überall so.

Geschäftsleitung und Vorgesetzte haben das Ihre dazu getan, die Spaltungen unter den ArbeiterInnen zu vertiefen.

JENS: Die sind ja ganz gewieft. Die sagen zu einem türkischen Kollegen »Du kriegst sechs Wochen Urlaub in der Sommersaison«. Und sagen zu dem anderen: »Du kannst nicht in Urlaub gehen, weil dein Kollege sechs Wochen geht.«

So, schon haben sie wieder zwei, die sich streiten. Die rennen beide zum Betriebsrat: »Der macht mir den Urlaub kaputt.«

BETRIEBSRAT: Das Teile-und-Herrsche hat in diesem Betrieb sehr gut funktioniert. Die Leute waren völlig durcheinander und geteilt, vor dem Streik. Der Arbeitgeber hat das bewusst eingesetzt. Jahrelang haben sie den administrativen gegen den produktiven Bereich ausgespielt. Die Supervisoren und Vorarbeiter sind so unter Druck gesetzt worden, die mussten, ob sie wollten oder nicht, mit der Peitsche hinter den Mitarbeitern her sein, um die eigene Haut zu retten. Die Betriebsleitung hat angefangen, innerhalb vom Betrieb so eine Unruhe herzustellen, Frauen gegen Männer, ausländische Kollegen gegen deutsche Kollegen - sie hat alle aufgehetzt und versucht, was alles trennbar ist. Kurz bevor wir in den Streik gegangen sind, ist die Sache gegen den Betriebsrat eskaliert. Öffentlich wurden Briefe aufgehängt gegen den Betriebsrat und gegen die Gewerkschaft, und Unterschriften gesammelt.

Unsere Fragen nach rassistischen Spaltungen im Betrieb haben die ausländischen KollegInnen verneint. Sie berichten, dass sie sich in »dieser schön gemischten Firma aus allen Ländern« quer über die Nationalitäten hinweg gut verstanden haben. Dass die türkischen KollegInnen am Streikzelt oft eine eigene Gruppe gebildet haben, erklären sie mit kulturellen Unterschieden: »Die einen trinken Tee, die anderen Kaffee«, und sie spielen in ihren jeweiligen Gruppen verschiedene Spiele. Ein türkischer Kollege berichtet, wie sie selbst dafür gesorgt haben, dass Rassisten keine Chance hatten im Betrieb.

HASAN: Bei dem einen haben wir immer gedacht, der wäre ein Rassist. Der ist wie ein Nazi rein gekommen, mit Glatze, und hat hart geguckt. Du kannst mal ein Interview mit dem machen, wie der vor mir Angst hat. Ich hab' den immer klein gemacht. Ich hab' dem gesagt: »Kollege, wenn du mit uns arbeiten willst, sei vernünftig. Wenn ich dir was sage, dann antworte, dann sag' was, guck' nicht so. Wir wollen hier keine Rassisten. Entweder wir arbeiten zusammen, oder ...«. Früher hat der immer so rassistisch geguckt. Jetzt ist der sehr gut. Der ist heute froh, wenn er mit uns Türken Schicht hat.

Der Versuch rassistischer Spaltung ging vor allem von der Betriebsleitung und dem alten ihr ergebenen Betriebsrat aus. Der frühere Betriebsratsvorsitzende nutzte die Schwierigkeiten, die ihm nicht genehme Betriebsräte mit der deutschen Sprache hatten, um sie fertig zu machen.

BETRIEBSRAT: Der Kollege lebt seit Jahren hier, aber mit der deutschen Sprache hat er Schwierigkeiten. Der Betriebsratsvorsitzende hat das ausgenützt. Bei jeder Kleinigkeit hat er ihm gesagt: »Wenn du das nicht verstehst, dann ist das dein Problem, ich hab mit dir deutsch gesprochen.« Dann ist der Kollege durchgedreht und wollte ihn zusammenschlagen.

Eine besonders kritische Situation ergab sich, nachdem der frühere Betriebsratsvorsitzende und seine Stellvertreterin im Juni 2005 abgewählt worden waren. Die Tatsache, dass es sich bei der abgewählten zweiten Vorsitzenden um eine Frau handelte, nutzten der alte Betriebsrat und die Geschäftsleitung, um die türkischen Kollegen, die den Betriebsrat übernommen hatten, des Sexismus zu beschuldigen (siehe S. 141).

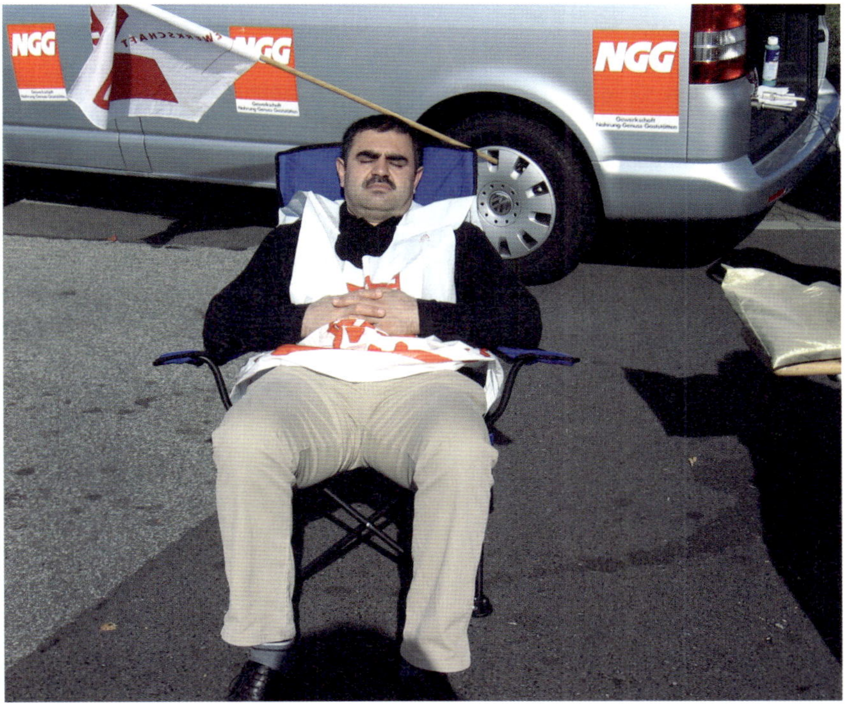


## Es reicht: Streik gegen Arbeit

ACHIM: Spätestens im März oder April [2005], da war schon bei uns abzusehen, dass die Leute nicht mehr bereit waren, das weiter mitzumachen. Die waren vor allem psychisch fertig, nicht nur physisch. Da ging gar nichts mehr.

HUBERT: Überall, wo so ein Druck von außen kommt, da vereint man die Leute mehr als dass man die auseinanderdividiert. Das haben die ja intensiv versucht, die Abteilungen und die einzelnen Leute gegeneinander aufzubringen. Aber weil jeder dann der Verzweiflung nahe war in der letzten Zeit, weil die Ungerechtigkeiten sich gehäuft haben, weil diese ganzen Gemeinheiten gekommen sind, die kleinen und großen Gemeinheiten, weil das einfach überhand genommen hat, so hat man die Leute zusammengeschweißt. Weil jeder gesagt hat, das geht einfach nicht mehr. Die waren körperlich und geistig alle am Ende.

PEDRO: Man hätte sich schon früher organisieren müssen, bisschen mehr Stress machen. Aber ich glaube, die Leute haben immer gedacht, das wird sich ändern mit der Zeit. So wurde das immer verzögert, immer verschieben, verschieben ... aber es gab die Zeit, wo es keiner mehr aushielt. Dann hieß es: Entweder jetzt oder nie.

Im Zentrum vieler betrieblicher Auseinandersetzungen steht heute die Frage des Arbeitsplatzerhaltes. Dabei handelt es sich oft um defensive Kämpfe für den Erhalt des Bestehenden. Bei Gate Gourmet war das offizielle Streikziel eine Lohnerhöhung, aber tatsächlich ging es den Streikenden um etwas anderes. »Menschenwürde« lautete die inoffizielle Überschrift des Streiks. Der Kampf richtete sich gegen die Abpressung von immer mehr Arbeit und die ganzen Zumutungen im Arbeitsalltag. Es ging den ArbeiterInnen nicht darum, »Arbeit« zu erhalten, sondern sich gegen zuviel Arbeit zu wehren. Sie waren nicht mehr bereit, sich respektlos behandeln zu lassen und ihr ganzes Leben der Arbeit unterzuordnen.

Trotzdem war auch dieser Kampf defensiv. Die KollegInnen haben mit ihrem Streik versucht, gegen die weitere Steigerung der Ausbeutung einen Schlussstrich zu ziehen. Vom Traum von einem besseren Leben, einer anderen Gesellschaft und der Befreiung von Arbeit war dieser Kampf noch weit entfernt. Aber die KollegInnen haben den Horror des Arbeitsalltags offen thematisiert, und sie haben sich nicht mehr mit dem »Arbeitsplatzargument« erpressen lassen. Viele hatten bereits innerlich gekündigt und sich auf die Suche nach anderen Möglichkeiten gemacht. Die Angst um den Arbeitsplatz hat bei Gate Gourmet nicht mehr gegriffen. Dadurch ist es ihnen gelungen, trotz aller Streitigkeiten geschlossen in den Streik zu treten. Diese Erfahrung haben sie schon während des Streiks verbreitet:

BETRIEBSRAT: Jetzt reisen wir überall in Deutschland rum, und diese Veranstaltungen sind äußerst erfolgreich. Jeder fragt was, jeder erzählt Probleme, und immer wieder taucht die Frage auf, wie wir am besten die Angst verlieren können. Wir erzählen das so: Angst hilft uns nicht mehr, das ist schon lange vorbei. Wie lange soll ich Angst haben um meinen Arbeitsplatz? Wenn ich gesundheitlich pleite bin und familiär, wenn ich sozial ausgegrenzt bin ... was nützt mir da mein Arbeitsplatz? Wir leben seit so vielen Jahren in diesem asozialen Zustand. Wir haben kein Vereinsleben mehr, wir haben kein vernünftiges Familienleben mehr, wir haben überhaupt keine Bekannten mehr. Durch diese verschiedenen Schichten erleben wir das soziale Abseits. Das ist das

Problem, warum die Leute gesagt haben: Noch mehr ist nicht drin. Wir haben sämtliche Grenzen schon lange überschritten. Aus diesem Grund sind wir rausgegangen. Letztens hat mal eine Kollegin gefragt, bei einer Veranstaltung der NGG: Ich kann euch nicht verstehen, wie lange wollt ihr denn noch? Ich habe gesagt: Bis ich meinem Sohn erklärt habe, dass er demnächst sechzig Stunden arbeiten muss, wenn er mich nicht unterstützt. Denn das geht in diese Richtung.

Nach dem Warnstreik am 9. September 2005 hatte die Geschäftsleitung noch versucht, die KollegInnen mit dem üblichen Hinweis, dass sie damit ihre Arbeitsplätze gefährden würden, von weiteren Kampfmaßnahmen abzuhalten. Der Betriebsrat wurde aus den Büros mit E-Mails bombardiert, er würde auf unverantwortliche Weise die Existenz der Firma gefährden. Aber zu diesem Zeitpunkt war die Wut schon stärker als die Angst. Im Streik sagten uns Kollegen: »Was soll die Angst vor Hartz IV? Wenn das hier so weitergeht, kann ich doch mit Hartz IV besser leben, als wenn ich hier weiter arbeite.« Diese Einstellung hat sich auch Ende November gezeigt, als Manager von Delta-Airlines auf der Suche nach einem Caterer Gate Gourmet besuchten. Die Geschäftsleitung von Gate Gourmet hatte zu diesem Anlass bei der NGG um »angemessenes Verhalten« der Streikenden gebeten, um nicht einen potentiellen Kunden zu verschrecken. Trotzdem machten die Streikenden den Besuch lautstark und mit eigens gemalten englischsprachigen Transparenten auf den Streik aufmerksam. Der Firma zu schaden war ihnen zu diesem Zeitpunkt wichtiger als die Sorge um den eigenen Arbeitsplatz.

## Der Streik wird vorbereitet …

Vor dem Streik war die Stimmung im Betrieb auf den Siedepunkt gestiegen. Dies war eine wichtige Voraussetzung dafür, geschlossen rauszugehen. Ohne eine solche verbreitete Wut lassen sich Kämpfe nicht »anzetteln«. Aber umgekehrt äußert sich auch die größte Wut selten spontan in einem gemeinsamen Kampf. Wo Kämpfe unerwartet und scheinbar spontan ausbrechen, findet sich bei genauerem Hinsehen meist eine vorangegangene untergründige Organisierung. Dies gilt im Übrigen besonders für wilde Streiks, die ohne formale gewerkschaftliche Organisation geführt werden. Gerade bei solchen eigenständigen Aktionen, die sich nicht im üblichen ritualisierten Rahmen abspielen, sondern ernsthaft Macht entfalten wollen, ist die eigene verborgene Organisierung entscheidend.

Auch bei Gate Gourmet findet sich vor dem Streik eine Geschichte von eigener Organisierung. Zum einen haben Kollegen, die kämpfen wollten, den Betriebsrat übernommen. Daneben gab es eine Struktur von KollegInnen, die informell und unsichtbar an der Organisierung arbeiteten: das »U-Boot«. Ohne diese vorangegangene Wühlarbeit einzelner ArbeiterInnen wäre die Gewerkschaft sicher nicht auf die Idee gekommen, ausgerechnet in diesem Betrieb zum Streik aufzurufen. Es gab hier keinerlei Streikerfahrung, und der vorherige unternehmertreue Betriebsratsvorsitzende hatte der NGG immer von Kampfmaßnahmen abgeraten. Wäre er noch im Amt gewesen, wäre es 2005 wohl kaum zum Streik gekommen. Bei dem neuen Betriebsratsvorsitzenden fragte die NGG genau nach, ob die Stimmung wirklich so wäre, dass sie bei einem Streikaufruf mit einer großen Beteiligung rechnen könnte.

BETRIEBSRAT: Das war wirklich eine Baustelle! Ich war zwölf bis vierzehn Stunden im Betrieb, ich musste immer die Schichtwechsel treffen. Da habe ich mit den Leuten geredet: »Wie siehst du das, was würdest du tun?« Ich musste ja irgendwie wissen, mit wieviel Leuten, mit wieviel Prozent wir rechnen können. Das war die erste Frage von der Gewerkschaft, den Hauptamtlichen: »Was schätzt du, wieviel Prozent?« Du kannst das ja nicht dem Zufall überlassen. Nachdem die ganzen Pulsmessungen erfolgreich beendet waren, hab' ich gedacht: Jetzt ist der Zeitpunkt. Da hab' ich denen gesagt: »Es gibt kein Problem, fast hundert Prozent.« Wir haben dann mehr als 93 Prozent bekommen.

Die Einschätzung des Betriebsrats war richtig, die Streikbereitschaft war vorhanden. Die NGG erlitt keine Blamage durch einen Streikaufruf, dem niemand folgt. Was die Gewerkschaft aber sicher falsch oder gar nicht eingeschätzt hatte, war das Ausmaß an eigenständiger Organisierung, das es neben dem Betriebsrat bereits gab. Dies sollte ihr im Streik noch schwer zu schaffen machen, mit einer Tarifkommission, die immer wieder mit eigenen Vorstellungen kam, und einer informellen Streikleitung, die einen Streikabbruch nicht zuließ. Wäre der NGG die Dimension dieses Streiks klar gewesen, hätte sie sich vermutlich kaum darauf eingelassen.

## … im Betriebsrat

Bei der Wahl 2002 wurden der spätere Vorsitzende und weitere Kollegen, die gegen die Verschlechterung der Bedingungen aktiv werden wollten, in den neunköpfigen Betriebsrat gewählt. Die Umstrukturierung durch McKinsey war bereits im Gange.

BETRIEBSRAT: Ich war noch nicht aktiv als Betriebsrat, bis dann McKinsey kam, bis ich gesehen habe, was McKinsey macht. Die messen Zeiten, die machen Schemas, wie wir täglich arbeiten sollen, die schreiben Laufwege vor – da ist mein Interesse geweckt worden. Die Deutschen, die hier schon länger arbeiten, die haben gesagt: »Der Betriebsrat, der muss irgendwas tun.« Dann hab' ich angefangen mich zu fragen, was ich als Betriebsrat machen kann.

Der D.S. [damaliger Betriebsratsvorsitzender] hat nichts gemacht. Die haben mitgemessen. Das war das Problem. Nachdem dieser Druck kam aus der Belegschaft, haben die Alibi-Aktivitäten gezeigt. »Der Betriebsrat macht mit, wir blockieren nicht, wir ziehen mit …« – den kennst du sicher, diesen uralten Trick. Sie wollten darauf achten, dass richtig gemessen wird. Ich hab' gesagt: »Ich muss erstmal wissen, was passiert im Endeffekt, nachdem die die Zeiten gemessen haben. Ich möchte erstmal dahinter kommen: Was steckt dahinter?« Dann hab' ich die Betriebsrats-Sitzungen ausgenutzt: »Ich will wissen, was gemacht wird. Wo wird was gemessen?« Das war aber viel zu langsam und viel zu spät.

Ich hatte ja am Anfang überhaupt keinen Schimmer. Bis ich »Betriebsräte I« gemacht habe, wusste ich nicht, womit ich es da zu tun habe. Die Schulungen sind extra hinausgezögert worden. Ich sehe mittlerweile, wie der Betriebsratsvorsitzende sein eigenes Gremium in eine bestimmte Richtung lenken kann. Bei uns war das in eine Sackgasse geführt worden: Was du nicht weißt, macht dich nicht heiß. Nachdem ich »Betriebsräte I« gemacht hatte, hab' ich die Gewerkschaft gedrängt, uns zu unterstützen, um wirklich eine Interessenvertretung zu machen. Den ersten Konflikt gab es schon Anfang 2003. Da gab es eine Betriebsvereinbarung, und der Betriebsleiter hatte das schon vorbereitet. Das Papier gibt er dem D.S., und der bringt es uns. Er schreibt »Betriebsrat« drüber, und so wird der Entwurf der Geschäftsleitung auf einmal zum Entwurf des Betriebsrats. Man kriegt das ja nicht mit, wie überhaupt der Entwurf zu einer Betriebsvereinbarung entsteht, ich hatte überhaupt keine Ahnung. Da habe ich ihm gesagt »Mach' mal eine Kopie.« Er: »Wozu? Das brauchst du nicht.« Dann hab ich mir das heimlich kopiert und Kollegen gefragt: »Ich brauche Hilfe, was ist das denn überhaupt, das sieht nicht gut aus.« Als ich angefangen habe, logisch zu denken, als Malocher – Wie betrifft mich das, was ist das für eine Vereinbarung, was sind die Auswirkungen für den Beschäftigten? – nachdem ich so logisch gedacht habe, bin ich dahinter gekommen.

Als klar war, dass eine Zusammenarbeit mit dem damaligen Betriebsratsvorsitzenden nicht möglich war, beschlossen einige Betriebsräte, ihn aus dem Amt zu kicken.

ANDERER BETRIEBSRAT: Ich bin auch 2002 gewählt worden. Im ersten Jahr, immer wenn wir was wollten, hat der D.S. das verhindert. Ich hab' Betriebsratsbücher gehabt, die hab ich gelesen, aber ohne Schulung … Wir haben gesagt: »Wir wollen was lernen. Wir kennen die Gesetze nicht gut, wir haben keine Theorie, wir haben praktisch null Ahnung. Wir wollen Schulung machen.« Da war der D.S. immer dagegen. Dann haben wir zu zweit gesagt: »Wir wollen gehen, wer geht noch mit.« Vier oder fünf waren wir, dann sind wir da hingefahren und der Lehrer hat uns schön alles beigebracht. Wir haben alle versprochen: Wenn wir zurück sind – 2003 war das – schießen wir den D.S. ab. Da haben wir das beschlossen. Wir sind zurückgekommen und haben die erste Sitzung vorbereitet: Wir wollen abwählen. Das hat dann erstmal noch nicht geklappt, weil einer von uns bei der Abstimmung umgekippt ist. Der hat eine große Schnauze, aber wenn jemand was dagegen sagt, dann zieht der sich sofort zurück.

Danach haben wir jahrelang jeden Tag diskutiert: »Heute hat der D.S. das gemacht, wie kann man das verzeihen?« Einen türkischen Betriebsratskollegen hab' ich privat besucht und in Gegenwart seiner Frau fertig gemacht. Ich hab' seine Frau gefragt: »Wie kannst du mit so einem Mann leben, der kann seine eigenen Rechte nicht verteidigen!« Der wurde knallrot, der weiß um seine Schuld. Ich weiß nicht, ob sie dem was versprochen haben, oder ob der was dafür gekriegt hat. Aber der hat jahrelang diesen Mann unterstützt.

BETRIEBSRAT: Wir konnten auf die anderen nicht richtig rechnen. Das war knapp, immer fünf zu vier. Da gab es Wackelkandidaten. Die Abwahl war dann gut organisiert, das hat uns einige Nächte gekostet. Ich habe die Anträge zu Hause geschrieben, und eine Kollegin hat das auf deutsch geschrieben, in richtigem Deutsch. Obwohl alle verstehen konnten, was ich geschrieben hatte, um was es ging. Aber das muss ja perfekt sein. Die anderen waren am Ende auch einverstanden, weil der D.S. ein Herrscher war. Der hat das so übertrieben, der hat sich in der Zwischenzeit so viele Feinde gemacht. Zur Basis hat der den Kontakt komplett verloren. Der hat sich wie ein Manager gefühlt. Der hat sogar Managerbücher gelesen und so ne Scheiße.

Erst im Juni 2005 gelang es, den Betriebsratsvorsitzenden und die Zweite Vorsitzende abzuwählen. Sie blieben aber im Betriebsrat und spielten später ihre Rolle als Streikbrecher während des Arbeitskampfs weiter. Vier Monate vor Streikbeginn wurde der türkische Kollege H. zum Betriebsratsvorsitzenden gewählt. Der Start war nicht einfach. Die türkischen Betriebsratskollegen wurden wegen der Abwahl mit dem Vorwurf konfrontiert, frauenfeindlich zu sein.

BETRIEBSRAT: Dann bin ich unglücklicherweise Betriebsratsvorsitzender geworden. Ich hatte dafür gar keine Vorbereitung. Ich musste plötzlich Sitzungen leiten. Ich kann zwar ganz normal sprechen, aber in solche Rollen zu schlüpfen, und dann mit Leuten im Betriebsrat, die eine Menge Erfahrung haben und gegen dich schießen, aber nicht offiziell … der Arbeitgeber war immer über alle Tagesordnungspunkte informiert. Nachdem gewählt worden ist, passierte Folgendes. Die meisten Ersatzmitglieder waren Türken. Die mussten nachrücken. Ich hatte guten Kontakt zu denen. Ich wollte nicht denselben Fehler machen wie D.S. Ich habe ihnen immer schriftlich gezeigt, wovon ich rede. Die waren innerhalb kurzer Zeit überzeugt, dass das richtig war: Der Mann muss weg. So ist die Mehrheit zustande gekommen. Dann waren wir Türken das Problem. Der M. ist Hodscha. Hinterlistig, wie die S. [abgewählte stellvertretende Betriebsratsvorsitzende] ist, hat sie ihn sofort in diese Schublade reingeschoben. Sie hat gesagt: »Da ist dieser extreme Moslem, und das sind Türken, da haben Frauen nichts mehr zu sagen.« Das war alles erfunden. Da war nichts Frauenfeindliches. Alle Männer, die Mehrheit des Betriebsrates, waren aus dem Transport. Die waren von der Flexibilität betroffen. Solche Leute wie S., die im Dispatch gearbeitet hat, haben die Position, dass die Leute funktionieren müssen. Wenn die Leute nicht flexibel sind, ist ihr Arbeitsplatz gefährdet. Also hat sie gesagt: »Ihr seid gegen meinen Arbeitsplatz«, wenn wir nicht flexibel sein wollten. Deshalb hat die S. öfters mal was auf den Deckel gekriegt von den Leuten. Und die waren Männer, und unglücklicherweise auch Türken. Und einer davon auch noch Extrem-Moslem. Das passte in ihr Schema. Dann soll sie zum May* gegangen sein und das nach Frankfurt getragen haben: »Da sind extreme Türken, die sind frauenfeindlich.« Daraufhin hat der May eine Mitarbeiterversammlung einberufen. In der Betriebsratssitzung kam ein Anruf – das sind solche Tricks gewesen, mit denen ich keine Erfahrung hatte. Der hatte seine eigenen Leute alle schon da hingesetzt, die warteten auf den Betriebsrat. Das war jahrelang so üblich: Wenn der Chef gerufen hat, ist der Betriebsrat aufgesprungen und hingegangen. Ich hab' gesagt, ich hab' was dagegen, als Vorsitzender. Wir haben uns gar nicht vorbereitet, wir wissen nicht, um was es geht. Aber die anderen meinten, wir gehen da einfach hoch. Wir kommen da hin, und der May prügelt uns bis zum geht-nicht-mehr: »Die beste Betriebsrätin … abgewählt.« Da saß nur der administrative Bereich, der von der Flexibilität nie betroffen war. Ich hab gesagt: »Ich bin überrascht über diese Art und Weise der Mitarbeiterversammlung, und wie mit dem Betriebsrat umgegangen wird. Ich weiß nicht, was ich davon halten soll. Zweitens möchte ich sofort, wenn die Mitarbeiterversammlung beendet ist, die Geschäftsführung im Betriebsratsbüro haben.« Ich war wütend. Ich wusste nicht, wie ich mit der ganzen Sache umgehen sollte. May sagte: »Ich habe so viele Termine, ich kann leider nicht.« Ich hab' gesagt: »Das ist mir scheißegal, wer da kommt, ich möchte einen von der Geschäftsleitung im Betriebsratsbüro haben. Sonst muss ich gucken, was das Betriebsverfassungsgesetz sagt. Ich lasse nicht auf mir sitzen, was Sie hier abgezogen haben.« Dann kam der Camenzind* runter, nach der zweiten Aufforderung, wo ich was von Sonderbetriebsversammlung erzählt hatte. Dann sagte er: »Diese Frauenfeindlichkeit von Türken, so was können Sie in ihrem Heimatland machen, aber nicht hier.« Ich hab mich zusammengerissen, ich wundere mich immer noch, dass ich da ruhig geblieben bin. Ich habe gesagt: »In Ihrer Position sollte man wenigstens ein bisschen Allgemeinbildung haben. Die Türkei war das erste Land, wo es das Frauenwahlrecht gab, bevor in Europa überhaupt darüber nachgedacht wurde.« Dann habe ich den rausgeschmissen.

Die neuen Betriebsräte nutzten alle ihre frisch erworbenen Kenntnisse des Betriebsverfassungsgesetzes gegen die Firma und holten gegen die Arbeitszeitverstöße die Aufsichtsbehörden ins Haus. Sie agierten aber nicht nur im Betriebsratsbüro, sondern vor allem in der Belegschaft. Sie fragten die KollegInnen nach Problemen im Betrieb und ihrer Meinung, und sie verbreiteten Informationen.

ANNA: Der ehemalige Betriebsratsvorsitzende hat alles im Stillschweigen gemacht und hat uns das präsentiert, als wäre das super, ohne die Nachteile zu erwähnen. Nachdem er abgewählt worden ist, ist H. gewählt worden. Der hat uns die ganze Geschichte geschildert: »Leute, euer Manteltarifvertrag läuft aus.« Es gibt ja sowieso keinen Manteltarifvertrag, bis dahin wurde das immer verschwiegen. Keiner von uns wusste wirklich über die ganze Geschichte Bescheid, was da im Betriebsratsbüro abgelaufen ist. Er hat uns dann regelrecht die Augen geöffnet. Er hat uns die ganze Situation erklärt, offen und detailliert. Da sind dann die ganzen Mitarbeiter erst wach geworden.

BELLA: Wir hatten vorher überhaupt keine Infos vom Betriebsrat. Da war jeden Mittwoch Betriebsratssitzung. Wir haben immer gefragt, was gelaufen ist. »Immer dasselbe«, hieß es dann nur. Aber wenn H. in die Küche gekommen ist – der arbeitet ja auch, der muss ja die Essen holen – dann hat er immer gefragt: »Mädels, geht's euch gut, oder habt ihr Probleme, dann sagt es mir.« Nachher gab es Druck von oben: »Was will der schon wieder hier. Was sagt der?« Denn er hat immer türkisch geredet.

2003 hatte es schon einmal einen Warnstreik der NGG gegeben. Er sollte nicht weh tun und hatte keine Auswirkungen. Von den KollegInnen wird er als lächerlich bezeichnet: »Uninteressant, in der Pausenzeit. Die haben uns ausgelacht, vom Fenster aus.« Im September 2005 ruft die NGG wieder zum Warnstreik auf – als Test, ob ein Streik in dieser Firma durchführbar ist. Diesmal organisieren die KollegInnen den Streik, und sie sind wütend genug, der Firma wirklich weh tun zu wollen. Sie halten das Datum geheim und bestimmen die Zeit so, dass möglichst viele Flüge betroffen sind.

xxx: Da lief die ganze Untergrundmaschinerie, um rauszukriegen, wann welche Maschinen fliegen. Die, denen wir hundertprozentig vertrauen konnten, die wussten es schon am Abend um 18 Uhr, dass es am nächsten Morgen um drei Uhr passiert. Die F0-Schicht fängt ja um drei Uhr an. Das waren so fünfzehn Leute. Um 21 Uhr hat X. die nächste Stufe eingeschaltet. Um 24 Uhr war ich dann wieder im Betrieb, hab' die mobilisiert, die schon früher gekommen sind von E0 und die Leute, die schon zur Arbeit gekommen waren wegen der Telefonkette. Die sind, ohne sich umzuziehen, direkt zum Streik rein gekommen. Der NGG-Sekretär war baff.

Von den Betriebsräten wusste nur einer Bescheid. Eine Betriebsrätin ist durchgedreht. Die saß da mit den ganzen Sandwichs für die Frühmaschinen. Die rannte hin und her, die wusste nicht, was sie machen sollte. Sie meinte: »Mensch, ich hab den Laden hier aufgebaut!« »Na und«, sag' ich, »dann kannst du ihn auch selbst umkippen, das ist doch nicht schlimm, wenn du ihn selbst gebaut hast.« Das war ein Riesenproblem für die Leute, diese Gewissensfrage. Der Streik hat voll gesessen.

Bei diesem Warnstreik hat das U-Boot bereits eine wichtige Rolle gespielt. Ein LTU-Manager spricht in einem WDR-Beitrag von »wildem Streik«. Das ist zwar formal nicht richtig, denn es handelte sich um einen regulären Warnstreik im Rahmen einer gewerkschaftlichen Tarifverhandlung. Aber von der Sache her lag er gar nicht so falsch.

## … im U-Boot

xxx: Diese ganze Untergrundarbeit, die hat zu dem Streik geführt. Du hast dir die Leute rausgepickt, mit denen du darüber reden konntest, dass es so nicht weiter geht. Du hast denen bewusst gemacht, was sie kaputt macht. Die haben ja nicht mehr die Zeit gehabt nachzudenken: »Was macht mich denn überhaupt hier kaputt, warum ist der Krankenstand so hoch?“ Wir waren ein paar Leute, und um uns rum hatten wir Kollegen, auf die du dich verlassen konntest, dass die das auch weiter tragen.

Zunächst mussten die KollegInnen aus dem U-Boot die Belegschaft »sortieren«: Wem konnten sie vertrauen, mit wem konnten sie das Netz knüpfen?

xxx: Wir haben versucht herauszufinden, wer hinter uns steht, wem wir vertrauen können. So haben wir damals angefangen, die Untergrundorganisation zu basteln. Wir mussten es ja bei allen probieren. Ich wusste von X. nur, dass sie gegenüber dem Betriebsratsvorsitzenden sehr zurückhaltend war und kritisch. Wir sind alle einzeln durchgegangen, und bei denen, wo wir gemerkt haben, dass wir ihnen vertrauen können, da haben wir gesagt: »Die gehören zur Mannschaft. Die da gehören nicht dahin, die gehören da hin.« Wir haben praktisch in jeder Abteilung Leute gehabt, ein Netz, um von überall Informationen zu bekommen.

Wir hatten das schon damals geplant gehabt: Die Leute müssten raus gehen, sonst würden sie krank, oder wegen Schlägereien gekündigt, oder sonst was. Wir haben überlegt, wer wen mitnehmen kann. Sonst hätte das nicht funktioniert. Unser Ziel war es, rauszugehen, denn wir wussten aus Frankfurt-Kelsterbach, dass dort der Manteltarifvertrag abgeschafft worden war durch einen Abredevertrag, und dass sie das hier auch machen wollten.

Die KollegInnen, die im U-Boot unterwegs waren, gingen ein ziemliches Risiko ein. Sie gingen sehr konspirativ vor und achteten sorgsam darauf, dass die Chefs nichts von ihren untergründigen Verbindungen mitbekamen. Dafür trafen sie sich auch schon mal im Kühlhaus. Das Vorhaben hat funktioniert. Bis zum Streik drang nichts an die Oberfläche.

xxx: Das war gefährlich. Der alte Betriebsratsvorsitzende und die Geschäftsleitung zusammen, die haben sich Pole rausgesucht, die Unruhe stiften, und grundsätzlich gab es die Drohung: wer hier Unruhe stiftet, fliegt raus. Wenn du aufgefallen bist, hast du erhebliche Nachteile gehabt. Bei so einer hohen Flexibilität kannst du so eingeschränkt werden, dass du gar nichts mehr machen kannst. Und das ist ja grundsätzlich das Druckmittel der Gate Gourmet gewesen. Die haben nachher so viele Freiheiten weggenommen, die wir eigentlich hatten, dass du gar nicht mehr nach links oder rechts konntest. Und selbst dann, wenn du schon Mist hattest, konnten die den Mist noch schlechter machen, durch deinen Dienstplan. Jeder hat doch irgendein persönliches Verlangen, entweder mit der Familie zusammen zu sein, mit dem Kind irgendwas zu machen, oder sonst was, und das haben die nachher alles gestrichen. Teilweise bin ich ins Rampenlicht gerutscht. Dann hab' ich danach den Monat einen Dienstplan gehabt, der eine Katastrophe war. Aber von den Leuten, die im Untergrund waren, ist keiner geoutet worden.

Für den Kampf bei Gate Gourmet stand wenig Vorerfahrung zur Verfügung. Alle KollegInnen, die wir gefragt haben, sagten, dass dies ihr erster Streik war. Nur bei vier Kollegen haben wir mitbekommen, dass sie einen politischen Hintergrund haben. Zwei Kollegen haben in der Türkei ArbeiterInnen organisiert und Streiks unterstützt, einer ist mit dem Widerstand gegen die Diktatur in Brasilien (1963-1985) vertraut, und ein Kollege hat als Oppositioneller den Knast in der DDR kennen gelernt. Aber das U-Boot bestand nicht nur aus politisierten KollegInnen, und nicht alle Kollegen mit politischer Erfahrung waren im U-Boot. Diese Organisierung hatte ihre eigene Dynamik.

# Sechs Monate im Streikdorf

## Teil II

Als der Streik am 7. Oktober 2005 begann, waren viele von der hohen Beteiligung überrascht. Von den Abteilungen Produktion und Transport arbeitete fast niemand mehr. Die Unzufriedenheit hatte sich bis in die mittlere Hierarchie ausgebreitet. Die meisten Supervisoren beteiligten sich am Streik.

HUBERT: Das war schon ein Erlebnis! Am Anfang war da ein großer Zusammenhalt und auch viel Angst, was man jetzt für einen Schritt gewagt hat: Jetzt müssen wir mehr zusammenhalten, weil das ist das Einzige, was wir jetzt haben. Wir streiken – stell' dir das mal vor! Mit der Zeit hat sich das natürlich wieder in das normale Leben verwandelt. Da war das nicht mehr so die solidarische Volksfront, die dem großen bösen Arbeitgeber die Stirn bietet – ich hab' das natürlich nie so romantisch gesehen, nur zu einem gewissen Maß. Nach und nach haben sich Leute wieder in Individualisten verwandelt.

HASAN: Viele sind wegen dem Druck raus gekommen, dem Druck vom Arbeitgeber. Was ein Streik ist, was das bedeutet, was der uns bringt, was ein Manteltarifvertrag ist, was ein Entgelttarifvertrag ist, darüber wusste keiner Bescheid. Wir waren in den ersten Tagen sehr mutig. Das war ein ehrlicher Streik, in den ersten Wochen. Aber keiner hat gewusst, dass das sechs Monate dauert. Nach einem Monat hat das nachgelassen. Dann haben viele kein Vertrauen mehr in die Gewerkschaft gehabt, als sie gesehen haben, dass die Gewerkschaft nichts macht.

EROL: Der Anfang war für mich das Beste, da war die Atmosphäre super. Wir waren sogar drei, viermal am Tag da. Da waren die Leute erstmal bewusster, die waren noch richtig gut drauf. Und nach der Zeit, da kamen die Probleme auf, unter uns auch.

PEDRO: Viele haben dann Angst gehabt, dass nichts dabei raus kommt. Wir haben da *sechs* Monate gestanden … und es ist nichts passiert. Die Firma hat sich nur kaputtgelacht, und das war ein bisschen langweilig: jeden Tag da

hinzugehen, für drei, vier Stunden. Gut, das macht mir nichts, ich hätte sogar zehn Stunden da hingehen können, wenn ich gewusst hätte, in einem Monat ist es vorbei. Dann hätte ich direkt zehn Stunden lang gemacht.

In sechs Monaten wird ein Streik zur Routine. Im *Streiktagebuch* hat der Kollege diesen Alltag ausführlich beschrieben. Das Streikdorf war Dorf im doppelten Sinn. Hier kannte inzwischen jede jeden, die »Dorfbevölkerung« ist zu einer verschworenen Gemeinschaft geworden. Allerdings keine selbstgewählte, sondern eine Schicksalsgemeinschaft, die trotz einiger Solidaritätsbesuche isoliert blieb. Das Leben im Dorf war oft öde. Viele gingen zu ihren Streikschichten wie zur Arbeit. Es breitete sich ein Gefühl der Machtlosigkeit aus und die Angst, gegen diesen Gegner überhaupt nicht durchzukommen. Viele waren enttäuscht darüber, dass die Gewerkschaft nichts gegen den Streikbruch unternommen hat. Manche fühlten sich von ihr gebremst, manche Aktionsidee wurde nicht umgesetzt. Denn einen Bruch mit der NGG wollte niemand riskieren. In diesem langen »Stellungskrieg« waren das Geld und die Infrastruktur der Gewerkschaft unverzichtbar.

Jenseits der gewerkschaftlichen Kontrolle entwickelten die ArbeiterInnen dennoch ihre Eigenständigkeit. Durch die vorherige

Untergrundorganisierung bestand von Anfang an eine Art informeller Streikleitung, und die ArbeiterInnen in der Tarifkommission traten gegenüber den Hauptamtlichen selbstbewusst auf. Schon zur Frage des Streikbeginns hatten sich einige aktive KollegInnen eigene Gedanken gemacht. Als sie mitbekamen, wie die Firma sich auf den angekündigten ersten Streiktag vorbereitet hatte, schlugen sie der Gewerkschaft eine Verschiebung vor, um die Firma überraschend und härter treffen zu können. So flexibel konnte oder wollte die Gewerkschaft aber nicht sein.
Es waren nur wenige, die als AktivistInnen ihren Streik in die Hand genommen und mitgestaltet haben. Weniger sichtbar war eine andere Form der Autonomie: viele Streikende wussten sehr genau, was sie wollten. Eine Gruppe türkischer Kolleginnen, die sich eher im Hintergrund hielt, machte zum Beispiel der Tarifkommission klare Ansagen, was für sie das Minimum von Verhandlungsergebnis wäre. Sie wollten »mit erhobenem Kopf« in die Firma zurückkehren können. Hartnäckig bestanden die Streikenden darauf, nicht ohne ein Ergebnis die Arbeit wieder aufzunehmen. Zu der Frage von Stolz und Würde kam die Angst, von der Firma völlig eingemacht zu werden, wenn nicht mit einem neuen Manteltarif bestimmte Standards festgelegt würden. Das haben sie letzten Endes erreicht. Die Versuche der NGG, vorzeitig aus diesem schwierigen Streik rauszukommen, scheiterten an den ArbeiterInnen.

## Ernüchterung: Die Gewerkschaft weiß nicht weiter

Besonders am Anfang bestand bei dieser streikunerfahrenen Belegschaft eine große Erwartungshaltung gegenüber der Gewerkschaft. Diesen »Profis« müsste doch angesichts der ganzen Schwierigkeiten was einfallen. Mit der Zeit wurde aber klar, dass die Gewerkschaft ihnen keinerlei Druckmittel anzubieten hatte.
PEDRO: Auch für mich war das der erste Streik in meinem Leben. Schade, dass es der erste war. Ich habe gedacht, wir machen ein bisschen Druck, dann werden die Angst bekommen. Alle haben geglaubt, wenn wir Druck machen, dann haben wir sie in der Hand. Aber leider war es nicht so. Ich glaube, die Gewerkschaft hat gar keine Erfahrung. Die war unorganisiert, die ganze Gewerkschaft. Sie hätte sich organisieren und überlegen müssen, wo wir Druck machen können. Wie kann man Blockaden machen, wie kann man Druck machen gegen die Streikbrecher? Für mich als einfacher Mensch, der noch nie einen Streik gemacht hat, ist das schwer, mir was zu überlegen.
JENS: Das war der Standardspruch von der NGG: »Lasst Euch mal was einfal-

len!« Und uns ist ja auch nichts eingefallen. Woher auch? Und das hat die richtig angestunken, dass ich die da immer grundsätzlich in die Pflicht genommen habe: »Ihr seid doch die Profis! Ich bin bei Euch, ich zahl' den Beitrag, weil ihr die Profis seid. Ihr wisst, wie ein Streik funktioniert, ihr wisst, wie ein Streik angezettelt wird, ihr wisst, wie ein Streik zum Ziel gebracht wird. Ich weiß es nicht, ich streike das erste Mal.« Wem ich einen Beitrag be-

zahle, der muss eigentlich für mich da sein. Ob das ein Versicherungsvertreter ist oder sonst wer. So ist das auch bei der NGG: Ich zahle meine zwanzig Euro im Monat, damit die mich passend vertreten.

ALI: Es war doch enttäuschend, dass auch die Gewerkschaft keine Mittel gefunden hat, auf den Arbeitgeber Druck zu erzeugen, und gesagt hat, dann müssen wir eben wieder arbeiten gehen, und einen flexiblen Streik machen, indem wir eben drei oder vier Wochen wieder arbeiten, und irgendwann sagen, wir gehen alle wieder raus. Nach so vielen Monaten draußen dann so was von der Gewerkschaft zu hören, das war sehr hart, sehr enttäuschend, weil man gedacht hat, die stehen hundertprozentig dahinter.

Schon nach drei Wochen Streik hatte der NGG-Vorsitzende Möllenberg bei einem Besuch das Thema »andere Streikformen« ins Gespräch gebracht. Spätestens im Dezember begann die Gewerkschaft, massiv Druck in diese Richtung zu machen. Am 7. Dezember hatte die Firma einen Tarifabschluss

vom Vortag widerrufen, den die Streikenden zähneknirschend akzeptiert hätten. Danach gab es zwei Wochen lang keine Erklärung der Firma und keine weitere Verhandlung. Bei den Streikenden breitete sich die Stimmung aus: »Jetzt erst recht«. Als nächste Etappe sahen sie das kommende Weihnachtsgeschäft, wo es wieder mehr Möglichkeiten geben würde, die Firma unter Druck zu setzen. Bei der Gewerkschaft stieg die Ratlosigkeit, wie sie bei diesem Streik noch zu einem vorzeigbaren Ergebnis kommen könnte. Sie wollte offensichtlich nur noch irgendwie aus dieser Auseinandersetzung rauskommen.

BETRIEBSRAT: Zu den Tarifverhandlungen ist G.F. [stellvertretender Vorsitzender der NGG] als Profi dazugeholt worden. Der hat schon viele Verhandlungen geführt. Der fing an: »Ich habe eine verrückte Idee!« Aber sie haben schon viel früher versucht, den Leuten diese »verrückte Idee«, diese flexible Idee in den Kopf zu setzen. Als der NGG-Vorsitzende Möllenberg zum ersten Mal da war, meinte er schon, man müsste nach anderen Möglichkeiten gucken. Eventuell etwas Ähnliches wie Warnstreiks. Ich habe den Gewerkschaftssekretär D.S. gefragt, was das heißen sollte, und er meinte, das könnte flexible Streiktaktik bedeuten. Dann ist bis zum Winter nie wieder darüber gesprochen worden. Als wir dann mit dem G.F. in der Verhandlung nicht mehr weiterkamen, wollten die den flexiblen Streik als »verrückte Idee« verkaufen.

Einige Streikende standen der Idee, die Arbeit wieder aufzunehmen, um dann überraschend wieder rauszugehen, anfangs aufgeschlossen gegenüber. Angesichts der Wirkungslosigkeit des Dauerstreiks, den die Firma mit dem Einsatz von Leiharbeitern wegstecken konnte, schien dies eine Möglichkeit zu sein, sie effektiver zu treffen.

Streikende diskutierten das Thema mit GewerkschafterInnen aus anderen Betrieben, die sie am Streikzelt besuchten, und riefen bei den KollegInnen der Eichbaum-Brauerei in Mannheim an, die Anfang 2005 ihren Tarifvertrag mit einem vierwöchigen Streik verteidigt hatten. Die erzählten ihnen, dass die NGG bei ihnen nach zwei Wochen ebenfalls diesen Vorschlag gemacht hätte. Erfahrene GewerkschafterInnen warnten sie vor dieser Taktik. Wie oft hatte es nicht schon geheißen, ein Streik würde nur »unterbrochen«? Der »rollierende Streik« hätte von zwei Seiten her das Ende des Kampfes bedeuten können. Zum einen waren sich die StreikaktivistInnen nicht sicher, ob die Belegschaft die Kraft und Entschlossenheit gehabt hätte, nach einer Wiederaufnahme der Arbeit erneut in den Streik zu treten. Zum anderen waren sie höchst misstrauisch gegenüber der NGG: Würde die Gewerkschaft sie tatsächlich in absehbarer Zeit wieder zum Streik aufrufen, oder war der Vorschlag »Flexi-Streik« nur ein Manöver, um aus dem für sie teuren und schwierigen Konflikt herauszukommen? (Siehe dazu die Überlegungen im *Streiktagebuch*, S. 65). Viele Streikende zweifelten zunehmend am Kampfeswillen ihrer Gewerkschaft. Gleichzeitig waren sie auf die Unterstützung angewiesen. In diesem Dilemma haben sie sehr geschickt agiert. Sie haben die NGG »in die Pflicht genommen« und den Streikabbruch nicht zugelassen – ohne es zum offenen Bruch mit der Gewerkschaft kommen zu lassen.

BERND: Viele Sachen durften während des Streiks nicht ausgesprochen werden. Der Konflikt zwischen Belegschaft und Gewerkschaft sollte eigentlich nicht an die Öffentlichkeit, und wenn er mal hie und da leicht an die Öffentlichkeit hingeschoben wurde, dann nur, um kurzfristig Druck auf die Gewerkschaft zu erzeugen. Aber das war nur punktuell. Das durfte auf keinen Fall dauernd rausgehängt werden. Denn du kannst ohne Gewerkschaft in Deutschland nicht streiken, das ist eigentlich unmöglich.

## Im Rahmen der Gesetze

Am Anfang haben KollegInnen versucht, sich den Streikbrechern in den Weg zu stellen. Hierbei wurden sie nicht nur von der Polizei gebremst, sondern auch von der NGG.

ALI: Wir haben selbst Blockaden gemacht, dann kam irgendwann die Polizei

und hat uns von der Straße entfernt. Ich glaube, das ging schon so ne halbe Stunde. Dann haben sie uns verjagt, dann haben sie uns gedroht: »Passt auf, wenn ihr noch mal auf die Straße geht, dann nehmen wir paar Leute mit.« Dann haben wir gesagt, wir machen das erstmal nicht mehr, und haben überlegt: Gehen wir auf den Zebrastreifen. Dann haben wir das mit dem Zebrastreifen gemacht: den Zebrastreifen hoch, den Zebrastreifen runter … das haben wir oft gemacht. Irgendwann ist die Polizei gekommen und wollte den Verantwortlichen von der Gewerkschaft sprechen und hat gesagt: »Passen Sie auf, wenn da was schief geht, dann müsst ihr dafür grade stehen.« Weil diese Blockaden nicht legal sind. Irgendwann sagte dann die Gewerkschaft, wir dürfen nicht mehr.

JENS: Die Gewerkschaft hat nur am 18. November blockiert, da war der 140. Geburtstag der NGG, da haben die vielleicht gedacht: »Das lassen wir uns was kosten.« [siehe *Streiktagebuch*, S. 53] Davon gibt es schöne Bilder. Es war natürlich auch sehr sehr wirksam gewesen, und es war *unsere* Blockade. Wir haben aber ein Problem. Dadurch, dass wir am Airport arbeiten, sind wir alle vom Luftfahrtbundesamt sicherheitsüberprüft, und da können wir uns nur einmalig so eine Aktion leisten. Wenn wir mehrere solcher Sachen machen würden, würden wir die Sicherheitsüberprüfung verlieren und dann gar keinen Job mehr haben. Das ist das große Problem. Durch die Verspätungen, die entstanden sind, durch die Blockaden, die bisher gemacht wurden, ist der Firma ein erheblicher Schaden entstanden. Bei jeder Tarifverhandlung wurde erstmal eruiert: Was ist da passiert, was habt ihr wieder gemacht, uns ist soundsoviel Schaden entstanden. Es gibt da auch einzelne Schreiben von dem Rechtsanwalt Münz, der ist von der Gate Gourmet beauftragt, dass da in Richtung NGG eine Schadensersatzklage kommen könnte. Da ist natürlich

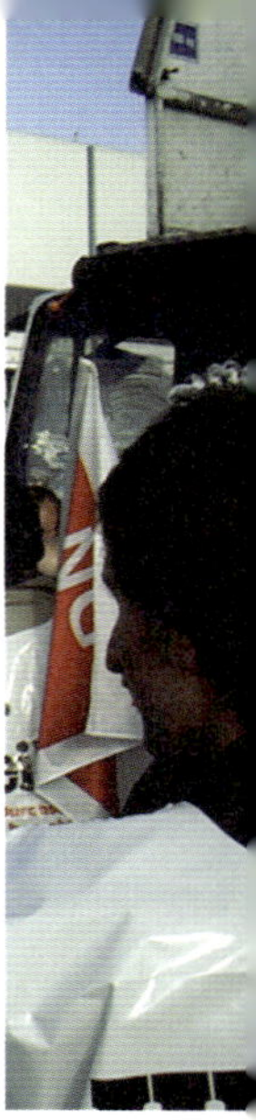

die NGG gleich wieder zwei Stühle nach hinten gerückt und hat gesagt: »Jungs, haltet den Ball flach.«

Wir können uns nicht über den Willen der Gewerkschaft drüber wegsetzen. Es gab da wirklich mehrere Sachen, die man so angedacht hat. Bloß man muss natürlich davon ausgehen, dass einen die Gewerkschaft in den rechtlichen Bahnen hält, und dass die auch die Ahnung davon hat. Weil wir haben keine Ahnung von so was. Wir wissen, wie unsere Arbeit funktioniert, aber unsere Profis, die Gewerkschaft, muss uns sagen, wie so was abläuft, und was wir tun können. Wir sind teilweise wie gelähmt, wenn die Unterstützergruppen kommen, und wir stehen da und können nichts tun. Das ist vielen Kollegen mehr wie peinlich, so dazustehen: wir können nichts tun.

Es gab unter den Streikenden durchaus Überlegungen, wie sie ihren Streik effektiv machen könnten. Eine Zeit lang wurde über die Besetzung des Betriebes nachgedacht: Wäre es möglich, mit einer größeren Gruppe reinzugehen, die Arbeitsplätze zu besetzen und die Streikbrecher am Arbeiten zu hindern? Auch Sabotage und direkte Aktionen gegen Streikbrecher waren im Gespräch.

xxx: Ich hatte ein bisschen härtere Ideen, die Streikbrecher draußen ein bisschen aufzuhalten, richtig Druck zu machen, ihnen Prügel anzudrohen, so dass sie wirklich Angst bekommen. Ihnen sagen: »Ich weiß, in welchem Hotel du bist, wir werden dich kriegen.« Und so weiter. Ich wollte niemand verletzen, nur ein bisschen Druck machen, ein bisschen Angst machen. Aber das ging nicht, wegen der Gesetze in Deutschland. Wir leben nicht in der Dritten Welt. In meinem Land würden die sich mit der Pistole in der Hand oder mit dem Messer da hinstellen, so dass die Leute wirklich Angst bekommen und sofort abhauen. Ich hab' ein paar Mal mit Leuten darüber diskutiert, aber viele von denen haben gar kein Interesse daran gehabt.

xxx: Die erste Blockade, die wir gemacht haben, damals als wir nach Hannover gefahren sind [18.11.05], da war ich dabei, da wär' ich fast ausgeflippt. Später hab' ich gedacht: Wär' ich doch auf den LKW gesprungen, durch das kleine Tor auf die Ladefläche, Klappe auf, und alles auf den Boden schmeißen. Aber an so was denkt man erst später.

xxx: Von dem Gewerkschaftssektretär hab' ich immer die Sprüche zu hören gekriegt: »Nicht mit Gewalt, wir lösen das irgendwie anders …«. Ohne Gewalt kannst du so was nicht lösen. Da muss Gewalt drin sein. Ich hab' in der Türkei auch Streiks gesehen, nicht als Arbeiter mitgemacht, aber ich hab' geholfen als Linker. Die haben uns immer gerufen, wo Streik war. Wir haben da viele Leute verkloppt. Wenn die reingehen an den Arbeitsplatz, während die draußen streiken, dann haben die uns Bescheid gesagt, und wir waren alle da. Da haben wir Streikbrecher verprügelt, ohne Gnade, also nicht so sehr …

aber die konnten sechs Wochen nicht laufen. Die Kollegen haben da viel rausgeholt, das waren Bergleute ...

Aber hier ... jedes mal, wenn wir gesagt haben »Wir machen morgen was«, dann hieß es von der Gewerkschaft: »Nee, um Gottes Willen, das dürft ihr nicht!« Wir wollten nachts reingehen mit paar Kollegen, an die LKWs. Die Security hätte uns gar nicht gesehen. So was haben wir geplant. Aber es hieß: »Nein, so was gibt's nicht.« Ich habe vorgeschlagen, dass wir das unter uns machen, und das nicht der Gewerkschaft sagen. Dass wir das ganz geheim machen. Aber dann hieß es: »Wenn die uns sehen, dann kriegt die Gewerkschaft eins drüber, und dann kriegen wir kein Geld mehr.« Davor hatten wir ja auch Schiss.

## Unterstützergruppen springen ein

In dieser kleinen Belegschaft fehlte die Stärke, die ganzen guten Ideen umzusetzen. Hier entstand eine Lücke, in der die UnterstützerInnen von außen eine positive Rolle spielen konnten - als Ersatzfiguren, wo eigenes Handeln unmöglich schien. Die Blockaden waren den Streikenden höchst willkommen, denn sie waren das einzige Druckmittel, das der Firma effektiven Schaden verursachte. Viele hätten am liebsten selbst mitblockiert.

ALI: Ich bin glücklich, dass ich so eine Erfahrung gehabt habe. Dass man jetzt weiß, wie wichtig Hilfe von außen ist, Unterstützung. Wenn ihr nicht wärt, vielleicht hätten wir gar nicht so lange gestreikt. Das war auf jeden Fall eine Ermunterung. Ich weiß noch, wie einige im Container saßen und sagten: »Wann kommen die, vielleicht machen die ne Blockade.« Und immer wenn ich dann später kam, wenn eine Blockade war und schon vorbei war, und die erzählten, dann sahst du, wie froh die waren, dass die LKWs stehen geblieben sind und nicht weiterkonnten. Das war innerlich eine Freude, dass man denen einen übergewischt hat.

JENS: Die Mädels von der Küche, die saßen drinnen im Zelt: »Wieso kann ich mich da jetzt nicht hinstellen?« Die Anna hat an die Leute Kaffee verteilt. Wir waren alle so sauer: »Wieso können wir da nicht mitmachen?« Aber mit der Angst im Hintergrund, erstens die Gewerkschaft würde gezwungen, den Streik abzubrechen, und zweitens unsere Sicherheitsüberprüfung ... da hatten viele Angst.

BERND: Die Unterstützer hatten neben der Gewerkschaft eine tragende Funktion, nicht beständig, aber punktuell. Die Blockaden haben dazu geführt, dass diese Kreise, die zur Unterstützung kamen, auch von den Streikenden anerkannt worden sind. Weil da Aktionen durchgeführt worden sind, die sonst so nicht hätten stattfinden können. Das war in einigen Momenten ein weitertragendes Moment. Das war wellenförmig, mal mehr, mal weniger. Die Gewerkschaft war immer da, ständig, und die Unterstützer kamen halt punktuell hinzu. Obwohl die Unterstützer ja auch im Hintergrund ständige Arbeit geleistet haben, Pressearbeit, Versammlungen organisieren, usw. Aber das war ziemlich verdeckt.

JENS: Am 100. Streiktag, da wusste die Gewerkschaft, dass irgendwas passieren würde. Aber, sagen wir mal so: Ohne euch hätten die überhaupt kein Druckmittel gehabt. Die brauchen euch. Ihr habt in der NGG Sympathisanten.

Die Blockade zum hundertsten Streiktag, am 14. Januar, war die größte Unterstützungsaktion. Die Streikenden haben sich über dieses »Geburtstagsgeschenk« gefreut. Den Gewerkschaftsfunktionären war es eindeutig zu viel. An diesem Morgen war ein Bus voll KollegInnen der NGG aus Bremen angekommen, die sich mit dem Streik solidarisch zeigen wollten. Als sie von der Blockade erfuhren, die kurz vorher stattgefunden hatte, waren sie begeistert: »Da machen wir doch nachher gleich weiter, wir blockieren auch!« Das haben die zuständigen NGG-Sekretäre verhindert, indem sie schnell eine Demonstration angemeldet und die gesamte Versammlung zum Terminal geschickt haben, weit weg von den kritischen LKW-Ausfahrten.

BERND: Für die Gewerkschaft wurde das unkontrollierbar – die ganzen Gruppen, und die Aktionen, die stattgefunden haben. Das wurde der Gewerkschaft einfach zu gefährlich. Das war für die etwas, was ausufern kann, was sie nicht mehr kontrollieren kann. Das war der Grund, warum sie versucht haben, die Zusammenarbeit mit den linken Sozialgruppen schlagartig zu beenden, im Januar.

Hauptamtliche warnten die Streikenden, sich nicht von linken Gruppen missbrauchen zu lassen, und versuchten, sie gegen die Unterstützergruppen aufzubringen. Das ist ihnen bis zuletzt nicht gelungen.

## Informelle Streikleitung

Wichtiger als die punktuelle Unterstützung von außen waren die inneren Strukturen. Ohne die eigenständige Aktivität einzelner KollegInnen wäre der Streik sicher nicht so lange durchgehalten worden. Das »U-Boot« agierte als informelle Streikleitung. Nicht als geschlossene Gruppe, sondern als Netzwerk von KollegInnen, die sich aktiv selbst um ihren Streik kümmerten. Sie hielten sich stundenlang am Streikzelt auf, um immer wieder den Zusammenhalt herzustellen und mit den KollegInnen zu diskutieren – »Was ich da für Volksreden gehalten habe, damit die immer in die richtige Richtung marschieren!« Und sie nahmen der NGG manche Aufgaben, wie die Pressearbeit, aus der Hand.

xxx: Die Aktivsten, das waren höchstens mal sieben Leute, die den Streik äußerst aktiv gesteuert haben. Wir haben uns aufgeteilt, das war noch nicht mal geplant, wer welchen Bereich übernimmt. Das ist chaotisch gelaufen, aber ich bin stolz, so einen Kollegen wie X. kennengelernt zu haben. Vorher kannte ich den auch, aber als Arbeitskollegen. Und dann kam diese perfekte Zusammenarbeit. Wir brauchten nie irgendwas abmachen. Wir hatten keine Extra-Treffen, überhaupt nichts. Jeder kannte seine Schwächen und seine Stärken, und hat automatisch das gemacht, was richtig ist. Wenn wir hinterher was absprechen wollten, ist das meistens in die Hose gegangen. Das war das Interessante! Aber was wir vorher schon gedacht haben, wenn wir nachher darüber gesprochen haben, dann passte das zusammen. Dann haben wir gesagt: Lassen wir das laufen.

X. war Frühaufsteher. Ich gehe nachts hinein, bis zum Morgengrauen, aber dann brauche ich ein bisschen Zeit, bis ich anlaufe. Deswegen hat er die Stimmung vom Morgen aufgefangen. Der hat die Stimmung von den Leuten an mich weitergegeben. X. und ich haben die Hauptrolle gespielt, aber doch nicht die Hauptrolle, weil wir das hintenrum gemacht haben. Was die Gewerkschaft gemacht hat, das war trotz der ihrer fehlenden Erfahrung super. Aber die sind an Grenzen gestoßen. Als wir das festgestellt haben, haben wir gedacht, wir müssen das ändern. Wir haben das immer wieder geändert. Wir mussten die Stimmung immer unheimlich schnell auffangen, um die Manipulationsgefahr, die aus manchen Ecken kam, vermeiden zu können. Wir haben die Schichten eingeteilt, und wir haben an den entsprechenden Zeitpunkten entsprechende Leute eingesetzt. Damit das nicht schief läuft. Wenn ein Virus einmal anfängt, wissen wir, was passiert, das kannst du so schnell nicht wieder retten. Gerade wo wir nicht gesund sind.

Der »neoliberale Virus« hatte sich vor dem Streik im Betrieb verbreitet: KollegInnen haben sich negativ verändert, sind zu KonkurrentInnen geworden, waren neidisch auf andere und nur auf den eigenen Vorteil bedacht. In der Streikroutine, in der Streiken fast zur lästigen Arbeit wurde, kamen solche Haltungen wieder durch.

xxx: Nach 150 Streiktagen gibt es jetzt schon wieder so kleine Reibereien: »Der macht nur Frühschicht, wieso macht der keine Spätschicht, wieso arbeitet der nicht am Wochenende?« Diese Mentalität rutscht langsam wieder rein. Aber dann kommen der X. und ich natürlich mit der Spritze und machen den wieder weg, den Virus.

Das war der schwierigste Job überhaupt, dass du dir die einzelnen Leute, die Unruhe gestiftet haben, geschnappt hast, und denen gleich den Nährstoff entzogen hast. Da musstest Du immer sehen, dass Du die Belegschaft auf einem bestimmten Level hältst, immer schön in eine bestimmte Richtung pushst. Die Gewerkschaft hat das richtig geärgert, dass wir die Belegschaft so im Griff gehabt haben. Die haben ja auch versucht, die Belegschaft zu beeinflussen.

Die NGG gab während des Streiks eine Streikzeitung heraus, die am Streikzelt verteilt wurde und im Internet zu lesen war. In den ersten zwei einhalb Monaten erschien sie täglich, danach zwei bis drei mal pro Woche. Sie war schön gemacht: Auf der Vorderseite gab es die neusten Informationen, und auf der Rückseite wurde unter der Überschrift *»Menschen, die dahinter stehen«* jeweils eine oder einer der Streikenden mit Foto vorgestellt. An der Zeitung waren streikende Kollegen maßgeblich beteiligt. Sie gaben ihre Beiträge und Fotos einer Hauptamtlichen. Aber nicht alles, was die Streikenden einreichten und gerne in der Zeitung gesehen hätten, fanden sie nachher dort wieder. Sie sprachen von »Zensur«. Die NGG nutzte die Streikzeitung, um ihre Linie zu propagieren und Kritik an den Streikenden zu üben. Im November warnte sie vor »Aktionismus« und am 14. März ermahnte sie zu mehr »Streikdisziplin«. Diese Rüge sehen Kollegen als Retourkutsche auf die Streikversammlung am Vortag, bei der die Gewerkschaft von den Streikenden massiv kritisiert wurde. Die Tarifkommission forderte danach, »dass die Streikzeitung *bei uns* durch die Zensur geht«. Außerdem war aufgefallen, dass die Pressearbeit der Gewerkschaft mit der Zeit schwächer wurde. Da sie den Streik lieber beendet hätte, hatte sie kein Interesse mehr an großer Öffentlichkeit. Kollegen übernahmen diese Aufgabe und nutzten ihre Kontakte zur Presse, um die Gewerkschaft zur Fortsetzung des Streiks zu drängen.

xxx: T.G. [Hauptamtlicher aus der Bezirksleitung] hat gedroht: »Dann brech' ich eben den Streik ab.« Satzungsgemäß geht das. Dann hab' ich immer gesagt: »Thomas, tu das. Ich kümmer' mich dann um den Rest. Ich hab' jetzt mittlerweile so viele Pressekontakte, gerade jetzt in der Streikwelle, wenn Du den Streik abbrechen willst … das ist natürlich ne gute Werbung für die NGG, wenn da stehen würde ‚Erste Gewerkschaft bricht Streik ab'.« Da hat er nachher die Hände von gelassen. Irgendwann, so etwa drei Verhandlungen vor Schluss, hat der auch begriffen, dass nichts zu machen ist, ohne uns dabei zu haben. Das hat der begriffen.

Jedes Mal, wenn der anfing mit Streikabbruch, Streiktaktik ändern, hab' ich mein Büchelchen aufgeschlagen mit den ganzen Visitenkarten von der Presse. Da hat der die Krise gekriegt, da ist der wahnsinnig geworden. Dann hat das Telefon geklingelt - das war auch in einer kritischen Phase gewesen - da war jemand vom Express dran: »Hach«, hab' ich gesagt, »ich weiß da jetzt auch nicht so, ich geb' mal die Hauptamtliche.« Da war die in Not. Der hat ihr dann auch die Frage gestellt: »Wann brecht ihr den Streik ab?« Und die waren nachher gar nicht mehr in der Lage gewesen, zu sagen, wir brechen ab, wir ziehen das in Erwägung. Die mussten einfach Position beziehen und mussten sagen: »Wir machen den Streik so lange, wie er geht.«

»Die Einleitung und Durchführung von Arbeitskämpfen bedarf der Zustimmung des Geschäftsführenden Hauptvorstandes. Der Geschäftsführende Hauptvorstand *kann* seinen Beschluss vom Ergebnis einer Mitgliederbefragung (Urabstimmung) abhängig machen ...«
»Die Beendigung eines Arbeitskampfes beschließt der Geschäftsführende Hauptvorstand oder dessen Beauftragte/r. Sie soll *auch entgegen der Ansicht der am Arbeitskampf beteiligten Gruppen* erfolgen, wenn nach den Umständen die Weiterführung des Kampfes zwecklos geworden ist oder sich für die NGG als schädigend auswirken kann.«
(§ 20 der NGG-Satzung, Hervorhebungen von uns)

## Unbequeme Tarifkommission

Die Tarifkommission ist von den Gewerkschaftsmitgliedern in einer Versammlung gewählt worden. Die KandidatInnen wurden vorgeschlagen oder haben sich selbst gemeldet. Ein Mitglied brach den Streik ab, schied aus der Tarifkommission wieder aus (und wurde zum Supervisor). Danach hatte die NGG mit einer Tarifkommission zu tun, die sich nicht einfach von ihr lenken ließ und die ihre eigenen Vorstellungen im ständigen offenen Kontakt mit den übrigen Streikenden entwickelte.
xxx: Die Gewerkschaft hat versucht, die Tarifkommission zu spalten. Denen ist nachher auch aufgefallen, dass wir uns vor jeder Verhandlung ein oder zwei Stunden vorher getroffen haben. Da kamen dann auch schon mal die Spitzen von dem Bezirksleiter: »Na, habt ihr Euch schon wieder einen neuen

Plan ausgedacht ...« – das hat den schon richtig geärgert. Also die Zusammensetzung der Tarifkommission, die war topp gewesen, bis auf den Herbert, der ein bisschen entglitten ist, aber den brauchtest Du nachher, um unqualifiziert reinzuhauen. Ich hab' nachher immer zum Herbert gesagt »Komm', jetzt bist du dran«, und dann hat der die R. [Vertreterin der Arbeitgeberseite] runtergemacht, nach Strich und Faden. Dann war da die Selma, die

sagt nicht viel, aber die schreibt alles mit, die kann recherchieren, wer hat was wann wo gesagt. Und dann die Manu, die haut nur drauf.

Wir haben massiv die Belegschaft aufgeklärt über den Verhandlungsstand. Das hat ja die Gewerkschaft als nächstes angekotzt. Nach einer Verhandlung hieß es immer »Wie tun wir uns nach außen äußern« – eine Stunde wurde diskutiert, wie äußern wir uns gegenüber der Belegschaft. Da haben wir uns so gut wie gar nicht dran gehalten. Wir haben genau erzählt, was da abgelaufen ist. Dafür sind wir Tarifkommission, haben wir gesagt: »Wir sind einfach dafür da, dass die Leute wissen, wo es langgeht«.

Das wussten viele Streikende sehr gut. Wenn die Tarifkommission in den stagnierenden Verhandlungen eher zu Zugeständnissen neigte, bekam sie Druck von KollegInnen, die klar machten, dass sie lieber noch ein halbes Jahr weiter vorm Tor stehen würden, als sich nach so langer Zeit auf einen faulen Kompromiss einzulassen.

xxx: Es gab einige Kritik von den Streikenden an der Tarifkommission. Richtig für die Verhandlungen interessiert hat sich die Belegschaft aber erst, nachdem wir die Belegschaft so einbezogen haben, dass sie sich selbst eine

Meinung bilden konnte. Ich hab' irgendwann mal zu dem T.G. gesagt: »Wenn du die Leute da reinschicken willst zu deinem flexiblen Streik, dann vertue dich nicht. Die gehen da nicht rein. Und wenn da welche ohne Geld draußen stehen, das ist denen wurscht. Ihr kommt aus der Nummer so nicht raus.« Und bei dieser katastrophalen Streikversammlung [13.3.] haben die das richtig gemerkt. Danach haben wir ein Gespräch mit den ganzen Hauptamtlichen gefordert, dass das so nicht laufen kann.

Die Gewerkschaft hat unheimlich manipuliert. Das waren keine lustigen Veranstaltungen. Ich musste mich ansauen lassen, ich musste mich vom G.F. [vom Hauptvorstand] anschreien lassen, ich musste mich vom D.S. [Gewerkschaftssekretär] anschreien lassen. Die haben mit aller Gewalt versucht, das in eine Bahn zu bringen. Aber das ging einfach nicht, weil die Tarifkommission so stramm gestanden hat.

Auf Manipulationsversuche reagierten die KollegInnen in der Tarifkommission sehr sensibel, wobei ihnen die Widersprüche im Apparat behilflich waren.

xxx: Bei der Blockade am 18. November, da hat man gesehen, dass der D.S. wirklich hinter uns steht. Aber der kriegt auch politische Richtlinien, wo er sich dran halten muss, aber das missfällt ihm auch, das sieht man wirklich. Ich hab immer den D.S. als ein Verhandlungsbarometer genommen. Wenn du den D.S. gesehen hast und der G.F. vom Hauptvorstand und der Bezirksleiter saßen da, und die Geschichte ist in irgendeine Manipulation rein gegangen, dann hat der D.S. ein Gesicht aufgelegt wie sieben Tage Regenwetter. Dann hab' ich immer zur X. gesagt: »Guck' Dir den D.S. an, hier ist wieder was im Busch.«

Mit ihrer Hartnäckigkeit konnten die Streikenden zumindest einen neuen Manteltarifvertrag durchsetzen. Statt der von der Firma geforderten zehn Prozent Einsparung wurden sieben Prozent vereinbart. Das ist sicher »kein Sieg«, wie auch die NGG schreibt. Niemand beginnt einen Streik, um am Ende über die Höhe der Verschlechterungen zu streiten. Aber immerhin ist es der Tarifkommission gelungen, ein paar soziale Komponenten unterzubringen. Die Jahressonderzahlungen werden für die niedrigen Lohngruppen erhöht und für die höheren gekürzt. Die Arbeitszeit wird auf vierzig Stunden erhöht - 2006 nur für die Angestellten, 2007 für alle. Dies ist ein Affront gegen die höheren Angestellten, die der Firma als Streikbrecher treu zur Seite gestanden haben und nun mit Lohnabzug und längeren Arbeitszeiten bestraft werden. Gravierender sind für die Firma die neuen Regelungen zur Arbeitszeitverteilung. Die KollegInnen der Tarifkommission haben hier Klauseln eingebaut, die die Flexibilität so weit einschränken, dass damit ohne Personalaufstockung kein Dienstplan mehr geschrieben werden kann.

xxx: Die haben jetzt erst gemerkt, was für einen Einschnitt wir da gemacht haben. Ich war mir dessen bewusst. Mit dem X. haben wir einen fiktiven Dienstplan ausgearbeitet, und wir haben gesehen, dass das nicht funktioniert. Zum Beispiel durch diese Regelung, dass du nicht mehr sechs Tage an einem Stück arbeiten kannst. Dann: Wenn du fünf Tage am Stück arbeitest, könntest du höchstens an drei Tagen zehn Stunden arbeiten. Vorher war das alles schnurzegal. Die sind jetzt mittlerweile so weit, dass der Betriebsrat die Betriebsvereinbarung über die flexible Arbeitszeit nicht kündigen braucht. Die wollen die schon selber kündigen.

## Teil einer Bewegung

Die KollegInnen von Gate Gourmet hatten häufig Besuch aus anderen Betrieben und einige von ihnen waren in den sechs Monaten ziemlich viel unterwegs. Sie sind zu den Gate Gourmet Filialen in Frankfurt/M. gefahren und zur Europazentrale nach Zürich. Delegationen waren in Marseille beim Aktionstag von Nestlé-Beschäftigten, beim AEG-Streik in Nürnberg und in Dormagen. Andere fuhren zu den Demonstrationen gegen die »Bolkestein«-Richtlinie in Berlin und Straßburg. Es gab Einladungen zu Veranstaltungen und zu Kongressen. Beim Streik im Öffentlichen Dienst besuchten sie die Streikenden an

*Streikende AEGler aus Nürnberg zu Besuch*

der Düsseldorfer Uni-Klinik. In dieser Streikwelle haben sich die KollegInnen gegenseitig wahrgenommen und aufeinander bezogen. Durch die Erfahrung mit dem eigenen Konflikt wurde das Interesse für die Kämpfe der anderen geweckt. Auch wenn die einzelnen Streiks isoliert blieben, kam im »Streikdorf« doch das Gefühl auf, Teil einer größeren Bewegung zu sein.

JENS: Wir waren kaum im Streik, da kam schon ständig Besuch an. Von der Eichbaum-Brauerei, die da schon gestreikt hat, und von verschiedenen anderen Firmen. Als dann die Streiks in Deutschland anfingen, dann haben wir den NRW-Chef von der NGG gefragt: »Ihr müsst doch wissen, wo Streiks sind, wir würden auch gerne mal andere besuchen.« Dann ging das einigermaßen los. Aber mehr aus unserer Initiative heraus. Nürnberg zum Beispiel, das kam von uns. Wir wollten unbedingt nach Nürnberg mit nem Bus hinfahren.

Für die Fahrt nach Nürnberg am 31. Januar gab es nicht den gewünschten Reisebus, sondern nur zwei Kleinbusse. Auch in diesem Punkt wurden die KollegInnen von ihrer Gewerkschaft enttäuscht. Sie tat nur wenig dafür, Kontakte zu anderen ArbeiterInnen herzustellen und den Streik zu vernetzen. Im Oktober, in der zweiten Streikwoche hatte sie eine Fahrt zu den Filialen von Gate Gourmet in Frankfurt/M. organisiert. Es gelang dabei nicht, Kontakt zu den dortigen ArbeiterInnen herzustellen. Im Januar beschlossen Streikende gemeinsam mit UnterstützerInnen, einen neuen Versuch zu unternehmen. Eine

*ArbeiterInnen von Klüh, die die Flugzeuge reinigen, solidarisieren sich.*

Solidaritätsaktion der Frankfurter KollegInnen hätte ein großer Schritt sein können, um den Streik aus seiner Isolation und Machtlosigkeit zu befreien. *»Streikt endlich mit! Glaubt ihr, wir können die Kastanien alleine aus dem Feuer holen?«* lautete der Titel des Flugblattes, das am 4. Februar mit einer Kundgebung an die KollegInnen der Filiale Frankfurt-Zeppelinheim verteilt wurde. Sowohl die NGG als auch ver.di*, die die anderen Gate Gourmet Filialen organisiert, lehnten die Teilnahme ab und versuchten, die Aktion zu verhindern. Im Februar kamen häufiger ganze Busse mit GewerkschafterInnen an, um die hartnäckig Durchhaltenden am Düsseldorfer Flughafen zu unterstützen. Praktisch wurde diese Solidarität nicht. Wenn die hauptamtlichen StreikverwalterInnen mitbekamen, dass KollegInnen aus anderen Gewerkschaften Blockaden planten, pfiffen sie sie zurück. Meistens mit Erfolg. Am 8. Februar reisten KollegInnen von AEG aus Nürnberg mit zwei Bussen zum Gegenbesuch an. In einer Mail drücken sie danach ihr Entsetzen aus über die Machtlosigkeit, die sie am Streikposten gespürt haben.

*»Wir von AEG aus Nürnberg haben Euch ja an Eurem 125. Streiktag besucht. Die Wärme und die Freundlichkeit, mit der wir begrüßt wurden, war sehr schön. Ich möchte aber nicht verschweigen, dass uns alle Eure ziemlich »ausweglose« Situation zutiefst berührt und deprimiert hat. Auch heute noch unterhalten wir uns täglich über Euch und drücken Euch sämtliche Daumen.«* (Mail von einem AEGler vom 17.2.06)

Noch eine andere Dimension dieses Konfliktes war der Gewerkschaft offensichtlich zu heikel: der direkte Kontakt mit den Gate Gourmet ArbeiterIn-

*Bei den Streikenden der Düsseldorfer Uniklinik*

nen vom Flughafen London-Heathrow. Die Einladung von drei KollegInnen aus England und eine Reise nach London, um dort gemeinsam mit ihnen gegen die Texas Pacific Group zu demonstrieren, wurde ausschließlich vom Unterstützerkreis und von Streikenden organisiert.

PEDRO: Der Streik war wirklich eine gute Erfahrung. Ich finde, ich hab' viel gelernt, ich habe viele Menschen kennengelernt. Das ist was für's Leben. Ich werde diese Zeit nie vergessen. Und diese Leute in England … das wundert mich, wie die das durchgehalten haben. Die sind so organisiert. Es sind arme Menschen, aber organisiert! Das hat mich beeindruckt. Das ist nicht nur in London so, sondern überhaupt auf der ganzen Welt, wo Leute wirklich nichts haben und sich organisieren. Besonders in der Dritten Welt. Wenn man wo hin kommt, wo die Leute nix haben, und fragt »Bitte kannst du mir das leihen oder das geben«, dann ist das gar kein Problem.

## Am Ende

Für den 7. April hatte der Unterstützerkreis zu einem globalen Aktionstag aufgerufen. An möglichst vielen Standorten des weltweit agierenden Multis sollte an diesem Tag auf das halbe Jahr Streik aufmerksam gemacht werden. Es gab Gerüchte, dass in Düsseldorf – pünktlich zum Beginn der Osterferien –

wieder Blockaden geplant wären. Dazu ist es nicht mehr gekommen. Nachdem sie den Abschluss rechtzeitig hinbekommen hatte, fragte die Geschäftsleitung aber doch ängstlich bei den Streikenden an, ob da auch wirklich nichts mehr nachkäme.

Über den Abschluss konnte keine große Freude aufkommen. Manche hätten lieber noch weiter gestreikt. Wie gemischt die Stimmung war, nachdem das Ergebnis der Urabstimmung (61,4 Prozent dafür – 38,6 Prozent dagegen) bekannt gegeben wurde, zeigen folgende Kommentare am Streikzelt: »Ich bin mit dem Ergebnis nicht einverstanden. Dafür haben wir nicht ein halbes Jahr hier draußen gestanden. Ich habe mit Nein gestimmt, das können alle wissen.« – »Wenn sie es auch in der beginnenden Urlaubssaison geschafft hätten, den Betrieb mit Streikbrechern aufrechtzuerhalten, dann hätten sie uns noch mehr weggenommen. Mehr war einfach nicht drin, und viele hätten den Streik nicht länger durchgehalten.« – »Ich werde da nicht mehr reingehen … Ich will mich da drin nicht versklaven lassen.« – »Wir gehen da jetzt anders rein, als wir rausgegangen sind. Das halbe Jahr Streik hat uns stärker gemacht, wir werden uns da nicht mehr alles gefallen lassen.«

Trotz des mageren Ergebnisses und der vielen Entbehrungen haben alle, mit denen wir gesprochen haben, den Streik im Rückblick als positive Erfahrung bewertet. Die Kommentare reichten von kurzer und knapper Begeisterung – »War super!« – bis zur skeptischen Frage, was von den guten Erfahrungen auf längere Sicht übrig bleiben wird.

BERND: Durch den Streik ist vieles ans Tageslicht gekommen und ins Bewusstsein gesickert bei den Leuten, und auch bei der Geschäftsleitung. Das war für die schon ein Aha-Erlebnis, mal zu erfahren, was mit Leuten passiert, wenn ich die so in die Ecke drücke und das als Dauerzustand belasse. Die haben nicht damit gerechnet, dass Menschen sagen »Es geht nicht mehr« und: »Ich lege die Arbeit nieder und gehe raus«. Das war für die ein Schockerlebnis, damit hatten sie nicht gerechnet. Vielleicht mit zwei oder drei Tagen Ausstand, aber nicht, dass das so massiv wird. Das wird vielleicht im Nachhinein keine großen Veränderungen bewirken. Die werden auch neue Gegenstrategien entwickeln. Aber trotzdem war es wichtig – und das ist auch ein Ergebnis von dem Streik – dass die mal erfahren haben, dass irgendwo ein Schlusspunkt ist. Und wenn man bedenkt, unter welchen Umständen der Streik abgelaufen ist: Erstmal ging es nur um die 4,5 Prozent, und dann kam im November raus, dass wir gar keinen gültigen Manteltarifvertrag mehr hatten, und danach kam noch die weitere Forderung, noch mal zehn Prozent Lohn einzusparen. Unter diesem Aspekt sehe ich den Abschluss schon als eine Art Erfolg. Es ist ja trotzdem Einiges errungen worden, was zu Anfang des Streiks noch gar nicht auf dem Tisch lag. Und gleichzeitig für den Einzelnen, der draußen war:

die Leute haben erfahren, dass tatsächlich auch in diesem Land eine Gegenwehr möglich ist. Es geht tatsächlich! Völlig egal, was dabei letzten Endes rauskommt. Du kannst tatsächlich auf die Straße gehen und sagen: »So geht es nicht mehr weiter, ich stelle mich draußen hin«. Das ist auf jeden Fall eine wichtige Erfahrung: Ich kann mich wehren, wenn es nicht mehr geht.

Von den siebzig Menschen, die ein halbes Jahr vorm Tor standen, waren nur ein paar wenige schon einmal politisch aktiv gewesen. Sie waren sich vorher weder über große Ziele einig, noch hatten sie jahrelang am »richtigen Bewusstsein« gearbeitet. Sie sind gemeinsam in eine Situation geraten, in der die allgemeine Wut an einem Punkt in kollektive Aktion umgeschlagen ist. In dieser Aktion haben alle Beteiligten eine Menge gelernt.

BERND: Die meisten Streikenden waren am Anfang ziemlich unpolitisch. Wir haben erstmal erlebt, wie die Gewerkschaft mit dem Streik umgeht, was die Gewerkschaft für Meinungen hat. Wir haben festgestellt, dass die Gewerk-

schaft irgendwie auch ziemlich gegängelt ist, selber gängelt oder gegängelt wird, und sehr bürokratisiert ist. Wir haben dann erlebt, wie die Unterstützer rein kamen, im November und Dezember, dass sich die Sachen verändert haben, gerade was die Auffassung vom Streik betrifft. Der Horizont wurde erweitert, es kam mehr so ein Klassenkampfbewusstsein rein, was vorher nicht so war. Das war vorher eine ziemlich geschlossene Gruppe, die nur für ihr eigenes Ding gekämpft hat in diesem Arbeitskampf, um die Lohnerhöhung und um bessere Arbeitsbedingungen. Durch die Unterstützerkreise wurde das auf jeden Fall mehr politisiert, ziemlich kräftig sogar. Es wurde mehr nach außen getragen, und die Streikenden haben dadurch auch viel mehr Verbindung nach außen bekommen, die sie vorher nicht gehabt haben, weil die NGG war der einzige Ansprechpartner, den wir gehabt haben. Das wurde ziemlich abgedeckelt, und das hat den Aktionsradius klein gehalten. Durch die Einwirkung der verschiedenen Unterstützergruppen – für uns Streikende war es am Anfang eigentlich ziemlich egal, ob das die DKP oder ob's die Wildcat war oder aus dem Linken Zentrum – die haben die Sache rausgetragen und vor allem auch einen wichtigen Input gegeben, auch zu den Streikenden, dass wir uns selber ein bisschen weiterentwickeln konnten.

Durch den Kontakt zu anderen Streiks und zu den UnterstützerInnen hat sich ein Gefühl dafür entwickelt, dass es auf gegenseitige Solidarität und gemeinsames Handeln ankommt.

ALI: Ich fand das super, dass Leute für uns gekämpft haben, obwohl sie gar nichts mit uns zu tun haben. Im anderen Sinne fand ich es traurig, dass Leute,

die näher dran sind, nichts gemacht haben. Vor allem enttäuscht bin ich von den ganzen Firmen am Flughafen – mit Ausnahme von Klüh, die haben wenigstens etwas gemacht. Aber vor allem die LTU-Mitarbeiter! Wenn die wenigstens mal vorbeigekommen wären, um Solidarität zu zeigen! Die Bevölkerung guckt nur auf ihre Probleme, und der Rest interessiert sie gar nicht. Da hab' ich auch gelernt. Ich werde mich jetzt vielleicht anders verhalten, wenn woanders Leute streiken, wenn z.B. am Flughafen Leute streiken, dann würde ich sofort versuchen, eine Gruppe bei uns zusammenzukriegen und die besuchen. Es ist ja wichtig, dass man zusammenhält.

## Nicht arbeiten

BELLA: Arbeiten oder Streiken? Vom Finanziellen her ist Arbeiten besser – aber vom Arbeiten her: Streiken! Da kannst du bisschen reden und so. In der Firma kannst du überhaupt nicht reden. Wenn da ein lauterer Ton ist, dann heißt es gleich wieder: »Was ist da unten los?«

Ein Streik ist nicht nur ein Mittel zum Zweck, sondern die Erfahrung, nicht zu arbeiten, aus der Tretmühle rauszukommen und gemeinsam mit anderen ganz andere Dinge zu tun. Der Horizont erweitert sich in vielerlei Beziehung. Im Februar, im vierten Streikmonat, äußerte einer der Gewerkschaftssekretäre die Sorge, dass der Streik bei den KollegInnen zur Arbeitsentwöhnung führen könnte. Die Sorge war nicht unberechtigt. Mehrere KollegInnen konnten sich nach dem Streik nicht mehr vorstellen, die Arbeit wieder aufzunehmen. Im Streik haben sie den BesucherInnen und der Presse immer wieder beschrieben, wie schlimm ihre Arbeitsbedingungen waren. Um die Motive für ihren Kampf zu erklären und den Streik zu rechtfertigen, fielen diese Schilderungen sehr drastisch aus. Vielleicht haben sie damit auch sich selbst das ganze Ausmaß des Horrors erst richtig klar gemacht. Denn das ist nicht leicht, solange man sich gezwungen sieht, jeden Morgen wieder dort anzutreten. Nach dem Streik wagten einige den Absprung.

HUBERT: Man kann sich das nicht vorstellen, unter welchen Belastungen, unter welchem Druck man nach Hause gekommen ist jeden Tag. Den Kollegen ist das immer schwerer gefallen, die Firma zu vergessen. Wenn man vorher sagte: »Heute ist mein letzter Arbeitstag, jetzt stehe ich unter der Dusche, jetzt habe ich drei Wochen Urlaub. Wunderbar, jetzt vergesse ich alles, jetzt fliege ich in Urlaub, jetzt mache ich dieses oder jenes. Wunderbar, meine Frau wartet zu Hause auf mich, jetzt habe ich erstmal frei.« Das hat sich dann von diesem Gefühl gewandelt in: »Mensch, in drei Wochen bist du wieder hier.« Du hattest keine Freude mehr, keine Freude mehr am Urlaub, keine Freude mehr an deinen zwei Tagen

frei, du hattest keine Freude mehr am Feierabend, du hattest gar nichts mehr. Du hast zu Hause auf die Uhr geguckt und hast gerechnet: In vier Stunden muss ich ins Bett gehen, damit ich dann wieder ... Bei jeder normalen Firma sagst du an den letzten zwei Urlaubstagen: »Übermorgen muss ich wieder arbeiten gehen, so ne Scheiße.« Aber da hast du, *bevor* du im Urlaub warst, schon gedacht: »Mann ...«

Und die Familie: Auch von anderen Kollegen wurde der Stress zunehmend an der Familie ausgelassen, obwohl man das gar nicht wollte. Wenn die Frau berechtigt ne halbe Stunde quatschen will nach der Arbeit und ihre Tagesprobleme erzählen, dass die Männer dann, oder auch umgekehrt die Frauen sagen: »Lass mich in Ruhe, hau ab.« Die haben ihre Kinder aus dem Raum gescheucht und sich hinterher unter Tränen entschuldigt. Da muss man sich bei seiner eigenen Familie entschuldigen, dass man so böse war. Und in Wirklichkeit war es einfach nur, wie man zurück kam.

Ich habe normale Zähne gehabt, ganz normale Zähne. Die habe ich mir abgeknirscht. Und das erst, wie ich fünfzig war, wie ich schon alt war. Das geht in das Privatleben rein. Dieser Stress, diese Verspannungen, das Verkrampfte. Das ist nicht einmal im Monat vorgekommen, oder dass man alle vierzehn Tage mal Ärger hatte, sondern die letzten drei Jahre, wo Gate Gourmet da war, da bist du jeden Tag mit dem Krampf im Körper und mit der schwarzen Regenwolke rum gelaufen. Du hast keinen Spaß mehr an irgendwas gehabt. Du hast immer im Hintergrund gehabt: Du musst jetzt gleich wieder, du musst morgen wieder, du musst bald wieder. Du hast am Rhein gesessen, du bist im Urlaub gewesen, in den Bergen, am Strand, und hast gedacht: Du musst wieder in die Firma zurück.

Ich hatte damit abgeschlossen, dass ich mein Arbeitsleben bei der LTC bzw. Gate Gourmet zu Ende bringe. Da hatte ich fest mit gerechnet. Aber das hat sich jetzt geändert.

Der lange Streik hat den Trott unterbrochen. Im Arbeitsalltag fällt selbst das Nachdenken über Alternativen schwer.

BELLA: Wenn du schon so lange wo bist, dann machst du auch weiter, und so gehen die Jahre schon weg.

Vor allem ist es das vermeintliche oder tatsächliche Fehlen von Alternativen, das zum Ertragen unerträglicher Verhältnisse führt. Ein südamerikanischer Kollege sagte uns während des Streiks, dass wir Deutschen ihm leid täten, weil wir keine Alternativen hätten, wir müssten ja in diesem Land bleiben. Er dagegen plane schon seine Zukunft in Südamerika. Dass nicht viel mehr ausländische KollegInnen dieses Land verlassen, erklärt er mit Angst und fehlender Risikobereitschaft. Der Mut, Neuland zu betreten, ist im Streik gestiegen.

JENS: Ich hab' vorher schon massiv Bewerbungen geschrieben. Weit vor dem Streik. Weil ich mir gesagt habe, ich kann unter diesen Bedingungen nicht weiterarbeiten: Ich mache meine Familie kaputt, ich mache meine Gesundheit kaputt, das geht nicht. Also, abgeschlossen mit der Firma hatte ich so oder so, vom Gedanklichen her. Bloß, als Deutscher – ich sag mit Absicht »als Deutscher« – wir sind nicht Leute, die einfach mal hier, mal da … Sechzehn Jahre bin ich in der Firma. Da ist es nicht so einfach, zu sagen, ich mach' jetzt hier die Biege. Das hat mir der Streik deutlich gemacht, gerade dadurch, dass man viel rumgefahren ist, bei der IG Metall und auch in England: dass es doch Punkte gibt, wo man sagt, es gibt nicht nur die Gate Gourmet, die mein Leben bestimmt, es können auch andere Sachen mein Leben bestimmen. Das ist der Hauptpunkt. Dann muss ich es auch meiner Frau noch ein bisschen in die Schuhe schieben, weil die erzählt mir schon die ganze Zeit, wo wir verheiratet sind: »Sag' mal, wie bekloppt bist denn du, du arbeitest doch nur für dein Leben, du machst doch nichts anderes! Wenn ich dich da so arbeiten sehe, da lebst du noch zehn Jahre.« Das Erste, was meine Frau zu Hause in Thailand erzählt: »Ihr wisst gar nicht, wie schwer es ist, in Deutschland Geld zu verdienen.«

Das sind mehrere Aspekte: Dass die Lebensqualität arg darunter gelitten hat, dass es auch noch ein Leben ohne Gate Gourmet gibt und dass es auch

ohne Gate Gourmet weitergeht. Die Abfindung ist nicht hoch, aber ich wäre auch für *nichts* gegangen.

Der Ausstieg aus der Firma ist für die beiden Kollegen ein regelrechter Befreiungsschlag. Ohne den Streik wäre es nicht dazu gekommen.

JENS: Du hast nach der Arbeit so viel zu verarbeiten gehabt. Meine Frau hat immer gesagt: »Wenn du nach Hause gekommen bist und dich auf die Couch gelegt hast und bisschen gedöst hast, dann hast du nur noch Mist erzählt.« Jetzt ist das weg!

HUBERT: Ja, die Arbeitsumstände, da muss man immer wieder drauf zurückkommen. Stell' dir mal vor, wir wären jetzt da wieder!

JENS: Baah ... jeden Morgen atme ich tief durch: »Da musst du nicht mehr hin.« Ich hab' im Moment noch so nen Hass auf die Firma, dass ich hingehen könnte und könnte die ganze Firma abfackeln.

HUBERT: Die haben uns das Leben ruiniert! Das ist nun mal so! Und die Zukunft noch dazu.

JENS: Für mich ist das der beste Schritt gewesen. Aus dem Dilemma wäre ich anders nicht raus gekommen. Andere sind drin geblieben, die haben keine andere Möglichkeit. Schade drum. Oder sie sehen keine Möglichkeit. Das ist ja auch die Risikobereitschaft, die du an den Tag legst. Dass das risikobehaftet ist, das ist schon klar.

# Umkämpftes Terrain

## Teil III

Der sechsmonatige Streik bei Gate Gourmet war keine Fortsetzung oder Eskalation eines alltäglichen Widerstands gegen die Terrorisierung im Arbeitsprozess. Er war vielmehr ein befreiender Umschlag aus zu viel Mitmachen und zu viel Wegducken: Alle zusammen »Nein« sagen, nicht weiterarbeiten, die Firma und die Airlines im Regen stehen lassen! Die geheime Urabstimmung und der gewerkschaftlich sanktionierte Streik boten die Möglichkeit, die innere Wut rauszulassen, die kaum eine oder einer wagte öffentlich auszudrücken. Während des Streiks gab es einige Einschüchterungsversuche. Bei der Aktion zum Besuch der Delta-Airlines am 28. November sprach der Deutschland-Chef May gezielt drei Kollegen an und drohte, dass sie nie wieder bei der Firma arbeiten würden. Nach den ersten Blockaden liefen die Security-Leute ständig mit Digitalkameras rum und fotografierten gezielt auch streikende Beschäftigte. Aber draußen vor der Firma standen die Streikenden geschlossen zusammen, die Chefs konnten sich nicht wie drinnen einzelne herauspi-

cken oder mit den üblichen Methoden die Leute spalten und gegeneinander aufbringen. Der Chef May* und der unbeliebte Betriebsleiter Camenzind* waren die ersten, die noch während des Streiks ihren Hut nehmen mussten.

## Die Angst vor der Rückkehr

Die Frage, wie es nach dem Streik drinnen weitergehen würde, wurde oft einfach verdrängt. Aber bei jeder Annäherung in den Tarifverhandlungen, beim ersten Abschluss im Dezember, beim leisesten Anzeichen, der Streik könnte vorbei sein, zogen Sorgenfalten über die Gesichter der Streikenden. Die Erfahrungen vor dem Streik gaben kaum die Gewissheit, am Arbeitsplatz genauso geschlossen und hartnäckig den Chefs gegenüber auftreten zu können wie in der Streikzeit.

ANNA: Die haben das geschafft, dass wir zusammengeschmolzen sind. Wir sind alle mittlerweile dicke Freunde geworden. Man kann mit jedem Spaß machen. Ich glaube schon, dass der Zusammenhalt zumindest eine Zeit lang anhalten wird. Ich glaube nicht, dass das für die Ewigkeit so bleiben wird, aber auf jeden Fall eine Zeit lang, mit Sicherheit.

Hier schwingt schon die Furcht mit, der Zusammenhalt könne nach dem Streik allzu schnell wieder verloren gehen. Beim Streik waren auch Leute dabei, die noch Wochen vorher gegen den neuen Betriebsrat gewettert und sich bei den Chefs eingeschleimt hatten. Ein Kollege erkennt darin die innere Zerrissenheit von Menschen, die sich einfach nicht trauen.

HASAN: Die waren wütend, aber die können die Wahrheit nicht sagen, das ist immer versteckt. Äußerlich sehen die ganz anders aus als innerlich. Das ist jetzt auch so. Innerlich weinen die, aber äußerlich, für den Chef, lachen die. So läuft das immer noch weiter.

Gerade die Fahrer hatten schon während des Streiks darüber gesprochen, dass sie es in ihrer isolierten Arbeitssituation besonders schwer haben würden. In den versetzten Schichten könnten sie leicht in die Situation geraten, alleine oder als Minderheit umringt zu sein von Streikbrechern und Leiharbeitern. Man machte sich gegenseitig Mut. Zum Ende des Streiks gab es viele Gespräche und Versicherungen, man wolle sich nicht wieder alles gefallen lassen. Wenn die Chefs versuchen sollten, sich an ihnen zu rächen oder sie für den Streik zu bestrafen, werde man den Laden sabotieren. Aber allzu oft sind das nur Sprüche. Eine kollektive Kampfperspektive über den Streik hinaus fehlte. Die Gewerkschaft stand der Geschäftsleitung in Sachen Deeskalation zur Seite und rief die Streikenden dazu auf, die im Arbeitskampf aufgerissenen Gräben zu überwinden. Um zu verhindern, dass die Ex-Streikenden isoliert und vereinzelt in den unterschiedlichsten Schichten an die Arbeit zurückkehren, war mit dem Unternehmen vereinbart worden, dass die Arbeit erst nach Ostern mit einer Betriebsversammlung gemeinsam wieder aufgenommen werden sollte. Sicherlich wollte die Firma auch vermeiden, dass die schwierige Wiedereingliederung der Streikenden in den Betrieb zu Störungen des Flugbetriebs während der Osterferien führte. Am 18. April, dem Tag der Arbeitsaufnahme, verteilten ein paar UnterstützerInnen ein Flugblatt an die KollegInnen, das sie dazu aufrief, die im Streik gewonnene Stärke mit an den Arbeitsplatz zu nehmen.

Wenn sie wenigstens gewonnen hätten! Wenn sie stolz und »mit erhobenem Haupt« aus dem Streik zurück an ihre Arbeitsplätze hätten gehen können. Aber mit diesem Ergebnis mussten sie fürchten, auch noch den Spott und Hohn ihrer Streikbrecher-KollegInnen abzubekommen. Die offizielle Sprachregelung »Kein Sieg, aber auch keine Niederlage« sollte der Demütigung vorbeugen, war aber nicht wirklich überzeugend. Fast vierzig Prozent hatten sich in der Urabstimmung gegen die Beendigung des Streiks ausgesprochen: Lieber auf unabsehbare Zeit weiterstreiken, als mit so einem Ergebnis wieder reingehen. Hier zählten schon längst nicht mehr die durch den Streik entstandenen finanziellen Verluste, sondern das Ringen um Selbstachtung, auch im Hinblick auf die nach dem Streik erst anstehende Selbstbehauptung im Betrieb.

So wie das Ergebnis ausfiel, nahm es den Streikenden die Hoffnung auf eine Veränderung und damit auch den Mut, an den Verhältnissen in der Firma etwas zu verändern.

ALI: Wenn man sechs Monate gestreikt hat, heißt das ja nicht unbedingt, dass die Firma besser wird, im Gegenteil. Wenn man sechs Monate gestreikt hat, dann kann das ja keine normale Firma sein. Wenn man wieder reingeht, da kann man nur davon ausgehen, dass es nicht besser ist. Denn bei welcher normalen Firma wird denn sechs Monate gestreikt? Die wollten dich weghaben, vor dem Streik, und warum soll sich das nach dem Streik ändern?

Fast zwanzig der am Streik beteiligten ArbeiterInnen, darunter einige der aktivsten, haben daraus für sich den Schluss gezogen, die Firma mit einer Abfindung zu verlassen. »Guck dir doch den Streik an, ich habe einfach keine Hoffnung, dass sich in der Firma noch mal was ändert, und ich will und kann mir das einfach nicht weiter antun«, sagten sie uns. Auf die Frage, ob er sich anders entschieden hätte, wenn sie gewonnen hätten:

PEDRO: Vielleicht wäre ich dann noch etwas länger geblieben. Dann hätte ich alles in der Hand, nicht nur ich. Dann hätte ich gesagt: »Jetzt kann ich krankfeiern so viel ich will, die haben sowieso vor uns Angst.«

Für diejenigen, die weiter bei Gate Gourmet arbeiten, hinterlässt der Weggang dieser KollegInnen eine schmerzliche Lücke.

EROL: Schade eigentlich, dass der M. weg ist. Aber die N. auch. Also alle die jetzt weg sind ... Da ist jetzt ein Loch drin, in der Firma ist ein Loch, ehrlich. ... Wie eine Familie, die man auseinander gerissen hat.

ALI: Manchmal merkt man das noch gar nicht, weil man denkt: »Der hat noch frei oder Urlaub, der kommt bestimmt noch.« Bei Schichtdienst sieht man sich manchmal ein oder zwei Wochen nicht. Das merkt man erst langsam mit der Zeit, dass die Leute einem fehlen.

Unter den Dringebliebenen schwankt die Haltung zu den »Abkehrern« zwischen Verständnis und Vorwurf, ein Dilemma, vor dem die Ausgeschiedenen genauso stehen.

EROL: Ich war ehrlich enttäuscht, dass Leute rausgegangen sind. Aber die Leute haben auch die Schnauze voll gehabt, es ging nicht mehr.

ALI: Klar, ich fand, dass wenn Leute zusammenhalten, dass man dann auch was erreichen kann. Deswegen bin ich auch ein bisschen enttäuscht, dass nicht alle mitziehen, wie das normalerweise sein sollte. Ich wäre natürlich glücklicher gewesen, wenn so zusammen, wie wir gestanden haben, dass es dann eben auch so bleibt. Ich war auch nicht so erfreut darüber mit diesen Leuten, die gegangen sind, mit der Abfindung. Das hat uns geschwächt. Das waren Leute, mit denen man gut hätte arbeiten können, kämpfen können. Das war eine Enttäuschung, dass wir viele Leute verlieren.

JENS: Ja, ja, einige nehmen uns das übel, dass wir einfach das sinkende Schiff verlassen. Ich fühl' mich da so scheiße bei. Wenn ich das jetzt mitkriege, wie der Betriebsrat da alleine am kämpfen ist wie ein Wahnsinniger ... Ich hab' tausend Mal mit ihm geredet und gesagt: »Wenn du über die Straße gehst, guckst du genau, wie weit ist der LKW weg, damit du es schaffst über die Straße. Und die Gate Gourmet, die schmeißt noch einen Stein auf die Straße, dass du stolperst und du hast dich verschätzt.« Genau so ist es. Eigentlich kannst du nur hoffen, dass der Wöhrl [neuer LTU-Chef] so richtig die Schrauben anzieht, dass die Firma richtig den Bach runtergeht.

Einige sagten auch, dass sie einfach nicht wieder reingehen konnten. Allein schon der Gedanke daran sei ihnen unerträglich. Vielleicht war es auch die Angst davor, selber wieder in alte Rollen zurückzufallen, sich wieder anzupassen, wieder mitzumachen bei einem System, dessen Unerträglichkeit man im Streik allen Besuchergruppen ausführlich erklärt und auf Veranstaltungen in aller Öffentlichkeit kritisiert hatte. Wenn der »aufrechte Gang«, für den sie im Streik bewundert wurden, in der Firma nicht möglich ist, dann ist vielleicht das Aufrechteste, was bleibt, diese Firma zu verlassen. Die Flucht aus unerträglichen Verhältnissen ist die konsequenteste Antwort auf deren Unveränderbarkeit.

PEDRO: Die schlechte Erfahrung im Streik war … Alle hatten keine Lust mehr auf die Firma, die wollten alle weg, und plötzlich, wo das vorbei ist, sind alle wieder da drin! Und denken Tag und Nacht, jede Stunde und jede Minute: »Scheiß Firma, ich kann nicht mehr, scheiß Leute, ich kann nicht mehr, ich werde das nicht mitmachen«. Und? Was passiert? Sie sind alle wieder da drin. Ich hab' gesagt, ich hasse die Firma … also die Firma ist was Materielles, ich meine diese Idioten da oben … also Hass ist vielleicht … also ich mag sie nicht, ich kann keinen Menschen hassen. Ich hab gesagt, ich mag so Leute nicht, ich will nicht mitmachen mit denen, nie wieder mit denen arbeiten.

Wenn wir alle aufgehört hätten, dann hätten wir der Firma ein bisschen geschadet. Ich glaube, das wäre auch gut für das Selbstvertrauen der Leute – die haben viel zu viel erzählt: »Ich geh weg, ich mag die Leute da nicht.« Und am Ende sind alle wieder da drin, und viele sind da wirklich wieder am Schleimen, hab' ich gehört. Und das tut mir leid, das ist kein Mensch mehr für mich, das ist für mich ein Mensch ohne Würde.

## … und die Angst der Chefs

Mit Arbeitsbeginn der Ex-Streikenden steht das Management vor einer schwierigen Aufgabe. Sechs Monate lang haben sie den Betrieb mit Streikbrechern und LeiharbeiterInnen am Laufen gehalten, das Feindbild gegenüber denen da draußen geschürt – nun müssen sie dafür sorgen, dass die Leute wieder kooperieren, untereinander und mit ihnen als Chefs. Ihr Vorteil ist, dass der alte Betriebsleiter während des Streiks aus der Firma ausgeschieden ist und sie auch personell einen Neuanfang verkünden können. Unterstützung bekommen sie von ganz oben.

BERND: Von der Firma Gate Gourmet sind Betriebspsychologen engagiert worden, die momentan in der Firma wirken, die den Integrationsprozess von Streikenden und Dringebliebenen begleiten sollen. Die haben in Frankfurt eigenes Personal für so was, eigenes Psychologenpersonal. Das sind Betriebspsychologen, die sprechen mit den Mitarbeitern, nicht unbedingt zwangsweise, aber es gibt Gesprächsangebote, wo den Leuten auf den Zahn gefühlt wird, wo da noch Probleme sind, oder Problemnester sind, die man vielleicht bearbeiten müsste. Das wird natürlich alles sehr versteckt gemacht. Mit solchen Sachen versuchen sie, die Gräben bisschen zuzuschütten und die Leute wieder mehr als eine Front zusammenzukriegen. Natürlich im Sinne der Firma.

Die Sorge der Chefs ist nicht unbegründet. Schon nach der Auszählung der Urabstimmung bei Streik-Ende war dem neuen Chef aufgefallen, dass sich recht viele ArbeiterInnen für die Fortführung des Streiks ausgesprochen hatten. Mit einer faktischen Fortsetzung des Streiks *im* Betrieb mussten sie also rechnen.

HASAN: In den ersten Tagen haben die vor uns Angst gehabt. Auch die Abteilungsleiter, die Geschäftsleitung. Die haben Angst gehabt, dass wir die Streikbrecher angreifen. Und die Streikbrecher haben Schiss gehabt, uns in die Augen zu gucken.

ALI: Und wie die Schiss gehabt haben! Der T. [ein Streikbrecher von Gate Gourmet] hat sich gar nicht getraut, dich anzugucken. Dem hat man das richtig angemerkt. Der hat erst allmählich wieder mit welchen von uns geredet. Und einige Leute, da sagst du gar keinen Guten Tag, da läufst du dran vorbei.

Die Firmenleitung beobachtet genau das Verhalten der Ex-Streikenden. Als sich einer von ihnen weigert, einem der Streikbrecher die zur »Versöhnung« hingehaltene Hand zu schütteln, wird er später ins Personalbüro gerufen und muss sich vor den Chefs rechtfertigen. Supervisoren* beschweren sich beim Betriebsleiter über Leute, die »nicht mitziehen«. Von oben sind die Vorarbeiter angewiesen worden, auf Harmonie zu machen, aber bei den Aktivisten aus dem Streik stößt diese Anbiederung auf Verachtung.

ALI: Wenn man sieht, wer dort Vorarbeiter ist, was soll man von den Leuten halten? Das ist eben ein Vorgesetzter, der muss eben gucken, dass man seine Arbeit macht. Aber das sind für mich ganz, ganz komische Menschen, die werde ich nie verstehen, die haben zwei Gesichter. Das ist unglaublich, wenn du die jetzt siehst, wie die mit dir reden, wie die sich einschleimen. Dann denkst du: Wissen die überhaupt, was die da machen? Ich würde mich schämen, ich könnte das gar nicht. Wenn ich in deren Situation wäre, ich würde mich doch gar nicht blicken lassen! Aber die denken irgendwie, sie haben was Gutes gemacht! Indem sie uns im Stich gelassen haben und irgendwie geguckt haben, dass sie sogar aufsteigen auf Kosten anderer.

Auf besonderen Unmut stößt es, dass sich einige der während des Streiks hereingeholten Leiharbeiter als die neuen Herren und Lieblinge der Chefs aufspielen oder erzählen, sie hätten durch ihren Einsatz die Arbeitsplätze gerettet. Und in vielen Situationen befinden sich die Ex-Streikenden in der völlig neu zusammengesetzten Firma in der Minderheit, oder die Leiharbeiter werden zur Trennung der Streikbelegschaft genutzt.

ALI: Die nutzen das auch in der Produktion. Am Band richten die Vorarbeiterinnen das so ein, dass du mit irgendeinem von einer Leiharbeitsfirma da stehst und nicht mit den Kollegen arbeiten kannst, mit denen du draußen gestreikt hast. Die mischen das extra. Ich habe von der M. gehört, dass sie einen Anschiss gekriegt hat, dass sie nicht sprechen sollen bei der Arbeit. Da ist schon wieder einiges passiert. Wie gesagt: Der Kampf geht weiter!

Aber wie kann er geführt werden, wenn die Firma die LeiharbeiterInnen gegen sie ausspielt?

ALI: Am Anfang war es schon komisch. Du warst zur Schicht eingeteilt und bist gekommen, und die Mehrheit waren Leiharbeiter. Du warst erst mal in der Minderheit, weil so viele von denen da waren und von uns die Leute in verschiedenen Schichten eingeteilt waren. Erst mal haben dich die Leute nicht so interessiert. Du hast geguckt, dass du deinen Plan hinkriegst.

Wo sie doch mit den LeiharbeiterInnen ins Gespräch kommen, zeigt sich, wie gut die Abschottung zwischen Streikenden und Streikbrechern während der sechs Monate funktioniert hat.

EROL: Angeblich wussten viele nicht, warum wir noch draußen waren. Viele haben nur gehört, dass wir die 4,5 Prozent wollten und basta, mehr nicht. Die haben gar nicht verstanden, was los ist. Und jetzt sind die alle mit den Teamleitern, den Chefs befreundet. Was heißt befreundet; die haben sich in der Streikzeit kennengelernt. Und die schimpfen alle über den Betriebsrat. Alle!

Das Unverständnis über den Streik beruhte auch darauf, dass die Arbeitsbedingungen während des Streiks lockerer waren und dass sie von den Chefs hofiert wurden. Wie einige Ex-Streikende die Bedingungen während des Streiks ausmalen, mag im Nachhinein geschönt oder durch die Wut auf die Streikbrecher übertrieben sein. Aber tatsächlich waren einige Leiharbeiter über die neuen, für die anderen eben normalen Bedingungen nach dem Streik verärgert.

ALI: Ich hab mit einem Leiharbeiter darüber gesprochen. Der sagte, dass es chaotisch gewesen ist, und dass die richtig Probleme hatten. Dann war es eine Zeitlang ruhiger. Die sind auch ein bisschen sauer, weil es jetzt in der Kantine wieder das übliche Essen gibt: ungenießbar. Darüber beschweren sich die Leiharbeiter, weil es vorher vom Feinsten gab. Für den Kaffee brauchten sie beim Streik nie Geld hinzulegen. Der sagt: »Jetzt seid ihr wieder drin, jetzt gibt es gar nix mehr! Selbst für den Kaffee müssen wir jetzt zahlen!« Die haben denen Thermoskannen hingestellt, da hat keiner gefragt, ob du Pause hattest.

HASAN: Die Leiharbeiter denken so: Sechs Monate waren sie die Helden da drin, vom Arbeitgeber wurden sie so bezeichnet. Sie hätten unsere Arbeitsplätze gerettet, für uns. So haben die das im Kopf, so hat der Arbeitgeber ihnen das rein getan. Ich hab das so gehört in den ersten Tagen: »Wir haben für Euch die Arbeitsplätze gerettet, auch für die Festangestellten«.

Du erzählst denen dann was über die Bedingungen, warum wir gestreikt haben. Die wissen das, aber die wollen das nicht begreifen. Ich sag' denen: »Wenn ihr jedes zweite Jahr was abgebt, dann seid ihr zehn Jahre später entweder mit nem 1-Euro-Job hier oder ganz arbeitslos. Du kannst dir doch vorstellen: Wenn du jedes Jahr ein oder zwei Tage vom Urlaub abgibst oder was von deinem Lohn - rechne mal!«

ORHAN: Denen ist gesagt worden, die Arbeitsbedingungen sind doch gut hier. Die Leute konnten uns nicht verstehen, warum wir draußen stehen. Die Arbeitsbedingungen für die während des Streiks waren perfekt. Super Verpflegung, und jeden Tag haben sie vom Chef Anerkennung bekommen.

Außerdem waren die Leiharbeiter mit Versprechungen auf einen sicheren Arbeitsplatz geködert worden. Zu der vorsichtigen Herangehensweise der Chefs gehörte auch, das durch die Wiederaufnahme der Arbeit überflüssig gewordene Personal zunächst nicht abzubauen. Aber diese Phase dauerte nicht lange.

ALI: Wir haben jetzt Fahrer von der Leihfirma GMA*. Die ersten Tage war nix zu tun, ich hatte nur ein Flugzeug auf dem Plan. Der Vorarbeiter hat mich in die Kantine geschickt, es seien zu viele Leute da.

Einige Leiharbeiter waren auch sauer, weil die denen erzählt haben, »die streiken noch ein Jahr«. Die haben denen erzählt, sie hätten einen sicheren Job. Der eine war so sauer, der hat gesagt: »Hätte ich gewusst, dass ich für drei Monate hier anfange, dann wäre ich gar nicht gekommen.« Einige waren sauer, weil sie für Mai gar keinen Dienstplan gekriegt haben. Die hätten den normalerweise kriegen müssen, aber der Monat ging immer weiter und sie waren immer unsicherer: Warum kriegen wir keinen Dienstplan mehr? Sie wurden immer mehr reduziert. Sie wissen auch nicht, wie lange sie da noch beschäftigt sind.

ORHAN: Die Belegschaft ist extrem gespalten. Das liegt nicht nur am Streik. Doch, teilweise hängt es auch damit zusammen, weil den Leiharbeitern monatelang Festverträge versprochen worden sind.

Und nicht zuletzt bot das Chaos der Streikzeit gute Möglichkeiten für ein paar Zuverdienste, die dann nach Streik-Ende wegfielen.

EROL: Die haben in der Streikzeit so viele Verluste gehabt. Da ist so viel geklaut worden. Die mussten immer nachts die Maschinen beladen, und in den Trolleys*, da sind Zigaretten drin, Parfüm, Uhren usw. Manchmal haben die nachts Maschinen beladen, und wenn der Supervisor hinkam, war der ganze Trolley leer. Die hatten Verluste ohne Ende.

Die Wut der KollegInnen auf die Streikbrecher und der Frust der Leiharbeiter über die neuen Bedingungen prallen aufeinander. Dabei geraten die Beziehungen Streikende zu Streikbrechern und Festangestellte zu Leiharbeitern schnell mal durcheinander. Die Bestrafung der Streikbrecher mischt sich mit dem Ringen darum, in der betrieblichen Hierarchie als Festangestellte wieder über den »Leihfirmenleuten« zu stehen. Ein Supervisor, der beim Streik mitgemacht hatte, nutzt seine Vorgesetztenrolle, um Leiharbeiter zu schikanieren, die sich als Streikbrecher hervorgetan haben und ihm immer noch mit dummen Sprüchen kommen. Einige Konflikte zwischen festangestellten Ex-Streikern und prekären Streikbrechern drohen fast handgreiflich zu werden.

HASAN: Ich mach' jeden Tag einen klein von denen, aber nur mit Wörtern. Aber manchmal hab ich die Schnauze so voll von diesen Leiharbeitskollegen von GMA oder von G&A*, da sind noch zwei oder drei andere Leiharbeitsfirmen. Die wollen uns Befehle geben!

Neben dem informellen Gerangel um die Hierarchie gibt es auch gezielte Versuche der Betriebsleitung, ehemalige Streikbrecher zum Kommandieren einzusetzen: In der Produktion ist während des Streiks eine türkische Leiharbeiterin zur Vorarbeiterin ernannt worden und spielt sich als Heldin der Arbeit auf. Die Frauen in der Produktion wollen sich das nicht gefallen lassen, geraten in Konflikte mit ihr, auf die von oben mit Abmahnungen reagiert wird. Gleichzeitig schalten sie den Betriebsrat ein, der schließlich gegen die Missachtung seiner Mitbestimmungsrechte erfolgreich vor Gericht zieht. Die Firma muss den Posten neu besetzen.

Dieses unübersichtliche Knäuel von Konfliktlinien wird der Betriebsleitung weiter zu schaffen machen. Die KollegInnen, die im Streik um ihre Selbstachtung gerungen hatten, sind aber schon bald frustriert.

## Anpassung als Niederlage

ALI: Am Anfang, als wir rein gegangen sind, hatten sie mehr Respekt vor uns. Aber jetzt, mittlerweile, ist das fast wie vorher. Unsere Zeit ist bald abgelaufen …

HASAN: Über den Streik kannst du ja jetzt nicht mehr sprechen. Der Arbeitgeber sagt, wir müssen jetzt alles vergessen, was draußen war. Wir müssen jetzt alle zusammen mitarbeiten, auch mit unseren Fremdfirmen, die sind zu unserer Hilfe hier, ohne die Leute hätten wir sehr große Probleme, viele Schwierigkeiten. In den ersten Tagen haben die gedacht, wir würden die Leute von den Leihfirmen verhauen. Das haben die so von uns erwartet. Das hatten wir uns draußen auch versprochen, viele haben das gesagt. Wir wollten die alle rausschieben. Deswegen haben die geguckt, die ersten Tage. Wir waren in der Kantine, dann sind die gekommen, die Streikbrecher und die Supervisoren.

Ein paar von denen, die draußen waren, haben die Streikbrecher sofort umarmt. Da hab' ich mir gesagt: »Das kannste vergessen. Das ist hier vorbei. Jetzt nehme ich die Abfindung, ich haue ab.«

Diese beiden Aussagen stammen von Ende Mai und Ende Juli 2006. Keine zwei Monate hat es gedauert, bis die Betriebsleitung den Druck wieder erhöhte. Von Mitte Mai bis Ende Juni, also als unmittelbare Vorbereitung auf die sommerliche Hochsaison wurde ein Programm »lean transformation« aus der Schublade geholt, drei firmeninterne Rationalisierungsexperten kamen nach Düsseldorf und wieder einmal wurden Abläufe umgekrempelt, um »Fehler und Verschwendung zu vermeiden«. Im Hinblick auf den eigentlichen Auslöser des Streiks soll der »Motivation der Mitarbeiter« besondere Aufmerksamkeit geschenkt werden und das Ziel »stressfreies Arbeiten« wird hervorgehoben. Die plakativen Worthülsen können kaum verbergen, dass es wieder um die alten Fragen geht: Ausweitung von Flexibilität und Arbeitsdruck. Die eigentliche Neuerung ist die ständige Ausweitung der Leiharbeit, die auch für die Umstrukturierung der Arbeitsprozesse genutzt wird (siehe unten).

ALI: Ja, der Streik hat was erreicht, am Anfang. Die Vorgesetzten haben erst mal ruhiger gemacht. Sie haben versucht, ruhiger zu machen. Aber im Grunde genommen merkt man mit der Zeit: Es zieht wieder an. Das ist nur eine Zeitspanne, wo sie die Leute langsam wieder dahin führen wollen, wo wir vorher waren.

HASAN: Am Anfang haben die immer »Bitte, Bitte« gesagt, »Kannst du bitte das ...«, »Mach' mal Kaffeepause, mach' mal Zigarettenpause«. Du hast täglich höchstens ein oder zwei Maschinen gemacht, es wurde dir schon langweilig. Du hast zum Supervisor gesagt, »Gib mir noch eine«. Aber jetzt hast du keine Zeit mehr zum Atmen, außer den Pausenzeiten. Die müssen sie dir geben, weil die zur Zeit vor dem Betriebsrat Angst haben, also vor unserem Vorsitzenden. Der verzeiht keinem, immer noch nicht. Gott sei Dank, dass wir den haben, sonst hätten wir es noch schwerer.

Was die Betriebsleitung in ihrem Vorgehen bestärkt, ist das Ausbleiben von kollektivem Widerstand. Die Aktivisten des Streiks äußern sich frustriert über diese Entwicklung, vor allem darüber *wie* schnell Einzelne wieder in ihre alten Rollen und Verhaltensweisen zurückgefallen sind.

HASAN: Unsere Kollegen, die am Streik teilgenommen haben, haben sich sehr geändert. Draußen waren die mutiger. Aber von den siebzig Leuten haben nur zehn aktiv mitgemacht. Der Rest hat seine vier Stunden Wache geschoben. Nach dem Streik haben die sofort ein anderes Gesicht gezeigt: Schleimerei.

ALI: Wir haben Leute, die haben leider auch nach sechs Monaten nicht begriffen, warum wir draußen standen. Und die werden's auch nicht begreifen. Leute, die mitgestreikt haben … ich versteh das nicht. Die lassen sich wieder Sachen gefallen, die sie sich gar nicht gefallen lassen müssen. Zum Beispiel dass du einen Zettel kriegst, auf dem steht, du sollst um 16 Uhr eine LT 138 beladen, und um 16:30 Uhr sollst du schon eine andere LT beladen. Du brauchst schon für die eine Maschine eine Stunde, da kannst du nicht in einer halben Stunde schon woanders sein. Da machen sich einige so nen Kopf drum – Wie mach ich das? – und sind am Rumrennen und am Rumjoggen. Ich sage: »Hör' mal, was machst du dir Gedanken, das ist Sache des Vorarbeiters!« Bei einigen ist das mit dem Rennen drin, die kriegen das nicht raus.

Auf besondere Empörung stößt das Verhalten eines Ex-Streikenden, der während des Arbeitskampfs auf der Liste »Menschenwürde« der Streikenden in den neuen Betriebsrat gewählt wurde. Kaum, dass er die Arbeit wieder aufgenommen hat, fällt er als Supervisor in seinen alten Kommandostil zurück und herrscht im Beisein eines Vorgesetzten einen Mitstreikenden an, der eine unerfüllbare Zeitvorgabe nicht geschafft hat. Der nimmt ihn später beiseite: »Mit dir hab ich sechs Monate draußen gestanden! Was bist du für ein Schwein, wie kannst du so was machen, mich vor anderen schlecht machen.« Der Vorfall spricht sich unter den KollegInnen rum und einige fordern ihn auf, als Betriebsrat zurückzutreten. Auch das tut er nicht. Einerseits stimmt er immer öfter im Betriebsrat für die Arbeitgeberseite, aus Angst, ein falsches Abstimmungsverhalten könnte ihm beruflich schaden, andererseits klebt er an dem Stuhl, um den besonderen Kündigungsschutz als Betriebrat nicht zu verlieren. Sicher, das sind ganz normale Verhaltensweisen von Betriebsräten und/oder Vorgesetzten in vielen Firmen, aber hier werden sie im Licht der gemeinsamen Streikerfahrung kritischer bewertet.

Auch von den Sprüchen und Verabredungen zum Kampf *im* Betrieb scheint nichts übriggeblieben zu sein. Mit der Aufnahme der Arbeit greift die Angst um den Arbeitsplatz wieder um sich.

HASAN: Viele haben so was gesagt. Das ist alles vergessen worden. Davon ist nichts übrig geblieben. Manche haben gesagt, wenn ich den Trolley von so einem Streikbrecher sehe, den der gebaut hat, dann werde ich den umpacken. Es wurde auch gesagt, bewusst Delays* zu machen. Und jetzt rennen die selber wie verrückt.

Wenn du die darauf ansprichst, dass wir zusammen sechs Monate gestreikt haben, dann sagen die nur: »Wenn ich nicht mitmache … du siehst doch, was draußen los ist.« Sie sagen, sie machen das nur wegen der Arbeitsplätze. Da sag' ich, wenn du nicht mitmachst, dann verlierst du den Arbeitsplatz auch ein paar Jahre später. Die machen Druck, Druck, Druck … wie lange kannst du das aushalten? Irgendwann fällst du um, stehst nicht mehr auf und sagst: »Ich kann nicht mehr, und tschüss«. Dann kriegst du keinen Pfennig Abfindung. Du musst hier kämpfen. Jeder sagt, ich würde ja mitmachen, aber die anderen machen nicht mit. Immer schiebt der eine die Schuld auf den anderen.

Aus Sicht der Aktivisten war es enttäuschend, dass sich der Kampfgeist des Streiks nicht in den Arbeitsalltag herüberretten ließ. Darüber wird leicht vergessen, dass der Streik auch einige Spuren hinterlassen hat, die über die Erinnerung der Einzelnen hinausgehen.

ALI: Aber das ist nicht die Mehrheit, die meisten sind schon in Ordnung, vor allem in der Produktion. Die M. und der D., die sind wirklich am Kämpfen, die haben sich da drin schon richtig gestritten, obwohl die in der Minderheit sind.

Es hat sich eine neue Aufmerksamkeit für die Situation im ganzen Betrieb entwickelt, Menschen haben sich verändert und sie wissen nun genauer, woran sie sind.

ALI: Früher hattest du mit den anderen Abteilungen nichts zu tun. Die hatten den Tisch da, und du hast an dem anderen Tisch Pause gemacht. Selbst wenn du zur gleichen Zeit Pause gemacht hast, hast du mit denen gar nicht gesprochen. Jetzt hörst du dir eben auch Probleme von anderen Abteilungen an. Der aus der Abteilung X. kommt zu mir und fragt, was es Neues gibt. Man spricht mehr miteinander, und das ist auch wichtig.

Es gibt jetzt schon Freunde, weil die sechs Monate mit gestreikt haben! Schon! Nur – siehe den M., der hat sich nicht als Freund herausgestellt, der hat nix daraus gelernt. Aber C. ist super drauf, der macht alles ganz korrekt:

Feierabend ist Feierabend und Arbeit ist Arbeit. Es gibt Leute, die haben sich wirklich verändert, richtig verändert. Das ist auch richtig so! Was nicht gemacht werden muss, muss nicht gemacht werden.

## Konfliktfeld Leiharbeit

Die deutlichste Veränderung nach dem Streik ist die hohe Zahl von LeiharbeiterInnen. Während des Streiks konnte die Firma Erfahrungen sammeln, wie sich die Arbeit mit einem höheren Anteil kurzfristig hereingeholter Leiharbeitskräfte abwickeln lässt. Die Arbeit wurde so umstrukturiert, dass die Fahrer nur noch rausfahren und die Flugzeuge beladen. Hierfür ist einige Erfahrung notwendig. Je nach Flugzeugtyp wird anders beladen, werden die Catering-Sachen woanders verstaut, müssen Besonderheiten berücksichtigt werden. Dafür soll das Zusammenstellen, das Aufbauen und das Entladen der Maschinen, der Re-Check*, nur noch von billigeren Leiharbeitern gemacht werden.

EROL: Die 19-Uhr-Schicht machen jetzt nur zwei Leute. Die fahren nur raus, entladen, entladen, entladen, und andere machen die Re-Checks. Früher haben wir selbst alles gemacht, früher bist du raus gefahren zum Flieger, hast das Flugzeug leer gemacht, bist an der Re-Check-Rampe rein gefahren, und dann hast du selber deinen LKW leer gemacht. Aber heute fährst du nur mit dem Wagen rückwärts an die Rampe, und jetzt haben die zwei Leute, die da die LKWs leer machen. Das wird alles aussortiert, und die müssen die Zollware aufschreiben. Die tun mir ehrlich Leid. Aber die sind auch selbst schuld. Die ackern wie die Bekloppten.

Im Rahmen des »lean transformation«-Programms im Mai und Juni wurde mit neuen Abläufen experimentiert. Die neue Arbeitsteilung zwischen LKW-Fahrern und Leiharbeitern funktionierte keineswegs reibungslos. Während des Streiks hatten die Airlines bei Fehlern und Pannen noch ein Auge zugedrückt. Außerdem experimentierte die LTU selber mit neuen und billigeren Cateringkonzepten. Die Stellen, die durch den Weggang von etwa zwanzig Beschäftigten frei geworden waren, darunter viele Fahrer, wurden nicht neu besetzt. Ihre Arbeit wird nun von Leiharbeitskräften erledigt.

BERND: Selbst G&A fängt an, Deutsche einzustellen, deutsche Fahrer. Früher haben sie gesagt, sie bekommen keine deutschen Fahrer über Leiharbeitsfirmen. Aber jetzt hat sich das Klima hier wohl so gewandelt, dass Deutsche auch schon bei Leiharbeitsfirmen fahren, um Geld zu verdienen, was vor ein, zwei Jahren noch als unmöglich erschien.

Mittlerweile sind vier Leihfirmen im Betrieb: G&A, die schon seit Jahren für Gate Gourmet arbeiten, GMA aus Düsseldorf, die während des Streiks LKW-Fahrer reinschicken, Tertia* aus Krefeld und nun noch die Firma Mumme aus Krefeld. Für Hilfskräfte zahlen diese Leihfirmen 6,80 Euro brutto die Stunde. Das ist das Lohnniveau, das sie in einem Tarifvertrag mit der »Tarifgemeinschaft Christliche Gewerkschaften Zeitarbeit und PSA« festgeschrieben haben. Die Fahrer bekommen 9,00 Euro Brutto. Ein Ostdeutscher, der im Sommer für die 6,80 bei G&A als Hilfskraft angefangen hat und den LKW-Führerschein hat, lässt sich ein paar Tage als Fahrer einsetzen und lehnt dann dankend ab. Für die 2,20 Euro mehr ist ihm der Stress des Fahrerjobs zu hoch. Überhaupt ist die Fluktuation der Leiharbeitskräfte hoch. Die Leihfirmen haben während des Sommers Probleme, ständig genügend Ersatz für diejenigen aufzutreiben, die nach ein paar Tagen oder Wochen wieder abhauen. Diese Fluktuation trägt mit dazu bei, dass es zu vielen Delays kommt, weil Sachen vergessen oder falsch gemacht werden.

EROL: Die haben viel umgebaut. Da sind zwei von Gate Gourmet aus Frankfurt gekommen, die sollen neue Konzepte reinbringen. Zum Beispiel wegen der Räumlichkeiten, wie man eine Maschine aufbaut [zusammenstellen des Materials für eine Maschine], wie man das so hinstellt, dass man nichts vergisst. Das ist diese Vergesserei, die zu den Delays führt. Ich hab gesagt: »Das ist keine Lösung. Wir sind länger da, wir wissen, wie das geht.« Die planen zum Beispiel an der Langstrecke, die soll jetzt komplett vorher aufgebaut werden, so auf zehn Metern. Wenn du fünf Langstrecken hast, dann bekommst du schon Platzprobleme. Wir haben schon mal fünf Langstrecken, Los Angeles, John F. Kennedy, Mombasa, Bangkok, dann ist der Laden voll. Sie wollen das jetzt so bauen, also in der Breite. Sie sagen, dann musst du nur mit einer Palette durchlaufen und hast alles im Griff, dann siehst du alles, was du brauchst, angeblich. Da werden Bilder gemacht. Ich sag', das geht vielleicht ein, zwei Tage gut, und dann ist … wupp … alles in der Hose. Die haben nur Ideen und schreiben Papiere. Die rennen nur rum, das kostet Hotelkosten und so weiter. Das ist alles Larifari. Wir sind dafür da, die müssen uns fragen, weil wir wissen alles besser.

Die wollen nur wissen, wie man das hinstellen kann. Aber die kennen sich nicht aus. Da wurden die Getränke zu früh rausgestellt und wurden warm. Da kam dann ein Anschiss von einem Kunden, jetzt stellen sie die erst raus, wenn die Maschine aufgezogen* wird. Ich hab denen das gesagt, auch andere haben das gesagt, aber die sind schlauer! Von der LTU kommen so viele Beschwerden.

Mit arbeitsorganisatorischen Maßnahmen versucht die Firma die fehlende Kooperation zwischen den ArbeiterInnen aufzufangen. Die von McKinsey entwickelte Linie, Arbeitsgänge zu standardisieren und das Erfahrungswissen der Fahrer durch Bildchen und einfache Anweisungen zu ersetzen, wird fortgesetzt.

EROL: Früher war das Teamwork, immer ein Fahrer und ein Belader, da hast du auch selber deine Maschinen aufgezogen. Wenn ich z.B. eine Langstrecke aufziehe, gibt es zweimal Essen, einmal warm, einmal kalt, z.B. 370 Essen, dazu Spezialessen, Vegetarier, lactosefrei, usw. Wir sprechen ab: Ich mach' das, du machst das, und wir zählen auch das Essen – das ist super gelaufen, da vergisst du nichts. Aber heute machen die anderen das. Die Produktion zählt die Essen angeblich zehn mal, die müssten stimmen – aber es stimmt nicht, da fehlen immer Essen. Du bist auf der Maschine, du checkst das mit der Crew ab, die geht das durch, Hin- und Rückflug, du bist dabei, du siehst das: Es fehlt. Oder jetzt die Tage, da haben wir im Container diese Kopfhörer, die werden von einer Behindertenwerkstatt gepackt, ist ja gut gedacht, ist ja ein bisschen Geld für die. Jetzt packen die im Sommer auch Schokolade. Da ist leider letztens mal ein Fehler passiert: Statt Schokolade waren da Kopfhörer drin, die hatten die Labels für Schokolade. Die ganze Palette. Der andere ruft an: Ich hab anstatt Kopfhörer Schokolade. Da muss dann jemand rausfahren, das muss jemand nachbringen. Aber manchmal hast du keinen, der rausfahren kann. Und bis du da hinkommst … früher konntest du einfach durch die Schranke [zum Rollfeld] durchfahren. Aber heute musst du anhalten, reingehen, und wirst abgetastet wie die Passagiere. Wieder einsteigen, losfahren – das kostet Zeit.

Vor allem funktioniert die Kooperation zwischen Festangestellten und Leiharbeitern nicht – weder für die Firma, noch für einen gemeinsamen Kampf gegen die Verschlechterung der Arbeitsbedingungen. Der Hass auf ihre Rolle als Streikbrecher sitzt tief. Daher fällt den Festangestellten nichts ein, wie sie mit dem Lohngefälle und den gespaltenen Arbeitsbedingungen umgehen sollen.

EROL: Die Überstundenzuschläge kriegen nur die Festen. Ob die das auch den anderen [Leiharbeitern] geben, das weiß ich nicht. So viel Ahnung hab' ich nicht. Aber Hauptsache *wir*. Entschuldigung, aber das ist mir scheißegal, was mit den anderen ist. Tut mir Leid, da bin ich knallhart.

HASAN: Ich höre von einigen Leiharbeitern: »Ich verdiene nicht wie du hier, ich habe nur neun Euro, dann arbeite ich auch nur für neun Euro«. Ich sage: »Als du das unterschrieben hast, den Vertrag, wusstest du da nicht, dass du neun Euro hast? Hast du blind unterschrieben? Du wusstest vorher, was du machen sollst, und welchen Lohn du kriegst.« Wir müssen hier im Team arbeiten. Wenn du mit dem rausfährst, dann sagt der: »Nee, Kollege, verlang' nicht so viel von mir, ich hab nen 9-Euro-Job«. O.k., das ist ein Argument – aber dann muss ich für ihn rennen!

Das Misstrauen zwischen Festangestellten und Leiharbeitern bzw. den ehemaligen Streikbrechern erschwert ein gemeinsames Verhalten gegen den Arbeitsstress.

HASAN: Ich hab' versucht, dass wir zusammen langsamer arbeiten. Aber wenn die sehen, ich mache auch langsam, dann geben die Gas. Wenn du schneller bist, dann sind die langsam. Die gucken: Oh, der Doof, der macht alles. Aber wenn du genau wie die arbeitest, so langsam, dann weiß der, dass wir ein Delay bauen, dann gibt der Gas. Die haben Angst. Wenn das Delay an uns hängt, dann kriegen die auch einen Anschiss. Die sind sehr klug, die Leute.

Durch den Einsatz von Leiharbeitern versucht die Firma, die wenigen Verbesserungen im neuen Manteltarifvertrag* bezüglich der Flexibilität zu unterlaufen. Den Festangestellten wird versprochen, die Flexibilität auf die Leiharbeiter abzuwälzen. Zugleich kann die Firma Kosten sparen, indem sie die zuschlagspflichtigen Schichten und Tage bevorzugt mit Leiharbeitern besetzt. Für die Festangestellten machen die Zuschläge ein paar Hundert Euro im Monat aus, die ihnen bei dieser Arbeitsverteilung fehlen. Damit ködert sie dann die Firma, bei Bedarf doch freiwillig Mehrarbeit zu verrichten, egal ob dies nach dem Manteltarifvertrag zulässig ist oder nicht. Der Betriebsrat, der sich für die Einhaltung des Tarifvertrags und der dort festgelegten Begrenzung von Arbeitszeit und -flexibilität einsetzt, gerät damit von beiden Seiten in die Schusslinie. Die Leiharbeiter wollen oder müssen möglichst lange arbeiten, um ihren geringen Stundenlohn auszugleichen. Den Festangestellten scheinen die Regelungen des Manteltarifvertrags bei der Erreichung von Zuschlägen im Wege zu stehen.

BETRIEBSRAT: Im Vergleich zum letzten Jahr ist die Flexibilität schon geringer geworden. Ich achte darauf, dass der MTV* eingehalten wird. Für mich als Fahrer ist die Situation dadurch gut. Unsere Leute sagen: »Klasse, ich fühl' mich entlastet.« Durch wen, durch was? Dann wird das immer so erklärt: »Durch deinen Leiharbeitskollegen, der ist für dich flexibler, der macht alle möglichen Schichten und die verschiedensten Sachen. Du arbeitest ganz normal - aber bitte, dafür brauchen wir uns jetzt nicht an irgendeine Dienstplanvereinbarung zu halten. Wenn es wirklich nötig ist, kannst du dann mal ein bisschen länger arbeiten, freiwillig?« Dann sagen unsere Leute: »Aber klar doch!« Jetzt gehen unsere Leute hin und brechen sämtliche Betriebsvereinbarungen, sämtliche Arbeitszeitregelungen durch dieses Verhalten.

Wir wollten mit dem Streik die Flexibilität begrenzen. Der Arbeitgeber gibt dir keine Poolschichten, keine Plusschichten. Nur wenn er es braucht, sagt er: »Machst du mal bitte was länger.« Dann machst du es, sogar über die in der Betriebsvereinbarung zum Dienstplan festgelegte Flexibilität hinaus. Wir können das nicht mehr bremsen. Das ist uns außer Kontrolle geraten. Ich fühl' mich als Betriebsrat von den Mitarbeitern verarscht. Weil die Leute dem Ärger aus dem Weg gehen wollen, interessiert sich niemand für die Dienstplan-Betriebsvereinbarung. Als Betriebsrat stehe ich da im Abseits. Wenn ich mich bei der Betriebsleitung beschwere, sagen die: »Was wollen Sie denn, die Leute machen das doch alle freiwillig. Sie arbeiten doch als Betriebsrat gegen Ihre eigenen Leute.« Es gibt nur eine Minderheit von Leuten, die das mit der Einschränkung der Flexibilität durchziehen wollen, die das kapiert haben – und die werden abgestempelt: »Der zieht nicht mit.«

Den LeiharbeiterInnen wird von Chefs und Vorarbeitern erzählt, der Betriebsrat sei an ihrer Misere Schuld. Sie könnten hier ordentlich Geld verdienen, wenn sie fünfzig oder sechzig Stunden die Woche arbeiten würden, nur der Betriebsrat würde das nicht zulassen.

BETRIEBSRAT: Sie hetzen die Leiharbeiter auf, sie sagen denen: »Guck' mal, du verdienst weniger, weil der Betriebsrat hier ist. Das ist nicht unsere Schuld, von uns aus kannst du hier so viel arbeiten, wie du schaffst. Wir wollen, dass du hier viel Geld verdienen kannst. Auch Avci* redet ganz laut – so dass es der Betriebsrat hört – zu seinen Leuten davon, dass der Betriebsrat Schuld daran ist, dass sie nicht mehr verdienen können. Also ist es ganz schwer, die Leute davon zu überzeugen, um was es geht. Ich will den MTV verteidigen, und die haben gerochen, dass sie das durch die Leiharbeiter aufknacken können.

## Ein Betriebsrat ist kein U-Boot

Bei den Betriebsratswahlen während des Streiks hatte die Unternehmensleitung gehofft, einen ihr genehmen Betriebsrat installieren zu können. Zu dem Zeitpunkt befanden sich die wahlberechtigten Streikbrecher und Leiharbeiter bereits in der Mehrzahl. Trotzdem gewann die Liste der Streikenden fünf der sieben Sitze in dem neuen Betriebsrat. Da der Wahlvorstand einige der erst während des Streiks eingesetzten LeiharbeiterInnen nicht auf die Wählerliste setzte, ließ die Geschäftsleitung die Wahl vor dem Arbeitsgericht anfechten. Nach Streik-Ende drängte die Gewerkschaft darauf, im Sinne eines »Neuanfangs« der Firma die Wiederholung der Wahl anzubieten. Der neue Betriebsrat wollte sich darauf nicht einlassen. Nach der Niederlage in der ersten Instanz ging er in die Berufung vors Landesarbeitsgericht und zeigte sich entschlossen, die Sache bis zum Bundesarbeitsgericht zu treiben (siehe zu den rechtlichen Hintergründen die Darstellung auf www.gg-streik.net).

Aufgrund des fehlenden Widerstands aus der Belegschaft verlagerte sich die Hoffnung auf den Betriebsrat, dem aber die Rückendeckung und Unterstützung aus der Belegschaft fehlt.

ALI: Der Betriebsrat ist für uns am Kämpfen, und dann ist das traurig, wenn die Leute Sachen machen, die sie nicht machen sollten. Das hat mich auch so aufgeregt, ich hab' gedacht: »Warum machen die denn länger, für wen denn?« Ich hab' sie darauf angesprochen, ich bin direkt da hingegangen und hab' gesagt: »Bist du eigentlich bekloppt?« »Ja, der eine Kollege muss die Maschine alleine machen, ich wollte den doch nicht alleine lassen.« »Ist doch egal«, sag' ich, »was interessiert dich das?« Aber der hatte schon zugesagt, und dann hat der das gemacht. Ich war so sauer. Ich bin immer noch sauer, weil ich sage: Das muss nicht sein, so was.

Auch intern steht der Betriebsrat nicht geschlossen da, die wieder zurückgekehrte Angst um den Arbeitsplatz und die Anpassung zieht sich durch das Gremium hindurch.

BETRIEBSRAT: Die einzige Schwäche ist das Gremium. Es hält das nicht durch, die fangen an zu wackeln. Die haben schon jetzt die Hose voll. Die haben Angst. Ich müsste denen für die Sitzungen Schnaps besorgen, damit die das durchhalten. Ich habe denen sogar angeboten, dass wir bei bestimmten Beschlüssen geheim abstimmen, damit der eine von uns keine Angst haben muss. Aber das hat auch nichts geholfen, denn wenn wir für einen Beschluss von uns fünf Stimmen bekommen, dann wissen ja die beiden von der anderen Liste, dass er auch dafür gestimmt hat. Egal ob geheim oder nicht geheim, der will nicht, dass der Arbeitgeber erfährt, dass er mit uns gestimmt hat. Der weiß ganz genau, dass die von der anderen Liste jede Kleinigkeit aus der Sitzung den Chefs erzählen.

Die Geschäftsleitung nutzt die juristische und interne Schwäche des Betriebsrats, um ihn unter Druck zu setzen. Kurz nach der Niederlage vor dem Arbeitsgericht in erster Instanz Anfang Juni erhält eine Betriebsrätin innerhalb weniger Tage drei Abmahnungen. Als sich der Betriebsrat Ende Juni weigert, eine Betriebsratssitzung wegen Personalmangel zu verschieben, wird er von der Betriebsleitung angegriffen, er gefährde durch sein Verhalten die Firma, solchen Verschiebungen hätte der alte Betriebsratsvorsitzende doch immer zugestimmt. Nur durch die Mehrarbeit anderer Kollegen hätten Delays verhindert werden können. Im Gegenzug rügt der Betriebsrat die Verletzung von Mitbestimmungsrechten. Die Mehrarbeit sei von ihm nicht genehmigt worden. Dies sind nur ein paar Beispiele für den täglichen Kleinkrieg zwischen Betriebsleitung und Betriebsrat. Ein paar Tage später kursiert eine Unterschriftenliste in der Firma, mit der die Auflösung des Betriebsrats nach § 23 BetrVG* wegen »Verletzung gesetzlicher Pflichten« gefordert wird. Wenn ein Viertel der Wahlberechtigten unterschreibt, kann ein entsprechender Antrag beim Arbeitsgericht gestellt werden. Im Text der Unterschriftenliste werden ähnliche Vorwürfe wie von der Geschäftsleitung erhoben: Wegen der Betriebsratssitzung sei es fast zu einem Delay gekommen. Dadurch »gefährdet der Betriebsrat unsere Arbeitsplätze«. Auf Mitarbeiter werde Druck ausgeübt, keine Mehrarbeit zu machen. Aus »formaljuristischen Gründen« behindere der Betriebsrat die Einstellung von Zeitarbeitspersonal, er wolle einen »Privatkrieg gegen den Arbeitgeber« führen, und schließlich halte er sich nicht an die Gesetze, weil er das erstinstanzliche Urteil zur Ungültigkeit der Betriebsratswahl nicht akzeptiert habe.

Einige Vorarbeiter rennen durch den Betrieb und sammeln Unterschriften - vor allem von LeiharbeiterInnen, denen immer wieder gesagt worden war, der Betriebsrat sei Schuld an ihren Problemen.

EROL: Die erzählen denen, der Betriebsrat will nicht, dass wir Leute einstellen. Aber die wissen nicht, warum, weswegen, was Fakt ist. Die haben keine Ahnung.

HASAN: Unser Supervisor macht Stimmung gegen den Betriebsrat. Nicht nur bei den Leiharbeitern, auch bei uns. Jedes Mal, wenn ich was frage und der das ablehnt, sagt er: »Da musst du dich bei deinem Betriebsrat bedanken. Warum sagt der so was?« Ich kenne den Betriebsrat und seine Aufgaben, die machen ihre Aufgabe ganz korrekt.

ALI: Die Vorarbeiter erzählen jetzt schon: »Hört mal, wenn ihr Probleme habt, geht doch nicht zum Betriebsrat! Kommt doch erstmal zu mir. Ich bin doch euer Ansprechpartner.« Da fängt das schon wieder an. Und einige Leute machen da schon wieder mit, die denken: »Komm, der ist doch in Ordnung. Ich geh' mal zu ihm, der macht das dann schon.« Die wollen die Abschaffung vom Betriebsrat.

Am traurigsten ist für den Betriebsrat, dass auch einige von denen unterschreiben, die mitgestreikt hatten. Es sind allerdings nur Einzelfälle, ein paar Vorarbeiter. Sie müssen davon ausgehen, oder wissen es vielleicht sogar, dass die Unterschriftenaktion mit der Geschäftsleitung abgesprochen ist. Da ist es ratsam mitzumachen. Leiharbeiter werden massiv unter Druck gesetzt zu unterschreiben, auch von den Chefs ihrer Leihfirmen. Zwei Leiharbeiter wenden sich vertraulich an den Betriebsrat. Sie werden von den Vorgesetzten schikaniert, nachdem sie sich geweigert hatten, die Liste zu unterschreiben.

Trotzdem verschwindet die Liste nach zwei Wochen sang- und klanglos. Es wird erzählt, der Betriebsleiter habe sie persönlich aus dem Verkehr gezogen. Die Drohung mit der Auflösung des Betriebrats nach § 23 war nach hinten losgegangen. Statt den Betriebsrat von seinem Konfliktkurs abzubringen, fühlten sich nun alle im Gremium angegriffen und sahen ihren besonderen Kündigungsschutz bedroht. Um sich zu verteidigen, beschlossen sie, sich unter Umständen an die Öffentlichkeit zu wenden und die Geschäftsleitung wegen Behinderung der Betriebsratsarbeit nach § 119 BetrVG anzuzeigen.

Immerhin ist dies eine Straftat, die mit einer Freiheitsstrafe bis zu einem Jahr geahndet werden kann. Zur Anzeige kam es nicht, aber allein die Drohung, den Konflikt weiter zu verschärfen, zeigte der Geschäftsleitung, dass sie auf diesem Weg nicht weiterkam. Der Betriebsrat war dadurch nicht zu einem kämpferischen Gremium geworden. Nur für einen kurzen Moment hatte der Angriff von außen der kämpferischen Fraktion im Betriebsrat eine Mehrheit verschafft.

## Blockadepolitik mit Paragraphen

In den Mittelpunkt des Konflikts zwischen Betriebsrat und Geschäftsleitung war mehr und mehr die Frage der Leiharbeit geraten. An ihr hing letztlich auch die Frage der Einhaltung des Manteltarifvertrags und der Arbeitszeitregelungen.

BETRIEBSRAT: Die Betriebsleitung sagt: »Wir wollen einen Pool haben, damit ihr nicht so flexibel arbeiten müsst«. Aber je mehr dieser Pool wächst, desto schwächer werden meine Rechte, weil ich zur Minderheit werde. Die werden keine befristeten Verträge oder Festverträge machen, solange sie diese Vorteile der Leiharbeit haben. Indem ich den Einsatz von Leiharbeitern blockiere, will ich sie dazu zwingen, wieder Leute einzustellen. Manche bezeichnen mich als Illusionisten. Aber der Streik, auch wenn er nicht so funktioniert hat, der hat mir gezeigt, dass es machbar ist. Das Problem ist nur, die Leute zu motivieren, das ist das größte Problem. Zum Streik konnten wir achtzig Leute motivieren. Von denen, die jetzt drin sind, hat jeder andere Vorstellungen. Bei den Festangestellten ist die Meinung geteilt. Der eine denkt: »Ich will endlich mal in Ruhe arbeiten. Scheiß Manteltarifvertrag, scheiß Betriebsvereinbarung, alles scheiße. Ich will nur arbeiten, verdammt noch mal.« Der hat schon dicht gemacht. Die Leiharbeiter kämpfen ums Überleben, ums nackte Überleben. Der Arbeitgeber freut sich immer wieder: »Ich kann jederzeit irgendjemanden bestellen. Und ich kann die für alles Mögliche benutzen. Durch deren Einsatz kann ich auch das Betriebsverfassungsgesetz und alle möglichen Gesetze manipulieren. Das hat doch Zukunft.« Das ist der Grund, warum ich diese Arbeit eigentlich gerne mache. Ich weiß ganz genau, diesen Kampf werde ich nicht lange führen können, aber so lange es geht ...

Konsequent widerspricht der Betriebsrat allen Einstellungen von LeiharbeiterInnen und überprüft systematisch, ob er in jedem Fall ordnungsgemäß nach § 99 BetrVG angehört worden ist. Die hohe Fluktuation unter den LeiharbeiterInnen trägt dazu bei, dass die im Grunde sehr beschränkten Mitbestimmungsrechte kurzzeitig für eine Blockadepolitik genutzt werden können.

BETRIEBSRAT: Dann hat die Geschäftsleitung gesehen, sie können nichts mehr machen. Die Leiharbeiter hauen oft ab, wegen dem schlechten Lohn und der beschissenen Arbeit. Dann rufen die bei Tertia an: »Schickt mir einen neuen.« Die haben keine Ahnung vom Catering, aber die brauchen irgendjemanden, der zwei Beine und zwei Arme hat, alles andere ist uninteressant. Aber wenn dann ein Neuer kommt, kann der Betriebsrat sagen: »Nee, das stimmt nicht, die Frist ist nicht eingehalten, dem haben wir nicht zugestimmt.« Dann haben die gesagt, wir sind doch nicht bescheuert, dann bringen wir immer den § 100 bei [vorläufige Durchführung einer personellen Maßnahme auch ohne Zustimmung des Betriebsrats]. Dann haben die uns geschrieben, »Wir müssen den Mitarbeiter haben, aus folgenden Gründen ...«. Da hab ich mir gesagt, lass' das mal laufen, sammel' soviel 100er wie du kannst. Jetzt sitzen die voll in der Tinte. Die haben so viele 100er, die sind alle von uns abgelehnt worden. Der 100er ist ja die letzte Möglichkeit für die, die Leute reinzubringen.

Jetzt ist die Situation so weit, dass sie kein Personal mehr reinbringen können. Die wissen, dass jede Arbeitskraft, die sie ohne Zustimmung des Betriebsrats bringen, sie mehr kosten wird, als wenn sie die einsetzen. Daher machen die jetzt so einen Druck gegen uns, wie mit diesem Schmierblatt, der Unterschriftenliste.

Bei einer vorläufigen Einstellung nach § 100 muss die Firma spätestens nach drei Tagen zum Arbeitsgericht gehen und sich eine Ersetzung der Zustimmung des Betriebsrats besorgen. Versäumt sie das, kann der Betriebsrat beim Arbeitsgericht die Aufhebung der Einstellung beantragen und im Weigerungsfall ein Zwangsgeld von 250 Euro pro Beschäftigungstag festsetzen lassen. Schon während des Streiks hatte der Betriebsrat erfolgreich sein Informationsrecht über alle Einstellungen, auch von Leiharbeitern, eingeklagt. Aufgrund der damaligen juristischen Schlappe zögerte die Betriebsleitung, für jeden Leiharbeiter zum Arbeitsgericht zu gehen. Durch dieses taktische Spiel mit den rechtlichen Regelungen wird der flexible Einsatz der Leiharbeit eingeschränkt und es wird für die Vorgesetzten schwieriger, die besondere Kommandogewalt gegenüber den LeiharbeiterInnen anzuwenden.

BETRIEBSRAT: Wenn ein Leiharbeiter irgendwas macht, sich irgendwie wehrt, dann braucht der Supervisor kein großes Theater zu machen. Der ruft grad mal den Betriebsleiter an: »Den Mann möchte ich morgen nicht sehen!« Ganz egal aus welchem Grund. Dann ruft der Betriebsleiter bei der Leihfirma an: »Ich will den Mann morgen nicht wieder haben. Der ist gegen meinen Supervisor.« Der braucht nichts erklären, nichts begründen, gar nichts.

Aber solange der Betriebsrat diese Blockadepolitik nicht zusammen mit den LeiharbeiterInnen durchführt und ihnen zeigt, wie sie dadurch eigene Stärke entwickeln können, gelingt es der Firmenleitung immer wieder, die

Leiharbeiter gegen den Betriebsrat aufzubringen. Es kommt zu Situationen, in denen bereits zur Arbeit erschienene Leiharbeiter wieder nach Hause geschickt werden – wobei ihnen der Betriebsleiter erklärt, das hätten sie dem Betriebsrat zu verdanken. Rechtlich gesehen wäre dies für die Leiharbeiter kein Problem, da ihre Firma ihnen den Tag trotzdem bezahlen müsste. Aber für Leiharbeitsverhältnisse ist es typisch, dass selbst die wenigen Rechte nicht eingehalten werden und viele Leiharbeiter noch nicht einmal um sie wissen. Bei der Firma G&A steht z.B. in Arbeitsverträgen, dass keine Lohnfortzahlung im Krankheitsfall gezahlt werde. Leihfirmen wie G&A vermitteln ihren Beschäftigten von Anfang an, dass nur die geleisteten Arbeitsstunden gezahlt werden. Wegen des Personalmangels während des Streiks arbeiteten türkische Kollegen 14 Monate, ohne einen Tag Urlaub zu erhalten. Wenn sie hartnäckiger ihren Urlaub verlangten, wurde ihnen gesagt, sie könnten ihren Urlaub bekommen, aber danach wären sie dann wohl arbeitslos.

Schon im Streik hatte es sich gerächt, dass kaum Kontakt zu den ArbeiterInnen von den Leih- und Putzfirmen bestand. Mit dem ständig weiter zunehmenden Anteil der Leiharbeit sehen einige kämpferische KollegInnen die Notwendigkeit, sich direkter an die LeiharbeiterInnen zu wenden.

BETRIEBSRAT: Das ist äußerst wichtig. Der Betriebsrat beschäftigt sich ja immer noch nur mit sich selbst. Er muss sich ständig verteidigen. Er muss stärker hingehen und den Leiharbeitern sagen: »Ich bin auch für euch da.« Ich erkläre denen das immer wieder, für was ich auch bei ihnen zuständig bin. Der kann jederzeit kommen. Aber das hilft nichts. Der sagt: »Ich muss länger arbeiten als die Festangestellten, um meine Brötchen zu verdienen. Was hilft mir da die Einschränkung der Flexibilität?« Das ist eine ideale Konfliktsituation für den Arbeitgeber.

Der juristische Konflikt um die Betriebsratswahl hatte mit dazu beigetragen, das Problem der Leiharbeit stärker wahrzunehmen. Im Prozess hatte sich die Arbeitgeberseite in zynischer Weise zur Interessensvertreterin der Leiharbeiter aufgeschwungen: Leiharbeiter seien von der Wahl ausgeschlossen worden, daher habe der Arbeitgeber dafür zu sorgen, dass ihre Interessen berücksichtigt werden. Dieser Zynismus einer Firma, die systematisch die rechtlose Position der Leihkräfte ausbeutet, hatte einige Kollegen zur Weißglut gebracht.

Es ist aber nicht einfach, Kontakte zu den LeiharbeiterInnen herzustellen und sie zu eigenem Widerstand zu ermuntern. Als erstes informiert sich der Betriebsrat darüber, welche Rechte diesen ArbeiterInnen überhaupt zustehen und wie das geregelt ist – bisher hatten auch viele der Festangestellten geglaubt, Leiharbeiter hätten keinen Anspruch auf Lohnfortzahlung bei Krankheit usw. Daraus entsteht ein ausführliches Merkblatt (siehe deutsche und türkische Fassung auf den folgenden Seiten), das im Betrieb ausgehängt und an die LeiharbeiterInnen verteilt wird. Ein paar von ihnen wenden sich extrem konspirativ an den Betriebsrat. Die Angst und die Einschüchterung durch ihre Arbeitgeber ist allgegenwärtig. Der Chef von G&A, der selber oft in die Firma kommt und auch schon mal bei der Arbeit hilft, soll Beschäftigten gedroht haben, ihre befristeten Verträge nicht zu verlängern, weil er sie im Gespräch mit dem Betriebsrat beobachtet habe. Um den Kollegen die Angst vor einem Besuch im Betriebsratsbüro zu nehmen, das von außen eingesehen werden kann, besorgt der Betriebsrat sogar Gardinen als Sichtschutz. Die Idee, eine eigene Versammlung der LeiharbeiterInnen einzuberufen, wird verworfen: »Da würde vor lauter Angst keiner hinkommen. Die haben zu viele Agenten. Das funktioniert perfekt bei G&A, die haben ihre eigene Spionage.«

Ende September macht der Betriebsrat einen weitergehenden Vorstoß, die prekäre Situation der Leiharbeiter zu verbessern und ihre Beschäftigung zu stabilisieren. Er fordert von der Geschäftsleitung für die langfristig beschäftigten LeiharbeiterInnen verbindliche Dienstpläne im Oktober. Hier zeigen sich die Grenzen der rechtlichen Möglichkeiten. Eine verbindliche Einsatzplanung der Leihkräfte würde sie in Sachen Arbeitszeit und Flexibilität faktisch den Festangestellten gleichstellen. Aber das geben die Mitbestimmungsrechte nicht her. Ob die Firma Leihkräfte anfordert oder nicht und für welche Zeiträume, ist eine Vertragsangelegenheit zwischen Gate Gourmet und den Leihfirmen. Der Rechtsanwalt der NGG winkt ab. Die Gewerkschaft fühlt sich ohnehin von dem Konfliktkurs des Betriebsrats überfordert und die vielen Arbeitsgerichtsprozesse wachsen ihr über den Kopf.

Am 25. Oktober tritt der Betriebsratsvorsitzende aus gesundheitlichen Gründen von seinem Amt zurück und scheidet aus der Firma aus. Bei dem

**Information des Betriebsrats Gate Gourmet West GmbH**

# Wichtige Hinweise für Leiharbeiter

In unserer Firma arbeiten viele Kolleginnen und Kollegen, die über Zeitarbeitsfirmen (z.B. Tertia Krefeld, Mumme Krefeld, G&A Duisburg, GMA Düsseldorf, Crents, Randstadt Düsseldorf) von Gate Gourmet entliehen werden.

Es ist bekannt, dass Leiharbeitsfirmen oft gegen arbeitsrechtliche Bestimmungen verstoßen. Viele Kollegen kennen die rechtlichen Bestimmungen nicht, oder wissen nicht, wie sie ihre Rechte durchsetzen können. Nach dem Betriebsverfassungsgesetz ist der Betriebsrat des Entleiherbetriebes auch für die Probleme der im Betrieb eingesetzten Leiharbeiter zuständig. Die Beschäftigten von Leihfirmen können sich mit ihren Problemen an den Betriebsrat von Gate Gourmet Düsseldorf wenden; sie haben einen rechtlichen Anspruch darauf, während ihrer Arbeitszeit den Betriebsrat aufzusuchen und sich beraten zu lassen, und sie dürfen an den Betriebsversammlungen des Entleiherbetriebes (Gate Gourmet) teilnehmen (Arbeitnehmerüberlassungsgesetz, AÜG § 14 Abs. 2). Für die Zeit der Teilnahme an den Betriebsversammlungen muss auch den Leiharbeitern der normale Lohn gezahlt werden.

Im Folgenden informieren wir in Kurzform über einige grundlegende Rechte. Ausführliche Informationen könnt ihr beim Betriebsrat erhalten.

**1. Krankheit:** Nach vier Wochen ununterbrochener Beschäftigung besteht Anspruch auf Lohnfortzahlung im Krankheitsfall. Der Arbeitgeber muss den Lohn bis zu 6 Wochen weiterzahlen (Entgeltfortzahlungsgesetz § 3). Dauert die Krankheit länger als 6 Wochen besteht Anspruch auf Krankengeld von der Krankenkasse. Der Lohn muss auch dann vom Arbeitgeber weiter gezahlt werden, wenn er das Arbeitsverhältnis kündigt! Wichtig: bei Erkrankung sofort den Arbeitgeber (die Zeitarbeitsfirma) anrufen und noch am selben Tag ein ärztliches Attest holen und an den Arbeitgeber schicken. Der Arbeitgeber hat keinen Anspruch zu erfahren, welche Krankheit ihr habt – das wäre ein Verstoß gegen den Datenschutz. Der Anspruch auf Lohnfortzahlung besteht auch dann, wenn ihr im Arbeitsvertrag unterschrieben habt, dass es keine Lohnfortzahlung gibt. Dieses Recht kann nicht durch den Arbeitsvertrag aufgehoben werden!

**2. Kündigungsfrist:** Die Kündigungsfrist beträgt im Allgemeinen 4 Wochen zum 15. oder zum Ende eines Kalendermonats (BGB § 622). Nur wenn eine Probezeit vereinbart ist, kann die Kündigungsfrist auf 14 Tage verkürzt werden. Die Probezeit darf maximal 6 Monate betragen. D.h., auch wenn im Arbeitsvertrag steht, dass die Probezeit 1 Jahr beträgt, gilt ab dem 7. Monat des Arbeitsverhältnisses die Kündigungsfrist von 4 Wochen!
Ist das Arbeitsverhältnis nur zur Aushilfe und nicht länger als 3 Monate abgeschlossen, kann eine kürzere Kündigungsfrist (z.B. täglich) vereinbart werden (BGB § 622 Abs. 5) – dies gilt nicht für Leiharbeitsfirmen! Sie dürfen auch in den ersten drei Monaten nur mit 14 Tagen Frist kündigen (AÜG § 11 Abs. 4).
Gegen ein ungerechtfertigte oder nicht fristgerechte Kündigung muss innerhalb von 3 Wochen Klage eingereicht werden (siehe unten Punkt 7). Ganz wichtig: Wer gegen eine Kündigung klagen will, muss seine Arbeitskraft anbieten – z.B. sagt der Arbeitgeber, dass du morgen nicht mehr kommen brauchst. Dann musst du am nächsten Tag, sobald das Büro öffnet, zum Büro der Leihfirma gehen, und deine Arbeitskraft anbieten, d.h. sagen, dass du arbeiten willst. Wenn er dich dann wegschickt, befindet er sich in Annahmeverzug und du hast deine Pflicht erfüllt. Am besten ist es, einen Zeugen mitzunehmen, der später bestätigen kann, dass du deine Arbeitskraft angeboten hast.

**3. Lohn:** Leiharbeitsfirmen müssen ihren Beschäftigten dieselben Arbeitsbedingungen (Lohn, Urlaub, Arbeitszeit, Zuschläge, etc.) gewähren, wie sie für die Festangestellten des Entleiherbetriebes gelten (AÜG § 9.2). Von dieser Bestimmung kann nur abgewichen werden, wenn die Leihfirma einen Tarifvertrag abgeschlossen hat oder sich im Arbeitsvertrag auf einen für diesen

Bereich geltenden Tarifvertrag beruft. Leiharbeiter haben den Anspruch, sich über die im Entleiherbetrieb (Gate Gourmet) geltenden Arbeitsbedingungen zu informieren.

**4. Lohnfortzahlung bei Nichtbeschäftigung:** Kann die Leiharbeitsfirma ihren Beschäftigten keine Arbeit zuweisen, so ist sie trotzdem verpflichtet, den Lohn für die im Arbeitsvertrag vereinbarte Arbeitszeit zu bezahlen. Die Leihfirma kann das Arbeitsverhältnis nicht mit Hinweis auf fehlende Arbeit vorzeitig (d.h. ohne Einhaltung der Kündigungsfristen) kündigen. Wird in dem Entleiherbetrieb gestreikt, so kann der Leiharbeiter die Arbeit dort verweigern und hat trotzdem Anspruch auf Lohnzahlung (AÜG § 11).

**5. Urlaub:** Der gesetzliche Mindesturlaub beträgt 24 Tage. Er kann weder durch Arbeitsvertrag noch Tarifvertrag verkürzt werden. Nach 6 Monaten besteht Anspruch auf den vollen Urlaub. Für jeden vollen Monat besteht Anspruch auf ein zwölftel des Jahresurlaubs. Besteht ein Anspruch von mehr als 12 Urlaubstagen, so muss ein Teil des Urlaubs aus 12 aufeinander folgenden Tagen bestehen. Normalerweise muss der Urlaub im laufenden Jahr genommen werden. Nur ausnahmsweise kann ein Teil ins nächste Jahr übertragen werden. Er muss dann aber in den ersten drei Monaten des Folgejahres genommen werden, sonst verfällt er! (Bundesurlaubsgesetz § 3, 5 und 7)

**6. Arbeitszeit:** Um die Gesundheit der Arbeitnehmer zu schützen, ist die maximale Dauer der Arbeitszeit und die Einhaltung von Ruhepausen und Ruhezeiten durch das Arbeitszeitgesetz (ArbZG) geregelt. Die tägliche Arbeitszeit darf höchstens 8 Stunden betragen. Sie darf nur dann auf höchstens 10 Stunden verlängert werden, wenn innerhalb von sechs Monaten im Durchschnitt nicht länger als 8 Stunden täglich gearbeitet wird (ArbZG § 3). Bei einer Arbeitszeit von 6 bis 9 Stunden täglich muss eine Ruhepause von 30 Minuten gewährt werden; bei über 9 Stunden von 45 Minuten. Die Ruhepausen können auf Pausen von mindestens 15 Minuten aufgeteilt werden. Die Zeit der Ruhepausen muss vorher festgelegt werden. Spätestens nach 6 Stunden Arbeit muss eine Ruhepause gewährt werden (ArbZG § 4). Wird in einer Firma wiederholt gegen diese Bestimmungen verstoßen, so kann gegen die Firma eine Geldbuße von bis zu 15.000 Euro verhängt werden. Bei Verstößen gegen das Arbeitszeitgesetz können sich die Arbeitnehmer an die Aufsichtsbehörde wenden (für Düsseldorf ist dies das Staatliche Amt für Arbeitsschutz Wuppertal, Tel 0202-5744-0).
Der Arbeitgeber ist verpflichtet, das Arbeitszeitgesetz und die für den Betrieb geltenden Tarifverträge über die Arbeitszeit gut sichtbar auszuhängen. Tut er das nicht, so kann er mit einer Geldbuße von 2500 Euro belegt werden (ArbZG § 17 und 22).

**7. Recht haben – Recht bekommen. Lohnansprüche durchsetzen.**
Wenn die Leihfirma zu wenig Lohn zahlt (z.B. keine Lohnfortzahlung bei Krankheit, keine Gleichbehandlung mit den Gate-Gourmet-Beschäftigten, obwohl sie keinen Tarifvertrag hat), dann muss das nicht sofort reklamiert werden. Oftmals wird Beschäftigten sofort gekündigt, wenn sie auf ihrem Recht bestehen. Fehlende Löhne können zwei Jahre lang eingefordert und eingeklagt werden. Aber Vorsicht! Im Arbeitsvertrag oder in Tarifverträgen können die Fristen verkürzt werden: So gilt z.B. bei Tertia ein Tarifvertrag, bei dem Lohnansprüche innerhalb von 2 Monaten eingefordert werden müssen, sonst verfallen sie.
Um an sein Geld zu kommen, wenn der Arbeitgeber trotz Aufforderung nicht zahlt, muss Klage beim Arbeitsgericht eingereicht werden. Dies kann über einen Rechtsanwalt oder eine Gewerkschaft geschehen, wenn ihr Mitglied seid. Aber es geht auch einfacher: bei jedem Arbeitsgericht gibt es eine Rechtsantragsstelle, die eine Klage auf Lohnforderungen oder eine Klage gegen eine Kündigung für euch korrekt formuliert, wenn ihr alle Arbeitsunterlagen vorlegt. Zuständig ist immer das Arbeitsgericht des Ortes, an dem sich die Leihfirma befindet, bei der ihr beschäftigt seid (das ergibt sich auch aus dem Arbeitsvertrag), z.B. sind dies:

- Arbeitsgericht Düsseldorf, Ludwig- Erhard- Allee 21, 40227 Düsseldorf
- Arbeitsgericht Krefeld, Preußenring 49, 47798 Krefeld
- Arbeitsgericht Duisburg, Mülheimer Straße 54, 47057 Duisburg

Bei weiteren Fragen zu euren Rechten und ihrer Durchsetzung unterstützt euch der Betriebsrat.

## Gate Gourmet West İşyeri İşçi Temsilciliği (BR)'nden

# Kiralık işçiler (Leiharbeiter) için önemli bilgiler:

Firmamızda Tertia Krefeld, Mumme Krefeld, G+A Duisburg gibi taşeron firmalardan kiralanan çok sayıda kiralık işçi çalışıyor. Taşeron firmaların çoğu zaman, iş hukukunca belirlenen kurallarla uymadıkları biliniyor. Kiralık işçi arkadaşlarımızın çoğu haklarını ve bu haklarını nasıl elde edebileceklerini bilmiyorlar. İşyeri Teşkilat Yasası'na (Betriebsverfassungsgesetz) göre işçi kiralayan firmanın BR'si işyerinde çalışan kiralık işçilerin problemlerinden de sorumludur.
Taşeron firmaların işçileri, çalışma saatleri içinde Gate Gourmet Düsseldorf firmasının BR'sine giderek bilgilenmek, yardım istemek ve firmada yapılan işyeri toplantılarına katılmak hakkına sahiptirler (Arbeitnehmerüberlassungsgesetz, AÜG § 14 Abs. 2). Kiralık işçilere, işyeri toplantılarına katılmaları halinde de ücretleri ödenir.

***Aşağıda kısaca sizi temel haklarınız konusunda bilgilendirmek istiyoruz. Ayrıntılı bilgi için bize (İşyeri İşçi Temsilciliği – BR) başvurabilirsiniz.***

**1. Hastalık:** Firmada dört hafta ara vermeden çalışmanız halinde hastalık nedeniyle çalışamadığınız zaman ücretlerinizin ödenmesi hakkına sahip olursunuz. İşveren, ücretinizi 6 haftaya kadar ödemek mecburiyetindedir. (Entgeltfortzahlungsgesetz § 3) Eğer hastalığınız 6 haftadan uzun sürerse sağlık sigortanızdan ‚hastalık parası- krankengeld' alabilirsiniz. İşveren sizin iş sözleşmenizi iptal etse bile 6 haftalık süre içinde üücretinizi ödemek zorundadır. Burada önemli olan hasta olur olmaz işvereninize (taşeron firmaya) telefon etmeniz ve aynı gün doktordan aldığınız raporu işvereninize göndermenizdir. İşverenin hastalığınızın ne olduğunu öğrenme hakkı yoktur. Bunu talep etmesi Kişisel Bilgilerin Korunması Yasası'na aykırıdır.
İş sözleşmenizde hastalık halinde ücretlerin ödenmeyeceği yazılsa bile işveren ücreti ödemek zorundadır. Bu hak, iş sözleşmesiyle gasp edilemez.

2. **İş aktinin feshedilmesi ile ilgili süre (Kündigungsfrist):** İşin feshedildiği, yani işçinin işten çıkarıldığı dört hafta önce bildirilmek zorundadır. Genelde çıkış, ayın 15'i yada sonuna dört hafta kala bildirilmek zorundadır (BGB § 622). Eğer önceden ‚deneme süresi' belirlendiyse iş aktinin feshedilme süresi 14 gün kısaltılabilir. Deneme süresi ise en fazla 6 ay olabilir. Eğer iş sözleşmesinde deneme süresinin bir sene olduğu yazılmış olsa bile çalışmaya başladıktan 6 ay sonra iş aktinin feshedilmesiyle ilgili süre 4 haftaya çıkar.
Eğer sözleşme geçici işçi statüsüyle ve çalışma süresi de en fazla 3 ay olarak imzalandıysa daha kısa bir iş aktinin feshedilmesi süresi üzerinde (örneğin günlük) anlaşılabilir (BGB § 622 Abs. 5). Bu taşeron firmalar için geçerli değildir. Taşeron firmalar ilk üç ayın içinde de çıkışı 14 gün önce bildirmek zorundadırlar (AÜG § 11 Abs. 4).
Haksız olarak ya da yasal süresine uyulmayarak verilen bir çıkışa karşı üç hafta içinde mahkemeye başvurmak zorunludur. (Aşağıda 7. maddede daha geniş olarak açıklanacaktır.) Burada önemli olan çıkışına itiraz eden kişinin iş gücünü sunmasıdır. Yani, eğer patron işten atıldığını haber verdiyse, ertesi gün daha büro açılır açılmaz taşeron firmaya gidip çalışmak istediğini söylemelisin. Eğer geri gönderilirsen sen görevini yerine getirmiş, o da işe başlamanı geciktirdiği için haksız durumda olur. Çalışmak istediğini, ama reddedildiğini kanıtlayabilmek için büroya şahit olacak biriyle gitmen iyi olur.

**3. Ücret:** taşeron firmalar, işçilerine işçi kiraladıkları firmanın kendi işçilerine tanıdığı çalışma koşullarını (ücret, tatil hakkı, çalışma süresi ve ek ödemeler) garanti etmek zorundadırlar (AÜG § 9.2). Eğer taşeron firma bu firma ile özel bir sözleşme imzalamışsa ya da sektörde geçerli olan bir sözleşmeye göre hareket ediyorsa işçi kiralanan firmada geçerli olan sözleme kiralık işçiler için geçersiz olabilir. Kiralık işçiler kiralandıkları firma (Gate Gourmet) daki çalışma koşulları hakkında bilgilenme hakkına sahiptirler.

**4. Çalışılmaması halinde ücret ödenmesinin devamı:** Eğer taşeron firma bir firmaya kiraladığı işçiler iş olmadığı için çalışamıyorlarsa çalışılmayan süre için işçiyle imzaladığı sözleşmeye bağlı olarak orada belirlenen ücreti ödemeye devam etmek zorundadır. Taşeron firma işin olmadığını gerekçe göstererek iş aktini feshetmeyle ilgili kuralları dikakte almadan sözleşmeyi iptal edemez. Eğer işçinin kiralandığı işletmede grev varsa kiralık işçi de çalışmayı reddedebilir ve buna rağmen ücretini almaya devam eder (AÜG § 11).

**5. Tatil:** Yasal asgari tatil süresi 24 gündür. Bu süre ne iş sözleşmesi ne de toplu iş sözleşmesiyle kısaltılabilir. Altı ay çalıştıktan sonra tatil hakkı doğar. Her ay için yıllık tatil süresinin 12 de biri kadar tatik hakkı vardır. 12 günden fazla tatil hakkı varsa tatilin bir kısmının ardarda gelen 12 günden oluşması gerekir. Normal olarak yıllık tatilin geçerli olduğu yıl içinde kullanılması gerekir. İstisnai durumlarda belli bir kısmı gelecek yıla ertelenebilir. Ancak bu durumda gelecek yılın ilk üç ayında kullanılması gerekir yoksa kullanılmamış olarak kalır (Bundesurlaubsgesetz § 3, 5 und 7).

**6. Çalışma süresi:** İşçilerin sağlıklarının korunması için azami çalışma süresi, teneffüs ve dinlenme süreleri İş Süresi Yasası'yla (ArbZG) belirlenmiştir. Günlük çalışma süresi asgari 8 saat olarak belirlenmiştir. Altı ay içinde günlük ortalama çalışma süresi 8 saati geçmemek kaydıyla en fazla 10 saate çıkarılabilir (ArbZG § 3). 6-9 saat çalışılması halinde teneffüs - pause süresinin 30 dakika, 9 saatin üzerinde çalışılması halinde ise 45 dakika olması zorunludur. Bir teneffüs süresi en az 15 dakika olmalıdır. Teneffüs süreleri önceden belirlenmeli ve işçiler tarafından bilinmelidir. Çalışmaya başladıktan en geç 6 saat sonra mutlaka teneffüs yapılmalıdır (ArbZG § 4). Herhangi bir firmada sistematik olarak bu kurallar çiğneniyorsa firma 15 bin Euro'ya kadar para cezasına çarptırılabilir. Çalışma Süresi yasası'na aykırı davranışlara karşı işçiler Kontrol dairesi'ne başvurabilirler. Düsseldorf için yetkili daire: *Staatliche Amt für Arbeitsschutz Wuppertal*, Tel. 0202-5744-0
İşveren Çalışma Süresi yasası ve işletmede geçerli olan sözleşmeleri çalışma süresi içinde açıkça görülebilecek bir yere asmak zorundadır. Bunu yapmazsa 2 bin 500 euro para cezasına çarptırılabilir (ArbZG § 17 ve 22).

**7. Hak sahibi olmak – Haklı olmak. Ücret hakkını kabul ettirmek.**
Eğer taşeron firma çok az para ödüyorsa (örneğin hastalık halinde ücret ödenmesinin kesilmesi, özel bir sözleşme olmamasına rağmen Gate Gourmet işçileriyle eşit haklara sahip olunmaması) hemen yasal itirazda bulunma zorunluluğu yoktur. Genellikle haklarını arayan işçiler hemen işten atılırlar. Eksik ödenen ücretler iki yıl geriye gidecek şekilde talep edilebilir. Burada dikkat edilmesi gereken imzalan sözleşmelerdir. Sözleşmelerde ücret farkıyla ilgili talep süresi kısaltılmış olabilir. Örneğin Teria'da ücretle ilgili taleplerin iki ay içinde ileri sürülmesi yoksa bu hakkın kaybolacağı yazmaktadır.
Talep edilmesine rağmen işveren parayı ödemiyorsa hak edilen parayı alabilmek için İş Mahkemesi'ne başvurmak zorunludur. Bu, bir avukat aracılığıyla yapıldığı gibi sendika üyesi iseniz sendika aracılığıyla da yapılabilir. Ancak kendi başınıza da yapabilirsiniz. Her İş Mahkemesi'nde eğer bütün belgeleriniz tamamsa ücret talebiniz ya da işten atılmanıza itirazınızla ilgili başvuru dilekçenizi formüle edecek bir Hukuki Başvuru Bölümü vardır. Taşeron firmanın bulunduğu yerdeki İş Mahkemesi'ne başvurulması gerekir. Bunlar, Gate Gourmet'teki kiralık işçiler için:

**Arbeitsgericht Düsseldorf, Ludwig-Erhard-Allee 21, 40227 Düsseldorf**
**Arbeitsgericht Krefeld, Preußenring 49, 47798 Krefeld**
**Arbeitsgericht Duisburg, Mülheimer Straße 54, 47057 Duisburg' dır.**

İşyeri İşçi Temsilciliği (Betriebsrat) olarak haklarınızla ilgili bilgi sahibi olmanıza ve haklarınızı almanıza yardımcı olmak için yanınızdayız.

*Düsseldorf, Temmuz 2006*

Versuch, den im Streik offen aufgebrochenen Konflikt um Flexibilisierung, Arbeitsverdichtung und Prekarisierung im Arbeitsalltag weiterzuführen, hatte er sich zu sehr aufgerieben und war letztlich daran verzweifelt, dass das Gremium Betriebsrat nicht zum Träger dieses Kampfs werden konnte. Bei seinem Versuch, mit Hilfe der Mitbestimmungsrechte den Einsatz von LeiharbeiterInnen zu blockieren, hatte er für die letzte Konsequenz, den Gang zum Arbeitsgericht bei jedem 100er, keine Mehrheit mehr im Betriebsratsgremium bekommen. Nach seinem Rücktritt beschlossen die übrigen Mitglieder, den Betriebsrat aufzulösen und Neuwahlen einzuleiten. Die kämpferischen KollegInnen im Betrieb sehen dem gelassen entgegen. Bei den LeiharbeiterInnen habe sich auch etwas geändert, die seien mittlerweile aufgewacht und würden nicht mehr einfach für die Kandidaten der Arbeitgeber stimmen.

## Sabotage und Delays

Weniger kalkulierbar als der Streit mit dem Betriebsrat sind für die Geschäftsleitung untergründige Konflikte, die sie nicht lokalisieren kann. Während der Sommermonate 2006 häufen sich die Delays.

EROL: Wir haben so viel Delays, die haben wir in den ganzen vier Jahren nicht gehabt. Die würde es auch nicht geben, wenn die Firma noch so wäre wie früher. Jeden Tag ein Delay! Immer wieder wird etwas vergessen, das muss dann nachgeliefert werden.

Ende Mai macht die Firma einen Aushang, unterzeichnet vom Düsseldorfer Betriebsleiter und vom Deutschland-Chef, in dem offen von Sabotage gesprochen wird:

*»In den vergangenen Wochen ist es in unserem Unternehmen zu Sabotageakten gekommen! Bereitgestellte Trolleys & Container wurden vorsätzlich geleert und inkomplett verplombt. Trays & Meals wurden aus bereitgestellten und gecheckten Trolleys entnommen sowie der Heißwasserboiler wurde ausgeschaltet. Dadurch entstanden Nachfahrten, Claims und Delays. … Die Geschäftsleitung toleriert dieses Vorgehen keinesfalls und verurteilt die Tat aufs Schärfste. … Sollte es in Zukunft zu weiteren Vorfällen dieser Art kommen, sieht sich die Geschäftsleitung gezwungen Maßnahmen einzuleiten, um rigoros gegen die Täterschaft vorzugehen«.*

Auch in der Juni-Ausgabe der Firmenzeitschrift für Düsseldorf und Köln wird über Delays und Claims *»als Folge von Unachtsamkeit oder sogar Sabotage«* berichtet.

Es ist ungewöhnlich, dass eine Firma so offen über Sabotage redet. Üblicherweise vermeiden die Chefs, selbst offensichtliche Fälle von Sabotage als solche zu bezeichnen, um nicht zur Verbreitung dieser Form der direkten Aktion am Arbeitsplatz beizutragen oder das Thema zu politisieren. Lieber wird von Fehlern oder von Unachtsamkeit gesprochen. Was bezweckt die Firmenleitung? Gibt es wirklich gezielte Sabotage, oder ist dies die Vorbereitung, um Einzelne herausgreifen und kriminalisieren zu können? Die ArbeiterInnen, mit denen wir sprechen, sind sich auch nicht sicher. Diebstähle von lukrativen Zollwaren hatte es in der Vergangenheit immer wieder gegeben – aber Sabotage war nie ein Thema gewesen.

A: Sabotage? Das gab es nie bei uns, nicht vor und nicht während des Streiks. B: Wenn Essen fehlen, ist der Transport Schuld. Ist das Sabotage? C: Das passiert ganz leicht. Letztens habe ich einen gesehen, wie er gegen einen Container tritt, volle Pulle, weil die anderen einen Fehler gemacht hatten. Die Nerven liegen blank. Jeder Fehler wird als Sabotage bezeichnet, um Leute als Schuldige hinzustellen. A: Ich glaube nicht, dass es Fehler sind. Das sind verärgerte Leiharbeiter. Die sind frustriert wegen dem, was man ihnen während des Streiks versprochen hat. B: Nein, das sind ganz normale Sachen in diesem System, die sind schon früher passiert. Bei dem Stress lässt es sich nicht anders machen: Entweder bekommst du eine Abmahnung, weil du zu langsam bist, oder wirst deswegen gemobbt. Oder: Du passt dich an und machst es in der vorgeschriebenen Zeit. Wenn du das schaffst, bist du der Beste. Aber es gibt nur eine Kontrolle in diesem System, keine zweite, wie damals. Wenn die gelbe Plombe drauf ist, ist die Sache erledigt für dich. Eigentlich müsstest du es noch mal kontrollieren, aber McKinsey wollte das einsparen. Die Anweisungen an die Leute sind zweideutig, einerseits Zeit sparen, andererseits kontrollieren. D: Und überall liegen gelbe Plomben rum, jeder kann das machen. [Eine gelbe Plastikplombe bedeutet, dass der Container fertig gepackt ist.] Das Problem haben wir seit Jahren. Du nimmst die Container mit den gelben Plomben und denkst, das ist in Ordnung. Aber du als Fahrer bist der Letzte in der Kette. Dann kommt die Crew, macht die Container auf und guckt, was sie braucht, und stellt dann fest, dass er leer ist. Die rufen sofort bei Gate Gourmet, beim Chef an. Der ruft dann irgendeinen Hosenschisser, einen Supervisor an. Riesenkrach. Der muss dann irgendwas tun. C: Mit dem Gerede über Sabotage bereiten sie den Nährboden, um einige Kollegen gezielt abschießen zu können.

Oder sind vom Streik doch noch »Problemnester« übrig geblieben, die den Betriebspsychologen entgangen sind, die sie nicht »neutralisieren« konnten?

EROL: Das Band läuft, und dann wird jeder Trolley gezählt. Zum Beispiel dreihundert Passagiere geteilt durch sechs Trolleys à fünfzig Essen, plus Spezialessen, Diabetiker usw. So, und dann wird gezählt. Und dann wird angeblich

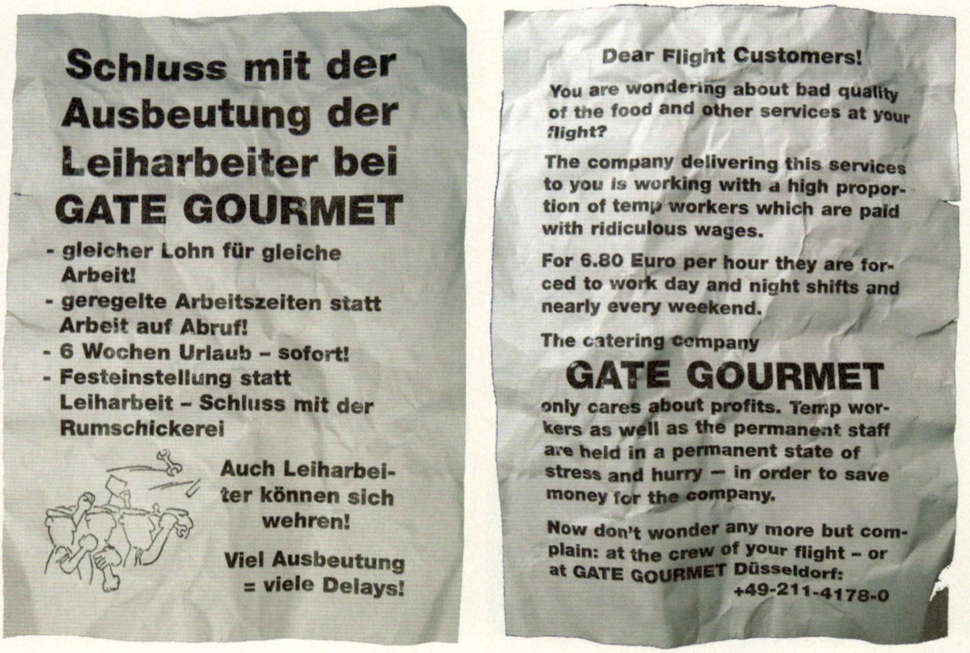


nochmal gezählt. Aber es fehlen Essen. Sogar der Betriebsleiter sagt, er glaubt jetzt an Sabotage.

Die Gräben, die der Streik aufgerissen hat, schlagen sich auch in der Verweigerung von Kooperation nieder, was zu Fehlern führt.

ALI: Der eine Fahrer, der als Streikbrecher gearbeitet hat, der ist dann im Streik Supervisor geworden. Der ist den Leuten gegenüber richtig am Schleimen. Der weiß genau: Er ist neu, als Vorarbeiter, er weiß wirklich nicht alles genau. Der ist ein bisschen abhängig von uns. Wenn alle gegen ihn sein würden, dann würde der nur Fehler machen, dann würde das nicht mehr für ihn laufen, als Vorarbeiter. Ich helfe dem überhaupt nicht mehr.

Und nicht zuletzt trägt die Firma selber zu Fehlern und Pannen bei, da sämtliche Investitionen gestoppt sind. Einiges deutet darauf hin, dass die Texas Pacific Group sich bald wieder von Gate Gourmet trennen will. Einen Super-Gewinn wird sie hier nicht mehr rausschlagen können, dann sollen wenigstens alle weiteren Ausgaben vermieden werden.

ALI: Was mich so wundert: Wir haben LKWs, so was hab ich noch nie in meinem Leben gesehen, in so einem Zustand! Da sind Außenspiegel kaputt. Da fehlt ein Türknopf, die Tür wird mit einem Seil geöffnet. Der wird nicht mehr repariert, weil der angeblich weggeht. Die LKWs sind in einem so katastrophalen Zustand … Ich hab schon dem Betriebsrat gesagt, dass ich mich irgendwann weigern werde, in so einen LKW als Fahrer einzusteigen.

Zu allem Übel tauchen Anfang August kleine Zettel im Betrieb auf: Auf der Vorderseite werden gleicher Lohn und bessere Arbeitsbedingungen für die Leiharbeiter bei Gate Gourmet gefordert. »Auch Leiharbeiter können sich wehren! Viel Ausbeutung = viele Delays!« Die Rückseite wendet sich auf Englisch an Flugpassagiere und informiert sie über die schlechten Arbeitsbedingungen, unter denen möglicherweise auch die Qualität des Catering leiden könne. Einige dieser Zettel werden in Flugzeugen gefunden. Airlines beschweren sich bei Gate Gourmet und weisen sie darauf hin, dass sie wohl ein Sicherheitsproblem hätten.

Im Betrieb herrscht große Aufregung, alle Trolleys werden nochmal aufgemacht. Überall im Betrieb, in Trolleys, unter den Trays oder auf den Klos werden die Zettel gefunden. Während es nahe liegend scheint, dass LeiharbeiterInnen ihrem Unmut über die Arbeitsbedingungen Luft gemacht haben, nimmt die Firmenleitung die Leihkräfte in den eiligst einberufenen Sonderversammlungen in Schutz. Sie verdächtige eine bestimmte »Gruppe« innerhalb des Betriebs – ein unzweideutiger Seitenhieb auf die kämpferischen KollegInnen im Umfeld des Betriebsrats. Die »Gruppe«, das sind all diejenigen, die den Streik und seine Ziele noch nicht völlig verdrängt haben. Für ein paar Tage gelingt es der Firma, viele ArbeiterInnen gegen die »Bedrohung der Arbeitsplätze« durch diese Zettel aufzubringen. Es herrscht eine Wildwest-Stimmung, in der Jagd auf einen ominösen Feind gemacht wird. Die Firma lässt Security-Leute aus London kommen und schaltet die Polizei ein. Sie nimmt die Zettel-Aktion zum Vorwand, um die Anbringung von Überwachungskameras im Betrieb zu planen. Aber einige KollegInnen empfinden klammheimliche Schadenfreude – und die Zettelverteiler sind auch nicht zu finden.

Im Oktober beginnt die Firma damit, einen Zaun um das Firmengelände bauen zu lassen. Von einigen Airlines war der offene Zugang zum Gebäude als Sicherheitsrisiko angemahnt worden. Ob es Gate Gourmet helfen wird, mit den inneren Konflikten im Betrieb fertig zu werden?

# »Sie sollen sich nicht verstecken können«

## McKinsey bei Gate Gourmet

Am 9. März 2006 hatten wir Streikende von Gate Gourmet zu einer Solidaritätsveranstaltung in Köln eingeladen. Ein paar Tage vorher unterhielten wir uns mit zwei von ihnen – einem Fahrer und einem Supervisor aus dem Bereich Transport – ausführlich über die Rolle von McKinsey. An dem Gespräch nahm auch Detlef Hartmann teil, um einen Beitrag über die Strategie und die Planungskonzepte von McKinsey vorzubereiten. Auf der Veranstaltung umrissen die Streikenden zu Beginn das Wirken von McKinsey. Im Laufe des Beitrags von Detlef entwickelte sich ein spannender Dialog, in dem die Streikenden die analytischen Ausführungen immer wieder sehr anschaulich auf ihre eigenen Erfahrungen bezogen. Im Folgenden dokumentieren wir diese Teile der Veranstaltung.

JENS: Der Streik hätte eigentlich schon wesentlich früher anfangen müssen, denn von 2002 bis 2005 ist es zu einer erheblichen Arbeitsverdichtung gekommen. Sie haben eine Produktivitätssteigerung von bis zu 30 Prozent erreicht und zwar durch die Firma McKinsey, die erst mal diese Eckdaten geschaffen hat.

ACHIM: Wir waren im Jahre 1998/99 bei uns im Bereich Transport 95 Fahrer und Belader. Davon sind jetzt noch 37 Festangestellte übrig geblieben. Zur Produktivität: Als McKinsey bei uns ins Haus kam, haben die sich alle Arbeitsabläufe angeguckt, und haben angefangen, Messungen durchzuführen. Die haben aber nur einmal gemessen. Die haben in der Produktion z.B. drei Schälchen machen lassen und gesagt: *»Ich brauche pro Schale 3,7 Sekunden.«* Das haben sie dann auf 12 000 Schalen hochgerechnet. Dass diejenige, die da steht, nach 2000 Schalen müde wird, das war denen egal. Das System konnte also von Anfang an nicht funktionieren.

Diese Richtzeiten hängen bei uns überall aus. An jedem Arbeitsplatz hängt ein Bild aus, als Standard, und da steht eine Zeit dahinter. Für jeden

Mitarbeiter, der eine freie Minute hatte - ein Belader hatte z.B. eine Stunde kein Flugzeug zu beladen -hab' ich dann ausgerechnet, wie viele Behälter der in einer Stunde packen kann. Dann hat der einen Zettel bekommen: Du musst in der Stunde 46 Behälter packen. Der konnte gerne auf Toilette gehen - wenn er die 46 Behälter gepackt hatte. Das war das, was er leisten musste. Die ganzen Freiräume, die es mal gab, wurden komplett aufgezehrt. Man hat in einer Abteilung die Summe aller Arbeitsabläufe und Aufgaben addiert, und das durch die Anzahl der Mitarbeiter geteilt. Man hat z.B. gesagt: Für den kompletten Ablauf im Transport braucht man heute 152,75 Stunden - das

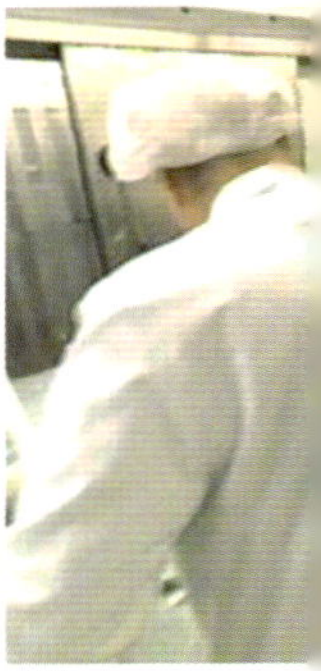

wurde wirklich so genau gerechnet! - und man hatte 22 Leute auf Schicht, das waren dann 165 Stunden. Da blieben also 7,2 Stunden über, und da mussten sie gucken, wo wir die noch hinschieben konnten, damit wir die 7,2 Stunden irgendwie abgearbeitet kriegen.

Jeden Morgen um neun Uhr gab es ein *Review-Meeting*. Da wurde zuerst die Produktivität besprochen. Wenn jemand sie nicht eingehalten hat, wurde gefragt, warum. Beim ersten Mal konnte man noch sagen, man hat sich verrechnet. Beim zweiten Mal wurde schon gesagt, das sollte aber nicht noch mal passieren. Wir hatten eine Abteilung, wo die Produktivität nicht gehalten werden konnte - dann musste der Mann eben gehen. Man hat ihn einfach entlassen.

Es wurde keine Rücksicht auf Pausenzeiten genommen. Zum Teil waren Leute zehn Stunden am Arbeiten und hatten noch keine Pause gehabt. Das hat keinen interessiert.

Die Richtzeiten waren reine Packzeiten. Selbst McKinsey hat zugegeben, dass die Packzeiten ja nicht die Müllentsorgung und das Auffüllen der Regale beinhalten. Dazu hat McKinsey gesagt: Das muss jemand anderes machen, sonst stimmt diese Richtzeit nicht mehr. Aber als McKinsey aus dem Hause war, da hieß es: Wir haben keinen dafür, da müsst ihr gucken, wie ihr damit klarkommt.

FRAGE: Wie hat sich durch McKinsey die Art des *Zusammenarbeitens* verändert?

ACHIM: Früher haben die Leute in Teams gearbeitet, zu zweit, oder an Bändern, wo sie mit sieben, acht Mann standen. Dann haben sie das ganze auf Tische umgebaut. Das hatte den Vorteil für McKinsey – und für das Unternehmen – dass jeder Einzelne für sich selber verantwortlich war. Das heißt: Er war auch wesentlich besser kontrollierbar.

Die haben Mädels aus der Produktion genommen, die 950 Euro brutto verdienen, und denen gesagt: *»Du hast jetzt drei Stunden Zeit, das ist dein*

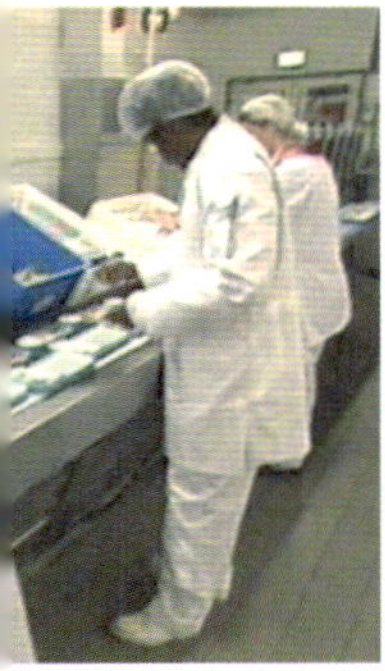

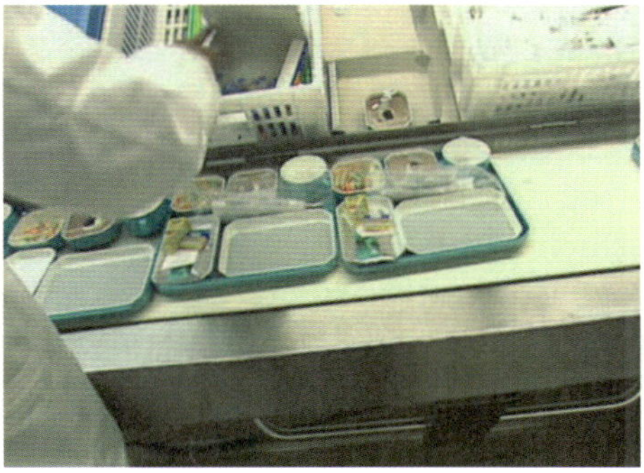

*Tisch, fang' mal an.«* Nach drei Stunden musste sie sich zurückmelden, und es wurde geguckt, wie viele Einheiten geschafft wurden. Wenn nicht, dann hieß es: *»Dann versuchen wir das morgen noch mal.«* Und wenn das beim zweiten Mal auch nicht ging, hat sie dafür eine Abmahnung bekommen.

Die Maschinen der LTU sind vorher immer zu zweit beladen worden. Mittlerweile werden die mittelgroßen Maschinen nur von einer Person beladen. Die Großraummaschinen, in die 380, 390 Leute reinpassen, sind 70 Meter lang und in Küchen eingeteilt. Das sind sechs oder sieben Tonnen Catering, die musste der Fahrer alleine entladen. Der läuft bei so einer Entladung zwei bis drei Kilometer, und tragen muss er die Ware auch noch alleine.

BERND: Durch McKinsey ist bei der Maschinenbeladung und -entladung auch die Unfallgefahr erheblich gestiegen. Bei den großen Airbussen ist es abschüssig, da können die Container runterfallen, das wurde deshalb aus Sicherheitsgründen mit zwei Mann gemacht. Da die das jetzt nur mit einem Mann machen dürfen, ist immer die Gefahr, dass ein Container aufs Vorfeld* runter fällt, und da kann jemand erschlagen werden. Das wird einfach in Kauf genommen.

ACHIM: Von McKinsey wurde nur der operative Bereich durchgemessen, nicht der administrative. Da wurde auch kein Hehl draus gemacht: Es ging um den Arbeiter an sich. Die Wunschvorstellung – das hat mir der damalige Verhandlungsführer der Gate Gourmet mal gesagt – wäre gewesen, die Leute mit spätestens 40 auszutauschen. Oder den Fahrdienst und andere Bereiche komplett *outzusourcen*.

Die haben bei uns viel geschafft, ich hab mich gewundert, dass das so lange gut gegangen ist. Das Problem ist, dass bei der Tischproduktion jeder für sich selbst verantwortlich war. Da war keine große Solidarität mehr. Jeder musste sich selbst verantworten, ob die Produktivität eingehalten wurde.

FRAGE: Warum habt ihr euch das eigentlich so lange gefallen lassen?

ACHIM: Zum Hintergrund muss man sagen: Der Großteil unserer Mitarbeiter ist schon seit 12, 15 oder 18 Jahren im Betrieb. Zu Zeiten der LTC* hatten Tarifverhandlungen überhaupt keine Bedeutung. Das lief so: Am Ende des Jahres hat der Chef gesagt, ich geb' euch 1,5 Prozent, wir haben gesagt, wir wollen 2,5, dann hat man sich auf 2 geeinigt. Wir haben so etwas noch nie erlebt. Wir waren ein sehr selbständiger Betrieb, wir haben immer schwarze Zahlen geschrieben, die schreiben wir jetzt auch.

Man musste hier immer hart arbeiten, körperlich, aber im Gegenzug hat der Geschäftsführer auch einige Freiheiten gewährt. Man konnte seinen Urlaub größtenteils nehmen, wie man wollte. Der hat Rücksicht auf die Nationalitäten genommen. Die türkischen Mitarbeiter bei uns, die fahren ja anders in die Türkei als der deutsche Tourist, die besuchen ihre Familie, und dann hieß es: *»Gut, dann kannst du fünf Wochen in Urlaub gehen.«*

Als McKinsey bei uns ins Haus kam, und durch die Schaffung dieser Standards und dieser Richtzeiten, da wurde klar, dass die Arbeitszeit für McKinsey nicht flexibel genug war. Nachher hat man die Arbeitszeiten den Richtzeiten von McKinsey angepasst. Sonst hätte das ganze System nicht gepasst. Es gab Phasen im Betrieb, morgens früh, nach der Hauptzeit so um neun Uhr, da war eine Ruhezeit von etwa einer Stunde. Da haben die was gepackt, das war aber nicht unbedingt notwendig. Um diese Schwankungen auszugleichen, hat man damals einen so genannten Arbeitszeitkorridor bei uns eingeführt. Das war ein Korridor von 25 bis 48 Stunden, wo der Arbeitgeber frei verfügen kann. Der hat wirklich gesagt: *»Du hast morgens um vier Uhr Dienst, und wenn's mir passt, dann gehst du um neun, und wenn es mir nicht passt, oder wenn das Geschäft sich dementsprechend entwickelt, dann bleibst du eben bis vierzehn Uhr.«* Das war noch nicht mal genehmigungspflichtig vom Betriebsrat. Sie haben dann sogar bei den zuschlagspflichtigen Schichten die Festangestellten nach Hause geschickt und die Fremdfirmen weiter arbeiten lassen, die keine Schichtzuschläge bekommen.

## Referat zu McKinsey

Ich bin in diese Auseinandersetzung herein gezogen worden, weil ich gemerkt habe, dass dieser Streik das Modernste ist, was es zur Zeit in Deutschland gibt. Der Streik konfrontiert sich nicht nur mit einem der größten Aasgeier, die es weltweit gibt, nämlich der Texas Pacific Group*, sondern mit dem Bezug auf McKinsey richtet er sich gegen diejenigen Unternehmen, die die Globalisierung betreiben – und zwar auf allen Ebenen. McKinsey ist Berater von Angela Merkel, McKinsey hat das Krankenhauswesen rationalisiert, McKinsey hat eine Offensive gestartet: Wie kommen wir an das kreative Wissen und Verhalten unserer Dreijährigen ran. McKinsey hat bedeutende Unternehmen beraten, z.B. EADS in Nürnberg. McKinsey betreibt auch Europapolitik im IT-Bereich, um die High-Tech-Strukturen voranzutreiben, und macht Regionalpolitik für Volkswagen zur Frage des Verhältnisses von Unternehmen zu ihrem sozialen Umfeld.

Hier scheint der Streik bei Gate Gourmet die Pläne und Vorstellungen erstmal gestört zu haben. Dieser Streik hat viel Aufmerksamkeit hervorgerufen und er kratzt das Image dieser »Heuschrecke« Texas Pacific Group an – wie z.B. der Artikel in der Wirtschaftswoche (16.2.06) zeigt. Und es verbreitert sich, Leute bringen sich in diesen Konflikt ein. Das sollte auch bei dieser Veranstaltung herauskommen. Denn dieser Kampf geht uns alle an, die Kolleginnen und Kollegen dort streiken auch für uns, egal ob wir aus dem Krankenhausbereich oder sonstwo herkommen. Überall wird rationalisiert nach denselben Kriterien. Dagegen sollte es zu einer einheitlichen Front kommen.

Jetzt zu McKinsey und der Modernität dieses Unternehmens. Zunächst zu dem, was hier schon zur Sprache gekommen ist: Der Rationalisierungsangriff auf der Betriebs- und Produktionsebene. Dieser Angriff wird von McKinsey unter einen einzigen Satz gestellt: *»Sie sollen sich nicht verstecken können.«* Dieser Satz ist gefallen in der Auseinandersetzung bei EADS, und er heißt – was hier schon angesprochen worden ist –, dass man die Leute isoliert und individualisiert, dass man die starren Strukturen zerlegt, dass man Verhaltensweisen standardisiert, dort wo sie bisher wie bei Dienstleistungen oder dem LKW-Transport noch nicht standardisiert waren, dass man die Leute isoliert und selbstverantwortlich macht, um sie zu mobilisieren, aus sich das letzte herauszuholen, indem sie beobachtbar werden. Die einzelnen Personen werden gesehen als Bündel von Arbeitsabläufen, die genau vorgezeichnet sind: Strecken, Wege, Handreichungen usw. Das führt dazu, dass es nicht nur um LKWs geht, sondern es geht darum, genau zu beobachten, was hat ein LKW-Fahrer zu tun. Wo liegen noch Lückenzeiten, wie können die gefüllt werden. Und da man die Einzeltätigkeiten isoliert auf jede Person und genau standardisiert, kann man genau sagen, welche Person die Richtwerte nicht erfüllt. Aber wie kann man die Einzeltätigkeiten und das Arbeitsvolumen so standardisieren, dass die Lücken geschlossen werden, dass Ruhezeiten nicht mehr bleiben, so dass das Äußerste herausgepresst wird?

Dabei ist »Auspressung« nur eine Metapher, eine Vokabel, um deutlich zu machen, worum es hier geht, nämlich die völlige Besetzung der vereinzelten Individuen mit Arbeitsrichtlinien, um sie zu reinen Arbeitsmaschinen zu machen, um ihnen noch den Rest ihres Selbst zu nehmen, den es vielleicht am Fließband noch geben mag, weil man da bei den standardisierten Tätigkeiten noch abschalten und träumen kann, weil man sich selber sozusagen auf Autopilot stellen kann… das soll nicht möglich sein, sondern man soll ständig, dauernd verfügbar sein. Darum geht es bei McKinsey, und wenn die sagen »Sie sollen sich nicht verstecken können«, dann heißt das, dass sie jederzeit an diesen Abläufen kontrollierbar sind und jede überschüssige Zeit sofort verwertbar ist. Und dass die Arbeitsabläufe so gestaltet werden, dass sie völlig durchsichtig sind, und dass genau beobachtet werden kann, ob etwas passiert, was nicht zum Arbeitsplan dazugehört. Vielleicht könnt ihr auch noch mal was dazu sagen, wie ihr das erlebt …

JENS: Genau so ist es abgelaufen. Es wurden wirklich Wege gemessen, es wurden Änderungen an Packstationen gemacht, Packstationen wurden verschoben, damit sie besser einsehbar sind von den Vorarbeitern. Wo Detlef das erzählt hat, habe ich das mit meinem Job verglichen – und es ist wirklich identisch. Diese ständige Kontrolle hat wirklich stattgefunden. Mein Arbeitstag ist minutiös durchgeplant worden. Und selbst die Zeiten, die nicht geplant worden sind, sind eigentlich doch schon verplant gewesen. Denn für Zeiten, wo ich nichts zu tun hatte –

meistens Zeiten von 15 bis 20 Minuten – da war schon irgendwo ein Zettel, wie viele Container ich da packen muss. Das ist wirklich dramatisch ausgeartet mit McKinsey.

ACHIM: Man war von McKinsey aus von Anfang an bestrebt, die Arbeitsprozesse zu zerlegen, sie zu vereinfachen. Um irgendwann auf den Fahrer, der früher mal alles gehandhabt hat, nicht mehr angewiesen zu sein. Heute sind die Arbeitsprozesse so klein und übersichtlich und so gut plakativ gestaltet, dass sie jeder machen kann, auch die Leiharbeiter, ohne große Einarbeitungszeit. Der Fahrer konnte früher tausend Dinge gleichzeitig. Nur, das war niemandem zu vermitteln, vor allem war das keinem zu vermitteln, der das für fünf Euro die Stunde macht. Jetzt hat man die Arbeitsprozesse so klein gemacht, dass überall ein kleiner Packtisch steht, da könnte ich jedem hier aus dem Raum, auch wenn er nicht aus der Airline-Branche kommt, das in einer Minute erklären.

McKinsey hat mal angedacht, dass dieser Standard weltweit in der Gate-Gourmet-Gruppe gilt. Da standen sogar Musterschubladen, wie die auszusehen haben. Da gab es Bilder. Aber das System hat deswegen gehinkt, weil die anderen Stationen nicht auf diesem Niveau waren, die haben die Schubladen noch ganz anders gepackt. Dadurch konnten die Zeiten bei uns nicht eingehalten werden. Bei denen war McKinsey nie. Denen war egal, ob die Zucker so oder so liegen. Aber wenn man nur eine Zeit von 1:20 Minute für eine Schublade hat, dann ist es sehr wichtig, dass immer derselbe Standard ins Haus kommt. Das artete bei uns soweit aus, dass man an den Kunden rangetreten ist und den Kunden gefragt hat, wie eine Stewardess es sich erlauben könnte, aus einer Schublade was rauszurupfen. Die Schublade müsste doch als Standard wieder ins Haus kommen.

JENS: Mein Abteilungsleiter ist mit mir raus auf die Maschine gefahren. Wir haben so einen Karton, da sind Bordbücher drin, der ist immer relativ schwer. Den sollten wir eigentlich auf einen Sitz legen, damit die Stewardessen die in die einzelnen Sitztaschen ausstecken können. Dann kam die Stewardess und sagte zu mir: »Kannst du mir mal helfen, das oben in die Gepäckablage reinzutun?« Das habe ich getan, und danach habe ich meinen Anschiss weggekriegt: Das ist doch alles *Waste-Time*, das wird doch überhaupt nicht bezahlt. Wie kannst du so was machen.

DETLEF: Wie es hier an den Nerv gegangen ist und an die Substanz, das hat letzten Endes auch zum Streik geführt. Denn die Forderung nach »Menschenwürde« richtet sich gegen diese völlig würdelose Behandlung, gegen die völlige Verdichtung sämtlicher Zeiten, die für ein arbeitsunabhängiges Menschsein noch übrig sind. Das ist eine unmittelbare Konfrontation mit diesen Strategien von McKinsey.

Ich habe hier einen Bericht von McKinsey über EADS vorliegen. Als sie 2001 da rangegangen sind, war EADS, der europäische Raum- und Luftfahrtkonzern, schon gut durchrationalisiert und absolut modern. McKinsey hat ihnen nachgewiesen, dass sie 40 Prozent *Waste-Time* haben, das sei zuviel. Dann haben sie beim Wareneingang die Person, die die Waren entgegennimmt, systematisch verfolgt, haben die zurückgelegten Wege gemessen und haben dann gesagt, das sei völlig irrational, es müssten andere Wege genommen werden usw.

Sie treten dabei nicht unfreundlich auf, sondern bitten die Arbeiter, ihnen zu erklären, warum sie es so und so machen, fordern sie auf, selber darüber nachzudenken, ob das rationell ist. Sie versuchen immer, die Leute mit einzubeziehen. Sie haben die Schrittfolgen dann aufgezeichnet und aus dem, was zuerst wie ein verrückter Veitstanz aussah, ein Muster mit vier bis fünf Linien gemacht. Die einzelne Person muss dann genau diese Linien zurücklegen im Arbeitsablauf und hat dadurch 30 bis 40 Prozent Zeit gespart.

Das ist dann in allen anderen Bereichen auch gemacht worden, und so ähnlich sind sie auch bei euch vorgegangen, wie ihr das erzählt habt. Sie sind erstmal hergekommen: *»Na, erzählt mal, wie ist denn das, meint ihr denn wirklich ...?«* Und dann haben sie angefangen, die richtigen Linien zu entfernen, und am Schluss kam dann ein knallhartes Bild raus, wie ihr euch zu verhalten habt, um eine Reserve an Produktivität und damit letztlich an Profit, der bei der TPG* ankommt, herauszuholen.

Von McKinsey wird geschätzt, dass im so genannten Servicebereich, in dem eine fließbandmäßige Standardisierung nur teilweise möglich zu sein schien, ungeheure Verdichtungs-, also Menschenentwürdigungsreserven und Profitreserven drinstecken. Man sei einfach noch nicht dazu gekommen, ganz normale Verhaltensweisen des alltäglichen Arbeitsablaufs zu standardisieren. So geht McKinsey in allen Bereichen, in denen sie gerufen werden, heran.

## Rationalisierung – ein Kinderspiel?

Jetzt zum *Change-Management*. McKinsey hat weltweit einen festen Stamm von neun- bis zehntausend Mitarbeitern in achtzig bis hundert Niederlassungen, hier z.B. in Düsseldorf, in Köln, in Frankfurt, in München ... Dort sitzen hoch qualifizierte Leute mit Uniabschlüssen, die mehrere Sprachen sprechen, aus technischen Berufen usw. McKinsey hat ein genaues Schema der Zusammensetzung seiner Belegschaft. Und die haben alle möglichen Kontakte, dafür werden sie genommen. Daher sind sie in der Lage, wenn so ein Gigant wie EADS anfällt, aus dem Netz ihrer Mitarbeiter sofort zwanzig, dreißig, vierzig geeignete Leute zu rekrutieren.

Die kommen dahin und sind erstmal sehr freundlich. Die sagen, wir machen erstmal eine Diskussion, wir sind keine Diktatoren, wir mobilisieren...

JENS: Die große Überschrift war immer: »Wir wollen euch die Arbeit erleichtern, dass ihr nicht mehr so schwer arbeiten müsst.«

DETLEF: Wahrscheinlich habt ihr euch auch geduzt...

ACHIM: Das ist auch alles sehr spielerisch abgelaufen. Man kam sich manchmal vor wie im Kindergarten. Wir sind Kart-Fahren gewesen! Viele haben gesagt: »Die haben für uns ne Kart-Bahn gemietet, die tun was für uns!«

DETLEF: Und dann haben sie Rationalisierung durchgespielt...

ACHIM: Dann haben sie extra die Kart-Teams so ausgewählt, dass da zwei völlig verschiedene Mitarbeiter waren. Der eine war ein sehr leistungsfähiger Mitarbeiter, der andere war Durchschnitt, vielleicht unterer Durchschnitt. Dann wollte man gucken, wie bereit die Leute waren, sich zu motivieren, sich da einzubringen. Jeder hat am Anfang gedacht: *»Ist doch alles nur Spaß, was die da machen.«*

Wir haben Autos zusammengebaut! Hochbezahlte Leute! Die haben ein Auto bekommen, das hatte 22 Teile, aus so kleinen Lego-Bausteinen. Wir waren da mit sechs Mann. Die Aufgabe war: *»Ihr müsst mit diesen sechs Mann zwölf Autos in einer gewissen Zeit machen. Jetzt überlegt mal, wie der Ablauf sein muss, damit ihr das erreicht.«* Am Anfang haben alle gedacht: *»So schlimm kann das ja nicht werden. Wenn ich mich nicht so oft bücken muss, dann hat das ja auch Vorteile.«* Nach einer Zeit, wenn man genau geguckt hat, sah man schon, worauf das hinauslief. Aber verkauft haben die das gut, das muss man ihnen lassen.

DETLEF: Du hast uns erzählt, dass ihr große Produktivitätsfortschritte dabei gemacht habt ...

ACHIM: Ja, gewaltige! Am Anfang haben wir geteilt: 18 Teile durch drei sind sechs. Der erste hat für seine Teile so lange gebraucht, dass der zweite minutenlang gar nichts zu tun hatte. Dann hat man gesagt: »Der macht vielleicht nur ein Teil, und ein anderer macht dafür vier, weil das leichte Teile waren.« Da haben sie uns spielerisch hingeführt. Und wir waren nachher sogar schneller, als die Zeit, die die wollten!

DETLEF: Genau, spielt mal Rationalisierung und Standardisierung mit euch selber, macht euch selber zum Kaninchen...

ACHIM: Die haben nie gesagt: »Du musst das so oder so machen.« Aber es kam immer das raus, was die wollten. Die haben einen spielerisch da hingebracht. Die haben die Leute dazu gebracht, selber ihre Arbeit in Frage zu stellen. Nach diesem Spiel kamen alle Leute wieder und haben gesagt: »Die haben ja recht! Wir müssen wirklich mal anfangen, unsere Arbeitsabläufe zu überprüfen.«

DETLEF: McKinsey ist das Modernste an dieser Front. Die beschäftigen sich mit Menschenpsychologie, mit Tierpsychologie, allgemein mit Verhaltenspsychologie, und gehen von einem Menschenbild aus, demzufolge der Mensch nicht das rationale Wesen ist, als das er früher betrachtet wurde. Sie sagen, wir wollen den Leuten keine Organisation vor den Kopf knallen: »Wir müssen sie reinziehen! Pull, not Push!« Dazu spielen sie. Bei euch haben sie Autos zu-

sammengesetzt, bei EADS haben sie Belugas zusammengesetzt, diese Frachtflugzeuge. Da saßen dann die Leute, die sonst die großen Flugzeuge zusammenbauen, und haben genau wie bei Euch Rationalisierungsvorgänge gespielt: Wie baue ich mir eine kleine Beluga.

ACHIM: McKinsey hatte von Anfang an ganz genaue Vorstellungen, welche Arbeitsprozesse optimiert werden müssen. Sie wollten aber, dass wir selber darauf kommen, in Anführungsstrichen »selber darauf kommen«. Nach dieser Aktion sind die wirklich mit einem zum Regal gelaufen und haben gesagt: *»Jetzt überleg' doch mal, was du da gerade gemacht hast, ist das denn wirklich optimal?«* Dann fängst du an zu denken…

DETLEF: Das geht sogar so weit, dass sie sagen, um einen solchen Änderungsprozess herbeizuführen, ist es falsch, zu schnell zu sein. Wenn das zu schnell geht und die Bereitschaft zu groß ist, müssen wir Stopps einbauen, um den Prozess zu verlangsamen, damit der Lernprozess nachhaltig ist. Sie sagen auch: *»Es darf nicht zu harmoniemäßig sein, weil es das nicht wirklich gibt, eine solche Betriebsharmonie, wo alle zusammenarbeiten. Und wir wollen das auch gar nicht, weil wir Konkurrenz haben wollen, um in der Selbstaktivierung zur Geschwindigkeit optimale Zeiten hinzukriegen. Wir müssen daher Reibungen einbauen.«*

JENS: Ob man das glaubt oder nicht: Wir haben uns während des Streiks öfter darüber unterhalten: *»Ich krieg diesen Virus nicht raus. Wenn ich in meiner*

*Küche meinen Kaffee koche, dann überlege ich schon, welche Wege kann ich sparen, oder welche Sachen kann ich gleich mitnehmen, damit ich nicht dreimal laufe.«* Das Unterbewusstsein ist soweit festgenagelt, dass du dir jeden einzelnen Weg überlegst: Was kannst du damit verbinden, wie kannst du noch optimaler deinen Tag durchziehen. Und das im privaten Bereich – so weit sind wir!

ACHIM: Ich habe meinen Ablauf, wenn ich morgens aufstehe, standardisiert. Wenn ich den PC anmache, der braucht eh Zeit zum *booten*, dann kann ich

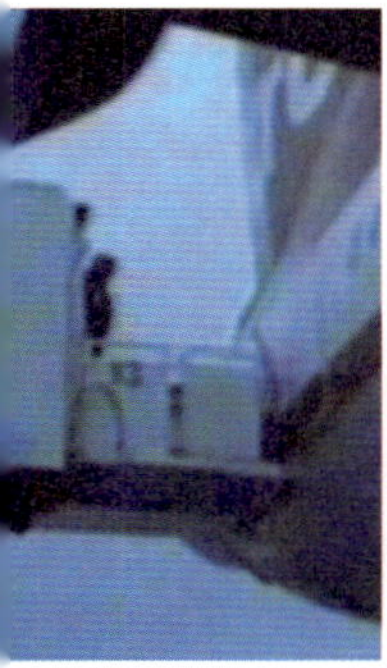

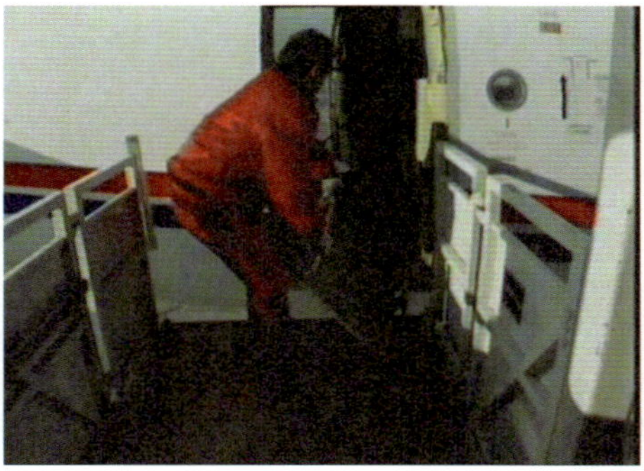

zwischendurch schon mal auf Toilette gehen ... Die bringen dich da hin! Es hat ein Wettbewerb stattgefunden bei uns im Haus. Weil jede Abteilung gesagt hat *»Ich will noch weiter kommen als die.«*

DETLEF: Darum ist dieser Streik so wichtig, weil dieser Zwang zur Selbstaktivierung – zum Aktivbürger, wie es dann im Politschema heißt – wirklich das grundsätzlich Neue ist. Denn es werden begrenzte Freiheiten gegeben, ein begrenzter Raum, in dem man sich selbst vervollkommnen und einbringen kann. Dieser Zwang funktioniert natürlich nur vor dem Hintergrund einer gewissen Arbeitslosigkeit, einer industriellen Reservearmee. Es soll aber auch die Bereitschaft geweckt werden, ganz in diesem Prozess aufzugehen.

Und das ist das Neue, das Moderne an diesem Streik! Viele Arbeiter wissen das zwar und denken auch so darüber. Aber dass es in dieser Form ausgesprochen und zum Ausgangspunkt eines Streiks gemacht worden ist, das ist für mich neu.

ZWISCHENFRAGE PUBLIKUM: Hat Gate Gourmet sich an die Vorgaben von McKinsey gehalten, oder haben sie übertrieben?

ACHIM: Als McKinsey das Haus verlassen hat, stand an jedem Arbeitsplatz ein Bild oder eine Musterschublade, und die Zeit, die man dafür zur Verfügung hatte, diese Richtzeiten. Aber selbst wenn wir die Richtzeiten eingehalten hätten, hatten wir nicht genug Personal. Es war nicht zu schaffen. McKinsey hat die Summe aller Arbeitsprozesse addiert und hat gesagt: *»Das darfst du* *haben.«* Dass da irgendwelche Störungen im Betrieb auftreten, wie z.B. Flugzeugwechsel, Verspätungen der Airlines, etc. – wir hatten gar keine andere Wahl, als diese Richtzeiten zu unterschreiten! Der Fahrer hat sich nachher wirklich selber die Wege gesucht, wie er die umgehen kann.

JENS: Diese Richtzeiten wurden ja mit McKinsey in einem Arbeitsumfeld erarbeitet, aber die ganzen vorgesehenen Müllwegräumer oder Neubestücker vom Lager, die sind überhaupt nicht eingestellt worden, und die Arbeitsbedingungen für die Arbeitsplätze sind danach auch geändert worden, bloß die Zeiten sind da stehen geblieben. Man kann sagen: Vor dem Streik sind wir wieder mit den alten Arbeitsbedingungen, die wir vorgefunden haben, von der Räumlichkeit usw., weit von McKinsey weggekommen, aber die Zeiten für die Schubladen, für die Arbeiten, die ich zu erledigen habe, die sind geblieben.

ACHIM: Wir haben eine Rampe, da stehen maximal zehn LKWs, die ist ungefähr sechzig, siebzig Meter lang. Da werden die Maschinen aufgebaut [das Material für die jeweiligen Flugzeuge zusammengestellt]. Wenn dann der zehnte LKW hier und die 14. Maschine da steht, dann muss der ja von hier nach da ziehen. Da hat McKinsey gesagt: *»Das ist euer Problem. Was ihr mir sagt, ist Waste-Time, normal müsste der LKW hier stehen.«* Sicher wäre das optimal, aber wenn ich nur zehn Stellplätze habe und da steht schon die vierzehnte Maschine… Dazu hat McKinsey nur gesagt: *»Das muss das Unternehmen regeln, dafür sind wir nicht da, wir gehen vom Optimalen aus.«*

DETLEF: Sie zwingen die Leute, die eigene Leistung zu steigern. Die Vorstellung, was McKinsey macht, sei Wissenschaft, ist falsch. Es ist eine Form, mit Menschen als Material umzugehen. Sie sind hier übers Ziel hinausgeschossen, denn dieser Streik und dieser Widerstand gehörte nicht in die Rechnung von McKinsey. Es ist für sie *trial and error*, Versuch und Irrtum – das kann in die Hose gehen, und hoffentlich geht es hier in die Hose. Wir müssen nicht von dem Horrorszenario eines Maschinenideals ausgehen, in dem wir alle nur noch Nummern sind. Sondern es ist Kampf – und er kann gewonnen werden.

# McKinsey – das Selbst – der Klassenkampf

Detlef Hartmann

Ich werde meinen Beitrag zu McKinsey nicht mit Ausführungen über seine Geschichte, Marktanteile, Macht, Operationsfelder und Konkurrenzverhältnisse einleiten. Das kommt am Schluss. Worüber ich in der Rückschau nachgedacht habe, ist die Frage, was sich in der Konfrontation zwischen McKinsey und der Belegschaft zum Ausdruck gebracht hat, welche Chancen wahrgenommen, welche versäumt wurden und warum.

Aus den Beiträgen ist das grundsätzliche Selbstverständnis der Streikenden und die grundsätzliche Bedeutung des Streiks leicht nachvollziehbar. Die Beharrung auf »Menschenwürde«, die Auseinandersetzung mit dem Zugriff auf das »eigene Selbst« und mit der Infektion durch den »Virus« der Selbstrationalisierung lassen die Dimensionen des Zusammenpralls erkennen. Besser kann man ihn nicht begreifen und darstellen, jeder Versuch einer Analyse, gar noch einer »wissenschaftlichen«, verblasst dagegen. An dieser praktischen Analyse teilzunehmen war lehrreich und ein Vergnügen. Das alltäglich-mikropolitische Kampfgeschehen und die darin gesammelten Erfahrungen sind der Wahrheitsspiegel der McKinsey-Initiative. Wahrgenommen wurde sie als vielschichtiger Angriff: Die Zerreißung des Produktionsprozesses und die Isolierung der Einzelleistung als Gegenstand der Unterwerfung des Subjekts unter Leistungsmarken, exakte Bewegungsvorgaben, kommunikative Isolation und damit die Intensivierung der Einzelkontrolle von oben waren der Kern. Er sollte den Zugriff auf die einzelnen MitarbeiterInnen öffnen und die Voraussetzungen schaffen für ihre Unterwerfung unter die Mechanismen gegenseitiger Konkurrenz, Kontrolle, Leistungswettbewerb und damit zugleich für die Infektion mit dem »Virus«: das Diktat über das aus dem Kollektiv herausgelöste Subjekt zur Selbstrationalisierung, Selbstdisziplinierung, selbstständigen Leistungsoptimierung. Das zerstörte Kollektiv wird reorganisiert und umprogrammiert: zum »Team«, in dem sich jede(r) Einzelne auf ihre Leistungs- und Unterwerfungsbereitschaft hin beurteilen und testen lassen muss, auf seine Bereitschaft, sich bedingungslos in die Dynamik konkurrierender Leistungssteigerung einzubringen. Sich: das heißt nicht mehr nur das in die Arbeitssituation gegen Lohn ausgeliehene »Selbst«, sondern auch als Teil einer Familiensituation, einer bestimmten Lebensweise etc., die in Hausbesuchen ausgeforscht wird – erfasst als sozialer Rückraum der Ressource Mensch im Sinne der *work-life-balance* (so heißt das Ding im Management-Jargon).

Die Streikenden haben geschildert, wie sie sich diesen Anforderungen zunächst bereitwillig gestellt haben, wie willig sie sich eingebracht haben. Die Anforderungen waren überzogen, der Druck war zu hoch. Im Streikbeschluss wurde die Reißleine gezogen. Im Streik haben sich die MitarbeiterInnen ihre Würde zurückgeholt. Sie haben ihre Gesellschaftlichkeit neubegründet, ihr Selbst zurückerobert. Sie haben es darüber hinaus in neue Richtungen geöffnet: Zu den KollegInnen nach Heathrow, zu den UnterstützerInnen aus verschiedenen Bereichen der Gesellschaft, mit Visionen in Richtung anderer Bereiche, in denen ähnliche Konflikte ausgetragen zu werden schienen.

Damit hatte dieser Konflikt einen Ausdruck und einen Grad der Bewusstheit gewonnen, wie er sich aktueller kaum denken lässt, voll auf der Höhe der gegenwärtigen sozialen Auseinandersetzungen. Es war in der Tat ein Konflikt um das »Selbst«, ein Konflikt um die Frage der Selbstunterwerfung und Selbstrationalisierung zur materiellen Ressource des Kapitals.

## Von »Push« zu »Pull«

Um diesen Konflikt in seiner aktuellen Zuspitzung richtig zu fassen, muss man weiter ausholen. Der Ort der Offensiven arbeitsorganisatorischer Zugriffe ist das zentrale Feld, auf dem Abpressung von Lebensenergien, Unterwerfung, soziales Kommando umgesetzt werden sollen in Produktivität, Produkte und darum auch Werte. Dieses Kampffeld ist auch der Ort, auf dem sich Arbeitermacht in der unmittelbaren Konfrontation mit den kapitalistischen Zugriffen herstellt. Es ist eine Konfrontation, deren alltägliche mikropolitischen Auseinandersetzungen die gesellschaftliche Entwicklung prägen, mit ihren Arrangements, Stillhalteabkommen, Rückzügen, Widerständen, Gegenvorstößen.

Wenn McKinsey den Übergang von der »Push«- zur »Pull«-Strategie betreibt, dann hat dies grundsätzliche Bedeutung im Sinne einer Transformation der Klassenauseinandersetzung auf den Feldern dieser mikropolitischen Kämpfe. Denn »Push« steht für den Grundcharakter der tayloristisch-fordistischen* Strategie. Ihre Leitvorstellung war die gesellschaftliche Maschine, orientiert am Ziel des Zerhackens und der Programmierung von Verhalten in allen Bereichen der Gesellschaft (z.B. am Fließband). Sie geriet Ende der sechziger, Anfang der siebziger Jahre des letzten Jahrhunderts in ihre fundamentale Krise. Aus dieser Krise versucht sich das Kapital im Übergang zur »Pull«-Strategie auf ein neues Niveau zu retten.

Wenige haben die tayloristische Strategie des Zugriffs auf Menschen so prägnant auf den Begriff gebracht wie Max Weber. Er war nicht nur Sozialwissenschaftler. Er war selbst aktiv an den frühen psycho-technischen Vorstößen des Taylorismus beteiligt. Er beschrieb sie daher weder als »Wissenschaft«, noch stellte er sie als neue grundlegende gesellschaftliche »Gegebenheit« dar. Vielmehr charakterisierte er sie grundsätzlich als Angriff. Schon Taylor selbst hatte den Angriff seiner wissenschaftlichen Betriebsführung (*scientific management*) als technisch-organisatorischen Vorstoß betrieben, um »die Kontrolle über den Arbeitsablauf aus den Köpfen der Arbeiter zu nehmen und sie auf der Ebene der Unternehmensführung zu konzentrieren.« Weber beschrieb dies in seiner Religionssoziologie als Transformation des human-sozial-ökonomisch-politischen Konflikts. Entgegen allen Mythen über die »Wissenschaftlichkeit« und den »Rationalismus« sagte er nüchtern-barbarisch:

*»Denn wie von rationaler Technik und rationalem Recht, so ist der ökonomische Rationalismus in seiner Entstehung auch von der Fähigkeit und Disposition der Menschen zu bestimmten Arten praktisch-rationaler Lebensführung überhaupt abhängig. Wo diese durch Hemmungen seelischer Art obstruiert [behindert] war, da stieß auch die Entwicklung einer wirtschaftlich-rationalen Lebensführung auf schwere innere Widerstände.« (S. 12)*

Im Marx'schen Sinne begriff er das »Selbst«, die unermessliche menschliche »Ressource«, als *»widerstrebende, aber elastische menschliche Naturschranke [des Eigenwillens, die es gelte] auf den Minimalwiderstand einzuzwängen« (Das Kapital I, S. 425)* Wie gewalttätig Weber den Rationalisierungsangriff des Taylorismus gegen diese menschliche Naturschranke und die Verweigerung seiner inneren »Ressourcen« sah, wie total sein gesellschaftliches Zugriffsfeld, ergibt sich aus seinen Betrachtungen zur Herrschaftssoziologie:

*»Die höchsten Triumphe feierte die darauf aufgebaute rationale* Abrichtung *und Einübung von Arbeitsleistungen bekanntlich in dem amerikanischen System des »scientific management«, welche darin die letzten Konsequenzen der Mechanisierung und Disziplinierung des Betriebs zieht. Hier wird der* psychophysische Apparat des Menschen *völlig den Anforderungen, welche die Außenwelt, das Werkzeug, die Maschine, kurz die Funktion an ihn stellt, angepasst, seines durch den eigenen organischen Zusammenhang gegebenen*

*Rhythmus entkleidet und* unter planvoller Zerlegung in Funktionen einzelner Muskeln und Schaffung einer optimalen Kräfteökonomie den Bedingungen der Arbeit entsprechend neu rhythmisiert. *Dieser* gesamte Rationalisierungsprozess *geht hier wie überall, vor allem auch im staatlichen bürokratischen Apparat, mit der Zentralisierung der sachlichen Betriebsmittel in der Verfügungsgewalt des Herren parallel. So geht mit der Rationalisierung der politischen und ökonomischen Bedarfsdeckung das* Umsichgreifen der Disziplinierung als universelle Erscheinung *unaufhaltsam vor sich und schränkt die Bedeutung des Charisma und des individuellen differenzierten Handelns zunehmend ein.« (Wirtschaft und Gesellschaft, S. 686)*

Über Fabrik und Bürokratie hinaus wurde das Einsatzfeld dieses Rationalisierungsangriffs auf die gesamte Gesellschaft ausgeweitet, in die Einkaufszentren- und Siedlungsplanung, die Lernplanung usw. Allerdings wussten die wissenschaftlichen Spürhunde der Abrichtung, wie Weber einer war, von Anfang an, dass ihre Maschinenvisionen illusionär waren. Sie blieben konfrontiert mit dem schwer zugänglichen und noch weniger beherrschbaren unermesslichen Rückraum von Seele und Gesellschaftlichkeit. Dieser wurde von ihnen als das Eigenleben »informeller« Strukturen wahrgenommen, das jederzeit seinen Ausbruch in Sabotage, Widerstand, Aufruhr suchen konnte und dem Kampfverhalten einen neuen politischen Charakter gab. Natürlich auch in den verschiedensten Formen des Aushandelns (*Bargaining*), in dem diese Potenziale informeller Macht in materielle Münze, Zugeständnisse, soziale Garantien umgesetzt wurden, auch diejenigen des »rheinischen Kapitalismus«.

## Krise und Gegenangriff

Die Rationalität der tayloristischen Rationalisierungsoffensive geriet in den sechziger und siebziger Jahren des letzten Jahrhunderts in eine umfassende gesellschaftliche Krise, eine Existenzkrise für das kapitalistische Kommando und die Sicherheit seiner Wertschöpfung. Sie drückte sich in Sabotage- und Widerstandsformen auf allen Feldern der Gesellschaft aus. Auch in ihrer Umsetzung als »politischer Lohn«, der die Rationalisierungsgewinne überstieg. Das revoltierende gesellschaftliche »Selbst« auf der anderen Seite der elastischen Naturschranke brachte sich in vielfältigen Formen zur Geltung. All dies sprengte das gesamte kapitalistisch-gewerkschaftliche Arrangement (»Korporatismus«) auf.

Damit wird auch die Strategie, in der das Kapital seinen Ausweg aus dieser Krise suchte, leicht begreiflich. Wenn der fordistische Zugriff auf die »immateriellen Ressourcen«, wenn ihr Gehorsam und die Kontrolle über sie in die Krise geraten waren, dann musste dieser Zugriff neu organisiert werden. Die technizistischen Vorstellungen des »abrichtenden« Griffs in das Selbst waren gescheitert. Der Griff ins »Selbst« wurde nunmehr im Zwang zu seiner Eigenaktivierung gesucht: im »Pull«. Die »wissenschaftlichen« Spürhunde der Arbeitsunterwerfung stellten zunächst auf die Vorstellung um, dass Wertressource nicht die dinglich-materiellen Arsenale der Arbeitsmittel, Maschinerie, Organisation waren, sondern die »immaterielle« Leistungsfähigkeit und -bereitschaft der Subjekte. »Immateriell« bedeutet nicht, dass man nunmehr von nicht-materiellen Vorstellungen des »Geistes« ausging. Vielmehr begriff man, dass die lebendigen Subjekte und ihre »Ressourcen« nicht den mechanischen Vorstellungen entsprachen, die man sich von ihnen gemacht hatte, und dass sie darum für mechanische Operationen nicht greifbar waren.

Gefühle spielten eine Rolle, Sehnsüchte, Hoffnungen, Freiheitswille, eingelagert in menschliche Beziehungen und Lebensformen. Man begriff, dass sie nicht »irrational« sind und von immenser Bedeutung für Leistung und Leistungsbereitschaft. Aber ihre jenseits der elastischen Naturschranke liegende Rationalität, ihr »Eigenwille« (Marx) war mit den Vorstellungen der tayloristischen Offensive nicht zu packen. Leistungssteigerung war nur abzupressen, wenn das sich verweigernde Selbst zur Selbstabpressung und Selbstunterwerfung, zum Selbstbegriff als Wertressource bewegt werden konnte.

Das aber funktioniert nicht im Wege einer höflichen Einladung. Am Anfang einer langen Entwicklung, an deren vorläufigem Ende auch der Streik bei Gate Gourmet stand, wurde aber noch so getan. Man nannte dies »Humanisierung der Arbeit«. Ende der siebziger Jahre wurden zum Beispiel in teilautonomer Gruppenarbeit Freiheitsspielräume zugestanden. Sie sollten einerseits den Druck der Auseinandersetzungen zum Ende der fordistischen Ära auffangen. Andererseits spekulierte man darauf, die Kräfte des Gruppendrucks in die Richtung von Leistungssteigerungen am Maßstab erhöhter Gruppenvorgaben und gesteigerter Effizienz zu nutzen. Darüber hinaus wurde ein Einstieg in die inneren Mechanismen sozialer Gruppenkontrolle und sozialen Verhaltens gesucht. Diese Versuche mit Schwerpunkt in der Automobilproduktion hatten experimentellen Charakter und wurden arbeitssoziologisch und -psychologisch betreut. Diese Betreuung diente nicht nur der Kontrolle. Sie diente auch dem Erwerb von Wissen. Wissen über die Bereitschaft zu Leistung, Kooperation, Lernen, Wissensübertragung (von so genanntem »informellem Produzentenwissen«) und auf der anderen Seite über die Ablehnung und Resistenz, über Solidaritäten und Mechanismen innerer Gruppenkontrolle, über Differenzen in Mentalitäten und Einstellungen als »immaterielle Ressourcen« der Arbeitsproduktivität. Schon in diesem Stadium spielten Consulting-Unternehmen und -Institutionen von außen, meist aus Fachhochschulen und wissenschaftlichen Instituten, eine große Rolle, um sich ins Vertrauen der ArbeiterInnen zu schleichen.

Spielräume von Freiheitsgraden und so genannte »flache Hierarchien« zielten auf Flexibilisierung im Sinne eines Zwangs zur Selbstmobilisierung, verkauft von Unternehmen und Gewerkschaften als »Partizipationschancen«. Verbunden damit war die bessere Beobachtbarkeit von Leistung und Leistungsbereitschaft, im Propagandajargon: »Verantwortung« und »Selbstunternehmertum« (Intrapreneur) im flexibleren Betrieb, messbar gemacht im innerbetrieblichen »Profit-Center«.

Wenn damit schon ein enormer Selbstaktivierungsdruck auf die »Ressource« Mensch beabsichtigt und verbunden war, so zielte die Schocktherapie im Sinne des »Washingtoner Konsenses« vor allem auf die Zertrümmerung sozialer Sicherungssysteme. Arbeitsvernichtung (*job destruction*) als beabsichtigte Begleiterscheinung der Globalisierung steigerte die Zwänge zur Selbstunterwerfung. Man könnte der Meinung sein, dass dies in der Geschichte des Kapitalismus nichts Neues wäre. In der Tat verknüpften sich derartige Zwänge früher mit den Strategien der Schaffung einer Reservearmee der Arbeitsbevölkerung. Auch der Taylorismus suchte immer die kooperative Beteiligung ausgesuchter ArbeiterInnen. Neu ist auf der nun erreichten Stufe der Auseinandersetzungen die Vertiefung des Vorstoßes in das Selbst mit massiv erweiterten Beteiligungszwängen über die ganze Gesellschaft hinweg.

McKinsey ist konzeptionell und strategisch ein regelrechtes Frontunternehmen dieses Vorstoßes, natürlich in der Konkurrenz mit anderen Beratungsfirmen. Dies liegt einmal daran, dass der Kapitalismus in der Entwicklung der Beratungsunternehmen die Strategiebildung im Klassenkampf kapitalisiert und in besonderen Unternehmen konzentriert hat – ein neues Phänomen. Beratungsunternehmen operieren im Auftrag von Unternehmen aller Sparten und gewinnen dadurch einen enormen Überblick über die Vielfalt von Strategien und Gegenstrategien. In ihnen gewinnt die Verwissenschaftlichung der Strategiebildung im Klassenkampf eine eigene kapitalistische Form. McKinsey zum Beispiel war und ist noch in den größten deutschen Unternehmen quer durch die Branchen tätig, von Daimler-Chrysler bis zu Bertelsmann (jetzt übernommen von Boston Consulting Group). Die Konkurrenz unter den Beratungsunternehmen sorgt für eine enorme Dynamisierung der Strategiebildungsprozesse, so als ob konkurrierende Generalstäbe Feldmarschälle bei der Kriegführung beraten würden. Ihre externe Position den Unternehmen gegenüber wird oft unter dem Hinweis auf Neutralität einer dritten Partei als vertrauensbildendes Moment propagiert. Darüber hinaus werden Beratungsunternehmen wie McKinsey auf allen Feldern der Gesellschaft tätig. Das heißt, sie sorgen für eine gesellschaftliche Vereinheitlichung der auf die »Ressource Mensch« gerichteten Strategiebildung. Nicht dass hier einer Allmachtsphantasie Vorschub geleistet werden sollte. Denn in allen ihren Initiativen stoßen sie auf den Widerstand der »Schranke« einer gewaltigen Vielzahl und Vielfalt mikropolitischer Prozesse. Aber man muss dieses Faktum sehen, es macht eine Stärke des Angriffs aus und es fordert zu neuen Antworten heraus.

## Fundamentale Feindschaft und Sand im Getriebe

McKinsey fasst die Offensive eines vertieften Zugriffs unter den Begriff »schöpferische Zerstörung«. Er stammt von Joseph Schumpeter, der den Prozess der Zertrümmerung des Alten und der zwangsweisen Durchsetzung »innovativer« tayloristischer Strukturen und die damit verbundene »Vernichtung der mit gänzlich Unangepasstem verbundenen Existenz« vor hundert Jahren beobachtet und propagiert hat. Er war es auch, der als einer der wenigen kapitalistischen Ökonomen das Anwachsen einer »fundamentalen Feindschaft« gegen den Kapitalismus auf diesen Prozess »schöpferischer Zerstörung« selbst zurückgeführt hatte. »Schöpfen und Zerstören« heißt ein Buch der McKinsey-VordenkerInnen Richard Foster und Sarah Kaplan. Darin behandeln sie viele der Strategien von Zerstörung, Mobilisierung und Neuzugriff ins produktive Selbst, über die uns schon die Streikenden bei Gate Gourmet aufgeklärt haben. In der Kölner Veranstaltung haben wir die Strategievorstellungen von oben und die Analyse von unten zusammengebracht.

Die mit der »schöpferischen Zerstörung« verbundenen Strategien der Erschließung von produktivem Wissen haben der Deutschland-Direktor Jürgen Kluge mit seinen Mitarbeitern Wolfram Stein und Thomas Licht in ihrem Leitfaden *»Knowledge Unplugged«* offengelegt, eher als eine Art Rezeptbuch. »Wissen« ist hier der Sammelbegriff für alle inneren erschließbaren produktiven Ressourcen, die Sozialbeziehungen in und außerhalb des Betriebs, die Selbstrationalisierungsfähigkeiten, die kreativen Potenziale. In der Arbeitswissenschaft werden die Zugriffsstrategien als »Subjektivierung von Arbeit« sauber geredet. McKinsey hält sich mit Gefühlsduseleien und wissenschaftlichem Getue wenig auf. Es trägt der elastischen Naturschranke durchaus Rechnung und verbildlicht seine Arbeit als »Schürfen« (*mining*), als Abbau und Aneignung unerschlossener Rohstoffe. »Wissen ist Macht« und es gilt, diese Macht den Subjekten zu entwinden, oder besser: sie zur Machthergabe zu bewegen. Wie schon bei Taylor, so ist auch für McKinsey der bestgehasste

Stachel die Wissenszurückhaltung, die Hergabeverweigerung, das Wissenshorten im Subjekt. Dazu werden allerhand Rezepte vorgeschlagen - ob alle bei McKinsey praktisch eingesetzten, mag dahin gestellt bleiben. Experimentelle Veranstaltung von Gruppenprozessen, Gruppengesprächen, Interaktionen usw., die den Prozess der Arbeit oder der »schöpferischen Zerstörung« begleiten, gehören dazu. »Subjektivität« wird dabei als durchaus ambivalent angegangen. Auf der einen Seite ist sie der lebendige Inhalt der Leistungsbereitschaft, auf der anderen Seite wird sie als feindlich wahrgenommen: *»Sand im Getriebe (...). Die erfolgreicheren Unternehmen haben Mittel und Wege gefunden, den Sand aus ihrem Getriebe zu säubern.«*

Mühelos haben die Streikenden aus der Konfrontation heraus derartige Strategien analytisch offengelegt und ihnen als »Virus« des Zwangs zur Selbstrationalisierung ein kleines Denkmal aus der Tierwelt gesetzt. Mit diesem grimmigen Humor waren sie ihren Gegnern von McKinsey und ihrer trostlos professionellen »Wissenschaftlichkeit« überlegen. Aber auch den ArbeitswissenschaftlerInnen bis in die Linke hinein, die Selbstführung als »Gouvernementalität« schon zum idealtypischen Leitbegriff einer neuen Produktionsweise machen, wo er doch nicht mehr ist, als ein Begriffsmäntelchen für eine Strategie im Klassenkampf von oben. Eine Strategie, die über die letzten zwanzig Jahre mit den verschiedensten Widerständen konfrontiert wurde. Ihre Strategen, aber auch die Arbeitswissenschaftler (wie z.B. aus dem SOFI in Göttingen, das Volkswagen bedient), mussten feststellen, dass die heile Welt der Selbstausbeutung im Gruppenzusammenhang nicht mehr war als eine Seifenblase. Sie zerplatzte an neuen Weigerungsformen aus den Gruppen heraus: statt Leistungszurückhaltung Einzelner jetzt kaum durchschaubare Formen der Leistungszurückhaltung der Gruppe, das unter vorgespiegelter Bereitschaft gepflegte kollektive Misstrauen, die Isolation managementfrommer Antreiber, der Leerlauf des *Controlling*, all das über die schon gewohnten Kampfformen hinaus. Roland Springer (arbeitspolitischer Manager bei Daimler-Chrysler) berichtete 1979 in seinem Buch über die Arbeitspolitik in der Automobilindustrie über eine »Rückkehr zum Taylorismus«. Eine teilweise Rückkehr: *»Das heute praktizierte, interne Unternehmertum ist insofern durch eine Doppelbewegung charakterisiert: verbindliche Zielvorgaben und ein detailliertes Zielcontrolling werden im Rahmen des so abgesteckten Handlungsrahmens von erweiterten Handlungsspielräumen und mehr Verantwortung begleitet. Man kann insofern von einer gesteuerten und eng kontrollierten Eigenverantwortung sprechen, die sich in den Unternehmen ausbreitet.«* Das trifft auch die Strategie McKinseys (ebenfalls Berater von Daimler-Chrysler) bei Gate Gourmet.

## Die Fronten des Gegenwissens verbinden

So wie die Streikenden in der Auseinandersetzung eine praktische Analyse, ein praktisches Gegenwissen von den gegnerischen Strategien entwickelt haben, so gibt es bundes- und weltweit ähnliche Analysen aus der Konfrontation des mikropolitischen Geschehens. Nur: Wo verbinden sie sich? Nicht einmal branchenweit. Sicher: Es hat Delegationen, Solidaritätsadressen, Austausch von Hintergrundwissen über die Grenzen der einzelnen Auseinandersetzungen hinaus immer wieder gegeben. Aber die Verbindung von solchen Fronten, die übergreifende Bildung von Gegenwissen ist mehr oder weniger beschränkt geblieben. McKinsey selbst, wie auch andere große Beratungsgesellschaften, verfolgt seine Strategien »schöpferischer Zerstörung« in allen gesellschaftlichen Bereichen, in groß- und mittelständischen Unternehmen, im Gesundheitssektor bei der Rationalisierung von Krankenhäusern, bei der Förderung der Selbstaktivierungsbereitschaft unserer Kleinen in Kindergärten, ja sogar im Rahmen von Agenda 2010 und Hartz bei der Erschließung der Leistungspotenziale ganzer Regionen (z.B. Wolfsburg und Dortmund in Zusammenarbeit mit den Gewerkschaften). Es ist nicht zuletzt ein Ausdruck der Breite der Interventionsfelder, wenn sich AktivistInnen aus dem Widerstand gegen Hartz IV in die Auseinandersetzungen bei Gate Gourmet eingebracht haben und dort willkommen geheißen wurden. Menschenwürde ist gesellschaftlich unteilbar. Der Appell, die Menschenwürde in der Auseinandersetzung mit Gate Gourmet zum Tragen zu bringen, hat schnell offene Ohren in vielen anderen Bereichen gefunden. Vor allem die Lust, die Gemeinsamkeiten mit den Streikenden in Heathrow zu suchen und praktisch werden zu lassen, spricht eine neue Sprache.

Das ist der Appell, der von dem Streik bei Gate Gourmet ausgeht, und dem ich hier noch einmal eine zusätzliche Begründung gebe: Den hier beschriebenen strategischen Linien und Verbindungen auch darin zu begegnen, dass die Artikulation von Gegenwissen und Gegenmacht verstärkt nach den übergreifenden gegengesellschaftlichen Verbindungen sucht. Es ist ein kapitalistischer Mythos, dass das »Selbst« und der »Eigenwillen« nunmehr in seiner Gesamtheit zu einer produktiven Ressource geworden ist. Es gibt nach wie vor eine Grenze und ein Außen der Zugriffe, auch wenn sie weiter ins Innere des Selbst getrieben werden. Eine ihrer Manifestationen, und dazu noch eine sehr artikulierte, haben wir im Streik bei Gate Gourmet erlebt.

KEIN SOZIALABBAU
BEI GATEGOURMET

# Die letzte Blockade fand nicht statt

## Die soziale Dynamik der Solidarität

Neben den Streikenden und der Gewerkschaft waren in diesem Konflikt die sogenannten »Unterstützergruppen« aktiv. Für uns UnterstützerInnen war dieser Streik eine beeindruckende und ungewöhnliche Erfahrung. Wir sind nicht aus Pflichtgefühl immer wieder zum Düsseldorfer Flughafen gefahren, sondern weil es uns Spaß gemacht hat, die ArbeiterInnen in ihrem »Streikdorf« zu treffen und sie mit Aktionen in ihrem Kampf gegen einen mächtigen weltweit agierenden Finanzinvestor zu unterstützen. Dass hier Leute zusammen aufgestanden sind und »Basta!« gesagt haben, war ein Hoffnungsschimmer. Wie bei einigen anderen Streiks der letzten Zeit – Opel Bochum 2004, AEG Nürnberg oder Bosch-Siemens-Hausgeräte Berlin 2006 – haben uns die ArbeiterInnen hier im Kleinen mit ihrer Entschlossenheit und Selbständigkeit eine Idee davon vermittelt, wo der Motor für breitere soziale Kämpfe zu finden sein könnte. Es hat allerdings einige Zeit gedauert, bis die linke Szene auf diesen Streik aufmerksam und aktiv wurde. Der »Solidaritätskreis«, in dem die Aktivitäten koordiniert wurden, entstand erst am 8. Dezember, zwei Monate nach Streikbeginn.

Der erste Versuch, die Streikenden durch die Herstellung von linker Öffentlichkeit zu unterstützen, war ein Bericht auf der Webseite *indymedia** am 30. Oktober. Später folgten Artikel in verschiedenen linken Zeitschriften. Auf *indymedia* kann jedeR Kommentare hinzufügen, was Streikbrecher nutzten, um Streikende zu diffamieren und Verwirrung zu stiften. Deshalb beschloss der Solidaritätskreis, eine eigene Webseite einzurichten: *www.gg-streik.net*. Das Vernetzungsprojekt *www.free.de* vom Wissenschaftsladen Dortmund sorgte für die schnelle Umsetzung der Idee.

Der Solidaritätskreis hat mit Veranstaltungen und einem vierseitigen Flugblatt in hoher Auflage den Streik bekannt gemacht, er hat eine Aktion vor der Frankfurter Filiale, den Austausch mit den KollegInnen in London-

Heathrow und Aktionstage organisiert, an denen die Nachricht vom Düsseldorfer Streik an anderen Standorten von Gate Gourmet verbreitet wurde. Auf den Streikbruch durch die Leiharbeitsfirma G&A* wurde mehrfach aufmerksam gemacht. Zum Markenzeichen der UnterstützerInnen wurden die Blockaden, mit denen der Streikbruch einige Male für kurze Zeit verhindert werden konnte.

Flughäfen sind ein sensibler Sicherheitsbereich. Die Polizei ist mit einer Wache direkt vor Ort. Es gab einige Bedenken, wie weit man ausgerechnet hier mit einer illegalen Aktion eingreifen könnte. Die Flughafenpolizei zeigte sich jedoch erstaunlich moderat und ließ sich mit der Auflösung der ersten Blockaden viel Zeit. Trotz Polizeipräsenz konnten die LKWs nicht losfahren, und es kam zu den gewünschten *Delays**. Man konnte den Eindruck bekommen, dass hier PolizistInnen, die in dieser Zeit selbst gegen die geplante Kürzung ihres Weihnachtsgeldes protestierten, heimliche Sympathie mit den KollegInnen von Gate Gourmet zeigten. Unangenehm wurde es jeweils erst, wenn die Bereitschaftspolizei auf den Plan trat. Dann kam es öfters zu Verfolgungsjagden – auch mit Hunden – und Personalienfeststellungen. Im Januar begann der Staatsschutz, sich für die UnterstützerInnen zu interessieren. Bei einer Blockade erschien er mit mehreren Filmteams, und nachdem an zwei Montagen hintereinander abends Blockaden stattgefunden hatten, wurden die Anmelder der Düsseldorfer Montagsdemos vorgeladen und von der politischen Polizei vernommen: Sie seien am Montag Abend nicht in der Innenstadt gewesen … Dem Staatsschutz ist offensichtlich klar, dass diese Gesellschaft mehr und mehr zu einem Pulverfass der sozialen Gegensätze wird – und da geht es nicht nur um ein marginalisiertes »abgehängtes Prekariat« von acht Prozent, wie es die Friedrich-Ebert-Stiftung diagnostiziert, sondern um die schlichte Tatsache, dass der Kapitalismus nach wie vor eine Klassengesellschaft ist. Wenn ArbeiterInnen streiken und sich dabei illegaler Aktionsformen bedienen, hat das einige Brisanz.

Zum Problem wurden mit der Zeit die zunehmenden Personalienfeststellungen, mit denen die Polizei bei den Blockaden nervte. Dadurch reduzierte sich der Kreis der potenziellen BlockiererInnen. Er blieb auf die linke Szene begrenzt; eine Ausweitung ist nicht gelungen. Andere »Unterstützerkreise« wären durchaus bereit gewesen, sich ebenfalls vor die LKWs zu stellen. Da das aber von der zuständigen Gewerkschaft nicht gewünscht war, wurden geplante Blockaden aus dem Bereich von ver.di- oder IG-Metall-KollegInnen abgesagt. Eine frustrierende Situation – denn das Kräfteverhältnis hätte tatsächlich anders ausgesehen, wenn statt der üblichen fünfzig Verdächtigen fünfhundert Leute das Tor blockiert hätten. Immerhin schien es wohl letzten Endes nicht opportun, juristisch gegen die StreikunterstützerInnen vorzuge-

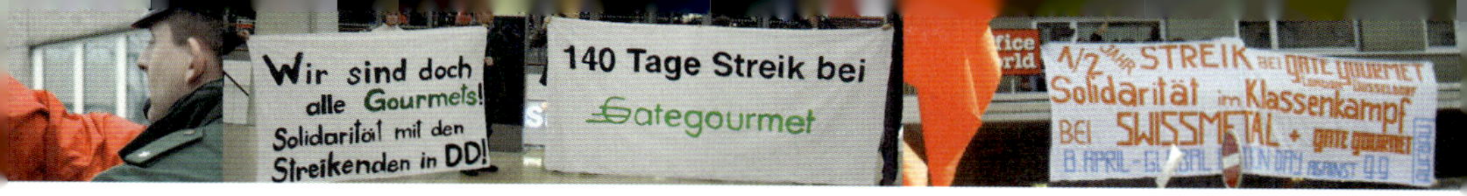


hen. Es ist bei einem einzigen Strafverfahren geblieben – und das nicht wegen der Blockade, sondern wegen angeblichen Widerstands bei der Personalienfeststellung.

Innerhalb des Solidaritätskreises ist es gelungen, ein breiteres linkes Spektrum zusammen zu bekommen, von der FAU über Unabhängige bis zu WASG und DKP. Das war kein Bündnis zwischen Gruppen oder Parteien, sondern eine Zusammenarbeit von einzelnen Personen, die den Streik aus verschiedenen Motiven unterstützen wollten. Die Mobilisierung lief sehr persönlich: Wer einmal da gewesen war, überzeugte die nächsten, mitzukommen. In gewisser Weise haben die Streikenden dafür gesorgt, dass sich die Linke neu zusammengesetzt hat. Deutlich wurde das bei einer Veranstaltung mit Karl Heinz Roth im Düsseldorfer *Linken Zentrum* zum Thema »Faschismus und soziale Frage« im Januar. Die Diskussion kam immer wieder auf den Streik bei Gate Gourmet zu sprechen. Während K.H. Roth ihn als wichtigen Beitrag zum Antifaschismus einstufte, witterte eine Stimme aus dem Publikum bei den Streikenden Antisemitismus. Der Genosse hatte am Streikzelt ein Transparent mit dem Heuschreckensymbol gesehen, und verweigerte fortan den KollegInnen die Solidarität – während andere aus seiner Gruppe zu den aktivsten UnterstützerInnen gehörten. (Zur »Heuschreckendebatte«, die in diesem Streik kaum eine Rolle gespielt hat, siehe S. 254).

Meist sind Solidaritätskomitees parteimäßig organisiert, und folgen mit ihren Aktionen in erster Linie der eigenen Parteilogik. In diesem Fall war das anders. Die UnterstützerInnen haben sich vor allem an der Dynamik des Streiks orientiert und an dem, was die ArbeiterInnen selbst wollten. Wenn einzelne Gruppen versuchten, sich in den Vordergrund zu drängen, wurde das kritisiert. Ebenfalls kritisiert wurden Alleingänge von einzelnen Aktivisten im Solidaritätskreis. Die Streikdynamik erforderte oft schnelles Handeln, so dass vieles von wenigen zwischendurch entschieden wurde, und nicht von allen gemeinsam auf den wöchentlichen Treffen. Im Gegensatz zu linken Kampagnen, die ihren Rhythmus selbst bestimmen, war hier eine soziale Dynamik im Gange, die uns begeistert, aber auch öfters überfordert hat. Um den Kontakt zu den Streikenden herzustellen und aufrechtzuerhalten, war es nötig, viel Zeit am Streikzelt zu verbringen, oder bei kurzfristig angesagten Ereignissen spontan dort hinzufahren. Soviel Zeitaufwand können sich die wenigsten leisten. Es ist sicher kein Zufall, dass von denjenigen, die diese Aufgabe am meisten übernommen haben, zwei selbständig arbeiten, zwei im selbstorganisierten Betrieb, und eine arbeitslos ist. In der Hektik der Ereignisse wurden andere oft zu wenig einbezogen – andere aus dem Solidaritätskreis, aber auch andere Streikende. Wir waren oft in der Dynamik unserer eigenen Aktionen gefangen, und haben zu wenig darüber nachgedacht, was wir alles mit den Streikenden zusammen hätten machen können, jenseits der stellvertretenden Blockaden. Mit etwas Phantasie wären sicher mehr gemeinsame Aktionen möglich gewesen, und die vielen Stunden im Streikdorf hätten wir »organisierter« für Erfahrungsaustausch und Diskussion nutzen können, z.B. mit Film- oder sonstigen Veranstaltungen. Es wäre wichtig gewesen, sich mehr mit dem Streikbruch durch Leiharbeit zu beschäftigen: mehr Versuche zu machen, mit LeiharbeiterInnen in Kontakt zu kommen, und mehr Druck auf die Firma G&A. Für all dies hat die Kraft nicht gereicht.

Diese Kritikpunkte waren Teil einer Auswertungsdiskussion, die im Mai mit einigen UnterstützerInnen stattgefunden hat. Zunächst hat jede und jeder die eigene Beteiligung begründet. Dabei wurde deutlich, dass weniger Ideologien als persönliche Erfahrungen und Hoffnungen ausschlaggebend waren. Mehrere sagten, dass sie aufgrund der begeisterten Erzählungen von VERONIKA schließlich selbst zum Flughafen gefahren wären. Im Folgenden dokumentieren wir einige Beiträge aus dieser Runde. Wie bei den Streikenden wurden die Namen geändert.

MARTA: Ich bin bei der Streikunterstützung relativ am Rande dabei gewesen. Was mich motiviert hat, war erstmal Neugierde, weil Arbeitskämpfe bisher nicht zu meinem politischen Feld gehörten, da ich aus der autonomen, aus der feministischen Bewegung komme, und in den letzten Jahren eher was zu Rassismus und Flüchtlingen gemacht habe, und zu Kolonialismus. Ich fand das eine spannende Auseinandersetzung. Für mich war wichtig, dass das kein reiner Lohnkampf war, sondern um das, was immer mit dem Begriff »Menschenwürde« umschrieben wurde, also ein Kampf für existenzielle Lebensformen. So habe ich den Kampf begriffen, und das kam auch von den Streikenden rüber. Das war für mich eine völlig andere Möglichkeit der Identifizierung. Für einen reinen Lohnkampf wäre ich nicht nach Düsseldorf gefahren.

Über die Identifikation bot sich die Möglichkeit, etwas Gemeinsames zu entwickeln, also nicht nur Unterstützungsarbeit zu machen im Sinne von »ich unterstütze das, weil ich das politisch-ideologisch richtig finde«, sondern sich darin selbst wiederzufinden, mit eigenen Auseinandersetzungen, ob das jetzt Hartz IV ist oder andere Lebenssituationen, wo soziale Verhältnisse verkapitalisiert werden.

DETMAR: Ich komme auch eher aus den autonomen Kämpfen und habe die Arbeiterauseinandersetzungen um Lohn usw. verhältnismäßig enttäuscht am Rande beobachtet, vor allem wegen der Kampfformen. Mich hat bei diesem Kampf am meisten angemacht, dass die Leute ein unübersetztes Motiv in der Auseinandersetzung hatten. Sie haben gesagt: Wir wollen Gegenmacht, aber wir drücken das in Lohn aus. Die wollten ihr eigenes Leben, gegen die Gewalt

*Demonstration vor der Streikbrecher-Firma G&A* am 13.1.2006 in Duisburg*

in der Fabrik, gegen die Gewalt durch die Globalisierung. Da fand ich bestimmte Dinge wieder, die mich vor dreißig Jahren auch motiviert haben, mit Leuten zusammenzuarbeiten, die aus Fabrikkämpfen gekommen sind. Ich habe da Einiges aus dem Ford-Streik '73 wiedererkannt, aber auch den permanenten Ärger mit den Gewerkschaften, denen es immer wieder gelungen ist, die Fähigkeiten zur Selbständigkeit und Eigenbestimmung des Schicksals in den Auseinandersetzungen praktisch unterm Deckel zu halten und in ihre korporatistischen Strategien einzubinden. Hier habe ich eine gewisse Art von Ausbruch daraus gesehen. Fast noch nicht mal Ausbruch, sondern unter Globalisierungsbedingungen, in der Auseinandersetzung mit einem riesigen Apparat, mit Gate Gourmet und McKinsey als globalisierendem kapitalistischen Spürhund, da plötzlich dieses Sich-Wehren. Das war das, was mein Herz bewegt hat. Über den Verstand kommst du ja selten zu solchen Sachen.

Gleichzeitig habe ich eine Korrespondenz zu den Auseinandersetzungen auf dem Hartz IV Sektor gesehen, und warum Leute aus diesem Sektor da was gemacht haben: Weil das dieselben Zwänge zur Selbstunterwerfung, zur Selbstinstrumentalisierung, zur Selbstrationalisierung waren, die da zum Tragen gekommen sind. Ich habe gedacht: Das könnte der Ausgangspunkt für ein allgemeineres Sich-Wehren sein, für ein Übergreifen von solchen Motiven, sich dagegen zu wehren.

WILHELM: Die Auseinandersetzung mit Arbeitskämpfen liegt bei mir auch relativ lange zurück, das war Anfang der Siebziger. Damals ist die Auseinandersetzung in den Betrieben von den Linken als Situation begriffen worden, wo interveniert werden sollte, wo es also mehr darum ging, zu gucken, wie die eigenen Vorstellungen vielleicht aufgenommen werden können von den Leuten, die dort arbeiten. Das fand ich hier nun ganz anders. Hier hatte ich den Eindruck, dass diejenigen, die den Streik gemacht haben - auch in unserem eigenen Verständnis - nicht von uns mit einer Intervention angegangen wurden. Sondern wir haben geguckt: Was wollen die da eigentlich, was machen die. Wir haben festgestellt, dass sie in ihren politischen Forderungen, und auch in dem, was sie selbst in der betrieblichen Auseinandersetzung festgestellt haben, schon weiter gewesen sind als die Linke. Das zu lernen und zu erfahren, wie das läuft, worum es da geht, das fand ich hochspannend - denn ich dachte zuerst auch, es geht um Lohn, die wollen 4,5 Prozent mehr Lohn,

*Solidaritätsaktionen am Flughafen Hamburg ...*

na gut, und habe dann festgestellt: Da geht's gar nicht drum, sondern es geht tatsächlich darum, eine andere Lebenssituation zu organisieren. Ich fand gut, dass im Unterstützerkreis - auch wenn das immer eine schwierige Sache ist - die Autonomie der Streikenden akzeptiert worden ist. So habe ich das jedenfalls erlebt. Dass nicht versucht worden ist, dort massiv die eigenen Vorstellungen reinzubringen, sondern das zu respektieren, was sie an eigenen Erfahrungen und an eigenen Kämpfen durchführen wollten. Ansonsten fand ich die Leute unheimlich nett. Die waren gut drauf. Das hat mir Spaß gemacht. Bei den Aktionen, die wir gemacht haben, haben wir die Problematik nicht genug verbreiten können, um eine wirklich effektive Unterstützung zu erreichen. Aber das ist ja vielleicht nur ein Anfang, und ich hoffe, dass das irgendwie weitergehen kann.

CARLA: Ursula und ich haben schwerpunktmäßig Antirassismus gemacht, bis wir im Antifa-KOK [Koordinationskreis in Düsseldorf] eine Vollversammlung hatten zum Thema Sozialabbau, und da fand unsere Gruppe: »Da ist ein Streik vor unserer Haustür!« Nach dem Prinzip *Trial-and-Error* wollten wir einfach mal da hingehen, gucken, was so ein Streik bedeutet, und wie wir dabei helfen können. Wie können wir versuchen, uns da mit einzubringen – und danach diskutieren wir damit weiter über Sozialabbau. Das war unser Ansinnen. Wir sind dann da hingegangen und haben nachgefragt, und bei der Veranstaltung im *zakk* haben wir diesen Unterstützerkreis mit initiiert.

URSULA: Meine persönliche Motivation, in den Unterstützerkreis zu gehen bzw. mich an Aktionen zu beteiligen, ist gewesen, dass in Düsseldorf zum ersten Mal eine relativ kleine Firma sich gewehrt hat. Dass sie nicht nur eine Forderung nach Prozenten aufgestellt, sondern sich gegen die Arbeitsbedin-

*... in Zürich ...*

*... und in Krefeld vor der Streikbrecher-Firma Tertia*

gungen gewehrt haben. Das ist die erste Firma gewesen, bevor dann AEG kam, und dann die Unikliniken, die auch sehr lange durchgehalten haben. Das war für mich eine Aufbruchstimmung, weil ich auch solche Tarifauseinandersetzungen aus den siebziger und achtziger Jahren kenne, wo ich damals anders organisiert war, und wo man dann vor den Betrieb gegangen ist und Flugblätter verteilt hat und gesagt hat: »So müsst ihr das machen, dann seid ihr auf dem richtigen Weg.« Bei diesem Streik ist das anders gelaufen, und das war für mich wichtig: Dass das eben als Unterstützung läuft und nicht als Aufoktroyieren irgendeiner Meinung.

MICHAEL: Ich bin seit vielen Jahren in der autonomen Bewegung aktiv gewesen, in vielen politischen Feldern, habe mich aber eigentlich noch nie intensiver an irgendwelchen betrieblichen Auseinandersetzungen beteiligt. Seitdem ich arbeite, bin ich in der Gewerkschaft, aber mir ist das relativ fremd und ich will da eigentlich nichts mit zu tun haben. Ich sehe das eher als Versicherung. Was mich motiviert hat, mich da zu engagieren, waren im wesentlichen die Berichte über die Militanz und die Wut auf die Firma, und die Fähigkeit von den Beschäftigten zu militanter Gegenwehr. Das fand ich total erstaunlich, und das hat mich natürlich sehr neugierig gemacht. Der andere Punkt war die Zusammensetzung von den Leuten. Es sind ja Leute aus verschiedenen *communities* in dem Betrieb, und das hat mich erinnert an die Auseinandersetzungen Anfang der siebziger Jahre, wo aus einer Migrationsgesellschaft im Betrieb heraus Formen von autonomem Widerstand gegen die Fabrikgesellschaft eine große Bedeutung hatten. Ich hatte gehofft, dass sich Gruppen wie Kanak Attak an solchen Auseinandersetzungen beteiligen. Der dritte Punkt, der mich letztlich bewogen hat, mich da die ganze Zeit zu engagieren, war, dass ziemlich klar rüberkam: Wir werden da gebraucht, unsere Erfahrung wird in dieser Auseinandersetzung wichtig, und da kann man Solidarität tatsächlich praktizieren. In dem Sinne, dass da Leute sind, die sagen »Wir können bestimmte Dinge nicht tun und finden gut, wenn ihr das macht«. Es gab da ein Gegenüber, wo immer klar war, dass die Beschäftigten selber gesagt haben: »Die und die Möglichkeiten gibt es, das könnt ihr machen«. Ich fand das nicht so eine Stellvertreterpolitik im negativen Sinn, sondern einen Akt von Solidarität. Es war für die Auseinandersetzung wichtig, den Preis für die Gegenseite hochzutreiben, diese Blockaden weiterzuentwickeln und solche Konfrontationen mit der Gegenseite und mit den Bullen zu führen.

MARIAN: Ich kann eigentlich nicht sagen, dass ich Unterstützerin bin. Ich habe das alles sehr von außen mitbekommen, in erster Linie über persönliche Kontakte mit Leuten, die total begeistert waren. Ich fand das am Anfang ein bisschen verdächtig: Schon wieder Arbeiterkampf, schon wieder Hauptwiderspruch ... Aber aus dem, was die Leute erzählt haben – das waren sehr verschiedene Leute – habe ich dann andere Sachen rausgehört. Da waren durchaus feministische Fragestellungen, da waren antirassistische Fragestellungen. Ich habe mich gefragt, wie es kommt, dass in dem, was veröffentlicht wird, das doch wieder so hauptwidersprüchlich vermittelt wird und mich davon abhält. Dann kam es, für mich relativ unvermittelt, zum Streik-Ende, und dann habe ich gedacht: »Ok, dann musst du halt jetzt da hin und gucken.« Ich habe das als sehr schade empfunden, das nicht schon vorher gemacht zu haben. Dass ich mich nicht von der Begeisterung der Unterstützerinnen habe anstecken lassen, sondern in meinem eigenen Verdachtsmoment hängengeblieben bin. Schon wieder ein Arbeiterkampf ... na gut, dann ist es halt nicht nur die Gewerkschaft, sondern andere Organisationsstrukturen, die sich als undogmatisch oder eigentlich unorganisiert empfinden, aber genauso aus-

schließlich wirken über das, was sie nach außen tragen. Was die Leute machen, sowohl die UnterstützerInnen als auch die Leute vor Ort, wie ich am letzten Tag konkreter habe erfahren können, ist was sehr Eigenes, was sehr Vielfältiges und was unglaublich Selbstbewusstes, was auch jenseits von Organisation mit Subjekten, mit Subjektivierung und Erfahrungen zu tun hat, die ansonsten sehr wenig thematisiert wurden. Es war etwas sehr Offenes, das war mein Eindruck.

DELIA: In der Anfangsphase war ich ein bisschen skeptisch, was die Selbständigkeit und Unabhängigkeit der Arbeiter in Bezug auf die Gewerkschaft ist. Weil es in dieser langen Zeit von Streik keine unabhängigen Treffen gab, wo die Arbeiter sich von sich aus hätten organisieren können. Danach hat sich das anders entwickelt. Mich hat auch daran interessiert, dass viele migrantische Arbeiterinnen dabei waren. Irgendwann um Weihnachten habe ich an einer Blockade teilgenommen. Da musste ich feststellen, dass hauptsächlich die UnterstützerInnen dabei waren, und kaum Verwandte oder Bekannte von den ArbeiterInnen. Ich fand das sehr eigenartig. Ich komme aus Argentinien, und habe mich ein bisschen mit den Arbeiterkämpfen dort befasst. Da läuft viel über die Beteiligung von Bekannten und Familien. Irgendwie kam ich mir hier wie ein Auftragskiller vor. Ich habe mich nicht mehr weiter dafür interessiert, bis ich dann mit nach London gefahren bin und angefangen habe, mit einzelnen Arbeiterinnen zu sprechen. Es hat mich fasziniert, dass sie nicht mehr an diesem Arbeitsethos gehangen haben, dass sie auch bereit waren, letztendlich die Arbeit aufzugeben, wenn sich da nichts verändert. Ich habe die Widersprüche, die ich gesehen habe, den Arbeiterinnen mitgeteilt, und ich hatte das Gefühl, dass das bei ihnen angekommen ist. Ich glaube auf jeden Fall, dass die Unterstützergruppe gut war, insofern, dass die Politisierung, die sie geleistet hat, nicht so von bestimmten Ideologien geprägt war. Mich würde interessieren, ob sich die ArbeiterInnen mehr gewünscht hätten, in dieser Richtung. Ich denke, dass diese lange Zeit alleine dieses Bewusstsein gebracht hat. Leider hat die letzte Blockade nicht stattgefunden.

*Aktionstag am 17.12.2005 am Flughafen Düsseldorf …*

THOMAS: Wir sind mit unserer Gruppe »Stiftung Unruhe Köln« mehr oder weniger so reingerutscht, und zwar über das Praktische, über die Blockaden. Ich kann wenig darüber erzählen, warum wir da als Gruppe mitgemacht haben, da stehen noch ein paar Diskussionen aus. Ich fand das spannend, weil das nicht wie ein normaler Streik aussah, sondern es gab ein paar Momente, die anders waren – diese Beweggründe, die darüber hinaus gingen, nur einen ganz normalen Lohnkampf zu führen, und diese Hinweise, dass es da Ideen gibt, die weitergehender sind, dass es um Würde ging, und dass dort die ganze kapitalistische Lohnarbeitsform in Frage gestellt wurde. Ich fand diese Widerspenstigkeit da drin total spannend, eben wie dieser Streik zustande gekommen ist und auch das Spannungsverhältnis mit den Gewerkschaften. Ich habe überhaupt keine Erfahrung mit Streiks, aber das war etwas, was ich aus Zeitungen oder sonst wo noch nie mitbekommen habe. Das hat mir sehr imponiert. Dass dieser Streik zustande gekommen ist und Wege aufgezeigt hat, aus der Atomisierung rauszukommen, das kann man einerseits gesellschaftlich sehen, aber auch ganz konkret in diesen Produktionsverhältnissen. Was für die Diskussion noch aussteht: Was sind eigentlich die Voraussetzungen, sich als UnterstützerIn in diesen Prozess mit einzubringen? Sehen wir die An-

*… Berlin-Schönefeld und Frankfurt am Main*

knüpfungspunkte allein schon dadurch, dass überhaupt gestreikt wird? Oder gibt es doch ganz spezielle Voraussetzungen, wie in diesem Fall?

GREGOR: Ich habe die letzten fünfzehn Jahre in Schichtarbeit in einem Metallbetrieb gearbeitet, bin in der IGM und in der VVN [Vereinigung der Verfolgten des Naziregimes] aktiv. Ich habe erlebt, dass der Zugriff der Unternehmensleitungen auf die Leute, auf Lohn und Zeit und Arbeitsleistung usw., immer mehr zugenommen hat, und dass es in dem Betrieb, wo ich war, sehr schwierig war, sich dagegen gemeinsam zu wenden. Ich habe dann in *indymedia* Ende Oktober die Berichte gesehen, und fand das sehr spannend, dass in einem kleinen Betrieb die Belegschaft gegen einen großen internationalen Finanzinvestor streikt. Das fand ich sehr gut, dass in diesen öffentlich zugänglichen Medien berichtet wurde, oder dass in Duisburg, in den Orten, wo die Streikbrecher-Verleihfirmen waren, plötzlich Flugblätter auftauchten und Aktionen stattfanden. Als bei AEG gestreikt wurde, bin ich nach Dormagen gefahren, und habe dort eine Delegation der Streikenden von Gate Gourmet getroffen. Sie waren äußerst bedrückt. Das war vor der Betriebsratswahl, und sie wussten nicht, ob das ein Schlag für sie ist, der den Streik empfindlich trifft. Dann war ich Anfang März bei eurer Veranstaltung und hatte den Eindruck, dass es jetzt unbedingt nötig ist, etwas zu tun, weil ich habe unendlich viel dagegen, dass so ein Streik unter einem Diktat endet. Ich bin der Meinung, dass umfassend versucht wird, den Wert der Ware Arbeitskraft in dieser Gesellschaft zu senken. Von daher habe ich nicht gedacht, wie ihr das mehrfach geäußert habt, dass das eine Frage von »Lohnkampf oder nicht« ist, sondern es ist eine Abwehr gegen diese Angriffe. Wir müssen uns klarmachen: Wenn der Lohn unter einen bestimmten Level gedrückt wird, bist du dem Zugriff in dem Betrieb völlig ausgesetzt. Es gibt einen Zusammenhang zwischen der Lohnhöhe und dem Druck auf deine physische aber auch deine gedankliche Position. Das hängt zusammen, und das darf man nicht trennen. Nach meiner Erfahrung steckt in jedem Streik, und wenn er noch so kurz dauert, immer das Moment, dass diese Gesellschaft anders sein kann. Du gehst hin und dann müssen diese Burschen kommen – das ist eine völlig andere Situation! Oder du machst den Betrieb dicht und die schreien, und die Leute bleiben stehen und sagen: Nein!

Der zweite Gesichtspunkt, der mir in den Darstellungen etwas fehlte: Wie wichtig es war, die Kenntnisse über Heathrow zu kriegen. Diese Auseinandersetzung findet nicht nur in der BRD statt. Dort wehren sich die Leute in ähnlicher Form. Diese Leute haben Erfahrungen gemacht, die ich für sehr wichtig halte in der weiteren Auseinandersetzung. Wenn man die verständlich machen kann, wird es nicht weggewischt werden können. Wenn man in der Migrationsausstellung den Film zum Pierburgstreik* '73 sieht: Das war doch eine Erfahrung, die wirklich was durchbrochen hat! Das war nur ein Streik, mehr war das erstmal nicht, aber die ganzen Fragen, die sich dann auftaten – die Frauenbedingungen, die Migrantenbedingungen, die Änderung der Produktionsabläufe, der Zusammenhang, wie kann man streiken, wie kann man gegen sozialdemokratische Positionen in der Gewerkschaft vorgehen – das war ein Start. Ich meine nicht, dass es jetzt plötzlich wieder so ist. Aber das waren Erfahrungen, und wenn man die vermittelt, hat das sehr große Wirkungen.

JENS-PETER: Ich lebe und arbeite im SSK [Sozialistische Selbsthilfe Köln] und bin in der FAU. Joachim hat den Streik als erster mitgekriegt, und als er mich gefragt hat »Ich fahr' zum Streik am Flughafen, kommst du mit?« hab' ich gleich »Ja« gesagt. 1984 war ich zum ersten Mal bei einem Streik. Ich hatte gehört, dass in der Bundesdruckerei in Bonn gestreikt wurde, wegen der 35 Stunden. Ich also auf mein Motorrad, da hin. Ich war noch ziemlich jung und wusste nicht so viel, und geriet an einen Funktionär, dessen Hauptqualifikation darin bestand, das Flugblatt auswendig aufzusagen. Seitdem gab es viele Diskussionen über Streiks, über den Kapitalismus als solchen, Begegnungen mit streikenden und nicht streikenden Arbeiterinnen und Arbeitern. So ein Streik ist die Auseinandersetzung am zentralen Ort in dieser Gesellschaft. Die Produktion ist der Ort, wo das Kapital und die gesellschaftlichen Verhältnisse produziert und reproduziert werden. Und in jedem Streik – egal wie stark der von der Gewerkschaft reglementiert ist – schimmern die ganzen Widersprüche dieser Gesellschaft durch. Und dabei blitzt immer ein bisschen auf, dass es auch anders sein könnte. Dieser Streik war ein besonderer Streik, da ist das alles besonders deutlich geworden. Wenn man das vergleicht mit dem letzten Streik, wo wir was gemacht haben, mit dem Busfahrerstreik in Leverkusen, dann hat sich bei dem Gate-Gourmet-Streik sehr schnell rausgestellt, dass die Leute ganz anders drauf sind. Die Busfahrer sind mehr oder weniger am Nasenring von ihrer Gewerkschaft durch den Ring gezogen worden. Die hatten keine eigene Aktivität, die haben es nicht geschafft, eine Unabhängigkeit gegenüber ihrer Gewerkschaft zu erreichen. Das war hier, so wie ich das mitgekriegt habe, von Anfang an anders. Das fand ich das Interessante daran. Das war einer der bemerkenswertesten Streiks, die ich jemals aus der Nähe mitgekriegt habe. [Busfahrerstreik: Mit dem längsten Streik der BRD kämpfte ver.di ab Januar 2004 beim Subunternehmer HBB in Leverkusen 395 Tage erfolglos für die Einführung des Spartentarifvertrags].

ASTRID: Bevor ich vor elf Jahren zum SSK gegangen bin, habe ich etwa ebenso lange als Jobberin in verschiedenen Betrieben gearbeitet, alles Mögliche zwischen beim-Sklavenhändler-nach-zwei-Wochen-rausfliegen und fünf Jahren mit Festvertrag. Ich gehöre zum Wildcat-Zusammenhang und für mich war es eher selbstverständlich, zu so einem Streik hinzugehen. Wir haben zuerst über *labournet** von dem Streik erfahren – aber dann doch zwei Wochen gebraucht, bis wir endlich mal hingefahren sind. Dort trafen wir eine kleine Runde von ArbeiterInnen, die uns erzählt haben, wie die Arbeitsbedingungen vorher waren, und schon da kam raus, dass diese 4,5 Prozent nicht der wirkliche Anlass für den Streik waren. Ich finde es allerdings gar nicht das Kriterium, ob ein Streik um Lohn geht oder um etwas anderes. Ich denke, es geht meistens um die gesamte Lage, aber in dieser verrechtlichten Situation ist der Lohn oft der einzige Hebel, wo man was machen kann. Für mich ist eher die Frage: Wie läuft so ein Streik ab? Ist das ein Ritual, wo die Gewerkschaft pfeift und dann rennen alle raus, und dann pfeift sie wieder, und alle rennen wieder rein – oder ist das ernster gemeint? Ich hatte leider in den ganzen Jahren im Betrieb nie das Glück, mal in einen richtigen Streik reinzugeraten. Ich kenne nur diese Rituale, oder allenfalls heftige Auseinandersetzungen mit dem Gewerkschaftssekretär, ob man noch ein bisschen länger darf. Aber ich hatte bei Gate Gourmet von Anfang an das Gefühl, dass das ernster gemeint war. Dann sind wir da öfters hingefahren, und haben gemerkt, wie sehr die

Leute dahinter stehen und das als ihre Sache begreifen. Im Laufe der Zeit schien von den Streikenden aus immer mehr Eigenständigkeit durch. Zwar immer unter der Decke, weil sie es sich nicht mit der NGG verderben durften. Aber du hast trotzdem gemerkt: Da sind Leute, die sich eigene Gedanken machen, da findet eine unheimliche Politisierung statt, und eine Zusammenarbeit mit Leuten wie uns, die ja normalerweise von Gewerkschaftssekretären schnell als Chaoten diffamiert und in die Ecke gestellt werden. Ich fand, dass es da von den Streikenden her eine sehr große Offenheit gab, so eine Unterstützung gut zu finden, anzunehmen, und mit uns zu diskutieren. Das war insgesamt eine sehr schöne Erfahrung.

VERONIKA: Ich bin diejenige, von deren begeisterten Erzählungen andere angesteckt worden sind, und jetzt will ich mal erzählen, was mich da begeistert hat. Ich bin zur Zeit bei Arbeitslosen organisiert, in der Gruppe von *Agenturschluss*. Wir machen Spaziergänge zu Stellen, wo 1-Euro-Jobber sind. Von daher ist mir die ganze soziale Frage sowieso ziemlich nah in den letzten Jahren. Joachim und Astrid haben mich während eines 1-Euro-Spaziergangs gefragt, ob ich Lust hätte, mit nach Düsseldorf zu kommen – und da ich über genug Zeit verfüge, konnte ich das auch spontan machen. Erstmal hatte ich das Gefühl: Was soll ich denn jetzt hier machen? Ich fand das interessant, dass da viele türkische Frauen waren. Die waren zum Teil am Stricken oder einfach am Quatschen. Dann bin ich wieder mit nachhause gefahren, und beim nächsten Mal hieß es: Vielleicht kommt so was wie eine Blockade. Dann war zufällig mein Sohn zu Besuch und wir sind mit da hingefahren. Ich war total gespannt darauf, was da eine Blockade sein könnte, und konnte mir überhaupt nicht vorstellen, wie die Gewerkschaft oder solche Arbeitskämpfe so eine Dynamik entfalten könnten. Das war die Blockade, die noch von den Arbeitern und Arbeiterinnen selbst gemacht worden war. Ich muss dazu sagen: Schon bei der ersten Begegnung hatte ich das Gefühl, dass das ein spezieller Haufen ist. Da lief eine ältere Kollegin rum mit einem kleinen Kuschelhund auf dem Arm, das fand ich total skurril. Das war ein unterschiedlich gemischter Haufen von spannenden Leuten. Dann fing das alles erstmal ganz harmlos an, die Leute trollten sich da vor der Absperrung, der erste LKW

rollte raus. Aber dann gab es sofort eine kleine Klopperei mit einem der Sicherheitstypen, und da hat sich mein Sohn mit eingemischt. Mit so etwas Wildem hatte ich gar nicht gerechnet. Ich war noch in so einer Trantütenstimmung »Hier kann eigentlich nichts passieren, die sehen alle so harmlos aus«. Weil der LKW-Fahrer ziemlich unverschämt war und einfach über uns drübermöllern wollte, sind sofort die türkischen Frauen ins Zelt geflitzt und haben die ganzen Lebensmittel geholt und das Eis einfach gegen den LKW geklatscht. Diese friedlich strickenden Frauen haben sich plötzlich in einen um-sich-schmeißenden Haufen verwandelt! Das fand ich sehr lebendig, und das ist in etwa das, was ich den anderen erzählt habe, plus das, was schon andere gesagt haben: Es wusste jede und jeder, warum er da draußen steht, und das wurde auch sehr engagiert und emotional erzählt. Das hat mich motiviert, das weiter zu verfolgen, weil ich auch viele Leute dort nett fand. Wesentlich ist für mich, dass ich in diesem Zeitraum viel Erfahrung machen konnte, sei es was Gewerkschaft anbelangt, oder auch zu sehen, wie schnell in so einem gemeinschaftlichen Kampf Entwicklungen von jedem einzelnen möglich sind, so ein Zusammentun.

JOACHIM: Mich hat der wilde Streik am Flughafen Heathrow im August ziemlich elektrisiert. Der Konflikt von migrantischen ArbeiterInnen in einer besseren Frittenbude hat einen riesigen Flughafen lahmgelegt, mit internationalen Auswirkungen. In der ersten Jahreshälfte 2005 hatte ich viele Diskussionen über das Buch von Beverly Silver, *Forces of Labor* [siehe Literatur], geführt. Sie betont darin, dass die Suche nach neuen Ansatzpunkten für Arbeitermacht ein ständiges Experimentieren und Ausprobieren ist, dass wir nicht vorher theoretisch ausmachen können, wo und wie sich die ArbeiterInnen in ihren Kämpfen wieder erfolgreich gegen das Kapital durchsetzen können. Der Streik in Heathrow erschien mir wie so ein großartiges Experiment, auch wenn die ArbeiterInnen dort den Kampf mehr oder weniger verloren hatten. Als ich vom Streik in Düsseldorf hörte, war da schon eine größere Aufmerksamkeit, eben weil es um dieselbe Firma, um Gate Gourmet ging. Aber den wenigen Pressemeldungen nach zu urteilen war es ganz was anderes als in Heathrow: Kein wilder Streik, der von den ArbeiterInnen selber ausging, sondern eine übliche, gewerkschaftlich kontrollierte Tarifrunde. Erst als wir drei Wochen nach Streikbeginn zum ersten Mal den Streikposten besuchten, wurde mir klar, dass auch dieser Streik eine andere Dimension hatte. Als wir dann die Streikenden besser kennenlernten, wurde uns klar, dass es da einen Kern von KollegInnen gab, die den Streik sehr selbstbewusst in die eigene Hand genommen hatten. Für mich war auch dieser Streik so ein Experiment. Wir haben dort viel über die Arbeit am Flughafen gelernt und darüber, wie empfindlich diese Gebilde sind, welche Möglichkeiten es dort gibt, Druck zu machen. Dazu beizutragen, zusammen mit den streikenden KollegInnen praktische Unterstützung auszuprobieren, hat dann richtig Spaß gemacht. Ich hab so ziemlich alles andere in meinem Leben stehen und liegen gelassen und mich voll auf diesen Streik eingelassen. Das ist mir nicht schwer gefallen, weil es sehr viel spannender als der übliche Alltagstrott war. Und es war so ein kleiner Lichtblick in den ganzen konkurrenzbehafteten Streitereien, mit denen du es sonst so zu tun hast, selbst unter linken Leuten. Wenigstens mal ein kleines Flämmchen, kollektiv gegen die ganze Scheiße vorzugehen. Das war dann auch das Gefühl, das wir versucht haben, nach außen zu tragen.

*Was wäre geswesen, wenn ...?*

Am 7. April gab es statt des geplanten Aktionstages ein letztes Treffen am Streikzelt. »Nach dem Streik ist vor dem Streik« stand auf dem Transparent, das die UnterstützerInnen zum Abschied mitbrachten, als Ermutigung für die KollegInnen bei ihren künftigen Kämpfen im Betrieb, aber auch für uns selbst. Denn nicht nur Streikende sind auf den Geschmack gekommen. Auch UnterstützerInnen haben neue Möglichkeiten entdeckt, Sand ins Getriebe der kapitalistischen Maschinerie zu streuen. Gegen die Ohnmacht der ArbeiterInnen in ausgelagerten Klitschen und prekarisierten vereinzelten Arbeitssituationen ist praktische Solidarität möglich – mit mobilen und flexiblen Streikformen, wie sie in anderen Ländern als *secondary picketing* diskutiert und praktiziert werden. Effektive Streikposten (*pickets*) können auch von außen kommen, wenn einzelne kleine Belegschaften nicht genügend Druck entfalten können. Vielleicht tauchen in Zukunft bei betrieblichen Konflikten öfters mal ein paar *Flying Pickets* auf: Umherschweifende Streikposten, die kämpfende KollegInnen von außen unterstützen – Belegschaften, die sich gegenseitig unterstützen – und letztlich internationale Solidarität, die zeigt, dass es in solchen Konflikten ums Ganze geht.

## Gate Gourmet ist überall

*Zürich, 6.11.2005*

An 109 Standorten in 29 Ländern auf fünf Kontinenten arbeiten 22 000 Menschen für Gate Gourmet. Was wäre gewesen, wenn nur ein kleiner Teil dieser weltweiten Belegschaft sich dem Streik angeschlossen hätte? Ein Hauch von Internationalismus war im Streikdorf am Düsseldorfer Flughafen zu spüren. Solidaritätsadressen aus aller Welt trafen ein, GewerkschafterInnen aus der Türkei und Indonesien kamen zu Besuch, und Düsseldorfer KollegInnen waren im In- und Ausland (in Marseille, Zürich, Straßburg und London) unterwegs, um ihren Streik bekannt zu machen und sich mit anderen zu solidarisieren. Leider ist es nicht gelungen, die KollegInnen der anderen *units** zu Solidaritätsaktionen zu bewegen. Über persönliche und politische Kontakte gelangte aber zumindest die Information über den Streik an ein paar andere Standorte. Am Aktionstag am 17. Dezember, zu dem der Solidaritätskreis aufgerufen hatte, wurden an die Gate-Gourmet-Beschäftigten in Frankfurt, Hannover, Hamburg und Berlin-Schönefeld Flugblätter verteilt, und ein paar Tage später gab es Aktionen in Berlin-Tegel und Madrid-Barajas. Zum 100. Streiktag verteilten in Buenos Aires Arbeiter des Flughafens *Aeroparque* vor der dortigen Niederlassung von Gate Gourmet Flugblätter. An verschiedenen Flughäfen wurde im Laufe des Streiks an den LTU-Schaltern über den Streik informiert, und in Magdeburg und Kassel gab es Öffentlichkeitsaktionen. Vor den Büros der Streikbruchfirmen G&A* (Duisburg) und Tertia* (Krefeld) wurde ebenfalls demonstriert.

*Buenos Aires, 12.1.2006*

Im Februar fuhren die Streikenden selbst mit dem Flugblatt »Streikt endlich mit!« zur *unit* Frankfurt-Zeppelinheim. Dort erschienen auch einige GenossInnen der Gruppe »Revolutionärer Aufbau Schweiz«, die schon Anfang November den Streik in der Europazentrale in Zürich bekannt gemacht und die Streikenden aus Düsseldorf bei ihrem Zürich-Besuch im Januar begleitet hatten.

Der direkteste Kontakt gelang mit den Kolleginnen aus London-Heathrow. Bei ihrem Besuch in Düsseldorf tauschten sie sich mit Kolleginnen aus der Produktion über ihre Arbeitsbedingungen, das Vorgehen der jeweiligen Geschäftsleitungen und Widerstandsmöglichkeiten aus. Einen ähnlichen Versuch von internationalem Vergleich und Vernetzung hatte ein Kollege aus Düsseldorf bei einer Auslandsreise bereits auf eigene Faust unternommen.

JENS: Ich bin 2004 zur Gate Gourmet in Bangkok hingegangen und habe gesagt: Ich bin aus Düsseldorf und möchte mir das hier mal angucken. Das war da ein Arbeiten, das war unvorstellbar für mich. Da war von den McKinsey-Sachen nichts zu sehen. Ich bin da rein gekommen, und erstmal haben mich drei Leute begleitet, die mir das alles schön erzählt haben. Drei Leute! Dabei war auch ein Schweizer. Der hat sich vor die versammelte Mannschaft von den Produktionsmädeln gestellt, und hat die gefragt: »Darf ich mit denen deutsch sprechen?« Dann haben die alle ja gesagt, und dann war die Sache erledigt. Aber erstmal diese Geste! So was gab's bei uns nicht. Bei uns haben die sich alle englisch unterhalten, und ob du die verstanden hast oder nicht, das war denen schnurz.

Nach dem Streik meldeten sich noch vereinzelt Gate-Gourmet-ArbeiterInnen aus anderen Ländern. Diese Kontakte sind leider wieder versandet. Gate Gourmet ist überall. Wir eigentlich auch. Aber wir müssen das noch etwas besser organisieren …

*Madrid-Barajas, 22.12.2005*

# Gut, dass wir gekämpft haben ...

## Interview mit Axel Peters von der NGG

Axel Peters hat als hauptamtlicher Gewerkschaftssekretär den Streik von Anfang bis Ende begleitet, betreut und mitorganisiert. Das Interview hat am 11. Oktober 2006 stattgefunden.

Welches Resümee zieht ihr als Gewerkschaft aus diesem langen Streik?
Die Geschlossenheit unter den Streikenden war bemerkenswert. Hinzubekommen, dass sechs Monate lang fast keiner der am Streik Beteiligten Streikbruch macht, ist schon eine Sensation. Für uns als Gewerkschaft stellen sich aber auch allgemeine Fragen. Wir haben dieses nahezu perfekte Streikbruchmanagement der Firma erlebt. Da hatte niemand mit gerechnet. Solche Streikbruchpläne von Arbeitgebern können wir schwer durchkreuzen. Ein herkömmlicher Streik, den alle gemeinsam beginnen und beenden, kann nicht die einzige Möglichkeit bleiben. Wir müssen von Anfang an mit den Belegschaften auch andere Streiktaktiken erörtern.

In den ersten Tagen gab es Versuche der Streikenden, die LKWs an der Ausfahrt zu hindern. Es gab auch andere Ideen, wie der Streikbruch verhindert werden könnte. Sind solche Ideen noch mal weiter diskutiert worden?
Es war für viele eine totale Frustration, zu sehen, wie die LKWs vom Hof fuhren und zurückkamen. Es gab gleich am ersten Tag eine kurzfristige spontane Behinderung der Auslieferung. Dann haben sich die Streikenden für mehrere Tage auf Zebra-Streifen-Betreten verlegt, bis die Polizei das verboten hat. Aber die Öffentlichkeit hatte von diesem Streik Kenntnis und es gab Menschen, die diesen Streik gegen einen internationalen Konzern und eine internationale Investorenfirma politisch als »antikapitalistischen Kampf« einordneten und deshalb die Streikenden unterstützten. Keiner der Streikenden war traurig, wenn Hilfe von Außen kam.

Euer Vorschlag der flexiblen Streiktaktik stieß bei Streikenden auf Skepsis. Bei der moderierten Streikversammlung im Februar kam es zu heftiger Kritik aus der Belegschaft.

Auf der Versammlung haben wir die Verhandlungszwischenstände dargelegt, um abzufragen, ob jeder einzelne und alle zusammen mit diesen Punkten leben konnten. Einige Leute meinten: »Mit solchen Ergebnissen gehe ich nicht rein.« Wir mussten darlegen, dass wir, um ein besseres Ergebnis zu erreichen, die Streiktaktik ändern müssten. Wir wissen, dass auf Arbeitgeberseite viele glaubten, die kleine Gewerkschaft NGG könnte diesen Streik nicht lange finanzieren. Eine völlig falsche Einschätzung. Wir haben alles in unseren Kräften Stehende gemacht, um diesen Streik organisatorisch abzusichern. Über sechs Monate haben wir die Standards geschaffen: Catering mittags und abends, immer ein Dach über dem Kopf, immer schön warm, immer Strom und Gas, immer noch gute Laune und immer noch einen Hauptamtlichen dabei. Es war nicht einfach, den Streik mit einem für alle akzeptablen Ergebnis gemeinsam zu beenden, aber nach sechs Monaten hatten wir einen Tarifvertrag, der von der Mehrheit getragen wurde.

Einige KollegInnen haben in dem Streik sehr selbständig gehandelt. Gab es da von Seiten der Gewerkschaft »Kontrollverlustängste«?

Wir waren sehr froh, dass z.B. ein Kollege nach relativ kurzer Zeit als Pressesprecher fungierte. Ihm war die Rolle zugefallen, er hat sie gut ausgeübt, alle haben es akzeptiert und er hat es auch wunderbar gemacht. Am Anfang war es relativ schwierig, Kollegen zu gewerkschaftlichen Versammlungen mit hinzubekommen. Dort hat erst mal der Hauptamtliche geredet. Mit der Zeit haben die Kollegen auch ohne Hauptamtlichen Reden gehalten. Sie haben dann selbst neue Termine organisiert und vereinbart. Ich denke nicht, dass es da auf unserer Seite Angst vor Kontrollverlust gab. Es gab viele Situationen, wo wir einfach organisatorisch gucken mussten, was wir mit den ganzen verschiedenen Solidaritätsbesuchen bei uns am Streikzelt machen. Wir haben gesagt, dass natürlich die Streikleitung, bestehend aus den hauptamtlichen Gewerkschaftsfunktionären und der betrieblichen Streikleitung, entscheidet, was genau zu geschehen hat.

Ein Grund für den massiven Streikbruch war ja anscheinend, dass die Kommunikation zwischen Düsseldorf und den von ver.di organisierten Standorten nicht funktioniert hat.

Von der sehr breit strukturierten Gewerkschaft ver.di* haben wir fast vom ersten Tag an viel Unterstützung bekommen. Aber ausgerechnet zu dem Bereich, der die anderen Gate-Gourmet-Betriebe betreut, gab es leider wenig

Verbindung. Wir bekamen aus Betriebsratskreisen aus Frankfurt-Zeppelinheim schon sofort Solidaritätsgrüße und beste Wünsche, aber erst nach einiger Zeit merkten wir dann, dass aus diesem Betrieb auch Streikbrecher kamen, und ich bin mir noch nicht mal sicher, ob der Betriebsratsvorsitzende das selbst vom ersten Moment an wusste.

Wir haben mit dem Leiter der Tarifkommission für Gate Gourmet bei ver.di gesprochen. Der hat gesagt, dass es ein Fehler der NGG war, den Streik zu beginnen, und dass sie mit ihren Tarifverhandlungen erst mal abwarten, was da rauskommt.
Wir werden ver.di nicht fragen, wann wir streiken. Es war kein Fehler, diesen Streik zu beginnen. Schließlich war das schon monatelang ein Pulverfass.

Was meinst du mit Pulverfass?
Etwa ein halbes Jahr vorher war die Situation schon unerträglich. Der Betriebsrat hat dann eine Betriebsratsdiskussion veröffentlicht, wo für alle erkennbar war: Was macht diese Situation mit uns persönlich, wie geht's uns dabei eigentlich? Als das dann an den Schwarzen Brettern hing, haben viele festgestellt: So wie ich mich die ganze Zeit insgeheim fühle, so geht's offensichtlich allen. Von dem Moment an, wo das jedem Einzelnen klar war, dass das wirklich alle so sehen, wurden die Leute auf diesen wöchentlichen Meetings aggressiver und artikulierten auch, wie unmenschlich sie es in diesem Betrieb empfinden. Dann begannen im Sommer die Tarifverhandlungen, nach jeder Verhandlung wurden die Leute aggressiver und wollten dann auch, dass etwas passiert. Das spürte die Firmenleitung, es hagelte Abmahnungen und alle möglichen merkwürdigen Extrakontrollen, und der Umgangston wurde immer rauher. Bis am Abend vor Streikbeginn hatte sich das noch zugespitzt. Da wurde nur noch rumgeschrieen, insbesondere im Fahrer- und Supervisorbereich*. Es gab dann auch noch diesen halböffentlichen Schriftwechsel zwischen der LTU* und dem Betriebsrat oder der Firmenleitung, der dann auch ausgehängt worden ist: Wer streikt, riskiert seinen Arbeitsplatz.

Euer Verhältnis zu den UnterstützerInnen war am Anfang relativ offen. Später ist es spürbar abgekühlt.
Über die Dauer des Streiks sind informelle Strukturen gewachsen und es gab gut gemeinte Unterstützungsaktivitäten, z.B. Busfahrten nach Frankfurt und solcherlei Dinge, wo die Initiative nicht von der NGG kam. Mit dem Aufwand, den wir geleistet haben, waren wir schon an der absoluten Obergrenze. Bei der Vielzahl der Unterstützungsaktivitäten konnten wir nicht alle Kontakte durchgehend pflegen. Für die Streikenden war jede Unterstützung wichtig.

Nach den Streiks gegen Entlassungen und Betriebsschließungen bei Opel und AEG gibt es neue Diskussionen in den Gewerkschaften. Kommt da was in Bewegung?
Wir sind konfrontiert mit dem riesigen Erpressungspotential der internationalen Konzerne. Das Kapital fließt immer dort hin, wo es sich am besten vermehrt. Wer als Betriebsratsmitglied oder Gewerkschaftsvertreter Verantwortung trägt, der muss da abwägen. Es mag die eine oder andere Situation geben, wo man sagt: Ok, wir geben ein bisschen was ab von dem erreichten Standard, um die Arbeitsplätze zu erhalten. Ich halte das für eine legitime Überlegung. Gleichzeitig weiß eigentlich jeder, dass es eine Illusion ist, damit auf Dauer Arbeitsplätze zu retten. Das Kapital wird nicht aufhören, nach China fließen zu wollen, oder sonst wohin. Ich halte den Sanierungstarifvertrag vor drei Jahren persönlich durchaus für richtig. Das hatte mit Arbeitsplatzsicherheit zu tun. Aber wir haben gesehen, wie sehr man dabei auf die Nase fallen kann. Insbesondere wenn Kontrollmechanismen durch den Betriebsrat nicht funktionieren. Man kann so was probieren, aber es gibt keine Garantie, dass es einem irgendwann gedankt wird, und dass der Unternehmer es der Belegschaft positiv zurückzahlt. Mittelfristig wird den Gewerkschaften politisch nichts anderes übrig bleiben, als der Öffentlichkeit die komplizierten Zusammenhänge des kapitalistischen Systems vor Augen zu führen. Manche sagen: Ist es nicht schon so im Lande, dass die Menschen schon längst allesamt eigentlich wissen, mit was für einem Scheißsystem wir es zu tun haben? Vielleicht brauchen die Menschen ein Bild von einer alternativen solidarischen Gesellschaft und mehr glaubwürdige Hoffnungsträger.

Du hast gesagt, es war nicht falsch, den Streik anzufangen. Wie würdest du im Nachhinein den Streik insgesamt bewerten?
Es war gut, dass wir gekämpft haben. Für uns alle ist allein die Erinnerung, dass wir mit geradem Rücken geschlossen so lange Zeit für die Interessen und die Menschenwürde dort gestanden haben, ein Meilenstein in der eigenen Lebenserfahrung. Für die Organisation NGG ist es auch ein wichtiger Eckpfeiler in der Historie. Dass wir als eine der kleinsten Gewerkschaften so eine organisatorische Leistung vollbringen, das hat uns die Achtung aller anderen gebracht. Es ist im Grunde sensationell, dass dieser Streik nach einem halben Jahr einmütig mit diesem Ergebnis beendet werden konnte. Es gibt an jedem Ergebnis etwas zu meckern. Aber trotz alledem sind wir einheitlich nach diesem Streik wieder in den Betrieb gegangen. Wir haben die Gewerkschaftsfahne am ersten Tag gehisst, und als wir sie nach sechs Monaten wieder runtergeholt haben, war sie nicht zerfetzt.

# Pulsmessungen

## Ein Nachwort

Den Streik bei Gate Gourmet in Düsseldorf hatten einige KollegInnen gut vorbereitet. Mit ihrem taktischen Geschick und ihrer Sensibilität für die Gemütslage der KollegInnen haben sie die Manöver des Managements unterlaufen und die ArbeiterInnen dazu gebracht, die Faust aus der Tasche herauszuholen. Erst als »die ganzen Pulsmessungen erfolgreich beendet waren«, sind sie rausgegangen und haben »Basta!« gesagt. Der Streik entstand nicht aus einem vorher verabreichten »Bewusstsein« oder langwieriger Aufklärungsarbeit. Sie haben mit ihren KollegInnen geredet, am Puls gefühlt, und dann dafür gesorgt, dass es nicht beim ohnmächtigen Herzrasen bleibt, wie wir es heute in so vielen Betrieben erleben.

Gegen die geballte Kapitalmacht konnten sie sich im Streik nicht durchsetzen. Daher haben sie die Verhältnisse im Betrieb nach dem Streik nicht grundlegend zu ihren Gunsten verändern können. Der Kampf war ein kleines Signal, er hat anderen Mut gemacht und ihnen gezeigt, dass wir nicht alles schlucken müssen. Aber die Frage blieb offen, wie ArbeiterInnen wieder Macht entwickeln können. Kämpfen ist wichtig, um aus der Lähmung herauszukommen. Der Rückgang der Streiks in den letzten zwanzig Jahren war eine Verarmung und ein Verlust der Widerstandskultur. Aber »man muss auch gewinnen«, wie die KollegInnen von der U-Bahn in Buenos Aires sagen:

*»Wenn du einen Schritt machst und gewinnst, dann fühlen sich die compañeros stärker für den nächsten Schritt. Jetzt haben wir über den letzten Konflikt geredet, und ich habe noch mal an den ersten Konflikt gedacht, und wie viel sich seitdem verändert hat. Beim ersten Konflikt sind die compañeros schon mitgegangen, aber sie hatten große Zweifel… Es ist falsch, zu glauben, dass wir gewinnen, weil da gute Leute am Werk sind. So läuft das nicht. Es muss Triumphe geben. Denn es gibt Orte, wo sehr gute Leute sind, wo sie aber keinen Konflikt gewinnen, und so kommen sie auch nicht vorwärts. Oder sogar*

*umgekehrt: dass dann die Alten [Gewerkschafter] zurückkommen, die in Absprache mit den Chefs was erreichen. Man muss schon gewinnen, und dann versuchen, die fortgeschrittensten Punkte des Kampfes aufzunehmen und weiterzuentwickeln. Das ist die Kunst: rauszufinden, was das Fortschrittlichste ist, was nach einem Kampf bleibt, und sich darauf weiterzubewegen.« (www.wildcat-www.de/aktuell/a045subte.htm)*

Bei Gate Gourmet gab es »gute Leute« - aber sie haben nicht gewonnen. Daher bleibt erstmal nicht viel zurück - keine gefestigte Organisierung von Arbeitermacht, kein geschlossenes Kampfkollektiv, und die Chefs beeilen sich, die bloße Erinnerung an den Streik und das solidarische Zusammenstehen im Vergessen des Alltagstrotts zu versenken. Es sind KollegInnen übrig geblieben, auf die wir in den nächsten Kämpfen immer wieder stoßen werden. Auch sie stehen vor der Frage, wie sich den Angriffen der Unternehmer wirksam etwas entgegensetzen lässt.

Dabei war der Ort des Streiks nicht schlecht gewählt, um die Machtfrage zu stellen. Deutlicher als in Düsseldorf hatte sich das in London-Heathrow gezeigt. In der gesellschaftlichen Debatte wird die Frage der Arbeitermacht durch Ideologien und Theorien vernebelt, die dem Kapital zur Seite stehen, wenn es die ökonomische Überflüssigkeit der ArbeiterInnen verkündet. In diesen Theorien verschwindet die Arbeit entweder von der Bildfläche, weil die »moderne Informationsgesellschaft« auf Handarbeit nicht mehr angewiesen sei, oder weil sich alles in »Dienstleistung« verwandele. Selbst linke Theoretiker beeilen sich, diese marktgängigen Ideologien nachzuplappern, und wähnen sich in einer Welt der »immateriellen« Arbeit, die nicht mehr ausgebeutet wird. Die Industriesoziologen, die auf Rechnung der Unternehmer durch die höchst materiellen Fabrikhallen ziehen, sehen ein neues Zeitalter der Harmonie zwischen Kapital und Arbeit gekommen, weil sich die Beschäftigten in der Teamarbeit frei entfalten und eigene Ideen entwickeln könnten.

All diese Schlagworte der kreativen Dienstleistungsgesellschaft, in der aus dem alten Malocher ein innovativer Kundenberater geworden sei, finden wir auch im Managementjargon bei Gate Gourmet. Die Geschichten, die uns die ArbeiterInnen erzählt haben, zeigen eine ganz andere Welt: eine perfidere Ausbeutung, die Beschlagnahmung des ganzen Lebens durch die Firma, die Durchsetzung des Kommandos von oben über die Streitereien und das Mobbing unten. »Catering« klingt so schön nach Dienstleistung, als würden hier nur ein paar Oliven für die Party garniert. Und doch ist es einfach Knochenarbeit, mit den alten Methoden der Stoppuhr und des Terrors der Vorarbeiter, bis an die Grenze des Erträglichen verdichtet und flexibilisiert.

Aber gerade deshalb wissen die ArbeiterInnen, dass es immer noch auf sie ankommt. Dass ein großes Räderwerk wie der Flughafen nicht von alleine reibungslos läuft. Und Flughäfen lassen sich nicht nach China verlagern – im Gegenteil. In dem Maße wie Fliegen zu einem Massenprodukt geworden ist, das sich nun auch ArbeiterInnen leisten können, ist die Arbeit am Flughafen zu einer Massenarbeit geworden und expandiert. Der Wegfall der vergünstigten Flüge für die ArbeiterInnen in den vielen ausgelagerten Bereichen ist ein symbolträchtiger Hinweis auf den Wandel der Arbeit in der Luftfahrt. Vom Boom der Billigflieger ist das Catering besonders betroffen, aber mit der weiteren Zunahme der Passagierzahlen wird an den Flughäfen und in der Luft mehr Arbeitskraft gebraucht. Sie soll immer billiger werden, aber befreit vom Flair der Luxusarbeit wird sie auch rebellischer.

Ein Rückblick auf die letzten zwanzig Jahre zeigt, dass sich die ArbeiterInnen in der Luftfahrt ihrer Macht bewusster geworden sind, dass sie schon von Berufs wegen eine stärker internationalistische Orientierung haben, und dass sie in ihren Kampfformen radikaler geworden sind. Als Air France 1993 einen Sanierungsplan mit Massenentlassungen ankündigte, stieß sie auf unerwartet heftigen Widerstand. Die ArbeiterInnen wagten es zum ersten Mal in der Geschichte dieser Airline *»auf das Allerheiligste, die Landebahnen zu gehen. Nicht einmal im Mai '68 haben sie das gemacht«* (ein Arbeiter vom Flughafen Paris-Orly, *wildcat* Nr. 63, 1993). Als die Sabena 2001 vor der Pleite stand, stürmten ArbeiterInnen mehrmals die Pisten oder blockierten Flugzeuge der Swissair, die der Sabena den Geldhahn zudrehte. Als im Mai 2001 die Piloten der Lufthansa für eine Lohnerhöhung von dreißig Prozent streikten, waren sie Teil einer weltweiten Welle von Arbeiterkämpfen in der Luftfahrt (*wildcat-zirkular* Nr. 59/60, 2001). Der Einbruch der Luftfahrt nach dem 11.9. unterbrach zunächst den Kampfzyklus, aber mit dem erneuten Boom, vor allem der Billigflieger, kehrt auch die Militanz an die Flughäfen zurück. Am 28. Juli 2006 besetzten 800 Iberia-Beschäftigte die Rollbahnen des Flughafens El Prat in Barcelona, um gegen ihre Auslagerung zu protestieren, der die Gewerkschaften »sozialverträglich« zugestimmt hatten.

Von der Besetzung der Landebahnen haben sicherlich einige der Streikenden oder der UnterstützerInnen in Düsseldorf geträumt und es hätte dem Streik eine ganz andere Wendung gegeben – ähnlich wie es sich die Kampagnen gegen die Abschiebung von Flüchtlingen, die von Düsseldorf aus massiv laufen, wünschen. Auch Gewerkschafter sind sich bewusst, welche Macht in der Blockierung von Flughäfen liegt. 1992 wie 2002 wurden während der Tarifkämpfe im öffentlichen Dienst Flughäfen bestreikt, auch der Düsseldorfer. 2006 haben sie keine große Rolle gespielt, weil Auslagerungen und Privatisierungen die Streikfähigkeit von ver.di in diesem Bereich untergraben.

Flughäfen sind *ein* gutes Beispiel für Arbeitermacht, nicht das einzige. Auch in den klassisch-industriellen Branchen, dem Maschinenbau, der Auto-

oder der elektrotechnischen Industrie sind die Fabriken in der Realität weit weniger verschwunden als aus den Köpfen. Selbst in denjenigen Kämpfen der letzten Jahre, in denen das Kapital die ArbeiterInnen einfach für überflüssig erklärte, bewies der Streikverlauf das Gegenteil: Bei Opel-Bochum wurde der wilde Streik im Oktober 2004 genau in dem Moment abgebrochen, als er zum Stillstand des gesamten europäischen Verbunds von General-Motors-Fabriken geführt hätte. Als der Kampf gegen die Schließung von AEG in Nürnberg zum Problem für die bereits nach Osteuropa verlagerte Produktion wurde, fand sich schnell eine Einigung, die unter den ArbeiterInnen auf ein sehr geteiltes Echo stieß. Aus Wut über den Abschluss setzt ein Teil der betroffenen KollegInnen den Streik im Betrieb mit dem Krankenschein fort.

Warum werden Kämpfe immer dann abgebrochen, wenn sie beginnen, wirksam zu werden? Oder warum werden sie erst gar nicht so geführt, dass sie effektiven ökonomischen Druck ausüben? Es ist nicht einfach Bösartigkeit oder bürokratische Korruption in den Gewerkschaften, sondern sie sind oder werden selber »gegängelt«, wie es einer der Streikenden ausdrückt (S. 166). Ein Großteil ihrer Macht beruht nicht auf der Solidarität und Kampfbereitschaft der ArbeiterInnen, sondern darauf, dass Gewerkschaften als halbstaatliche Institutionen arbeits- und sozialrechtlich integriert und »befestigt« sind. Für ihren organisatorischen Erhalt wiegt die Anerkennung als verlässliche Verhandlungspartner durch die Unternehmer *und* ihre Hofierung durch den Staat als Garanten des sozialen Friedens mehr als die Durchsetzungsmacht in wirksamen Kämpfen. Selbst angesichts eines dramatischen Mitgliederschwunds wäre es in ihrer organisatorischen Selbsterhaltungslogik zu riskant, auf eine Radikalisierung zu setzen. Umgekehrt liegt darin das Problem oder die Chance, dass sie die ihnen zugewiesene Kontrollfunktion immer schlechter erfüllen können. Das Ausmaß an Selbständigkeit, das die Streikenden bei Gate Gourmet praktizieren konnten, hatte sicher auch mit den begrenzten Kapazitäten einer kleinen Gewerkschaft zu tun, die in den letzten zehn Jahren ein Drittel ihrer Mitglieder verloren hat.

Hier stellt sich wieder die Frage, was aus dieser für einen kurzen Moment lebendigen Selbständigkeit und diesen Erfahrungen wird. Sie lassen sich nicht konservieren, auch nicht zwischen Buchdeckeln. Sie existieren nur als gelebte Praxis, die dann um sich greifen und sich weiterentwickeln kann, wenn sie sich in der Vervielfachung der Kämpfe verdichtet und verallgemeinert. Die Streikerfahrungen seit 2004 lassen hoffen, dass es zu einer solchen Vervielfältigung kommen könnte – von den Kämpfen bei Daimler-Chrysler und Opel 2004, über die Erfahrungen bei Alstom, Siemens München, die viertägige Blockade des Philips-Glühlampenwerkes in Aachen Ende Januar 2006, die neuen Momente in den Streiks im öffentlichen Dienst und an den Krankenhäusern, AEG-Nürnberg, CNH in Berlin-Spandau oder die Radikalisierung im Kampf gegen die Schließung der Bosch-Siemens-Hausgerätewerke in Berlin, um nur einige zu nennen. In diesem Rahmen muss der Streik bei Gate Gourmet gesehen werden. Die Perspektive einer Arbeiter-*Bewegung* ist zum Greifen nahe, und doch blockiert, wie es einer der Streikaktivisten von Gate Gourmet auf den Punkt bringt: *»Allein erreichen wir nichts. Ein Streik in Essen, ein Streik in Düsseldorf, ein Streik woanders – das bringt eigentlich nichts. Man hätte die gewaltige Kraft der Streikenden zusammen einsetzen müssen. Aber darüber macht man sich zur Zeit keine Gedanken. Ich war in Essen, in Düsseldorf und in Aachen und habe beobachtet, wie das läuft. Überall wurde der Streik anders ausgeübt. Das reicht aber nicht, es war viel zu passiv. Wir müssen im wahrsten Sinne des Wortes näher rücken. Wenn es sein muss, sollten alle Streiks zusammen gemacht werden, damit man sieht, welche Kraft dahinter steckt. Aber das ist nicht passiert. Jeder streikt für sich selbst. Es fehlte der Zusammenhalt.«* (Interview SoZ, Mai 2006)

Wir stehen nicht vor einem neuen kapitalistischen Boom, es hilft kein Abwarten oder Hoffen auf bessere Zeiten. Die besondere Spezie der »Heuschrecke«, mit der es die Gate-Gourmet-ArbeiterInnen zu tun hatten, ist kein bedrohliches Ungeziefer, wie es in der populistischen Propaganda von Sozialdemokraten und Gewerkschaften dargestellt wird, sondern nur ein weiteres Indiz für das schleichende Ende des kapitalistischen Gesellschaftszusammenhangs. Sie ziehen nicht weiter, um das nächste Feld glücksbringender Arbeitsplätze abzugrasen, sie beschleunigen nur den Ruin einer Welt, die auf mühseliger Arbeit und sinnlosen Konsumversprechungen beruht. Wenn die Pyramiden der Finanzspekulation zusammenbrechen, wird es wichtig sein, an den neuen, wenn auch noch isolierten Kämpfen gegen die vermeintliche Allmacht des Kapitals anknüpfen zu können. Damit wir verstehen, dass wir »den Laden umkippen können«, weil wir ihn aufgebaut haben.

In den Kämpfen entdecken Menschen neue Orte und neue Dimensionen ihrer Gesellschaftlichkeit, die jenseits von Gelderwerb und Arbeitsfleiß liegen. Eine neue Welt wird nicht vom Himmel fallen und kein Staat wird sie uns schaffen können. Wir werden sie nur selber produzieren können, indem wir endlich unsere Menschlichkeit selber herstellen. Selbst in einem so kleinen Streik wie bei Gate Gourmet haben die KollegInnen es einfach genossen, den Chefs, die sie täglich drangsalierten, ein schlichtes »Nein« zu sagen. Das ist noch keine neue Welt, aber diese Selbstbehauptung und dieses Ringen um Autonomie ist die einzige Substanz, aus der sie entstehen könnte.

# Chronik

**1988** Die **LTU** gliedert ihr Catering als eigenständige Firma **LTC** aus.

**1992** Die **Swissair** lagert ihr Catering aus: **Gate Gourmet** expandiert in den neunziger Jahren rasant durch Zukäufe. Mit der Übernahme des SAS-Caterings kommt Gate Gourmet an den Düsseldorfer Flughafen.

**1997** **British Airways** verkauft sein Catering in Heathrow an Gate Gourmet.

**1998** **LSG Sky Chefs**, Lufthansa-Tochter und weltweit größter Airline-Caterer, entlässt am 20.11. am Flughafen **London-Heathrow** 270 streikende ArbeiterInnen. Nach einer achtzehnmonatigen Kampagne muss LSG ihnen die Wiedereinstellung oder eine Abfindung anbieten.

**2001**

LTC tritt dem Arbeitgeberverband der »obst-, gemüse- und kartoffelverarbeitenden Industrie e.V.« bei, es gilt der NGG-Manteltarifvertrag. Im Frühjahr gerät die Swissair in finanzielle Schwierigkeiten. Gate Gourmet Zürich plant Entlassungen für Oktober 2001 (MOOS, S. 73).

**01.09.** Die LTC mit 303 Beschäftigten in Düsseldorf und Frankfurt-Kelsterbach wird für 33,7 Mio. Euro an Gate Gourmet verkauft. In Düsseldorf werden Gate-Gourmet und LTC zusammengelegt. Aus der LTC wird *Gate Gourmet GmbH West*, zuständig ist die **NGG**. Frankfurt-Zeppelinheim, München, Stuttgart, Berlin, Hamburg, Hannover, Saarbrücken gehören zu *Gate Gourmet Deutschland,* organisiert von **ver.di**.

**6./7.09.** Piloten der belgischen Airline **Sabena**, an der die Swissair mit 49,9 Prozent beteiligt ist, streiken gegen einen Sanierungsplan.

**11.09.** Terroranschläge auf das **World Trade Center**, der Flugverkehr über dem Nordatlantik bleibt für einige Zeit eingestellt. US-Airlines entlassen Zehntausende, die Lufthansa legt 43 von 300 Flugzeugen still. *Gate Gourmet Division Americas* entlässt 3000 von 14 000 Beschäftigten. In den folgenden Jahren geht die Beschäftigtenzahl von Gate Gourmet weltweit von 32 000 auf 22 000 zurück.

**15.09.** 500 Swissair-Beschäftigte streiken in Genf gegen Stellenabbau.

**28.09.** Piloten der Sabena streiken vier Tage gegen 1400 Entlassungen.

**02.10.** **Swissair-Grounding:** Weil Großbanken Kredite verweigern, kann die Airline mit 72 000 Beschäftigten das Kerosin nicht mehr bezahlen und bleibt am Boden. Am 4. und 5. Oktober demonstrieren zehntausend Swissair-Beschäftigte vor der UBS-Bank.

**07.10.** Am Brüsseler Flughafen blockieren Sabena-Arbeiter für 24 Stunden einen Airbus der Swissair, die der Sabena Finanzhilfen verweigert.

**07.11.** Die Sabena geht in Konkurs, Tausende der 12 000 Beschäftigten protestieren am Brüsseler Flughafen, nur ein erhöhtes Polizeiaufgebot kann verhindern, dass Demonstranten das Rollfeld stürmen.

**20.11.** Am Genfer Flughafen streikt das Bodenpersonal der Swissair Group, um gegen Crossair, die Teile der insolventen Swissair übernommen hat, Sozialpläne durchzusetzen.

**Herbst** Massenhafte Entlassungen bei Gate Gourmet in der Schweiz, dafür werden LeiharbeiterInnen eingestellt (siehe die Berichte in MOOS).

**2002**

**22.03.** Swissair beschließt den Verkauf von Gate Gourmet an den Finanzinvestor Texas Pacific Group. Die TPG holt **McKinsey** für sechs Monate in die Düsseldorfer Unit und nach Zürich.

**19.12.** TPG kauft Gate Gourmet für 683 Mio. US-Dollar. Ein großer Teil des Kaufpreises wird der Firma als Bankschulden aufgelastet.

**2003**

Gate Gourmet GmbH West tritt aus dem Arbeitgeberverband aus.

**05.08.** Einstündiger, vorher angekündigter Warnstreik während der Verhandlungen um einen Haustarifvertrag in Düsseldorf. Die NGG lässt sich auf Arbeitszeitflexibilisierung ein, um Arbeitszeitverlängerung und Lohnkürzungen zu verhindern und Arbeitsplätze zu sichern. In der Urabstimmung stimmen nur knapp über 50 Prozent für den Vertrag. Der Unternehmer wendet den MTV* an, unterschreibt ihn aber nicht.

**16.10.** In einem »Eckpunktepapier« wird von LTC und NGG ein **Sanierungstarifvertrag** vereinbart: befristeter Verzicht auf übertarifliche Zuschläge und 50 Prozent des Weihnachtsgeldes bis 30.6.2005 und Einführung einer wöchentlich flexiblen Arbeitszeit von 25-48 Stunden. In einer **Betriebsvereinbarung zur Dienstplangestaltung** wird im Juli 2004 geregelt, dass die Schichten fünf Tage im Voraus angekündigt werden und bei »Poolschichten« noch am Arbeitstag eine Verkürzung oder Verlängerung angeordnet werden kann.

**2005**

**März** Gate Gourmet West in Frankfurt Kelsterbach wird gewerkschaftsfrei. Der Betriebsrat ersetzt durch Regelungsabrede den Haustarifvertrag der NGG. Die Wochenarbeitszeit wird auf 40 Stunden verlängert, Zuschläge und Weihnachtsgeld werden gekürzt.

**22.04.** Düsseldorf: Nach Neuverhandlung der Dienstplanvereinbarung wird die Flexibilität durch Spruch der Einigungsstelle erneut festgeschrieben – eine Betriebsrätin stimmt für die Arbeitgeberseite.

**Mai** London-Heathrow: Über 90 Prozent der ArbeiterInnen stimmen gegen den von Gate Gourmet und TGWU* verhandelten Sanierungsplan. Düsseldorf: Die NGG kündigt den Entgelttarifvertrag zum 30.6.2005 und fordert eine Lohnerhöhung von 4,5 Prozent.

**08.06.** Die alte unternehmertreue Betriebsratsspitze wird abgewählt. Am 15.6. wird ein türkischer Betriebsrat zum neuen Vorsitzenden.

**10.08.** **London-Heathrow:** Gate Gourmet bringt 130 polnische Leiharbeiter in die Firma. Die Gate-Gourmet-ArbeiterInnen verlangen vom Management eine Erklärung. Über 800 ArbeiterInnen werden entlassen. Düsseldorf: Erste Verhandlung über den Entgelttarifvertrag.

## Sommer 2005 – Deutschland sucht die »Heuschrecke«

Auf der Suche nach Wahlkampfmunition zog die SPD im Frühjahr 2005 gegen das Finanzkapital zu Felde. *»Manche Finanzinvestoren… fallen wie Heuschreckenschwärme über Unternehmen her, grasen sie ab und ziehen weiter. Gegen diese Form von Kapitalismus kämpfen wir«,* verkündete SPD-Chef Müntefering. Konkreter Anlass war die Übernahme des Armaturenherstellers Grohe durch den Finanzinvestor Texas Pacific Group. Für 1,8 Mrd. Euro hatte sie ihn von BC Partners übernommen, der fünf Jahre zuvor 900 Mio. für die Firma gezahlt hatte. Im Auftrag der TPG* schlug McKinsey einen drastischen Schnitt vor: Verlagerung ins Ausland und Abbau von 3000 Stellen. Nach Protesten der Belegschaft wurden nur 1200 Stellen gestrichen, aber ein Standort in Ostdeutschland wurde dicht gemacht (zu TPG bei Gate Gourmet siehe S. 21).

Als Müntefering in die Rolle des Heuschreckenjägers schlüpfte, gab es Empörung von links und rechts. Die Kapitalisten zeigten sich entsetzt über die »Kapitalismuskritik« - hatte man doch gedacht, das böse K-Wort sei aus dem Wortschatz gestrichen. Die kritische Linke wandte sich gegen den populistischen Nationalismus und Antisemitismus, der im Bild vom »raffenden Geldkapital aus den USA« transportiert wird. Die »metall« hatte noch eins drauf gesetzt, als sie im Mai ihre Titelstory »Die Aussauger« mit einer Mücke mit gekrümmter Nase und Union-Jack-Zylinder illustrierte - Karikaturen wie aus dem *Stürmer*.

In bürgerlichen Kreisen hat sich die Aufregung gelegt, Müntefering wollte dem Kapital nicht wehtun. Schließlich hatte die rot-grüne Regierung mit der Steuerreform 2000 das Kaufen und Verkaufen von Firmen erst interessant gemacht (siehe RÜGEMER). Die Wirtschaftspresse verwendet »Heuschrecke« mittlerweile als verniedlichenden Fachausdruck für *Private Equity**.

Die linken Kritiker des Heuschrecken-Bilds verpassten aber die Gelegenheit, die Aufregung über den verlogenen Populismus mit einer radikalen Kritik an den herrschenden Verhältnissen zu verbinden. Den Politikern ging es um ein Ablenkungsmanöver, um die verbreitete Wut über verschärfte Ausbeutung und zunehmende Armut unter Kontrolle zu behalten. Konkrete Kämpfe und direkte Aktionen würden sich gegen die Ausbeuter als solche richten, unabhängig von ihren Hüten. Marx hatte tausende Blätter bekritzelt, nur um zu zeigen, *wie* Produktions- und Geldkapital eine widersprüchliche Einheit bilden, warum daher jede isolierte Kritik am Finanzkapital den bestehenden Verhältnissen nichts anhaben kann.

Die Kritik an der »Heuschrecke« blieb hingegen theoretisch hilflos und verband sich praktisch mit dem Fehlschluss, jeder Kampf gegen Finanzinvestoren oder schon allein das neue Piktogramm für *Private Equity* beinhalte Antisemitismus. Wo in Kämpfen dieser Hüpfer auftauchte, machte sich die linke Kritik eher Sorgen um korrekte Sprachregelungen, als die *besondere* Funktion des Finanzkapitals *im* Gesamtzusammenhang der Ausbeutung zu analysieren und damit der Wut über die Verhältnisse zu einem radikaleren Ausdruck zu verhelfen. Wenn sich Arbeiterkämpfe auf breiter Basis entwickeln, bleiben sie nicht bei populistischer Pseudokritik an einer »Form des Kapitalismus« stehen, sondern stellen Geld *und* Fabrik in Frage.

**11./12.08.** **Heathrow:** Gepäckabfertiger von British Airways treten für 36 Stunden in einen **wilden Solidaritätsstreik**.

**16.08.** Düsseldorf: Zweite Tarifverhandlung, Gate Gourmet fordert Arbeitszeitverlängerung, Streichung von 5 Urlaubstagen und Zuschlägen.

**09.09.** Unangekündigter Warnstreik, 7 LTU-Flüge gehen ohne Catering raus. Frankfurt: ver.di vereinbart mit **LSG Sky Chefs** Arbeitszeitverlängerung und Einstiegslöhne von 75 Prozent - laut LSG eine Kürzung der Personalkosten um 10 Prozent auf das »marktübliche Niveau« .

**28.09.** London: Laut TGWU stimmt die Mehrheit ihrer Mitglieder bei Gate Gourmet für ein Kompromiss-Abkommen (siehe S. 25).

**Oktober 2005**

**04.10.** Düsseldorf: 93,18 Prozent stimmen in der Urabstimmung für Streik.

**07.10.** **Düsseldorf: Streikbeginn, morgens um drei Uhr**, aus Frankfurt treffen erste Streikbrecher ein, Blockadeversuche der Streikenden.

**09.10.** Die Streikzeitung berichtet von »Behinderungen« in der Nacht zum Sonntag und Problemen bei der Belieferung. Der Betriebsrat von LSG Sky Chefs verweigert seine Zustimmung zu Streikbrucharbeiten.

**13.10.** Demonstration der Streikenden zum Abflugterminal.

**19.10.** Die Streikenden fahren mit der NGG zu den Gate-Gourmet-Units in Frankfurt-Kelsterbach und Frankfurt-Zeppelinheim.

**20.10.** Zweite Demo am Flughafen; KollegInnen der Reinigungsfirma Klüh schließen sich an.

**27.10.** NGG-Vorsitzender Möllenberg besucht die Streikenden. Es gibt viele Besuche und Soli-Erklärungen, aber der Streik bleibt wirkungslos.

**30.10.** Erster Bericht auf *indymedia** (am 24. Streiktag!), in der radikalen Linken entsteht allmählich Interesse an dem Streik in Düsseldorf.

**November 2005**

**01.11.** Die Geschäftsleitung sperrt das Firmengelände mit Gittern ab, es kommt zu Rangeleien zwischen Streikenden und Security-Kräften.

**02.11.** Der NRW-Landesschlichter bietet Geschäftsleitung und Gewerkschaft seine Vermittlung an, was die Tarifkommission begrüßt. Die Streikenden versuchen mit Dauerbenutzung des Zebrastreifens die LKWs zu blockieren; die Polizei greift ein.

**04.11.** Demonstration der Streikenden in der Düsseldorfer Innenstadt.

**05.11.** **1. Streikversammlung**. Die Firma weigert sich, das Weihnachtsgeld auszuzahlen; die NGG stellt klar, dass Anspruch darauf besteht.

**06.11.** Solidaritätsaktion am Flughafen **Zürich** vor der Europazentrale von Gate Gourmet (siehe S. 241). Die ArbeiterInnen wussten noch nichts vom Streik in Düsseldorf, berichten von ähnlich schlechten Bedingungen. Sie seien gefragt worden, in London zu arbeiten, weil dort immer noch Arbeitskräfte fehlen.

**08.11.** Die Streikenden verteilen Zettel in deutscher und türkischer Sprache an die LeiharbeiterInnen, um sie über ihr Arbeitsverweigerungsrecht nach § 11 AÜG aufzuklären; Besuch des Betriebsrats von LSG Sky Chefs; abendliche Mahnwache von 30 Streikenden vor dem Betrieb.

**09.11.** Vor der Betriebsversammlung der Flughafengesellschaft verteilen die Streikenden ein Flugblatt. Deutschland-Chef May will erst nach seinem Urlaub mit dem Landesschlichter reden – Arroganz der Macht!

**14.11.** **2. Streikversammlung**, am 40. Streiktag. May erklärt sich zu einem Gespräch mit Landesschlichter Pollmeyer am 21.11. bereit. Der BR von Zeppelinheim widerspricht Versetzungen nach Düsseldorf.

**18.11.** Wegen der Abfahrt zum Gewerkschaftstag (140. Geburtstag der NGG) treffen sich viele Streikende vorm Tor. Es kommt zur **Blockade**. Als ein LKW versucht, in die Menschenmenge zu fahren, wird er beworfen und die Einfahrt für über eine Stunde blockiert (siehe S. 53).

**21.11.** Eine Delegation der Streikenden fährt nach Marseille zum Aktionstag der Nestlé-Beschäftigten von Saint-Menet, die mit vorübergehenden Betriebsbesetzungen gegen die Betriebsschließung kämpfen.
Ergebnisloses Tarifgespräch mit Landesschlichter Pollmeyer.

**22.11.** Streikversammlung.

**25.11.** Aufruf an KollegInnen und BR in Kelsterbach, keine Streikbrucharbeit zu machen: von dort kommen täglich Essen nach Düsseldorf.

**28.11.** Manager der **Delta Airlines** besuchen Gate Gourmet, weil sie einen Caterer suchen. Die Streikenden postieren sich mit Transparenten in englischer Sprache vor dem Haupteingang (siehe S. 58).

**29.11.** Streikversammlung und Tarifgespräch im Arbeitsministerium.

**30.11.** Streikende von Gate Gourmet besuchen die bestreikten Uni-Kliniken Düsseldorf, unter großem Beifall spricht eine türkische Kollegin.

## Dezember 2005

**01.12.** Besuch von DGB-Chef Sommer am 57. Streiktag. Einladung zu einer »After Work Party« ab 17 Uhr am Streikposten – fast niemand kommt.

**02.12.** Tarifverhandlung mit erster Annäherung.
Info-Abend der NGG in Frankfurt mit Streikenden aus Düsseldorf.

**03.12.** Kundgebung vor Gate Gourmet Kelsterbach mit 30 UnterstützerInnen aus Frankfurt; der Betriebsrat bringt Kaffee und Kuchen raus und erklärt, dass bei ihnen die Probleme einvernehmlich gelöst werden.

**06.12.** Besuch des Präses der evangelischen Kirche im Rheinland.

**06./07.12.** Ein Tarifergebnis kommt zustande: dreijährige Laufzeit, für Dezember und Januar jeweils 156 Euro, für 2006 zwei Prozent, Einmalzahlungen von je 350 Euro für 2007 und 2008; 50 Prozent des 13. Monatsgehalts wird erfolgsabhängig, Senkung von Zuschlägen, Wegfall der freien halben Tage Heiligabend und Sylvester, Einstiegslöhne von 85 Prozent.

**07.12.** Mittags am Tor ist das Echo gespalten. Auf einer Streikversammlung wird das Ergebnis erläutert. Abends teilt Gate-Gourmet-Chef May mit, das Ergebnis sei »von oben« widerrufen worden.

**08.12.** Streikzeitung Nr. 45: »Der Streik geht weiter«.
Solidaritätsveranstaltung im Düsseldorfer Kulturzentrum *zakk*, es bildet sich ein Solidaritäts-Kreis.
Ratlosigkeit bei Streikenden und Gewerkschaft.

**13.12.** 80 **IG-Metaller** von einem Seminar in Sprockhövel besuchen den Streikposten – eine Blockade scheint von der NGG nicht gewünscht. Erstes Treffen des **Soli-Kreises** im Linken Zentrum; Aufruf zu einem Aktionstag am 17.12., Einrichtung von *www.gg-streik.net*.
Die WASG in Duisburg fordert den Rücktritt des Leiharbeiterchefs Avci* von seinen öffentlichen Ämtern.

**16.12.** Der DGB-Köln ruft zur **Blockade** auf und organisiert einen Bus. Gewerkschafter und Arbeitslosengruppen blockieren die Einfahrt.

**17.12.** Samstag: Aktionstag in mehreren Städten (siehe S. 241).

**19.12.** Montag, 11 Uhr: Streikversammlung.

**20.12.** Plakataktion gegen G&A* in Duisburg. Unbekannte werfen am 21.12. die Scheiben des Büros ein und besprühen Firmenfahrzeuge.

**22.12.** Solidaritätsveranstaltung in Duisburg mit KollegInnen der Firma Klüh, die die Flugzeuge reinigt, und Angehörigen von Streikenden. Solidaritäts-Aktion vor Gate Gourmet am Flughafen **Madrid**.

**23.12.** Erste Tarifgespräche seit dem Widerruf, Vertagung auf den 5. Januar.

**24.12.** **Ökumenischer Gottesdienst**, anschließend **Blockade** von 20 Leuten, fünf Maschinen fliegen ohne Catering oder verspätet (siehe S. 63f).

**25.12.** Streikpause bis zum 2.1.2006. Gate Gourmet lässt Zelt und Transparente entfernen und schleppt den VW-Transporter der NGG ab.

Januar 2006

**02.01.** Montag, 11 Uhr: Streikversammlung.

**03.01.** In Frankfurt-Kelsterbach werden nachts die Reifen der LKWs und Kleintransporter von Gate Gourmet plattgestochen.

**03.01.** Der Betriebsrat setzt vor dem Arbeitsgericht sein Informationsrecht über die Einstellung von LeiharbeiterInnen durch.

**05.01.** In den Verhandlung wird die TPG durch einen Anwalt vertreten, der weitere Kürzungen fordert und Schritte gegen den Streik androht.

**06.01.** Streikversammlung.

**13.01.** ver.di, WASG, FAU u.a. demonstrieren vor dem Büro von G&A.

**14.01.** 100. Streiktag, Samstag – zweistündige **Blockade** ab 7 Uhr, Delays bei vier Langstreckenflügen (siehe S. 67, 155). Die NGG distanziert sich.

**16.01.** Busfahrt der NGG mit den Streikenden zur Zentrale in Zürich.

**19.01.** Tarifverhandlungen ohne Ergebnis, Vertagung auf den 2. Februar.

**21.01.** Kleine **Blockade** am Tor.

**22.01.** Kritischer Beitrag auf *indymedia* aus den Reihen der Streikenden, um die Gewerkschaft vor einem Alleingang zu warnen.

**23.01.** Montag Abend: **Blockade** bei Gate Gourmet.

**27.01.** Streikversammlung.

**30.01.** Montag Abend: **Blockade** bei Gate Gourmet, eineinhalb Stunden.

**31.01.** Streikende von Gate Gourmet fahren zum **Streik bei AEG** in Nürnberg.

**02.02.** Tarifverhandlungen mit kleiner Kundgebung vor dem Tagungsort.

**04.02.** Aktionstag vor Gate Gourmet in Frankfurt-Zeppelinheim (siehe S. 75) und Demonstration in Krefeld gegen die Streikbrecherfirma Tertia*.

**Februar 2006**

**06.02.** Das Handelsblatt berichtet über interne Konflikte bei Gate Gourmet: Deutschland-Chef May und Betriebsleiter Camenzind gehen.

**08.02.** Besuch von achtzig Streikenden von **AEG aus Nürnberg**. Abends Solidaritätsveranstaltung im Kulturzentrum *zakk*, Düsseldorf.

**10.02.** Bei Gate Gourmet Köln werden LKWs beschädigt. In **Zürich** informieren gefälschte Aushänge des Boulevardblatts BLICK über den Streik.

**11.02.** Streikende fahren zur »Bolkenstein«-Demo nach Berlin und

**14.02.** Straßburg. Immer öfter kommen Busse mit Gewerkschaftern zum Streikposten, aber dort passiert dann nichts.

**14.02.** Besuch der Streikenden beim Streik an den Uni-Kliniken Düsseldorf.

**17.02.** Eine Delegation fährt zum Streik bei AEG in **Dormagen**. Solidaritätsveranstaltung in **Hamburg**, ein Streikender berichtet.

**18.02.** **Blockade** am Samstag Morgen von IG-Metallern aus der Region.

**21.02.** Moderierte Streikversammlung, auf der sich die Streikenden gegen eine Änderung der Streiktaktik (»Flexi-Streik«) aussprechen.

**22./23.02.** Besuch von Gate-Gourmet-ArbeiterInnen aus **London**, die für ihre Wiedereinstellung in Heathrow kämpfen (siehe S. 11).

**März 2006**

**02.03.** **Betriebsratswahl** bei Gate Gourmet Düsseldorf; trotz großer Zahl wahlberechtigter Streikbrecher gewinnt die Liste der Streikenden. Beteiligung an der ver.di-Demo von Landesbeschäftigten und Streikenden der Uni-Kliniken.

**08.03.** Oscar Lafontaine am Streikposten und Aktivitäten zum Frauentag.

**09.03.** Solidaritätsveranstaltung in Köln, Beiträge zu McKinsey (siehe S. 203).

**13.03.** Streikversammlung, bei der es zu offener Kritik an der NGG kommt, als deren Geschäftsführer wieder das Thema »Flexi-Streik« anspricht.

**17.03.** Streikende von Gate Gourmet unterstützen einen Warnstreik beim Futtermittelbetrieb Kottmann im Neusser Hafen. Gate Gourmet klagt gegen die Betriebsratswahl, weil nicht alle LeiharbeiterInnen zur Wahl zugelassen waren.

**23.03.** Gate-Gourmet-Streikende beteiligen sich an der Großdemonstration von ver.di gegen die Sparbeschlüsse der Landesregierung.

**24./25.03.** Solidaritäts-Besuch von Streikenden und UnterstützerInnen in **London**: Kundgebung vor dem Büro der TPG, Demonstration mit entlassenen Gate-Gourmet-ArbeiterInnen durch Hounslow.

**31.03.** Zum »Halbjahrestag« am 7.4. ruft die NGG zur Demonstration auf, der Solikreis mobilisiert zu einem internationalen Aktionstag für Samstag, den 8.4. (Beginn der Osterferien mit entsprechend regem Flugbetrieb).

**April 2006**

**03.04.** Es wird ein Ergebnis erzielt, Demo und Aktionstag werden abgesagt.

**06.04.** In einer internen Streikversammlung wird der Kompromiss ausführlich vorgestellt. Die Tarifkommission spricht keine Empfehlung aus.

**07.04.** In der Urabstimmung stimmen 61,4 Prozent zu (43 ja, 27 nein), der **Streik wird beendet**. Die Streikenden organisieren für sich und die UnterstützerInnen eine Grillparty.

**10.04.** Die letzte Streikzeitung, Nr. 86, stellt das Ergebnis vor: Lohnerhöhung von jeweils ein Prozent für 2006 und 2007, Einmalzahlung von jeweils 156 Euro, Ausschluss betriebsbedingter Kündigungen bis 2009, Einschränkung der Arbeitszeitflexibilität im MTV, befristete Einführung der 40-Stunden-Woche ab 2006 für Angestellte, ab 2007 für alle, Senkung von Zuschlägen. Was nicht in der Streikzeitung steht: Die Einstiegslöhne werden auf 85 Prozent gesenkt.

**18.04.** Gemeinsamer Arbeitsbeginn nach Ostern, mit einer Betriebsversammlung. Betriebspsychologen kommen vorübergehend in die Firma, für Mai und Juni wird eine erneute Reorganisation der Arbeit (»lean transformation«) angekündigt.

## Mai bis Oktober 2006

**31.05.** Aushang der Geschäftsleitung zu Sabotage im Betrieb (siehe S. 199).

**02.06.** Das Düsseldorfer Arbeitsgericht erklärt die Betriebsratswahl vom 2.3. für ungültig. Der Betriebsrat legt gegen das Urteil Berufung ein.

**06.06.** Abmahnungen gegen eine Betriebsrätin.

**26.06.** Unterschriftenliste, um den BR nach § 23 BetrVG aufzulösen. Der Betriebsrat diskutiert darüber, die Geschäftsführung wegen Behinderung der Betriebsratstätigkeit (§ 119 BetrVG) anzuzeigen. Die Unterschriftenliste gegen den Betriebsrat wird zurückgezogen.

**Juli** LSG Sky Chefs und Gate Gourmet bilden aus ihren Betrieben am Flughafen Paris Charles de Gaulle ein Joint Venture. Bei LSG arbeiten dort etwa 600, bei Gate Gourmet 295 Beschäftigte.

**01.08.** Im Betrieb tauchen Zettel auf, die gleichen Lohn für die LeiharbeiterInnen und bessere Arbeitsbedingungen fordern (S. 201). Einige Zettel werden in Flugzeugen gefunden. Die Betriebsleitung reagiert panisch und schaltet die Polizei ein.

**September** Gate Gourmet verkauft seine Units in der Türkei (USAS, Ucak Servisi A.S.) an die im Flugcatering stark expandierende Firma DO & CO mit Sitz in Wien. Beginnt der Verkauf von Gate Gourmet durch die TPG?

**Oktober** Der Betriebsrat verlangt von der Firma, auch den LeiharbeiterInnen verbindliche Dienstpläne für einen Monat zu geben. Rechtlich kann er sich nicht durchsetzen.

**25.10.** Der Betriebsratsvorsitzende legt aus »gesundheitlichen Gründen« sein Amt nieder und scheidet aus der Firma aus. Daraufhin löst sich der Betriebsrat auf und leitet Neuwahlen ein. Das Verfahren vor dem Landesarbeitsgericht Düsseldorf am 26.10. wird damit für erledigt erklärt.

Die Chronik wurde zusammengestellt aus Berichten von Streikenden, eigenen Beobachtungen, Informationen in den insgesamt 86 Streikzeitungen der NGG, Berichten von UnterstützerInnen aus anderen Städten sowie Presse- und Internetinformationen.

# Glossar

**Aufziehen** Beladen der LKWs mit dem zuvor für einen Flug zusammengestellten Catering, Zollwaren, Zeitungen usw.

**Ausdecken** Bestückung der Tabletts (**Trays**) mit Essen, Besteck usw.

**Avci** Sevket Avci, siehe **G&A Service**.

**BA** **British Airways**, mit 35 Millionen Passagieren pro Jahr die dritte große europäische Airline nach Air France/KLM (62 Mio.) und Lufthansa (50 Mio.). Für 2006 wird erwartet, dass British Airways gemessen an Passagierzahlen erstmals vom Billigflieger Ryanair überholt wird. Beschäftigte bei BA 2005: 46 000.

**BetrVG** Betriebsverfassungsgesetz, regelt Betriebsräte und Mitbestimmungsrechte.

**Cabin Crew** Flugbegleitpersonal wie Stewardessen, die in der »Kabine« arbeiten. Im Unterschied dazu gehören die Piloten zum »Flight Deck« (Pilotenraum).

**Camenzind** Thomas Camenzind, ab 2003 Betriebsleiter bei Gate Gourmet Düsseldorf, schied während des Streiks Ende März 2006 aus der Firma aus.

**Delay** Verspäteter Abflug eines Flugzeugs. Im Airline-Catering sind Verträge üblich, bei denen die Airline den Preis für das Catering nur zu einem Teil oder gar nicht bezahlen muss, wenn durch die Catering-Firma ein Delay verursacht wurde. Wegen der Vergabe der Abflugzeiten als **Slots** können auch kurze Verzögerungen in der Anlieferung zu langen Delays führen.

**Dispatch** Bei Gate Gourmet die Büros, in denen die Kundenanrufe wegen Bestellungen oder Reklamationen ankommen. Von dort aus werden sie direkt an die Produktion oder Transportabteilung weitergegeben (siehe S. 115).

**Eckpunktepapier** Sanierungstarifvertrag zwischen Gate Gourmet und der NGG vom 16.10.2003, in dem vorübergehend einige Verschlechterungen der Bedingungen zugestanden wurden (siehe Chronik).

**G&A Service** Goldberg & Avci, Putz- und Leiharbeitsfirma aus Duisburg, die schon vor dem Streik Leiharbeiter zu Gate Gourmet schickte und das Cleaning (Spülen) komplett als Werksvertrag übernommen hatte. Im Streik schickte die Firma zusätzliche Leiharbeiter als Streikbrecher. Herr Avci ist zugleich Vorsitzender des »Beirats für Zuwanderung und Integration« der Stadt Duisburg. Gegen die von ihm betriebene Streikbrucharbeit fanden mehrere Aktionen statt (siehe Chronik), u.a. forderte die WASG in Duisburg seinen Rücktritt.

**Galley** Bordküche im Flugzeug.

**GMA** Leiharbeitsfirma aus Düsseldorf, die während des Streiks LKW-Fahrer als Streikbrecher zu Gate Gourmet entsandte.

**Homebase** »Heimatflughafen« einer Airline, die dort ihre Flugzeuge wartet und repariert und Ersatzmaschinen bereithält.

**indymedia** Links ausgerichteter weltweiter Verbund von Internetportalen, auf denen Berichte anonym eingestellt und kommentiert werden können: **de.indymedia.org**.

**LTC** Lufttransport-Catering, 1988 von der **LTU** ausgegründete Catering-Firma mit Standorten in Düsseldorf, Frankfurt und München.

**LTU** Lufttransport-Unternehmen GmbH, 1955 als Lufttransport-Union gegründete Liniengesellschaft, die vor allem für ihre Charterflüge bekannt ist. Im September 1998 hatte die Swissair 49,9 Prozent der Anteile übernommen. Nach ihrer Pleite verkaufte sie ihre Anteile für einen symbolischen Euro an die Handelsgruppe REWE. Im Februar 2006 stieg der Billigflieger DBA bei der LTU ein. Deren Chef Wöhrl verlangt massive Einsparungen bei den Personalkosten und drohte im März mit dem Aus für die LTU. Passagiere 2005 ca. 5,6 Mio., Beschäftigte: 2812.

**May** Dietmar May war Geschäftsführer von Gate Gourmet Deutschland. Wegen Differenzen mit der Firmenleitung während des Streiks übernahm er im Februar 2006 das Skandinavien-Geschäft. Sein Nachfolger wurde Philippe Op de Beeck, der zuvor für Frankreich und Holland zuständig war. Mittlerweile ist May aus der Firma Gate Gourmet ausgeschieden.

**MTV** **Manteltarifvertrag**, in dem Arbeitszeiten, Urlaub, Eingruppierungen usw. geregelt werden; im Unterschied zum Entgelttarifvertrag, der die Löhne regelt.

**Mumme** Leiharbeitsfirma aus Krefeld, die nach dem Streik verstärkt Arbeitskräfte zu Gate Gourmet Düsseldorf schickte.

**NGG** Gewerkschaft Nahrung Genuss Gaststätten. Zweitkleinste Einzelgewerkschaft im DGB mit 216 157 Mitgliedern (31.12.2005), Sitz in Hamburg, derzeitiger Vorsitzender Franz-Josef Möllenberg. Mitglieder im Jahr 2000: 260 774, 1995: 322 019.

**Pierburg** Vergaserhersteller und wichtiger Automobilzulieferer in Neuss, der durch einen wilden Streik 1973 bekannt wurde, bei dem sich die deutschen Facharbeiter mit den migrantischen Frauen solidarisierten. Von ihnen war der Streik ausgegangen, sie erreichten die Abschaffung der unteren Lohngruppen und eine Verbesserung der Arbeitsbedingungen.

**Private Equity** **PE**, Finanzinvestoren, siehe **TPG** und RÜGEMER (Literatur).

**Re-Check** Abladen und Sortierung des Materials und der Abfälle, die von den LKW-Fahrern aus den gelandeten Flugzeugen herausgeholt werden.

**SARS** Schweres Akutes Atemwegssyndrom (Severe Acute Respiratory Syndrome). Die Infektionskrankheit breitete sich ab Anfang 2003 epidemieartig in Asien aus. Bis zu ihrem Abklingen im Sommer 2003 führte sie zu einigen tausend Todesfällen. Von der Angst vor SARS war der Flugverkehr, insbesondere nach und in Asien stark betroffen.

**Sky Shuttle** oder **SkyTrain**: Schwebebahn, die den Fernbahnhof am Düsseldorfer Flughafen mit den Terminals verbindet. Die von Siemens gebaute fahrerlose Bahn ist seit ihrer Inbetriebnahme im Juli 2002 für ihre Pannenserie bekannt. Während des Streiks war sie die meiste Zeit komplett stillgelegt, nur in den ersten Wochen fuhr sie noch (siehe Bild S. 224).

**Slot** Zeitfenster, in dem eine Airline an einem Flughafen starten oder landen kann. Slots werden pro Flugsaison vergeben. Sie werden von den Fluggesellschaften gekauft und können untereinander getauscht werden. In Europa ist die Vergabe durch die EU reguliert. Für 2006 wurden am Flughafen Düsseldorf 155 000 Slots beantragt, nur 115 000 durften vergeben werden, 15 Prozent mehr als 2005. Anwohner des Flughafens wehren sich seit Jahren gegen die Erhöhung der Slots, vor allem in den Abendstunden zwischen zehn und elf Uhr. Von 23 Uhr bis 6 Uhr Morgens herrscht Nachtflugverbot.

**Supervisor** Vorarbeiterähnliche Position bei Gate Gourmet.

**Taylorismus** Theorie und Praxis der Arbeitsorganisation, bei der die Arbeit stark aufgeteilt wird und dann arbeitsteilig und standardisiert erledigt werden soll, mit einer klaren Trennung zwischen Leitung und Ausführung. Als Begründer dieser »wissenschaftlichen Betriebsführung« (scientific management) gilt der US-Amerikaner Frederick Winslow Taylor (1856–1915), dessen Ziel es war, systematisch gegen die organisierte Bummelei bei der Arbeit (»soldiering«) vorzugehen. Taylor selbst scheiterte zu seiner Zeit, weil er in den Fabriken Streiks und Unruhen auslöste, statt die Produktivität zu steigern. Erst mit der Einführung des Fließbandes setzten sich seine Ideen durch. Siehe die kritische Darstellung in EDWARDS, 1981.

**Tertia** Bundesweit tätige Leiharbeitsfirma, deren Krefelder Filiale während des Streiks und danach viele Arbeitskräfte zu Gate Gourmet schickte. Wegen der engen Zusammenarbeit von Tertia mit den Arbeitsagenturen wurde vermutet, dass auch Arbeitslose unter Androhung einer Sperrzeit als Streikbrecher verpflichtet wurden.

**TGWU** oder **T&G**, Transport and General Workers' Union, mit etwa 800 000 Mitgliedern aus vielen verschiedenen Bereichen die größte britische Industriegewerkschaft. Ihr derzeitiger Vorsitzender Tony Woodley ist wegen seiner zu sozialfriedlichen Politik umstritten. In seinem Abbruch des Solidaritätsstreiks und der Hinnahme von Entlassungen bei Gate Gourmet wird eine Parallele zu seinem Verzicht auf Kampfmaßnahmen gegen Werksschließungen in der Autoindustrie gesehen, für die er zuvor in der T&G zuständig war.

**TPG** **Texas Pacific Group**, Finanzinvestor aus den USA. Solche Firmen werden als **Private-Equity**-Firmen oder **PE**-Firmen bezeichnet, weil sie ihr Geld nicht an der Börse (public), sondern von Privaten einsammeln – Pensionskassen, Versicherungen, Reichen usw. Aufgrund einer SPD-Kampagne im Wahlkampf 2005 werden sie auch »Heuschrecken« genannt (siehe S. 254). Die TPG, eine der weltweit größten PE-Firmen, wurde 1993 von Jim Coulter, David Bonderman und William Price gegründet und machte sich einen Namen mit der Sanierung der Airline Continental.

**Tray** Tablett, auf dem die Menüs für die Passagiere zusammengestellt werden (siehe Bild S. 205).

**Trolley** Transportwagen, in denen die Tabletts mit dem Essen oder andere Nahrungsmittel in die Flugzeuge gebracht werden (siehe Bilder S. 120, 212)

**Unit** Bezeichnung für die Standorte bzw. Betriebe von Gate Gourmet.

**ver.di** Vereinte Dienstleistungsgewerkschaft, entstand 2001 aus dem Zusammenschluss von fünf Einzelgewerkschaften (ÖTV, IG Medien, HBV, Postgewerkschaft, DAG); mit 2,36 Mio. Mitgliedern zweitgrößte DGB-Gewerkschaft nach der Industriegewerkschaft Metall. Bei ihrer Gründung 2001 hatte ver.di noch 2,8 Mio. Mitglieder.

**Vorfeld** Rangier-, Abstell- und Abfertigungsfläche für Flugzeuge am Flughafen.

# Literatur

Beaud, Stéphane, Michel Pialoux: *Die verlorene Zukunft der Arbeiter. Die Peugeot-Werke von Sochaux-Montbeliard*, Konstanz: UVK 2004.

Edwards, Richard: *Herrschaft im modernen Produktionsprozeß*, Frankfurt/New York: Campus 1981.

Flughafen. In: *Wikipedia, Die freie Enzyklopädie.* de.wikipedia.org.

Gester, Jochen, Willi Hajek (Hg.): *Sechs Tage der Selbstermächtigung. Der Streik bei Opel in Bochum Oktober 2004*, Berlin: Die Buchmacherei, 2005.

Moos, Anton (Hg.): *Black Box Swissair. 21 Stimmen zu Höhenflug und Absturz*, Zürich: Limmat Verlag, 2003.

Rügemer, Werner: Investitionen ohne Arbeitsplätze, *WSI Mitteilungen*, Nr. 1/2005, S. 49-54 [zur Politik und Bedeutung von Finanzinvestoren].

Schroeder, Urs von: *Swissair 1931-2002. Aufstieg, Glanz und Ende einer Airline*, Frauenfeld, Stuttgart, Wien: Verlag Huber, 2002.

Silver, Beverly: *Forces of Labor. Arbeiterbewegungen und Globalisierung seit 1870*, Berlin: Assoziation A, 2005.

Auswahl einiger Artikel in chronologischer Reihenfolge. Weiteres Material findet sich bei **www.labournet.de**, auf **de.indymedia.org** und auf der Streikseite des Soli-Kreises **www.gg-streik.net**. Siehe dort Liste der indymedia-Beiträge und Streikzeitungen.

Teuer streiken statt billig fliegen. Willi Kaufmann zum Streik auf dem Flughafen Heathrow, *express* Nr. 8, 2005.

Fliegen um jeden Preis? Rolf Engelke über die Pseudo-Jobmaschine Flughafen und die Einkehr kapitalistischer Normalität im Edel-Business, *express* Nr. 8, 2005.

Heathrow-Streik. Kompromiss bei Airline-Caterer Gate Gourmet, *express* Nr. 9, 2005

Keine Flüge von Terminal A. Die Hintergründe des Solidaritätsstreiks in London-Heathrow, *analyse & kritik* Nr. 499, Oktober 2005.

Schluss mit Genuss. Streik bei Gate Gourmet in Düsseldorf: Solidarität ist angesagt – und möglich, *express* Nr. 10, 2005.

»Traumjobs«. Aktionstag gegen Gate Gourmet in Düsseldorf, Berlin, Frankfurt. *express* Nr. 11-12, 2005.

Kampf gegen die alltägliche Prekarisierung. Gate Gourmet: Streik am Flughafen Düsseldorf, *wildcat* Nr. 75, Winter 2005/2006.

Machtkampf um Prekarisierung: Der Gate-Gourmet-Streik am Düsseldorfer Flughafen, *analyse & kritik* Nr. 501, Dezember 2005.

Solidarität entwickelt sich. Der Streik bei Gate Gourmet geht weiter! *terz – Düsseldorfs Stattzeitung für Politik und Kultur*, Nr. 1, 2006.

Kampf bei Gate Gourmet wird härter. Streikende bitten um stärkeren Druck auf Zulieferer und Fluggesellschaften (von: pickets), *express* Nr. 1, 2006.

»Es fing an, als McKinsey bei uns war.« Streik bei Gate Gourmet am Düsseldorfer Flughafen, *direkte aktion*, Nr. 173, Januar/Februar 2006.

Der Streik kehrt zurück. Eine vergessen geglaubte Kampfform steht wieder auf der Tagesordnung, *direkte aktion*, Nr. 173, Januar/Februar 2006.

Der Gate-Gourmet-Streik wird härter - Blockade zum 100. Streiktag, *terz - Düsseldorfs Stattzeitung für Politik und Kultur*, Nr. 2, 2006.

Harte Sanierer. Die Texas Pacific Group gilt in Deutschland als rüdeste aller Heuschrecken. *Wirtschaftswoche*, Nr. 8, 16.2.2006.

Gate Gourmet: Vom Finanziellen her ist Arbeiten besser - aber vom Arbeiten her: Streiken! *wildcat* Nr. 76, Frühjahr 2006.

London-Düsseldorf und zurück. Der Gate-Gourmet-Streik und die Schwierigkeiten internationaler Solidarität, *analyse & kritik* Nr. 504, März 2006.

Gate-Gourmet-Streik im fünften Monat. Lernprozesse im Klassenkampf, *direkte aktion*, Nr. 174, März/April 2006.

»... ein grundsätzlicher Kampf zwischen Kapitalismus und sozialer Verträglichkeit ...« Interview mit einem Betriebsrat von Gate Gourmet, *terz - Düsseldorfs Stattzeitung für Politik und Kultur*, Nr. 4, 2006.

»Ich krieg diesen Virus nicht raus.« Der Streik bei Gate Gourmet als Akt der Selbstbehauptung (Detlef Hartmann), *analyse & kritik* Nr. 505, April 2006.

»Taucht die Frage auf, wie wir am Besten die Angst verlieren können«. Sechs Monate Streik bei Gate Gourmet Düsseldorf, *Arbeiterpolitik*, 47. Jg. Nr. 2, Mai 2006.

Solidarität lernen. Gespräch mit dem Betriebsratsvorsitzenden von Gate Gourmet, *SoZ - Sozialistische Zeitung*, Nr. 5, Mai 2006.

»Sich wohl fühlen oder ignoriert werden«. Der Betriebsrat von Gate Gourmet im Interview. *der betriebsrat*, Nr. 5, 2006.

»Gallisches Düssel-Dorf«, ein Rückblick auf sechs Monate Streik bei Gate Gourmet, *express* Nr. 6, 2006.

**Bildnachweise**

Hans-Dieter Hey, Arbeiterfotografie Köln: Seite 20, 27, 86, 87, 181, 226, 233, 238

Christoph Joemann: Seite 57

Uwe Mrasek: Seite 11, 22, 23, 37, 59, 63, 64, 66, 68, 80, 92, 119, 120, 123, 126, 135, 146, 154, 159, 161, 162, 202, 224

Jörn Neumann: Seite 114, 115

Herbert Schedlbauer: Seite 234

Workers Revolutionary Party, London, www.wrp.org.uk: Seite 13, 16, 17, 18, 26

... und viele ungenannte Streikende und UnterstützerInnen, die uns ihr Bildmaterial zur Verfügung gestellt haben.